Umgang mit Tieren und Pflanzen

1. Pflege und halte Pflanzen und Tiere artgemäß! Das bedeutet, dass du ihre Lebensgewohnheiten und Lebensbedingungen in ihrer natürlichen Umwelt kennen musst.
2. Wenn du Tiere mit in den Unterricht bringst, gehe sorgfältig mit ihnen um. Füge ihnen keinen Schaden und keine Schmerzen zu.
3. Experimente an Wirbeltieren sind verboten.
4. Informiere dich über geschützte Tiere und Pflanzen. Bringe keine geschützten Tiere oder Pflanzen mit in die Schule.
5. Beunruhige Tiere nicht auf Unterrichtsgängen und Wanderungen! Beachte besonders die Vorschriften in Schutzgebieten.
6. Auch Pflanzen sind ein Teil der Schöpfung. Zerstöre oder beschädige sie nicht mutwillig! Betritt nicht die Standorte geschützter Pflanzen.
7. Nach dem Umgang mit Pflanzen und Tieren sind die Hände gründlich zu waschen.

Achtung: ein **Warnsymbol**

Tipps zum Experimentieren

1. Lies die Versuchsanleitung sorgfältig durch!
2. Stelle die Geräte und Chemikalien bereit!
3. Beachte die Reihenfolge bei der Versuchsdurchführung!
4. Sorge für einen sicheren Stand der Geräte und Gefäße!
5. Benutze stets eine Schutzbrille und Schutzhandschuhe!
6. Ist etwas unklar, frage deine Lehrerin oder deinen Lehrer!

Umgang mit dem Mikroskop

1. Präparat herstellen
2. Lampe einschalten
3. Präparat auflegen
4. Objektiv mit der schwächsten Vergrößerung auswählen
5. Mikroskopisches Bild scharf einstellen und die Helligkeit regulieren
6. Bei Bedarf eine stärkere Vergrößerung wählen
7. Zeichnung anfertigen

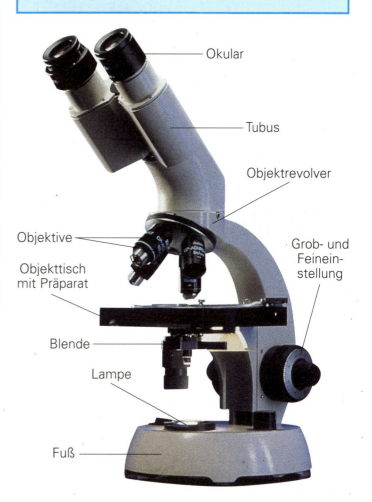

9/2006

Eigentum der Gemeinde Brühl

Schillerschule
Grund- und Hauptschule
6835 Brühl

Zur Benützung überlassen

seit	an	Klasse
06/07	Michaela Brandl	8a
07/08	Meltem Keskin	8a
08/09	Nadine Reinmuth	8a
09/10	Raniel Perera	8a)

Der Schüler ist verpflichtet, das Buch schonend zu behandeln und es beim Austritt aus der Schule an den Klassenlehrer zurückzugeben.
Bei Beschädigung oder bei Verlust des Buches muß Ersatz geleistet werden.
Das An- und Unterstreichen von Wörtern, das Einschreiben von Bemerkungen o. ä. sind nicht erlaubt.

Natur bewusst 3/4

Materie – Natur – Technik

Hauptschule

Herausgeber

Rainer Hausfeld
Wolfgang Schulenberg

Heinz Böttgenbach
Jörn Schoof

Autoren

Harald Glaser
Rainer Hausfeld
Mariela Kalkhake
Martin Ratermann
Hans-Joachim Reinecke
Wolfgang Schulenberg
Jürgen Steinbach
Franz Stoppel
Henning Teschner
Bernd Vorwerk
Christiane Wagner
Christian Wendel

westermann

Merksatz
Hier wird ein Abschnitt zusammengefasst.

Tipp
für den pfleglichen Umgang mit sich und der Umwelt.

Versuch
Interessante Versuche werden so vorgestellt.

Methodenseite
Auf diesen Seiten geht es um wichtige Arbeitsweisen.

Zusammenfassung
Die wichtigsten Inhalte werden kurz dargestellt und in Zusammenhang gebracht.

© 2006 Bildungshaus Schulbuchverlage
Westermann Schroedel Diesterweg
Schöningh Winklers GmbH, Braunschweig
www.westermann.de

Das Werk und seine Teile sind urheberrechtlich geschützt. Jede Nutzung in anderen als den gesetzlich zugelassenen Fällen bedarf der vorherigen schriftlichen Einwilligung des Verlages. Hinweis zu § 52 a UrhG: Weder das Werk noch seine Teile dürfen ohne eine solche Einwilligung gescannt und in ein Netzwerk eingestellt werden. Dies gilt auch für Intranets von Schulen und sonstigen Bildungseinrichtungen.

Druck A [1] / Jahr 2006

Alle Drucke der Serie A sind im Unterricht parallel verwendbar.
Redaktion: Dr. Helga Röske, Ingeborg Kassner, Heidrun Kiene
Herstellung: Reinhard Hörner, DTP-Team Rau GmbH, Hannover
Druck und Bindung: westermann druck GmbH, Braunschweig

ISBN 978-3-14-**150543**-6
   alt: 3-14-**150543**-8

Inhaltsverzeichnis

Elektrifizierte Welt 8

1 Elektrischer Stromkreis 10
1.1 Elektrische Energie zu Hause und in der Schule 10
1.2 Elektrische Geräte im Stromkreis 12
1.3 Parallel- und Reihenschaltung 14
1.4 Der elektrische Stromkreis im Modell 16
1.5 Elektrische Spannungen 18
1.6 Spannungen messen 20 M
1.7 Stromstärke messen 22
1.8 Spannung und Stromstärke hängen zusammen 23
1.9 Der elektrische Widerstand 24
1.10 Wovon hängt der Widerstand eines Drahtes ab? 26
1.11 Widerstände messen und berechnen 28 M
1.12 Sicherheit im Umgang mit Elektrizität 30
1.13 Kurzschluss und Sicherung 32
1.14 Wirkungen des elektrischen Stroms 34
1.15 Elektromagnete in Aktion 38
1.16 Der Gleichstrommotor 42
Zusammenfassung 46
Wiederholen, Üben, Anwenden, Vertiefen 47

Leben im Gleichgewicht 48

2 Informationen aufnehmen und verarbeiten 50
2.1 Sinnesorgane und Messgeräte 50
2.2 Aufbau des Auges 52
2.3 Wie wir sehen 54
2.4 Linsen erzeugen Bilder 56
2.5 Linsen erweitern die Sehfähigkeit 59
2.6 Das Zusammenwirken von Auge und Gehirn 62
2.7 Vom Reiz zur Reaktion 64
2.8 Gehirn und Nervensystem 66
2.9 Lernen und Gedächtnis 68 M
2.10 Informationsverarbeitung beim Menschen und bei technischen Informationssystemen 70
2.11 Sensoren nehmen Informationen auf 72
2.12 Nachrichten senden und empfangen 76

Inhaltsverzeichnis

3 Verhalten von Tieren und Menschen 78
3.1 Verständigung bei Mensch und Tier 78
3.2 Angeboren und erlernt 82
3.3 Das soziale Zusammenleben bei Tier und Mensch 85
3.4 Konfliktbewältigung 88

4 Projekt: Gesunde Schule 92
4.1 Arbeiten im Projekt 94
4.2 Langes Sitzen nimmt der Rücken krumm 96
4.3 Gestaltung des Klassenraumes 100
4.4 Fit und gesund 102
4.5 Konzentration und Entspannung 104
4.6 Die Projektergebnisse werden vorgestellt 107
Zusammenfassung 108
Wiederholen, Üben, Anwenden, Vertiefen 110

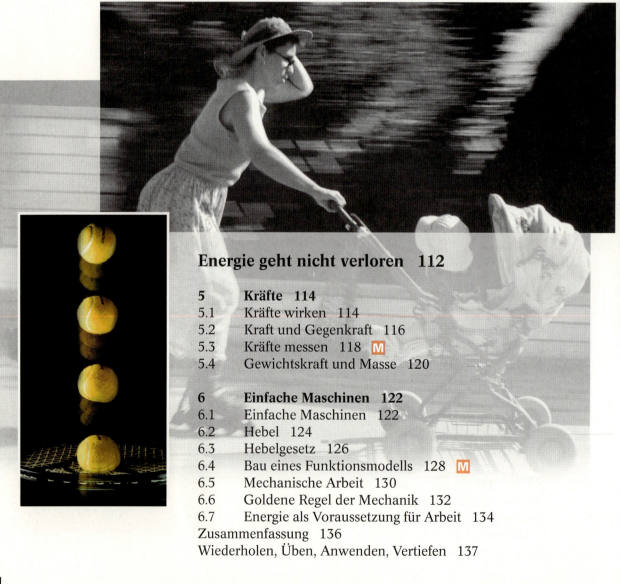

Energie geht nicht verloren 112

5 Kräfte 114
5.1 Kräfte wirken 114
5.2 Kraft und Gegenkraft 116
5.3 Kräfte messen 118 [M]
5.4 Gewichtskraft und Masse 120

6 Einfache Maschinen 122
6.1 Einfache Maschinen 122
6.2 Hebel 124
6.3 Hebelgesetz 126
6.4 Bau eines Funktionsmodells 128 [M]
6.5 Mechanische Arbeit 130
6.6 Goldene Regel der Mechanik 132
6.7 Energie als Voraussetzung für Arbeit 134
Zusammenfassung 136
Wiederholen, Üben, Anwenden, Vertiefen 137

Bausteine des Lebens - Entwicklung, Vererbung, Evolution 138

7 Entwicklung, Partnerschaft, Sexualität 140
7.1 Freundschaft, Liebe Partnerschaft 140
7.2 Empfängnisregelung, Familienplanung 142
7.3 Entwicklung von der Zeugung bis zur Geburt 146
7.4 Durch Geschlechtsverkehr übertragbare Krankheiten 150
7.5 Das wichtige erste Jahr 152
7.6 Kinder - Jugendliche - Erwachsene 154
7.7 Altern und Sterben 157
7.8 Möglichkeiten und Grenzen der Fortpflanzungsmedizin 160

8 Grundlagen der Vererbung 162
8.1 Aufbau von Zellen 162
8.2 Der Zellkern enthält Erbinformationen 164
8.3 Vermehrung von Zellen durch Teilung (Mitose) 166
8.4 Bildung der Geschlechtszellen (Meiose) 168
8.5 Veränderung der Erbinformationen - Mutationen 170
8.6 Erbliche Erkrankungen beim Menschen 173
8.7 Eingriffe des Menschen durch die Gentechnik 177

9 Grundlagen der Evolution 180
9.1 Stammesgeschichte im Überblick 180
9.2 Belege für die Evolution 184
9.3 Entstehung neuer Arten 186
9.4 Verwandte in der Stammesgeschichte: Schimpansen und Menschen 190
9.5 Evolution des Menschen 192
9.6 Ein Stammbaum des Menschen 196
9.7 Ergebnisse mit dem Computer präsentieren 198 M
9.8 Energie und Rohstoffe 200
9.9 Natur- und Umweltschutz - Verantwortung für die Natur 202
9.10 Besondere Entwicklungen beim Menschen 204
Zusammenfassung 206
Wiederholen, Üben, Anwenden, Vertiefen 208

Inhaltsverzeichnis

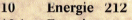

**Energie geht
nicht verloren   210**

10   Energie   212
10.1   Energiearten   212
10.2   Energieumwandlung   214
10.3   Nährstoffe liefern Energie   216
10.4   Energielieferant Zucker   218
10.5   Energielieferant Fette   222
10.6   Fossile Rohstoffe   224
10.7   Mit einem Lexikon arbeiten   226   **M**
10.8   Trennen von Erdöl durch Destillation   228
10.9   Kohlenwasserstoffe   231
10.10   Nachwachsende Rohstoffe   234
10.11   Biogas   236
10.12   Methan   238

11   Energiewandler   240
11.1   Energie im Haus   240
11.2   Heizung und Umwelt   242
11.3   Energiezufuhr und Energieabgabe   244
11.4   Energiewandler Wärmekraftwerk   246
11.5   Brennstoffe für Wärmekraftwerke   248
11.6   Wasser- und Windenergieanlagen   250
11.7   Solarenergie   252
11.8   Energieerhaltung und Energieentwertung   254
11.9   Bau einer energietechnischen Anlage   256   **M**
11.10   Energieträger zur Stromerzeugung im Vergleich   258
11.11   Energiewandler Verbrennungsmotor   260

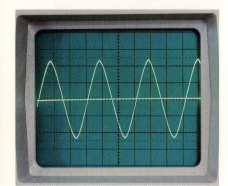

12   Elektrische Energie   264
12.1   Der Dynamo als Spannungsquelle   264
12.2   Wovon hängt die Induktionsspannung ab?   266
12.3   Wechselspannung und Wechselstrom   268
12.4   Der Generator   270
12.5   Der Transformator   272
12.6   Anwendungen von Transformatoren   274
12.7   Versorgung mit elektrischer Energie   276
12.8   Energie zum Betreiben elektrischer Geräte   278
12.9   Solar-Wasserstoff-Technologie   280
12.10   Ein Referat erstellen   282   **M**

13 Elektronik 284
13.1 Dioden 284
13.2 Transistor 286
13.3 Transistoren verstärken und schalten 288
13.4 Einfache Schaltungen mit Transistoren 290 M
13.5 Informationen verknüpfen 294
13.6 IC-Schaltkreise 296
13.7 Elektronische Speicher 298
13.8 Elektronisch addieren 300
Zusammenfassung 302
Wiederholen, Üben, Anwenden, Vertiefen 304

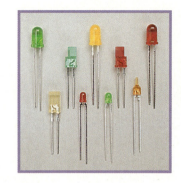

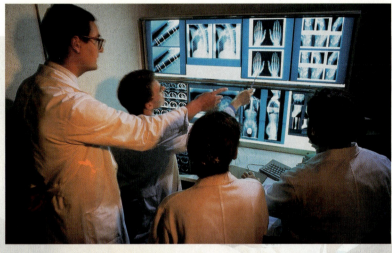

Hormonsystem und Immunsystem 306

14 Regelung und Steuerung durch Hormone 308
14.1 Hormone und ihre Wirkung 308
14.2 Die Schilddrüse - eine wichtige Hormondrüse 310
14.3 Regelung des Blutzuckerspiegels 311
14.4 Eine Klassenarbeit vorbereiten 314 M

15 Immunsystem und Infektionskrankheiten 316
15.1 Das Immunsystem des Menschen 316
15.2 Krankheiten durch Bakterien:
     Infektion und Verlauf 318
15.3 Verlauf einer Virusinfektion -
     Beispiel Grippe-Viren 320
15.4 Bekämpfung von Infektionskrankheiten 322
15.5 Infektion mit dem HI-Virus und AIDS 324
Zusammenfassung 326
Wiederholen, Üben, Anwenden, Vertiefen 327

Lexikon 328
Stichwortverzeichnis 333
Bildquellenverzeichnis 336

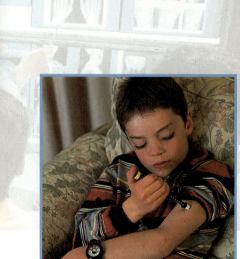

Elektrifizierte Welt

Vielleicht hast du schon einmal beim Ausziehen eines Pullovers oder beim Kämmen der frisch gewaschenen und getrockneten Haare ein Knistern gehört. Im Dunkeln kann man dabei manchmal sogar winzige Blitze sehen. Diese kleinen Funken haben etwas mit Elektrizität zu tun.

Auch Gewitterblitze wie auf diesem Foto sind eine elektrische Erscheinung, allerdings von gewaltigen Ausmaßen. Wo der Blitz durch die Luft mit etwa 100 000 Kilometern in der Sekunde auf die Erde zurast, erhitzt sich die Luft auf über 30 000 °C. Dabei dehnt sich die Luft schlagartig aus. Es entsteht ein sehr lautes Geräusch, der Donner. In einem Blitz fließt für den Bruchteil einer Sekunde ein elektrischer Strom der hunderttausendmal stärker ist als der Strom für die Glühlampe der Zimmerbeleuchtung. Das Blitzlicht und die Erhitzung der Luft sind Wirkungen des elektrischen Stroms.

Ob Fahrradlampe, Küchenherd, Computer, Fernseher, Telefon oder Elektromotor – unser Leben ist ohne elektrischen Strom kaum vorstellbar. In den nächsten Kapiteln erfährst du unter anderem, was man unter elektrischem Strom versteht und wie elektrische Spannung und Stromstärke gemessen werden. Beim Umgang mit Elektrizität können Gefahren auftreten. Es ist sehr wichtig, diese Gefahren zu kennen. Die geltenden Sicherheitsbestimmungen müssen eingehalten werden.

1 Elektrischer Stromkreis

1.1 Elektrische Energie zu Hause und in der Schule

Unser Leben wird durch die Nutzung von Elektrogeräten angenehm und bequem (Bild 1). Damit diese Geräte arbeiten können, benötigen sie elektrische Energie. Diese Energie erhalten wir vom Elektrizitätswerk. Mit Hilfe des elektrischen Stroms können wir warmes Wasser zum Waschen und Duschen gewinnen, Vorräte kühl halten und unsere Nahrung zubereiten. Auch können wir damit die Wohnung oder Kleidung reinigen und pflegen, Räume beleuchten, uns unterhalten lassen und mit anderen Kontakt aufnehmen.

Dicke Stromleitungen enden an einem Hausanschlusskasten. Vom Hausanschlusskasten gelangt die Energie zu den Verteilerkästen jeder Wohnung. Von dort wird sie auf die einzelnen Geräte verteilt.

Wie sich der Energiebedarf durchschnittlich auf die einzelnen Bereiche aufteilt, zeigen die vielen Elektrogeräte in Bild 2. Sicherlich können wir auf bestimmte Geräte nicht verzichten. Wie sehr wir auf diese Geräte angewiesen sind, merken wir oft erst, wenn die Energieversorgung ausfällt. Doch gibt es eine Vielzahl von Möglichkeiten, den Energiebedarf gering zu halten. So kann man beispielsweise die Einschaltzeiten verringern oder besondere Sparprogramme nutzen.

> Elektrische Energie wird über das Leitungsnetz vom Elektrizitätswerk zu den Elektrogeräten transportiert.

1 Elektrogeräte benötigen elektrische Energie

⊃ 12.7 Energie zum Betreiben elektrischer Geräte

Heizung	19,8 %
Kühlen, Gefrieren	17,1 %
Warmwasserbereitung	11,9 %
Kochen	7,9 %
Waschen, Trocknen	6,9 %
Licht	7,1 %
Radio, Fernsehgerät	4,8 %
Geschirr spülen	2,5 %
sonstige Kleingeräte	22,0 %

2 *Verwendung der elektrischen Energie im privaten Haushalt*

1 Notiere alle Elektrogeräte aus Bild 1. Unterstreiche die Namen aller Geräte, die einen Elektromotor enthalten grün, alle mit einem Heizdraht rot.

2 Stelle eine Liste aller Elektrogeräte eures Haushaltes auf.

3 Wo und zu welchem Zweck wird in eurer Schule elektrische Energie benötigt?

4 Welche Auswirkungen kann es haben, wenn:
a) in eurer Wohnung,
b) in eurer Schule die elektrische Energieversorgung für 24 Stunden ausfällt?

5 Stelle die Angaben in Bild 2 als Diagramm dar.

1 Elektrischer Stromkreis

1.2 Elektrische Geräte im Stromkreis

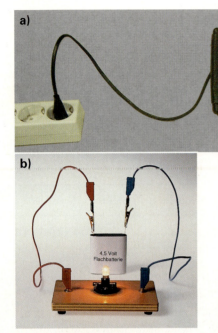

1 Stromkreise

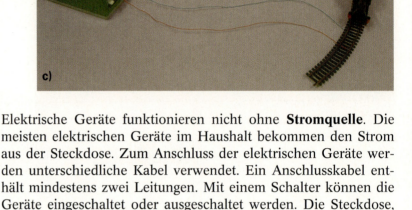

Elektrische Geräte funktionieren nicht ohne **Stromquelle**. Die meisten elektrischen Geräte im Haushalt bekommen den Strom aus der Steckdose. Zum Anschluss der elektrischen Geräte werden unterschiedliche Kabel verwendet. Ein Anschlusskabel enthält mindestens zwei Leitungen. Mit einem Schalter können die Geräte eingeschaltet oder ausgeschaltet werden. Die Steckdose, die beiden Leitungen und das elektrische Gerät bilden einen Stromkreis (Bild 1a).

Andere elektrische Geräte wie beispielsweise tragbare CD-Player, Mobiltelefone, Spielzeugeisenbahnen oder elektrische Zahnbürsten dürfen nicht direkt an die Steckdose angeschlossen werden. Sie benötigen ein Netzteil als Stromquelle. Hierbei bilden das Netzteil, die Leitungen und das elektrische Gerät den elektrischen Stromkreis (Bild 1b).

Einen Stromkreis mit einer Batterie als Stromquelle findet man beispielsweise bei Uhren, Taschenrechnern oder Taschenlampen (Bild 1c). Anstelle einer Batterie kann auch ein Akku benutzt werden. Akkus sind wieder aufladbare Batterien. Da man Akkus mehrfach verwenden kann, sind sie umweltverträglicher als Batterien. Manche Geräte erhalten auch Strom von Solarzellen, aber nur wenn diese beleuchtet werden. Die Lampe des Fahrrades erhält den elektrischen Strom vom Dynamo, wenn dieser gedreht wird.

In **Funktionsmodellen** sind die einzelnen Bauteile wie Motor, Luftschraube, Heizdraht oder Elektromagnet genauer zu erkennen (Bild 3). Sie bilden jeweils mit der Spannungsquelle einen Stromkreis, in dem auch ein Schalter zum Ein- und Ausschalten eingebaut sein kann.

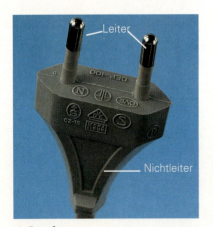

2 Stecker

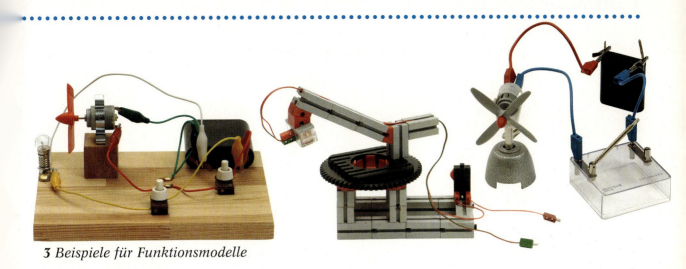

3 Beispiele für Funktionsmodelle

1. Ein Ventilatormodell bauen
Wähle die Funktionsteile aus, die du zum Aufbau eines Ventilators brauchst. Fertige eine Materialliste und eine Skizze vom Aufbau an. Zeichne die Schaltskizze und baue das Funktionsmodell. Beschreibe die Wirkungsweise. Erweitere das Modell zu einem Heizlüfter.

2. Modell eines magnetischen Türöffners
Eine Haustür wird geöffnet, wenn ein Schalter geschlossen wird. Plane ein Modell. Fertige eine Aufbauskizze und eine Schaltskizze an. Baue das Modell auf und beschreibe die Funktion.

Benutze zum Experimentieren nur Batterien oder Netzgeräte mit der Angabe bis zu 24 V!

Batterien gibt es in unterschiedlichen Formen und mit unterschiedlichen Voltzahlen, z. B. 1,5 V; 3 V; 4,5 V; 9 V. Diese Angaben sind wichtig, um beispielsweise eine passende Lampe anzuschließen. Andere Namen für Netzteil sind Ladegerät, Stromversorgungsgerät oder Transformator.

Warnzeichen

Verbrauchte Batterien gehören in den Sondermüll. Sammelbehälter für Altbatterien gibt es in den Verkaufsstellen für neue Batterien.

1 Woher bekommen die elektrischen Geräte den Strom? Übertrage die Tabelle in dein Heft und ergänze sie durch die elektrischen Geräte von Aufgabe 1.

elektrisches Gerät	Stromquelle
Fernsehgerät	Steckdose
Kassettenrekorder	Netzteil
Computer	?
Telefon	?
?	?

2 Nicht alle Stoffe leiten den elektrischen Strom. Nenne jeweils vier Beispiele für gute elektrische Leiter, schlechte elektrische Leiter und Nichtleiter.

Zu einem elektrischen Stromkreis gehören eine Stromquelle, Leitungen und ein elektrisches Gerät. Der elektrische Strom kann nur in einem geschlossenen Stromkreis fließen.

1 Elektrischer Stromkreis

1.3 Parallel- und Reihenschaltung

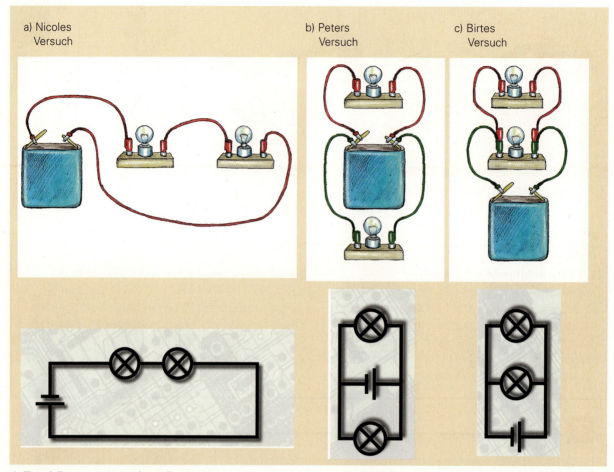

1 Zwei Lampen an einer Batterie

Nicole, Birte und Peter wollen zwei Lämpchen an eine Batterie anschließen. Dabei haben sie unterschiedliche Lösungen gefunden (Bild 1). Bei Nicoles Lösung haben die beiden Lampen einen gemeinsamen Stromkreis. Man sagt, sie sind hintereinander, in einer Reihe, geschaltet. Das ist eine **Reihenschaltung**. Beide Lampen leuchten schwächer als bei Peters und Birtes Versuchsaufbau.

Wenn Nicole eine Lampe herausschraubt, leuchtet die andere auch nicht mehr. Wenn aber Peter oder Birte eine Lampe herausschrauben, leuchtet die andere Lampe weiter. In ihrem Versuchsaufbau hat jede Lampe ihren eigenen Stromkreis. Es ist eine Parallelschaltung. Bei Birtes Schaltung wird ein Teil der Leitungen gemeinsam benutzt.

1 Zeichne den Schaltplan für eine Reihenschaltung mit vier Lampen.

2 Zeichne den Schaltplan für eine Parallelschaltung mit vier Lampen.

3 Sind die beiden Lampen eines Fahrrads in Reihe oder parallel geschaltet?

➜ 1.2 Elektrische Geräte im Stromkreis

2 Lichterkette *3 Reihenschaltung*

Es ist ärgerlich, wenn bei der Lichterkette in Bild 2 ein Lämpchen defekt ist. Dann erlöschen auch alle anderen Lämpchen. Sie sind in Reihe geschaltet. An dem Versuchsaufbau in Bild 3 kann der Stromkreis einer Reihenschaltung gut verfolgt werden.

Bei der Zimmerbeleuchtung (Bild 4) sind auch mehrere Lampen an eine Stromquelle angeschlossen. Jede Lampe ist mit zwei Leitungen an den beiden gemeinsamen Zuleitungsdrähten befestigt. Wenn eine Lampe defekt ist, leuchten die anderen Lampen weiter. In Bild 5 ist diese **Parallelschaltung** nachgebaut. Im Haus sind die elektrischen Geräte parallel geschaltet, damit man sie einzeln ein- und ausschalten kann.

> Bei der Reihenschaltung haben alle Lampen einen gemeinsamen Stromkreis. Bei der Parallelschaltung hat jede Lampe einen eigenen Stromkreis.

4 Vergleiche die Reihenschaltung in Bild 3 mit der Parallelschaltung in Bild 5. Übertrage dazu die Tabelle in dein Heft und fülle sie aus.

	Parallelschaltung	Reihenschaltung
Anzahl der Lampen	?	?
Helligkeit der Lampen	?	?
Eine Lampe defekt	?	?
Anzahl der Stromkreise	?	?
Zeichnung des Versuchs	?	?

 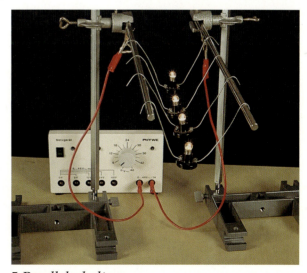

4 Zimmerbeleuchtung *5 Parallelschaltung*

1 Elektrischer Stromkreis

1.4 Der elektrische Stromkreis im Modell

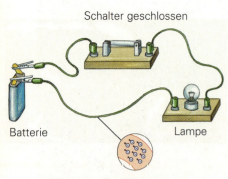

1 *Elektrischer Stromkreis im Modell*

Elektrische Geräte funktionieren nur, wenn der elektrische Stromkreis geschlossen ist. Beim elektrischen Strom bewegen sich kleine elektrische Teilchen, die **Elektronen,** in eine bestimmte Richtung (Bild 1). Wenn sich die Elektronen bewegen, spricht man vom elektrischen Strom. Eine Batterie oder ein Fahrraddynamo sorgen dafür, dass die Elektronen in eine bestimmte Richtung durch die Leitungen fließen. Der Schalter unterbricht den Strom der Elektronen im Stromkreis. An dem sich drehenden Elektromotor oder der leuchtenden Glühlampe im Stromkreis erkennt man, dass sich die Elektronen bewegen. Wie es zu einer Elektronenbewegung kommt, können wir in einem **Modell** verständlich machen.

Jeder Körper enthält eine Vielzahl von Elektronen. Sie sind negativ geladen (-). Normalerweise merken wir von diesen Elektronen nichts. Wir nehmen an, dass dann im Körper gleich viele positive Elektrizitätsteilchen (+) vorhanden sind (Bild 2). Man nennt diesen Zustand **elektrisch neutral** oder **ungeladen.**

In einem Versuch können wir die Elektronen umverteilen (Bild 3). Reibt man eine Folie mit einem Wolltuch, so können einige der beweglichen Elektronen vom Wolltuch auf die Folie wandern. Es sind dann mehr Elektronen auf der Folie als vorher, die dem Wolltuch fehlen. Im Vergleich zum Beginn herrscht jetzt ein Elektronenüberschuss auf der Folie. Man bezeichnet die Folie als **negativ geladen** (-). Auf dem Wolltuch fehlen Elektronen. Man bezeichnet diesen Zustand als **positiv geladen** (+). Vor dem Reiben waren beide ungeladen oder elektrisch neutral. Folie und Wolltuch sind unterschiedlich geladen. Berührt man die Folie, so wandern die Elektronen wieder ab. Man spricht davon, dass **ein elektrischer Strom fließt.**

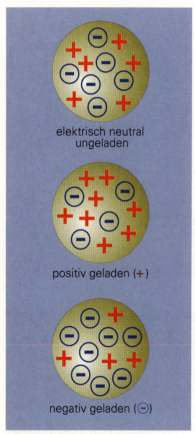

2 *Elektronen sind überall*

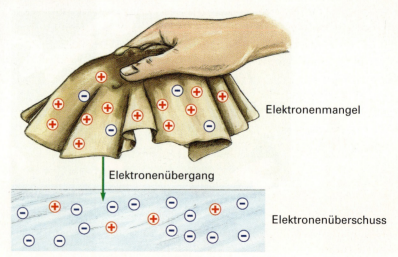

3 *Elektronen werden umverteilt*

4 Starke und schwache Fahrzeugströme

Ströme können unterschiedlich stark sein (Bild 4). Auf einer Autobahn können zu unterschiedlichen Zeiten unterschiedlich starke Fahrzeugströme beobachtet werden. Schwache oder starke Luftströmungen sind als Wind von unterschiedlicher Stärke zu spüren. Der elektrische Strom kann ebenso wie der Fahrzeugstrom unterschiedlich stark sein.

Die Stärke des elektrischen Stromes kann man an seinen Wirkungen erkennen. So ist es ein Unterschied, ob der elektrische Strom bei einem Blitz oder beim Anfassen einer geladenen Autotür fließt. Die Stärke des Fahrzeugstromes wird festgestellt, indem man an einer Richtungsfahrbahn eine Messstelle einrichtet und die Fahrzeuge in einer bestimmten Zeit zählt.

5 André Marie Ampère (französischer Physiker, 1775 - 1836)

Im Stromkreis müsste man eigentlich die Elektronen zählen, die an einer bestimmten Stelle vorbeikommen, doch man kann die sich ständig bewegenden Elektronen nicht sehen. Die elektrische Stromstärke gibt an, wie viele Elektronen in einer bestimmten Zeit fließen. Das Formelzeichen für die elektrische Stromstärke ist I. Die Einheit ist 1 Ampere (1 A). Sie ist nach dem französischen Physiker André Marie Ampère benannt (Bild 5). Bei einer Stromstärke von 1 A passieren 6 250 000 000 000 000 000 Elektronen pro Sekunde eine Zählstelle.

Antenne	0,001 A
Fahrraddynamo	0,1 A
Glühlampe (100 W)	0,45 A
Waschmaschine Geschirrspüler	10 A
Elektrolok Deutsche Bundesbahn	1 000 A
Blitz	1 000 000 A

6 Beispiele für Stromstärken

| Mit Hilfe eines Modells können schwierige Vorgänge veranschaulicht werden. Im elektrischen Stromkreis bewegen sich Elektronen.

1 Elektrischer Stromkreis

1.5 Elektrische Spannungen

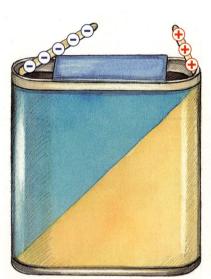

1 Die Batterie ist geladen

2 Keine Spannung mehr

1 Was bedeutet die Aussage „Eine Batterie ist leer"?

2 Wie entsteht eine elektrische Spannung?

3 Gib fünf Spannungsangaben von elektrischen Geräten oder Spannungsquellen an.

3 ALESSANDRO VOLTA (italienischer Physiker, 1745–1827)

Eine neue Batterie ist geladen (Bild 1). Wenn sie in das Gerät eingelegt und das Gerät eingeschaltet wird, fließt ein elektrischer Strom. Einer Batterie kann man nicht ohne weiteres ansehen, ob sie geladen ist und für den Betrieb eines Kassettenrekorders oder eines Taschenrechners noch ausreicht. Wenn man eine Batterie längere Zeit benutzt, gleichen sich die Ladungen aus. Die Batterie ist dann entladen (Bild 2). Man sagt dazu auch, sie sei leer. **Dann bringt man sie auf jeden Fall in den Sondermüll.**

Batterien, Akkus und Solarzellen sind **elektrische Spannungsquellen** (Bild 6). In den Spannungsquellen sind die Ladungen unterschiedlich verteilt. Die beiden Anschlussstellen (Pole) einer Spannungsquelle sind jeweils durch die Symbole Plus (+) und Minus (–) gekennzeichnet. Am **Pluspol** überwiegen die positiven Ladungen, es herrscht ein Elektronenmangel. Am **Minuspol** überwiegen die negativen Ladungen. Es herrscht dort ein Elektronenüberschuss. Zwischen Pluspol und Minuspol besteht eine elektrische Spannung. Die elektrische Spannung ist die Voraussetzung dafür, dass ein elektrischer Strom fließen kann.

Das Formelzeichen der **Spannung** ist U. Zu Ehren des italienischen Physikers ALESSANDRO VOLTA wird die Einheit der elektrischen Spannung mit **Volt (V)** bezeichnet (Bild 3). Diese Spannung ist auf jeder Spannungsquelle angegeben. So hat eine Taschenlampenbatterie zum Beispiel eine Spannung von 4,5 V. An der Steckdose im Haus liegt eine Spannung von 230 V.

⮕ 11.7 Solarenergie, 1.6 Spannungen messen

Antenne	0,0001 V	Fahrleitung der Bahn	15 000 V
Solarzelle	0,5 V	Fernseh-	
Monozelle	1,5 V	gerät	25 000 V
Flachbatterie	4,5 V	Hoch-	
Fahrraddynamo	6 V	spannungs-	
Autoakku	12 V	leitung	380 000 V
Spielzeug	bis 24 V	Blitz	1 000 000 V
Geräte im Haushalt, Steckdose	230 V		

1 MV	=	1 Megavolt	=	1 000 000 V
1 kV	=	1 Kilovolt	=	1 000 V
1 mV	=	1 Millivolt	=	0,001 V

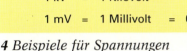

4 Beispiele für Spannungen

5 Das war eine Glühlampe

Netzgerät

Andere Bezeichnungen für Netzgeräte sind auch Netzteil, Trafo, Transformator.

Spannungsangaben auf Spannungsquellen und elektrischen Geräten. Damit elektrische Geräte einwandfrei funktionieren, muss die Angabe der Spannung auf der Spannungsquelle mit der Spannungsangabe auf dem Gerät übereinstimmen. Eine zu große Spannung zerstört das Gerät (Bild 5). Ist die Spannung der Spannungsquelle geringer als jene, die auf dem Gerät angegeben ist, arbeitet das Gerät nicht einwandfrei oder gar nicht.

Nach einer bestimmten Betriebszeit haben sich die unterschiedlichen Ladungen bei Batterien und Akkus ausgeglichen. Mit Hilfe eines Ladegerätes erhält ein Akku erneut Ladungen, die dann eine Spannung hervorrufen.

Die Spannung zwischen den beiden Polen einer Steckdose wird ständig im Elektrizitätswerk erzeugt. Auch in Solarzellen wird durch das auftreffende Licht eine Spannung erzeugt.

Akku

Akkus sind wieder aufladbare Batterien. Es ist sinnvoll, statt der Batterien zum Beispiel in einem Kassettenrekorder Akkus zu verwenden. Es entsteht weniger Müll. Dadurch wird die Umwelt geschont.

> In Batterien, Akkus und Solarzellen werden positive und negative Ladungen unterschiedlich verteilt.
> Es entsteht eine elektrische Spannung U. Die Einheit der Spannung ist 1 Volt (V).
> Die Spannungsangaben auf der Spannungsquelle und auf dem angeschlossenen elektrischen Gerät müssen übereinstimmen.

Monozelle und Batterie

Bei einer einfachen Monozelle werden Ladungen unterschiedlich verteilt, wenn zwei unterschiedliche Metalle oder Kohle in eine Flüssigkeit eintauchen. Mehrere Monozellen bilden eine Batterie. Sie liefern eine höhere Spannung.

**Benutze keinesfalls die Spannung der Steckdose zum Experimentieren.
Öffne keine elektrischen Geräte.
Keine Versuche mit Spannungen über 24 V.
Bei den Versuchen nur dann Änderungen vornehmen, wenn die Spannungsquelle abgeschaltet ist.**

6 Elektrische Spannungsquellen

1.6 Spannungen messen

1 Eine Elektroinstallateurin prüft mit einem Spannungsprüfer

Mit einem Spannungsprüfer prüft die Elektroinstallateurin, ob an der Steckdose eine Spannung vorhanden ist (Bild 1). Die Glimmlampe leuchtet schwach auf, wenn an der Steckdose eine Spannung von über 80 V vorhanden ist. Bei höherer Spannung leuchtet die Glimmlampe heller auf. Doch Vorsicht ist bei dieser Art der Prüfung geboten. Wenn die Lampe nicht aufleuchtet, kann immer noch eine Spannung von bis zu 80 V vorhanden sein.

Um Spannungen zu messen, benutzt man einen **Spannungsmesser**, ein **Voltmeter**. Er wird parallel zur Spannungsquelle geschaltet. Wie das Voltmeter geschaltet wird, ist in Bild 2 als Versuchsaufbau und als Schaltplan dargestellt. Zur Spannungsmessung wird der Minuspol (−) des Messgerätes mit dem Minuspol (−) der Spannungsquelle und der Pluspol (+) des Messgerätes mit dem Pluspol (+) der Spannungsquelle verbunden.

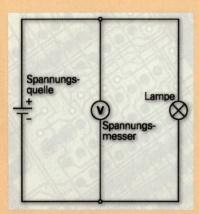 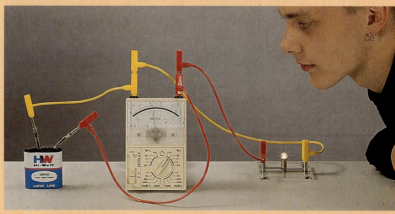

2 Spannungsmesser werden parallel geschaltet

Das Voltmeter in Bild 2 hat einen Messbereich von 0 bis 10 Volt. Es können damit Spannungen von 0 bis 10 Volt gemessen werden. Sollen größere Spannungen gemessen werden, muss ein Voltmeter mit einem größeren Messbereich benutzt werden.
Bei den Vielfachmessgeräten kann man auf unterschiedliche Messbereiche umschalten (Bild 3). Zunächst wird das Gerät auf die Spannungsmessung eingestellt. Wenn man nicht abschätzen kann, wie groß die zu messende Spannung etwa sein wird, wählt man den größten Messbereich des Voltmeters, zum Beispiel 300 V. Falls der Zeigerausschlag dann sehr gering ist, wird auf den nächst kleineren Bereich umgeschaltet.

> Spannungen werden mit dem Spannungsmesser, dem Voltmeter, gemessen. Voltmeter werden parallel zur Spannungsquelle angeschlossen.

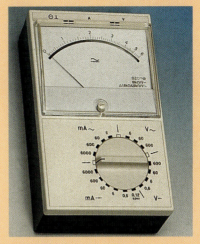

3 Vielfachmessgerät

1. Spannungen messen
a) Überprüfe mit einem Voltmeter die Spannung von Batterien und Akkus. Stimmen deine Messwerte mit den Angaben auf den Spannungsquellen überein?
b) Lege drei Monozellen wie im unten stehenden Bild aneinander. Wie groß ist die Spannung? Drehe die mittlere Monozelle um und miss erneut.

c) Lege eine Solarzelle in die Sonne und miss die Spannung. Dunkle mit der Hand die Solarzelle ab und miss erneut die Spannung.
d) Baue ein Zitronenelement mit zwei unterschiedlichen Metallen. Probiere mehrere Möglichkeiten aus und miss jeweils die Spannung. Notiere die Versuchsergebnisse in einer Tabelle.

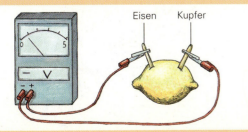

e) Schließe das Voltmeter an das Netzgerät an. Stelle mit Hilfe des Voltmeters eine Spannung von 4 V am Netzgerät ein.

f) Ermittle mit dem Voltmeter, wie groß die Spannung zwischen den beiden Anschlussstellen der Lampe ist.

2. Spannung messen in einer Reihenschaltung mit zwei Lampen
Baue die abgebildete Schaltung auf. Miss jeweils die Spannung an den Lampen und an der Spannungsquelle. Vergleiche sie miteinander. Was stellst du fest?

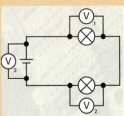

3. Spannung messen in einer Parallelschaltung mit zwei Lampen
Baue die abgebildete Schaltung auf. Miss jeweils die Spannung an den Lampen und an der Spannungsquelle. Vergleiche sie miteinander. Was stellst du fest?

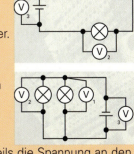

1 Elektrischer Stromkreis

1.7 Stromstärke messen

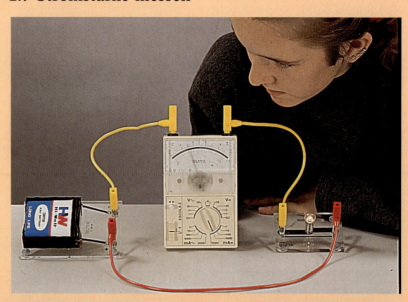

1 Stromstärkemessgerät im Stromkreis

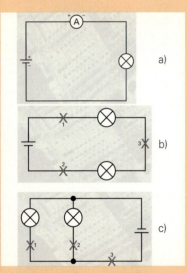

2 Stromstärkemessstellen

Die elektrische Stromstärke wird mit einem **Stromstärkemessgerät**, einem **Amperemeter**, gemessen. Dazu wird der Stromkreis an einer Stelle geöffnet und das Messgerät dazwischengeschaltet. Das Amperemeter muss stets mit einem anderen elektrischen Gerät in Reihe geschaltet sein (Bild 1). Am Schaltplan kannst du verfolgen, dass der Strom nacheinander durch das Messgerät und die Lampe fließt. Es ist egal, ob das Messgerät vor oder hinter der Lampe eingefügt wird. Das Messergebnis ist gleich. Die Stromstärke ist in einem geschlossenen Stromkreis an allen Stellen gleich. Das Amperemeter kann im Stromkreis an unterschiedlicher Stelle liegen. Achte aber stets darauf, dass der Pluspol (+) der Spannungsquelle zum Pluspol (+) des Messgerätes führt.

> Die elektrische Stromstärke wird mit dem Stromstärkemessgerät (Amperemeter) gemessen. Amperemeter werden in Reihe mit elektrischen Geräten geschaltet. In einem Stromkreis ist die Stromstärke überall gleich.

V

1. Messen mit dem Amperemeter

Baue einen Stromkreis wie in Bild 1 und Bild 2a mit einer Batterie als Spannungsquelle, mit einer Lampe und Kabeln auf. Unterbrich den Stromkreis, indem du ein Kabel an der Lampe löst. Füge an dieser Stelle das Amperemeter ein. Wähle den richtigen Messbereich am Amperemeter und miss die Stromstärke.

Unterbrich den Stromkreis an einer anderen Stelle und wiederhole die Messung. Vergleiche deine Messergebnisse.

2. Stromstärke messen

Baue Stromkreise nach Bild 2b und 2c auf. Füge das Stromstärkemessgerät an den gekennzeichneten Stellen ein und miss die Stromstärke. Formuliere deine Ergebnisse.

➲ 1.4 Der elektrische Stromkreis im Modell

1.8 Spannung und Stromstärke hängen zusammen

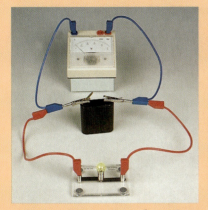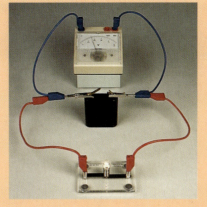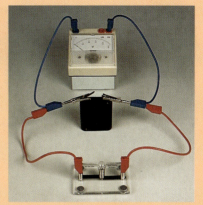

1 Keine Spannung – kein Strom

Eine ältere Taschenlampenbatterie liefert nicht mehr die volle Spannung (Bild 1). Die Lampe leuchtet nur schwach. Die gleiche Lampe leuchtet heller, wenn sie an eine neue Batterie angeschlossen wird. Wenn die Batterie gar keine Spannung mehr hat, leuchtet die Lampe nicht. Aus diesen Beobachtungen können wir vermuten, dass in einem Stromkreis ein Zusammenhang zwischen der Spannung und der Stromstärke besteht. Es scheint so, als würde bei einer hohen Spannung ein großer Strom fließen und bei einer kleinen Spannung ein geringer. Diese Vermutung kannst du mit einem Versuch überprüfen (siehe unten).

Die Messergebnisse des Versuches bestätigen: Je größer die Spannung ist, desto größer ist auch die Stromstärke. Bei doppelter Spannung ist die Stromstärke doppelt so groß, bei dreifacher Spannung erhält man eine dreifache Stromstärke.

> Wird in einem Stromkreis die Spannung verdoppelt, verdoppelt sich auch die Stromstärke.

1 Stelle die Messergebnisse von Versuch 1 in einem Liniendiagramm dar.

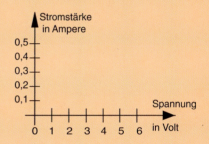

V

1. Spannung und Stromstärke

Schließe eine Lampe (6 V) an eine Spannungsquelle an, deren Spannung einstellbar ist.
Schalte in den Stromkreis ein Amperemeter.
Schließe ein Voltmeter an die beiden Pole der Spannungsquelle an. Stelle nacheinander eine Spannung von 1 V, 2 V, 3 V, … 6 V ein und miss jeweils die Stromstärke. Übertrage die Tabelle in dein Heft und trage die Messergebnisse ein.
Formuliere einen Ergebnissatz.

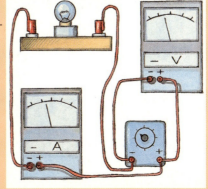

Spannung in V	Stromstärke in A
1	?
2	?
3	?
4	?
5	?
6	?

➲ 1.6 Spannungen messen, 1.7 Stromstärke messen

1 Elektrischer Stromkreis

1.9 Der elektrische Widerstand

1 Gleiche Spannung, unterschiedliche Stromstärke

Die beiden Lampen in Bild 1 sind an dieselbe Spannungsquelle (230 V) angeschlossen. Sie leuchten unterschiedlich hell. Wir messen eine unterschiedliche Stromstärke. Offenbar hemmen die Lampen den elektrischen Strom unterschiedlich stark. So fließt durch die hellere Lampe ein Strom von 0,43 A. Bei der anderen Lampe wird eine Stromstärke von 0,11 A gemessen. Weil beide Lampen an dieselbe Spannungsquelle angeschlossen sind, muss der Stromfluss bei der dunkleren Lampe stärker gehemmt sein als bei der hellen Lampe.

 Beschreibe je drei Beispiele für gute elektrische Leiter, schlechte elektrische Leiter und Nichtleiter.

1. Zusammenhang von Spannung, Stromstärke und Widerstand

Schließe einen Konstantandraht (besteht aus Kupfer und Nickel) von 0,2 mm Durchmesser und 50 cm Länge an ein Netzgerät. Schließe ein Strommessgerät in den Stromkreis. Schalte einen Spannungsmesser an das Netzgerät und stelle eine Spannung von 0,5 V ein. Miss die Stromstärke. Erhöhe die Spannung jeweils um 0,5 V bis 4 V. Miss jeweils die Stromstärke. Übertrage die Messwerte in eine Tabelle und zeichne mit diesen Werten ein Diagramm.

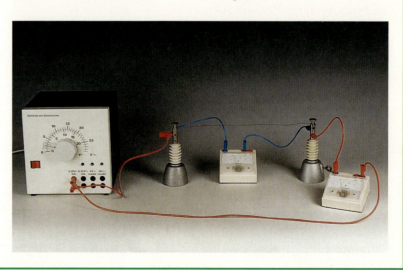

➲ 1.11 Widerstände messen und berechnen

Man bezeichnet die Eigenschaft eines elektrischen Leiters, den Stromfluss zu hemmen, als Widerstand. Man sagt, der Leiter hat einen elektrischen **Widerstand**. Im gleichen Stromkreis gilt: Je kleiner die Stromstärke ist, desto größer ist der Widerstand eines elektrischen Leiters.

Wenn bei gleicher Spannung durch die Lampe 1 ein größerer Strom fließt als durch die Lampe 2, dann ist der Widerstand der Lampe 1 kleiner als der Widerstand der Lampe 2.

Der Zusammenhang zwischen Spannung, Stromstärke und Widerstand kann im Versuch herausgefunden werden.

In Bild 2 sind die Ergebnisse in einer Tabelle und in einem Diagramm dargestellt. Daraus kannst du den folgenden Zusammenhang entnehmen. Je größer die Spannung U ist, desto größer ist auch die Stromstärke I. Eine Verdopplung der Spannung bewirkt eine doppelt so große Stromstärke.

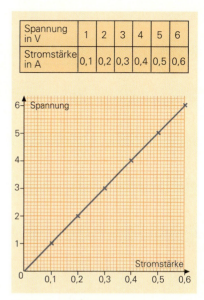

2 *Messergebnisse*

Bilden wir für jede Messung eines Drahtes das Verhältnis $\frac{U}{I}$, so stellen wir fest, dass sich immer ein gleicher Wert ergibt, z. B.

$$\frac{1\,V}{0{,}1\,A} = 10\,\frac{V}{A}; \qquad \frac{2\,V}{0{,}2\,A} = 10\,\frac{V}{A}; \qquad \frac{4\,V}{0{,}4\,A} = 10\,\frac{V}{A}$$

Das Verhältnis $\frac{U}{I}$ benutzt man, um den Widerstand festzulegen. Wenn bei einer Spannung von 1 V eine Stromstärke von 1 A vorhanden ist, ergibt sich ein Widerstand von $\frac{1\,V}{1\,A} = 1\,\Omega$. Bei unserem Versuch liegt ein Widerstand von 10 Ω vor.

Der elektrische Widerstand erhält das Zeichen **R**. Die Einheit des Widerstandes ist 1 **Ohm** (1 Ω). Sie ist benannt nach dem deutschen Physiker GEORG SIMON OHM (Bild 3).

3 GEORG SIMON OHM *(deutscher Physiker, 1787–1854)*

Der Zusammenhang zwischen der Spannung U und der Stromstärke I, der um 1826 von GEORG SIMON OHM zum ersten Mal beobachtet wurde, wird als Ohm'sches Gesetz bezeichnet.

Die Eigenschaft eines elektrischen Leiters, den Stromfluss zu hemmen, bezeichnet man als Widerstand.
Der elektrische Widerstand ist der Quotient aus Spannung U und Stromstärke I.

Widerstand = $\frac{\text{Spannung}}{\text{Stromstärke}}$ $\qquad R = \frac{U}{I}$

Die Einheit des elektrischen Widerstandes ist 1 Ω (1 Ohm).

2 Wie ändert sich die Stromstärke, wenn die Spannung auf die Hälfte verringert wird (Bild 2)?

3 Wie groß ist jeweils der Widerstand der beiden Lampen in Bild 1?

1 Elektrischer Stromkreis

1.10 Wovon hängt der Widerstand eines Drahtes ab?

1. Widerstand und Querschnitt des Drahtes
Spanne einen Konstantandraht mit der Länge 1 m ein. Stelle eine Spannung von 2 V ein und miss die Stromstärke. Wiederhole den Versuch mit einem gleich langen Konstantandraht mit doppeltem bzw. dreifachem Querschnitt. Miss jeweils die Stromstärke. (Hinweis: Einen doppelt bzw. dreifach so großen Querschnitt erhältst du, indem du zwei oder drei Drähte mit gleichem Querschnitt zusammen einspannst). Trage die Messwerte in eine Tabelle ein. Berechne die Widerstände.

2. Widerstand und Länge des Drahtes
Baue einen Stromkreis wie im nebenstehenden Bild auf. Stelle eine Spannung von 1 V am Netzgerät ein. Miss die Stromstärke. Wiederhole den Versuch mit einer Drahtlänge von 1 m, 1,5 m, 2 m. Trage deine Ergebnisse in eine Tabelle ein. Berechne die Widerstände.

3. Widerstand und Material
Schließe einen Konstantandraht an ein Netzgerät an. Stelle eine Spannung von 0,5 V ein. Miss die Stromstärke.
Wiederhole den Versuch mit gleich langen und gleich dicken Drähten aus Eisen und Kupfer. Vergleiche die Stromstärken.

4. Widerstand und Temperatur
Schließe einen gewendelten Eisendraht an ein Netzgerät an. Stelle eine Stromstärke von 1 A ein. Erwärme den Draht. Beobachte das Amperemeter. Deute deine Beobachtung.

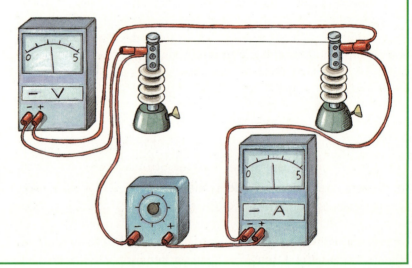

1 Wovon hängt der Widerstand eines Drahtes ab?

2 Ergänze folgende Sätze über den Widerstand:
Je dicker ein Draht ist, desto …
Je dünner ein Draht ist, desto …
Je länger der Draht ist, desto …
Je kürzer der Draht ist, desto …
Ein Kupferdraht hat im Vergleich mit einem Eisendraht einen …

Der elektrische Widerstand hängt vom **Querschnitt**, von der **Länge** und vom **Material** eines Drahtes ab. Auch die **Temperatur** kann den Widerstand ändern. Wenn wir unterschiedliche Drähte an dieselbe Spannung anschließen, erhalten wir folgende Ergebnisse:

Je größer der Querschnitt des Drahtes ist, desto kleiner ist der Widerstand des Leiters. Ein kleiner Widerstand bedeutet, dass die Stromstärke größer wird. Bei einer Verdopplung des Querschnitts halbiert sich der Widerstand (Bild 1).

Je länger der Draht ist, desto größer ist der Widerstand. Die Stromstärke wird kleiner. Bei einer Verdopplung der Länge verdoppelt sich auch der Widerstand, eine dreifache Länge ergibt einen dreifachen Widerstand (Bild 2).

1 Widerstand und Querschnitt

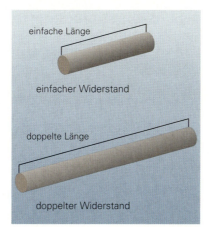

2 Widerstand und Drahtlänge

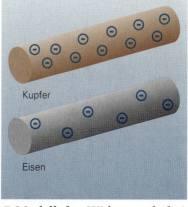

3 Modell des Widerstands bei unterschiedlichen Metallen

Unterschiedliche Materialien haben bei gleicher Länge und gleicher Querschnittsfläche unterschiedliche Widerstände. Ein Eisendraht setzt dem elektrischen Strom einen größeren Widerstand entgegen als ein Kupferdraht (Bild 3).

Der Widerstand des Eisendrahtes wird bei Erwärmung größer. Das gilt auch für die meisten Metalle. Bei einem Konstantandraht bleibt der Widerstand bei Erwärmung fast gleich (konstant).

In einem Draht, der den elektrischen Strom gut leitet, müssen sich viele Elektronen in eine bestimmte Richtung bewegen. Wir stellen uns das Innere eines Metalls wie in Bild 4 vor.

Erklärung des Widerstands im Modell. Wird eine Spannung angelegt, bewegen sich Elektronen in eine Richtung. Ein Kupferdraht leitet den elektrischen Strom besser als ein gleich langer und gleich dicker Eisendraht. Das bedeutet, es bewegen sich im Kupferdraht deutlich mehr Elektronen als im Eisendraht in eine Richtung (Bild 3).

Weiterhin können wir uns vorstellen, dass in einem dickeren Draht mehr Elektronen gleichzeitig fließen können als in einem dünneren Draht. Das bedeutet eine größere Stromstärke sowie einen kleineren Widerstand (Bild 4).

In einem längeren Draht werden die Elektronen stärker gehemmt als in einem kürzeren Draht. Eine stärkere Behinderung der Elektronenbewegung bedeutet einen größeren Widerstand. Daraus ergibt sich eine kleinere Stromstärke.

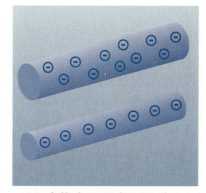

4 Modell des Widerstands bei unterschiedlichem Querschnitt

3 Die Leitungen zu den elektrischen Geräten sollten einen möglichst kleinen Widerstand haben. Wie sollten diese Leitungen beschaffen sein?

4 Die Geschwindigkeit des Rennwagens bei einer elektrischen Autorennbahn wird durch einen Widerstand im Handsteuergerät verändert. Wird der Hebel am Griff gedrückt, gleitet ein Schleifkontakt über einen aufgewickelten Widerstandsdraht. Erkläre, wie das Auto schneller oder langsamer fahren kann.

> Der Widerstand eines Drahtes hängt ab vom Material, vom Querschnitt und von der Länge des Drahtes. Bei vielen Metallen nimmt der Widerstand bei Erwärmung zu.

1.4 Der elektrische Stromkreis im Modell

M 1 Elektrischer Stromkreis

1.11 Widerstände messen und berechnen

1 Heißleiter und Fotowiderstände sind Beispiele für veränderliche Widerstände. Erkläre ihre Funktionsweise. Gib Beispiele für ihre Verwendungsmöglichkeit an.

2 Ein Bügeleisen wird an die Steckdose (230 V) angeschlossen. Die Stromstärke beträgt 5 A. Wie groß ist der Widerstand?

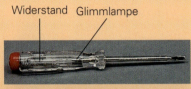

1 Widerstandsmessgerät

2 Festwiderstände als Bauteil

Der Widerstand kann mit einem **Widerstandsmessgerät**, einem **Ohmmeter**, bestimmt werden (Bild 1). Dazu wird bei den Vielfachmessgeräten der Schalter auf den größten Messbereich für Widerstände eingestellt. Die beiden Anschlüsse des Messgerätes werden miteinander durch ein Kabel verbunden. Dann wird der Zeiger am Messgerät auf einen Wert von 0 Ω eingestellt. Um den Widerstand eines Drahtes oder Gerätes zu bestimmen, wird jeder Anschluss des Messgerätes mit einem Drahtende oder Kabelende verbunden. Auf der Skala wird der Widerstand abgelesen. Falls der Zeigerausschlag zu klein ist, wird auf einen kleineren Messbereich umgeschaltet.

Widerstände als Bauteile. In der Herdplatte werden Heizdrähte so geschaltet, dass kleinere und größere Ströme fließen. In elektronischen Schaltungen werden Bauteile eingesetzt, die die Stromstärke begrenzen sollen. Diese Bauteile nennt man Widerstände. Es gibt sie in unterschiedlichen Bauformen (Bild 2). **Festwiderstände** haben einen festen Widerstandswert.

Ein Widerstand schützt. Bei einem Spannungsprüfer muss die Glimmlampe mit einem Widerstand in Reihe geschaltet werden. Dadurch wird die Stromstärke begrenzt.

Der Widerstand ändert sich

1. Baue einen Stromkreis mit einer Batterie, einer Lampe, einem Heißleiter, einem Amperemeter und Kabel auf. Erwärme den Heißleiter vorsichtig. Beobachte dabei das Amperemeter. Beschreibe deine Beobachtung in einem Je-desto-Satz.

2. Baue einen Stromkreis mit einer Batterie, einer Lampe, einem Fotowiderstand, einem Amperemeter und Kabel auf. Nähere den Fotowiderstand einer Lampe und beobachte dabei das Amperemeter. Beschreibe deine Beobachtung in einem Je-desto-Satz.

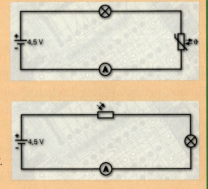

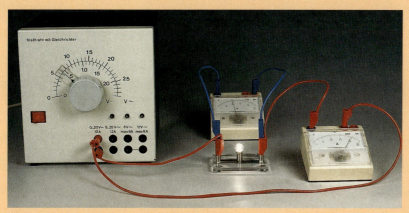

3 Die dritte Größe wird berechnet

Das Ohm'sche Gesetz beschreibt den Zusammenhang von Widerstand, Stromstärke und Spannung. Mit der Gleichung $R = \frac{U}{I}$ kann jede der drei Größen berechnet werden, wenn die beiden anderen Größen bekannt sind (Bild 3).

Widerstand berechnen. Wie groß ist der Widerstand der Lampe? Die Lampe wird an eine Spannungsquelle (6 V) angeschlossen. Die Stromstärke beträgt 0,3 A.

$$R = \frac{U}{I} \qquad R = \frac{6\,\text{V}}{0{,}3\,\text{A}} = 20\,\Omega$$

Der Widerstand R der Lampe beträgt 20 Ω.

Spannung berechnen. Wie groß darf die Spannung höchstens sein, damit eine Stromstärke von 0,5 A bei der Lampe (20 Ω) nicht überschritten wird?
Die Gleichung $R = \frac{U}{I}$ wird umgeformt. Man erhält $U = R \cdot I$.

$$U = R \cdot I \qquad U = 20\,\Omega \cdot 0{,}5\,\text{A} = 10\,\text{V}$$

Es darf höchstens eine Spannung von 10 V anliegen.

Stromstärke berechnen. Wie groß ist die Stromstärke in einem Stromkreis mit einer Lampe (20 Ω) bei einer Spannung von 24 V? Die Gleichung $R = \frac{U}{I}$ wird umgeformt. Man erhält $I = \frac{U}{R}$.

$$I = \frac{U}{R} \qquad I = \frac{24\,\text{V}}{20\,\Omega} = 1{,}2\,\text{A}$$

Die Stromstärke beträgt dann 1,2 A.

> Widerstände werden mit dem Ohmmeter gemessen. Mithilfe der Formel $U = R \cdot I$ kann jede der drei Größen (Widerstand, Spannung, Stromstärke) berechnet werden, wenn zwei von den drei Größen bekannt sind.

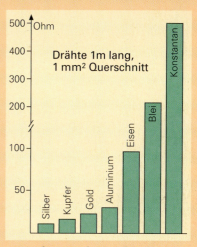

4 Widerstand verschiedener Metalle

3 Auf Lämpchen sind jeweils folgende Angaben vorhanden:
a) 3 V und 0,3 A
b) 4 V und 0,04 A
c) 6 V und 0,2 A
Berechne den Widerstand jeder Lampe.

4 Wie groß ist jeweils die Stromstärke, wenn die Drähte aus Bild 2 in eine Spannungsquelle von 4 V angeschlossen werden?

1 Elektrischer Stromkreis

1.12 Sicherheit im Umgang mit Elektrizität

Der menschliche Körper kann den elektrischen Strom leiten. Das kann gefährliche Folgen haben, wenn dabei bestimmte Stromstärken überschritten werden (Bild 1). Es können gesundheitliche Schäden auftreten, die bis zum Tode führen können.

Durch die Wärmewirkung können an der Hautoberfläche Verbrennungen auftreten. Durch die chemische Wirkung des Stromes werden Körperzellen zerstört. Bereits bei einer Stromstärke über 15 mA können Muskelkrämpfe und Atembeschwerden die Folge sein. Stärkere Ströme reizen die Nerven und Muskeln so, dass die Atmung aussetzen kann und das Herz schneller und unregelmäßig schlägt. Der normale Herzrhythmus wird gestört. Das kann zum Tode führen.

Diese Wirkungen auf den Menschen werden von der anliegenden Spannung und dem Widerstand seines Körpers beeinflusst. Für Spielzeuganlagen und für Schülerversuche dürfen Spannungen von 24 V nicht überschritten werden, damit keine Gefährdung eintreten kann. Auch die Einwirkdauer des Stromes ist für die Folgen entscheidend. Wenn die Einwirkzeit länger als 2 Sekunden beträgt, können Stromstärken über 30 mA bereits tödlich sein.

Schutzmaßnahmen. Um vor den Gefahren des elektrischen Stromes zu schützen, müssen die elektrischen Geräte und Anlagen bestimmte Sicherheitsvorschriften erfüllen.

> **Tod beim Baden**
>
> Tragisches Unglück einer Nürnberger Familie. Ein 14-jähriges Mädchen starb in der Badewanne. …
> Todesursache ist wahrscheinlich ein Föhn, der ins Badewasser rutschte …
>
> Die Polizei warnt ausdrücklich davor, Elektrogeräte in der Nähe von Badewannen oder Waschbecken aufzustellen.

1 Gefährliche Folgen des elektrischen Stroms

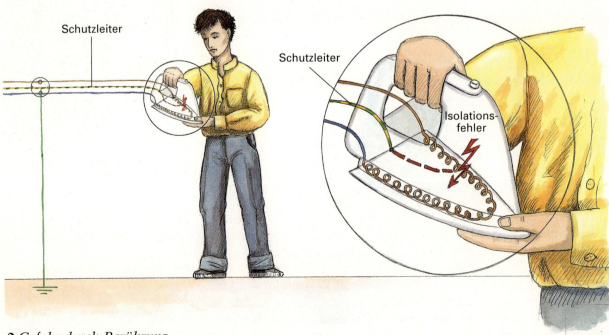

2 Gefahr durch Berührung

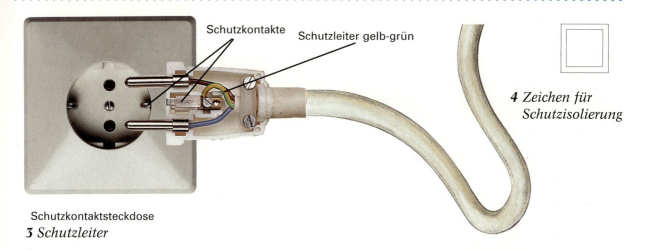

Schutzkontaktsteckdose
3 Schutzleiter

4 Zeichen für Schutzisolierung

Schutzisolierung. Zunächst müssen alle Teile, durch die der Strom fließt, mit einem Material umgeben sein, das den Strom nicht leitet. Sie müssen isoliert sein oder wie beim Haartrockner gegen unabsichtliches Berühren durch ein Gitter geschützt sein. Geräte mit einem umfassenden Kunststoffgehäuse sind durch diese Schutzisolierung gesichert. Sie tragen das Zeichen für schutzisolierte Geräte (Bild 4).

Schutzleiter. Viele Geräte müssen ein Gehäuse aus Metall haben, zum Beispiel Bügeleisen, Kochplatte, Waschmaschine. Wenn bei diesen Geräten beispielsweise durch ein durchgescheuertes Anschlusskabel das Gehäuse unter Spannung steht, würde bei Berührung der Strom durch den Menschen fließen (Bild 2). Um diese Gefahr auszuschließen, werden alle Metallteile dieser Geräte mit einem Schutzleiter verbunden (Bild 3). Dieser Schutzleiter ist ein zusätzliches Kabel, das mit dem Erdreich verbunden ist. Es ist durch eine grün-gelbe Farbe gekennzeichnet. Der Anschluss ist mit dem Erdungszeichen gekennzeichnet. Er muss besonders sorgfältig am Schutzkontakt des Gerätesteckers angeschlossen werden. Im Falle eines Fehlers fließt der Strom durch den Schutzleiter ab, ohne den Menschen zu gefährden.

Fehlerstromschutzschalter. Einen besseren Schutz bietet der Fehlerstromschutzschalter (FI-Schalter). Dieses Gerät vergleicht die Stromstärke vor und hinter dem Elektrogerät. Wenn beide Werte nicht gleich sind, muss ein Fehler vorliegen. Der Strom hat einen fehlerhaften Weg genommen. Überschreitet der Fehlerstrom eine Stromstärke von 30 mA, so unterbricht der Fehlerstromschutzschalter innerhalb von 20 ms (Millisekunden = Tausendstel Sekunde) den Stromkreis. Das ist schnell genug, um eine Gefährdung nahezu auszuschließen.

Die Nichtbeachtung von Sicherheitsbestimmungen im Umgang mit Elektrizität kann gefährliche Folgen haben. Verschiedene Maßnahmen sollen den Menschen schützen.

Umgang mit Elektrizität

⚠️

Berühre keine unisolierten Leitungen, die an eine Spannungsquelle über 24 V angeschlossen sind.

Benutze elektrische Geräte nicht mit feuchten Händen.

Benutze elektrische Geräte nicht in der Nähe von Waschbecken oder Badewannen.

Vermeide ein gleichzeitiges Berühren von Elektrogeräten und Wasser- oder Heizungsrohren.

Nimm keine schadhaften Elektrogeräte in Betrieb. Lass sie durch eine Fachfrau oder einen Fachmann reparieren.

Lass keine Drachen in der Nähe von Hochspannungsleitungen oder Fahrdrähten von Bahnen steigen.

---

1 Wann wird elektrischer Strom für den Menschen gefährlich?

2 Wann kann elektrischer Strom im Haushalt zu Schäden führen?

3 Stelle Regeln für den Umgang mit elektrischen Geräten auf.

1 Elektrischer Stromkreis

1.13 Kurzschluss und Sicherung

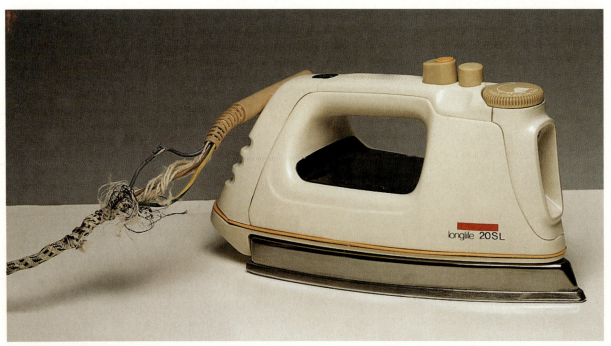

1 Achtung! Kurzschluss – Lebensgefahr!

Kurzschluss. Ein Kurzschluss ergibt sich häufig dann, wenn die Isolierung der Anschlusskabel von elektrischen Geräten schadhaft geworden ist (Bild 1). Dann können sich die beiden Zuleitungsdrähte berühren. Der elektrische Strom fließt nicht mehr durch das Gerät, sondern nimmt den kürzeren Weg über die Berührungsstelle von einem zum anderen Kabel. Die Stromstärke kann dabei so groß werden, dass die Zuleitungsdrähte heiß werden und einen Brand verursachen können. Zum Schutz vor zu großen Stromstärken werden daher Sicherungen in den Stromkreis eingebaut (Bild 2). Sie sollen den Stromkreis unterbrechen, wenn eine bestimmte Stromstärke überschritten wird.

V

1. Schmelzsicherung

Baue einen Stromkreis mit einer Spannungsquelle, Lampe, Kabeln und einem dünnen Draht mit einem Durchmesser von 0,1 mm als Sicherung so wie im Bild auf. Verbinde die beiden Anschlussstellen der Lampe durch ein Kabel, sodass ein Kurzschluss entsteht. Beschreibe deine Beobachtung.

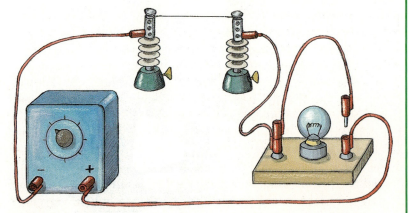

➲ 1.14 Wirkungen des elektrischen Stroms

2 Schmelzsicherungen

Schmelzsicherung. Im Innern einer Sicherung liegt ein dünner Draht in Sand eingebettet (Bild 2). Dieser dünne Draht wird bei einer hohen Stromstärke zunächst heiß und schmilzt schließlich, wenn die Stromstärke zu groß wird. Der Stromkreis wird dann unterbrochen. Der Sand fängt den schmelzenden Draht auf.

Die Kennfarbe der Sicherung gibt an, bei welcher Stromstärke der Draht schmelzen soll. Bei einer roten Farbkennung schmilzt der Draht in der Sicherung, wenn eine Stromstärke von 10 A überschritten wird.

In anderen Anlagen schützt ein Sicherungsautomat vor zu hohen Stromstärken.

In elektrischen Geräten und im Auto gibt es Feinsicherungen. Diese schmelzen bereits bei einer geringen Stromstärke durch. Auf diese Weise werden die empfindlichen elektrischen Bauteile vor zu hohen Stromstärken geschützt (Bild 2).

> Bei einem Kurzschluss besteht eine direkte Verbindung zwischen den beiden Polen einer Spannungsquelle. Dabei kann die Stromstärke sehr groß werden. Eine Sicherung unterbricht dann den Stromkreis. Dadurch werden die Geräte geschützt.

1 Was versteht man unter einem Kurzschluss?

2 Zeichne den Schaltplan für den Versuch „Schmelzsicherung" in dein Heft. Trage mit einem roten Stift den Stromfluss bei einem Kurzschluss ein.

3 Welche Aufgabe hat eine Sicherung?

4 Beschreibe den Aufbau einer Schmelzsicherung.

5 Zeichne einen Schaltplan mit Spannungsquelle, Lampe, Schalter und Kabeln. Kennzeichne die Stelle im Stromkreis, an der eine Sicherung eingebaut werden kann.

1 Elektrischer Stromkreis

1.14 Wirkungen des elektrischen Stroms

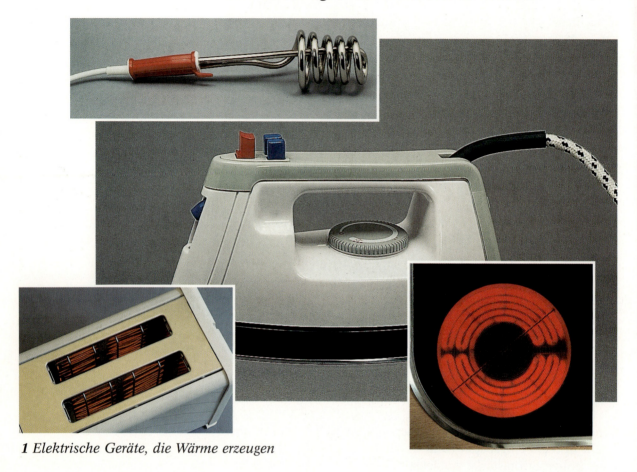

1 Elektrische Geräte, die Wärme erzeugen

Elektrizität liefert die Energie für viele elektrische Geräte. Der elektrische Strom hat unterschiedliche Begleiterscheinungen.

Wärme. Viele elektrische Geräte erzeugen Wärme, sobald sie eingeschaltet werden. Elektrische Heizgeräte haben alle einen besonderen Heizdraht, der sich stark erwärmt (Bild 1). Beim Toaster oder beim Heizlüfter ist der glühende Heizdraht deutlich sichtbar. Bei anderen Geräten wie beim Bügeleisen oder beim Heizkissen liegen die Heizdrähte im Innern verborgen. Alle Geräte sind so gebaut, dass sich nur der Heizdraht stark erwärmt und nicht die Zuleitungen.

Licht. In der Glühlampe erwärmt sich der Glühdraht durch den elektrischen Strom so stark, dass er leuchtet (Bild 2). Damit der Glühdraht heller leuchtet, ist er mehrfach gewendelt. Bei Halogenlampen können die Glühdrähte bis etwa 3000 °C heiß werden. Damit der Glühfaden bei hohen Temperaturen nicht verbrennt, werden die Glaskolben luftleer gepumpt. Eine andere Möglichkeit ist, sie mit Edelgasen zu füllen. Bei Glimmlampen

2 Elektrizität liefert Licht

1. Der Heizdraht
Baue einen Stromkreis mit zwei unterschiedlich dicken Drähten aus Konstantan auf. Verändere mit dem Einstellknopf des Netzgerätes die Spannung so lange, bis ein Draht glüht. Welcher Draht glüht zuerst?
Bei welcher Spannung beginnt er zu glühen?

2. Eine Wendel als Glühdraht

a) Wickle einen Konstantandraht um einen Bleistift so zu einer Wendel, dass die Schleifen eng nebeneinanderliegen. Sie sollen sich aber nicht berühren. Spanne die Wendel zwischen zwei Isolierstützen und verbinde sie mit einem Netzgerät.
Stelle das Netzgerät so ein, dass die Wendel glüht. Bei welcher Spannung beginnt der Draht zu glühen? Was geschieht, wenn du mit beiden Isolierstützen den gewendelten Draht vorsichtig auseinander ziehst?

b) Schalte das Netzgerät aus. Befestige die Drahtwendel wie im nebenstehenden Bild. Stelle das Netzgerät wieder so ein, dass die Wendel glüht. Miss die Spannung und vergleiche sie mit Versuch a.

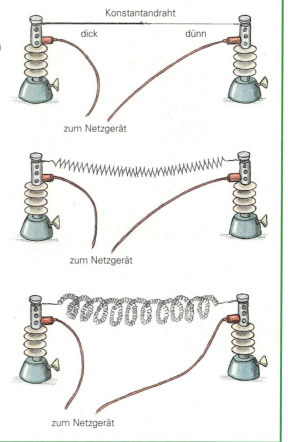

und bei Leuchtstofflampen bewirkt der elektrische Strom, dass das Gas im Innern der Lampen leuchtet.

Chemische Vorgänge. Durch die Wirkung des elektrischen Stromes kann ein unedles Metall wie Eisen mit einer dünnen Silber-, Nickel- oder Chromschicht überzogen werden. Modeschmuck, der verchromte Fahrradlenker oder versilberte Gegenstände wie zum Beispiel Bestecke werden nach diesem Verfahren hergestellt (Bild 3).

Fließt der Strom durch eine Salzlösung (z. B. Kupfersulfatlösung) verändert sich nach einer gewissen Zeit ein Eisennagel, der in der Lösung liegt (Versuch 6, S.37). Er wird rotbraun. Er hat sich mit einer dünnen Kupferschicht überzogen. In anderen leitenden Flüssigkeiten findet eine ähnliche Reaktion statt. Fließt der Strom durch das Wasser, sprudeln an den Kohlestäben Gasbläschen empor. Es sind Wasserstoff und Sauerstoff, die beiden Bestandteile des Wassers. Durch den elektrischen Strom wurden die Wassermoleküle zerlegt.

3 Verchromen mit Hilfe des Stroms

1 Elektrischer Stromkreis

4 Magnetische Begleiterscheinung

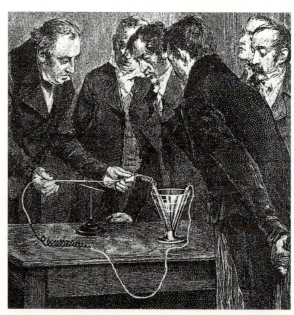

5 ØRSTED zeigt seine Entdeckung einem staunenden Publikum

1 Welche Gemeinsamkeiten, welche Unterschiede haben Dauermagnete und Elektromagnete?

2 In welchen elektrischen Geräten gibt es ein- und ausschaltbare Magnete?

3. Ørsteds Versuch

Stelle eine Magnetnadel so unter einem Kupferdraht (z.B. 50 cm lang, $d = 0{,}2$ mm) auf, dass der Draht in Nord-Süd-Richtung verläuft. Stelle am Netzgerät eine Spannung von 10 V ein. Schließe mit dem Schalter für einige Sekunden den Stromkreis. Beschreibe die Bewegungen der Magnetnadel. Wie ändert sich die Bewegung der Nadel, wenn du die Anschlüsse am Netzgerät vertauschst?

Magnetische Vorgänge. Auf einem Schrottplatz heben gewaltige Hebemagnete die Eisenteile hoch (Bild 4). Im Gegensatz zu den Dauermagneten können diese Magnete ein- und ausgeschaltet werden. Man nennt sie **Elektromagnete.** Diese Elektromagnete bestehen aus einem Eisenkern und einem aufgewickelten Draht, einer Spule. Wenn durch die Spule ein elektrischer Strom fließt, hält der Magnet die Eisenteile fest. Wird der Strom ausgeschaltet, fällt das Eisen ab. Viele technische Geräte enthalten Elektromagnete, zum Beispiel: Elektromotor, Magnetkran, elektrische Klingel und Summer, Telefon, Lautsprecher, Türöffner.

Der dänische Physiker HANS CHRISTIAN ØRSTED demonstrierte 1820 eine bislang unbekannte Begleiterscheinung des elektrischen Stromes (Bild 5). Dazu hatte er einen geraden Draht so über eine Magnetnadel gespannt, dass dieser in die gleiche Richtung wie die Magnetnadel zeigte. Wurde dann der Strom eingeschaltet, wurde die Magnetnadel abgelenkt. Wurde der elektrische Stromkreis wieder unterbrochen, pendelte die Magnetnadel in ihre Ausgangslage zurück. Aus der Beobachtung schloss er, dass der elektrische Strom eine magnetische Wirkung ausübt. Und noch eine weitere erstaunliche Entdeckung machte er. Vertauschte er die Anschlussstellen der Batterie, so wurde die Magnetnadel in die andere Richtung abgelenkt.

ØRSTED hatte einen ein- und ausschaltbaren Magneten – einen **Elektromagneten** – entdeckt. Diese Entdeckung bildet die Grundlage für viele technische Geräte.

→ 1.15 Elektromagnete in Aktion

Der elektrische Strom hat verschiedene Wirkungen.
Der elektrische Strom erwärmt einen Leiter, der so heiß werden kann, dass er zu glühen beginnt und leuchtet.
Ein Leiter, durch den ein elektrischer Strom fließt, hat eine magnetische Wirkung.
Der elektrische Strom bewirkt in leitenden Flüssigkeiten chemische Vorgänge.

3 Gib zu jeder Wirkung des elektrischen Stroms zwei Beispiele an.

4. Ein- und ausschaltbarer Magnet
Wickle den isolierten Draht mehrfach um einen Eisennagel. Schließe die beiden Drahtenden für kurze Zeit an die Pole einer Flachbatterie an. Halte einige Büroklammern an den Draht. Beschreibe, wann sie angezogen werden.

5. Eine Magnetnadel wird in Bewegung gebracht
Stelle eine Magnetnadel unter das Kabel eines Stromkreises. Schalte den Strom mehrfach ein und aus. Beschreibe, wie sich die Magnetnadel verhält.

6. Verkupfern
Stelle ein Kupferblech und einen Eisennagel in eine Kupfersulfatlösung, ohne dass sie sich berühren. Verbinde das Kupferblech über ein Kabel mit dem Pluspol der Batterie. Den Nagel verbinde über eine Lampe mit dem Minuspol der Batterie. Lass den Strom etwa 30 Minuten fließen. Beschreibe das Ergebnis.

7. Wasserzersetzung
Stelle zwei Kohlestäbe in ein mit Wasser gefülltes Gefäß, ohne dass sie sich berühren. Verbinde den einen Kohlestab direkt über ein Kabel mit der Batterie. Der andere Stab wird über eine Lampe mit dem anderen Pol verbunden. Unterbrich nach einer Minute den Stromkreis. Beschreibe deine Beobachtung.

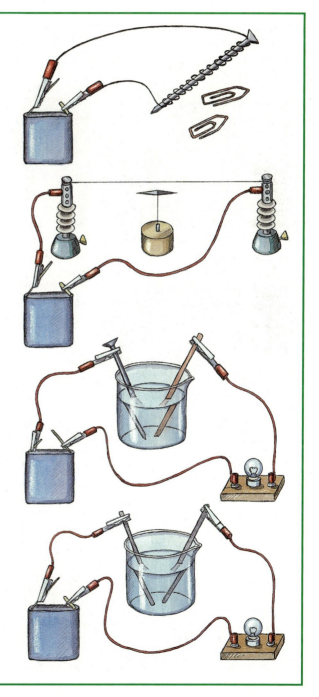

1.2 Elektrische Geräte im Stromkreis

1 Elektrischer Stromkreis

 Baue einen Magnetkran. Beachte dabei folgende Schritte: Fertige eine Skizze an. Wähle die passenden Werkstoffe aus. Erstelle eine Materialliste. Plane den Arbeitsablauf. Richte deinen Arbeitsplatz ein.

1.15 Elektromagnete in Aktion

Wovon hängt die Stärke des Magnetfeldes einer Spule ab? Elektromagnete können tonnenschwere Lasten heben. Wie werden so große Magnetkräfte erreicht? Mithilfe der Ergebnisse aus den Versuchen 1 bis 3 kann diese Frage beantwortet werden.

V

1. Magnetfeld und Stromstärke

Schließe eine Spule (zum Beispiel mit 400 Windungen) an ein Netzgerät für Gleichstrom an. Stelle vor der Spule eine Magnetnadel auf. Schalte das Netzgerät ein. Stelle unterschiedliche Stromstärken ein und beobachte die Magnetnadel.
Achtung: Die auf der Spule angegebene Stromstärke darf nicht überschritten werden!
Schalte das Netzgerät mehrfach ein und aus. Beschreibe deine Beobachtung.

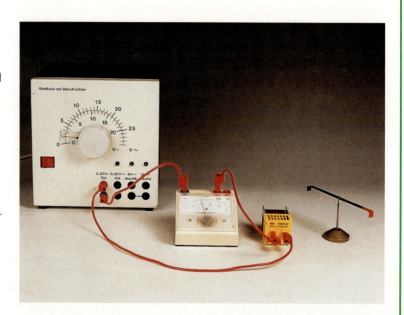

2. Magnetfeld und Windungszahl der Spule

Schließe drei Spulen mit unterschiedlicher Windungszahl (zum Beispiel mit 400, 800 und 1600 Windungen) in Reihe an ein Netzgerät für Gleichstrom an. Schalte das Netzgerät ein und erhöhe die Stromstärke.
Achtung: Die auf den Spulen angegebenen Stromstärken dürfen nicht überschritten werden! Hänge möglichst viele Nägel an die jeweiligen Spulen. Vergleiche.

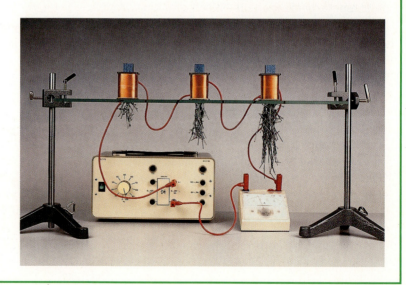

Windungszahl. Wenn durch zwei Spulen mit unterschiedlicher Windungszahl ein gleich starker Strom fließt, so hat die Spule mit der höheren Windungszahl ein stärkeres Magnetfeld als eine Spule mit kleinerer Windungszahl. Werden die Magnetfelder mit Hilfe von Eisenspänen sichtbar gemacht, erhält man Muster wie in Bild 1. Beim Versuch 2 bleiben an der Spule mit der größten Windungszahl die meisten Nägel hängen. Mit Hilfe der Feldlinien können wir uns dieses Ergebnis verständlich machen. Im Innern der Spule verlaufen die Feldlinien jeder Windung in die gleiche Richtung und verstärken so das Magnetfeld. Wenn viele Windungen eng nebeneinanderliegen, wird die Verstärkung noch größer.

Stromstärke. Wenn die Stromstärke in einer Spule wie im Versuch 3 erhöht wird, wird die Magnetnadel stärker abgelenkt. Die Kraftwirkung des Elektromagneten wird größer. Das Magnetfeld einer Spule ist umso stärker, je größer die Stromstärke in der Spule ist.

Eisenkern. Ein Eisenkern im Innern der Spule verstärkt die magnetische Wirkung. In Versuch 3 wird das Eisenstück vom Elektromagneten mit Eisenkern stärker angezogen als vom Elektromagneten ohne Eisenkern.

2 Beschreibe, wie sich die magnetische Kraft einer Spule verstärken lässt.

3 Wie ändert sich die Magnetkraft einer Spule, wenn die Stromstärke verringert wird?

4 Plane einen Versuch, um zu untersuchen, wie sich die Magnetkraft einer Spule mit einem Kern aus Holz, Aluminium oder Kupfer ändert.

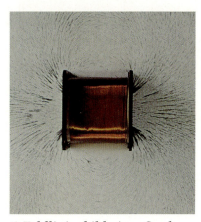

1 Feldlinienbild einer Spule

3. Magnetfeld und Eisenkern

Schließe zwei Spulen mit gleichen Windungszahlen als Reihenschaltung an ein Netzgerät. Stecke in eine der beiden Spulen einen Eisenkern. Hänge über jeder Spule gleiche Eisenstücke an gleichen Kraftmessern oder Schraubenfedern auf. Schalte das Netzgerät ein und erhöhe die Stromstärke. Vergleiche beide Kraftwirkungen.
Achtung: Die auf den Spulen angegebenen Stromstärken dürfen nicht überschritten werden!

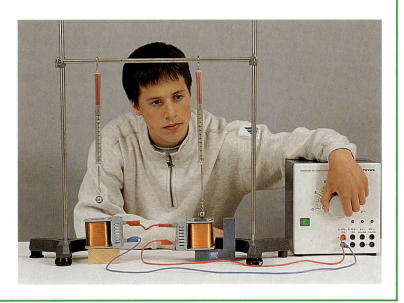

1 Elektrischer Stromkreis

2 Elektrischer Gong

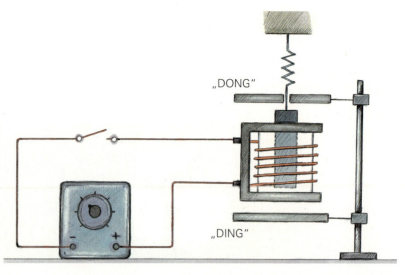

Eine einfache Anwendung des Elektromagnetismus ist der **elektrische Gong** (Bild 2). Wenn der Klingelknopf gedrückt wird, ist der Stromkreis geschlossen. Die Spule wird zu einem Elektromagneten. Dadurch wird ein Eisenkern in die Spule hineingezogen und trifft mit seinem Ende gegen eine Metallplatte. Es ertönt ein „Ding". Nach dem Loslassen des Klingelknopfes ist der Stromkreis unterbrochen. Es fließt kein Strom. Die Spule verliert ihre Magnetkraft. Der Eisenkern wird durch eine Feder zurückgezogen und trifft mit seinem anderen Ende gegen eine zweite Metallplatte. Es ertönt ein „Dong".

Bei einer **elektrischen Klingel** bewegt sich ein Klöppel schnell hin und her und schlägt gegen eine Klingelschale, solange der Klingelknopf gedrückt ist. Ein automatischer Unterbrecher schaltet den Strom ständig ein und aus (Bild 4).

5 Baue anhand der Modellschaltung einen elektrischen Gong auf. Zeichne den Versuchsaufbau in dein Heft und beschreibe seine Wirkungsweise.

6 Wie könntest du den Gong mehrfach hintereinander ertönen lassen?

7 Beschreibe, wozu der Schalter in Bild 3 verwendet werden kann.

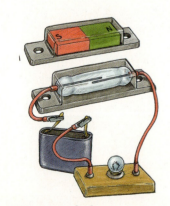

3 Magnetschalter

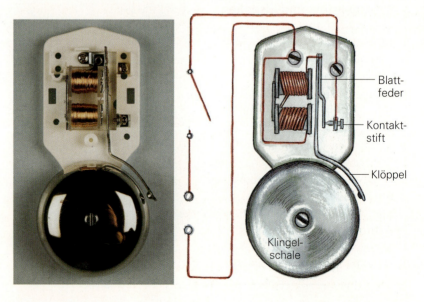

4 Elektrische Klingel

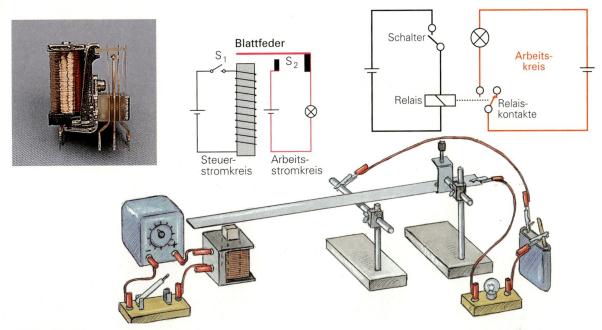

5 Das Relais

Wird mit dem Klingelschalter der Stromkreis geschlossen, fließt der Strom durch die Spule. Die Spule wird zu einem Elektromagneten. Sie zieht die Blattfeder mit dem Klöppel an, der dann gegen die Klingelschale schlägt. Dabei wird der Stromkreis am Kontaktstift unterbrochen. Die Spule verliert ihre Magnetkraft und die Blattfeder mit dem Klöppel kehrt in die Ausgangsstellung zurück. Dadurch schließt sich der Stromkreis automatisch. Der Strom fließt wieder durch die Spule. Solange der Klingelknopf gedrückt ist, wiederholt sich der Vorgang selbsttätig.

Das Relais ist ein elektromagnetischer Schalter (Bild 5). Es wird häufig dann verwendet, wenn man von einer Schaltzentrale aus ein entferntes Gerät ein- und ausschalten will. Es wird auch eingesetzt, um durch einen schwachen Strom im ersten Stromkreis einen starken Strom in einem zweiten Stromkreis einzuschalten.

Ein Relais besteht aus zwei Stromkreisen. In dem Schaltplan sind die beiden Stromkreise unterschiedlich farbig gekennzeichnet (Bild 5). Wird der Schalter im Stromkreis mit der Spule geschlossen, fließt ein elektrischer Strom durch die Spule. Sie wird zu einem Elektromagneten. Der Magnet zieht eine Blattfeder an, die den zweiten Stromkreis schließt. Die Lampe leuchtet. Wird der Schalter im ersten Stromkreis geöffnet, kehrt die Feder in die Ausgangsstellung zurück. Der Stromkreis mit der Lampe ist unterbrochen.

| Elektromagnete werden in vielen elektrischen Geräten benutzt, um den Strom ein- oder auszuschalten.

8 Baue anhand der Modellschaltung oder des Schaltplanes eine elektrische Klingel auf. Zeichne deinen Versuchsaufbau in dein Heft und beschreibe die einzelnen Schritte beim Klingeln.

9 Baue anhand der Modellschaltung oder mithilfe des Schaltplanes ein Relais auf. Zeichne deinen Versuchsaufbau in dein Heft und beschreibe, wie das Relais funktioniert.

10 Überlege, wie du den Versuchsaufbau so ändern kannst, dass die Lampe erlischt, wenn der Stromkreis mit der Spule geschlossen wird. Fertige einen Schaltplan an.

11 Das Relais wird oft als Umschalter benutzt. Baue den Versuch nach dem Schaltplan auf. Zeichne den Schaltplan in dein Heft. Beschreibe den Versuch.

1 Elektrischer Stromkreis

1.16 Der Gleichstrommotor

1 Elektromotoren

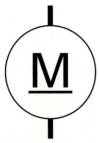

2 Schaltzeichen für einen Elektromotor

1 Nenne weitere Geräte mit einem Elektromotor.

Elektromotoren in Funktion. Elektromotoren sind vielseitig einsetzbar (Bild 1). Große Elektromotoren treiben Lokomotiven an oder nehmen uns in großen Maschinen (zum Beispiel in Kränen und in Bohrmaschinen) körperlich schwere Arbeit ab. Ebenso finden wir diese Motoren auch in vielen Haushaltsgeräten, beispielsweise in einer Waschmaschine, in einem Mixer, einem CD-Player oder Videorekorder. Winzige Elektromotoren bewegen die Zeiger einer Armbanduhr.

Ein **einfacher Gleichstrommotor** besteht aus einer Spule mit Eisenkern und einem Dauermagneten. Der Dauermagnet ist von einem Magnetfeld umgeben. In diesem Magnetfeld befindet sich eine drehbare Spule. Sobald durch diese Spule ein elektrischer Strom fließt, wird die Spule zu einem Elektromagneten. Zwischen beiden Magneten wirken Kräfte, die eine Bewegung der Spule verursachen.

↪ 1.14 Wirkungen des elektrischen Stroms

Von der Leiterschaukel zur Drehbewegung

1. Leiterschaukel

Hänge eine Schleife eines Verbindungskabels von 75 cm Länge zwischen die Pole eines Hufeisenmagneten. Verbinde das Kabel mit einer Flachbatterie (4,5 V). Schalte einige Sekunden lang den Strom ein und beobachte die Kabelschleife. Beschreibe deine Beobachtungen. Erkläre.
Vertausche die Anschlussstellen der Batterie.
Schalte wieder für kurze Zeit den Strom ein.
Untersuche, ob sich die Bewegung der Leiterschaukel ändert, wenn die beiden Pole des Hufeisenmagneten vertauscht werden.

2. Eine Spule dreht sich im Magnetfeld

Wickle einen isolierten Kupferdraht (ca. einen Meter lang) zu einer Spule auf. Hänge die Spule zwischen die Pole eines Hufeisenmagneten. Verbinde die beiden Kabelenden über einen Schalter mit einer Flachbatterie (4,5 V).
Schalte einige Sekunden lang den Strom ein und beobachte die Spule.

3. Eine Magnetnadel rotiert

Stelle eine Magnetnadel neben einen Elektromagneten (zum Beispiel eine Spule mit 400 Windungen und Eisenkern). Schalte den Strom mithilfe eines Schalters mehrfach kurz hintereinander ein und aus.
Wenn du im richtigen Takt ein- und ausschaltest, dreht sich die Magnetnadel. Sie rotiert.

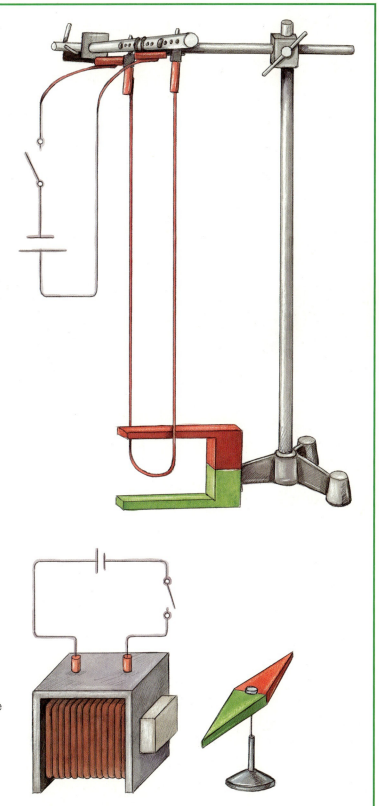

1 Elektrischer Stromkreis

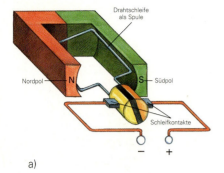

a)

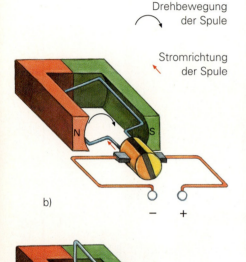

b)

c)

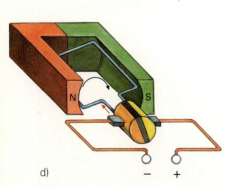

d)

3 Schritte der Drehbewegung

Schritte der Drehbewegung

Bei einem **Gleichstrommotor** sind die beiden Drahtenden der Spule mit jeweils einem Halbring verbunden. Beide Halbringe sind gegeneinander isoliert. (Die Spule ist vereinfacht durch eine einzelne Drahtschleife dargestellt, die sich zwischen dem Nord- und Südpol eines Hufeisenmagneten befindet.) Die beiden Halbringe nennt man Polwender. Zwei Schleifkontakte, die mit einer Stromquelle verbunden sind, berühren die Halbringe (Bild 3a).

Der Stromkreis wird geschlossen. Der Strom fließt durch die Spule, die die Form einer Drahtschleife hat und damit zu einem Elektromagneten wird. Die Spule bewegt sich, weil sich die gleichnamigen Pole des Hufeisenmagneten und der Spule abstoßen. Die Kraft, mit der die Spule bewegt wird, ist umso größer, je höher die Stromstärke in der Spule und die Stärke des Hufeisenmagneten ist (Bild 3b).

Die Spule dreht sich so weit, bis sich die ungleichnamigen Pole beider Magnete gegenüberstehen. Die Schleifkontakte liegen dann genau zwischen den beiden Halbringen auf dem isolierten Bereich. Wenn die Spule sich weiter drehen soll, müssen der Nord- und der Südpol der Spule vertauscht werden. Dadurch würden sich dann wieder gleichnamige Pole gegenüberstehen, die sich abstoßen. Diese Änderung gelingt, wenn in diesem Moment die Anschlüsse der Spannungsquelle umgepolt werden. Dadurch wird die Stromrichtung innerhalb der Spule umgekehrt. Das geschieht durch den Polwender (Bild 3c).

Wenn sich die Spule schnell genug dreht, bewegt sie sich ein kleines Stück über die halbe Umdrehung weiter. Die Schleifkontakte berühren dann jeweils den anderen Halbring. Die Stromrichtung in der Spule wechselt und damit wechseln auch die Magnetpole der Spule. Die Spule dreht sich weiter. Nach jeder halben Drehung wird umgepolt, die Spule dreht sich andauernd (Bild 3d).

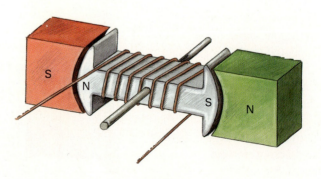

4 Kein Start in dieser Stellung

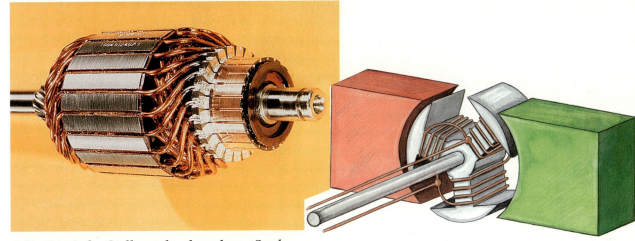

5 Start in jeder Stellung durch mehrere Spulen

Unterschiedliche Gleichstrommotoren. Der Elektromotor mit nur einer Spule, die wie ein doppeltes T geformt ist, ist für technische Geräte ungeeignet (Bild 4). Wenn sich beim Einschalten des Motors die ungleichnamigen Pole von Spule und Dauermagnet genau gegenüberstehen, läuft der Motor nicht von allein an. Damit die **Elektromotoren** aus jeder Stellung heraus in eine Drehbewegung kommen, besitzen die meisten Elektromotoren mehrere Spulen (Bild 5). Sie sorgen außerdem für einen gleichmäßigen Lauf des Motors.

Besonders in größeren Motoren wird der Dauermagnet durch Elektromagnete ersetzt.

> In einem Gleichstrommotor dreht sich eine Spule im Magnetfeld eines festen Magneten.

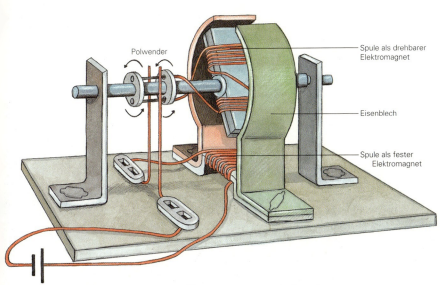

6 Gleichstrommotor, selbst zusammengebaut

2 Erkläre, warum der Motor in Bild 4 in dieser Stellung nicht anläuft.

3 Welche Aufgabe haben die beiden Halbringe beim Elektromotor?

4 Wie können die Magnetpole einer Spule geändert werden?

5 Was geschieht beim Gleichstrommotor, wenn die Anschlüsse der Spannungsquelle vertauscht werden?

6 Beschreibe den Verlauf des Stromkreises beim Spielzeugmotor in Bild 6. Fertige einen Schaltplan an. Beschreibe, wie sich der Motor dreht.

Z Elektrifizierte Welt

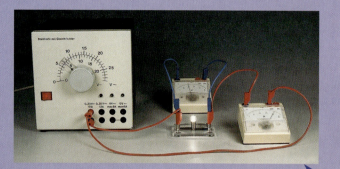

Modellvorstellung
Im Stromkreis bewegen sich Elektronen.

Elektrischer Stromkreis
Spannungsquelle - Leitungen - Elektrogeräte

Spannung U
Einheit: 1 V (1 Volt)
Spannungen werden mit dem **Spannungsmesser** (Voltmeter) gemessen.

Spannungsquellen
Batterien
Dynamo – Generator
Solarzellen

Stromstärke I
Einheit: 1 A (1 Ampere)
Stromstärken werden mit dem **Stromstärkemesser** (Amperemeter) gemessen.

Kurzschluss
Es besteht eine direkte Verbindung zwischen den beiden Polen einer Spannungsquelle. Die Stromstärke kann so groß werden, dass die Zuleitungsdrähte heiß werden und ein Brand entstehen kann.

Schutzmaßnahmen
Schutzisolierung
Schutzleiter
Fehlerstromschutzleiter
Sicherung

Ohm'sches Gesetz
$U = R \cdot I$

Elektrische Leiter haben einen **Widerstand**. Sie hemmen den elektrischen Strom.
Widerstand R
Einheit: 1 Ω (1 Ohm)

Widerstände
haben einen festen Wert. Heißleiter verringern ihren Wert beim Erwärmen. Fotowiderstände (LDR) verringern ihren Wert beim Beleuchten.

Wirkungen des elektrischen Stromes:
Er erwärmt einen Leiter, der so heiß werden kann, dass er zu glühen beginnt und leuchtet.
Er bewirkt in Flüssigkeiten eine chemische Veränderung.
Er bewirkt, dass ein Draht zu einem Elektromagneten wird.

Elektrische Geräte
- mit Motor: Mixer, Bohrmaschine
- mit Heiz- oder Glühdraht: Lampe, Herdplatte
- mit einem Magneten: elektrischer Gong, elektrische Klingel, Magnetschalter

Reihenschaltung
Die Lampen haben einen gemeinsamen Stromkreis. Die Stromstärke ist an allen Stellen gleich.

Parallelschaltung
Jedes elektrische Gerät hat einen eigenen Stromkreis. Ein Teil der Zuleitung kann gemeinsam genutzt werden.

Wiederholen, Üben, Anwenden, Vertiefen

1 In die Nähe einer beweglichen Kompassnadel wird ein Eisennagel gehalten.
Was wird geschehen? Begründe deine Meinung und überprüfe sie.

2 Wie kommt es, dass die Eisenspäne in der Nähe eines Stabmagneten „ordentlicher" angeordnet sind als bei größerem Abstand?

3 Stelle die Gemeinsamkeiten und Unterschiede zwischen einem Stabmagneten und einer Spule, die von einem elektrischen Gleichstrom durchflossen wird, in einer Tabelle zusammen.

4 Haben zwei Stabmagnete eine größere Magnetkraft als einer?
Zeige die Antwort in einem Versuch?

5 ØRSTEDTS Entdeckung der magnetischen Wirkung des elektrischen Stromes wurde anschließend zum Bau von Telegrafen genutzt. Der Nadeltelegraf mit einer beweglichen Kompassnadel und der Morseapparat mit einer Spule sind dafür Beispiele. Entwickelt in einer Gruppe gemeinsam ein Modell Nadeltelegraf bzw. Morseapparat. Baut das Modell auf und übertragt eine Mitteilung. Fertigt eine Gebrauchsanweisung an. Erklärt euer Modell den anderen Gruppen.

6 Baue einen Magnetkran. Beachte dabei folgende Schritte: Fertige eine Skizze an. Wähle passende Bauteile aus. Erstelle eine Materialliste.
Plane den Arbeitsablauf zum Bau des Magnetkranes. Baue das Modell auf.
Fertige eine Beschreibung an. Stelle das fertige funktionierende Modell deinen Mitschülerinnen und Mitschülern vor.

7 Mit einer Spule und einem an einer Schraubenfeder aufgehängtem Eisenstück soll ein Messgerät gebaut werden, das die elektrische Stromstärke anzeigt (Bild 1).
Fertige eine Skizze an.

8 Lautsprecher wandeln die sich schnell verändernden elektrischen Stromstärkeänderungen in Schwingungen einer Membran um. In einem Lautsprecher befinden sich eine Spule, ein Dauermagnet und eine Membran.
Plane einen Versuchsaufbau, mit dem du zeigen kannst, wie ein Lautsprecher funktioniert. Baue den Versuch auf.
Fertige eine Beschreibung an.

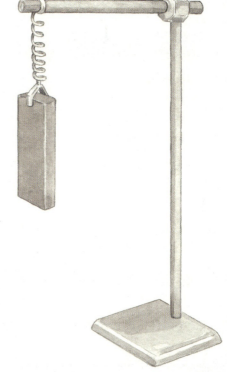

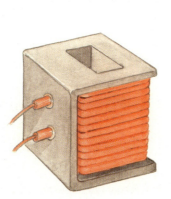

1 Das braucht man für ein Messgerät

Leben im Gleichgewicht

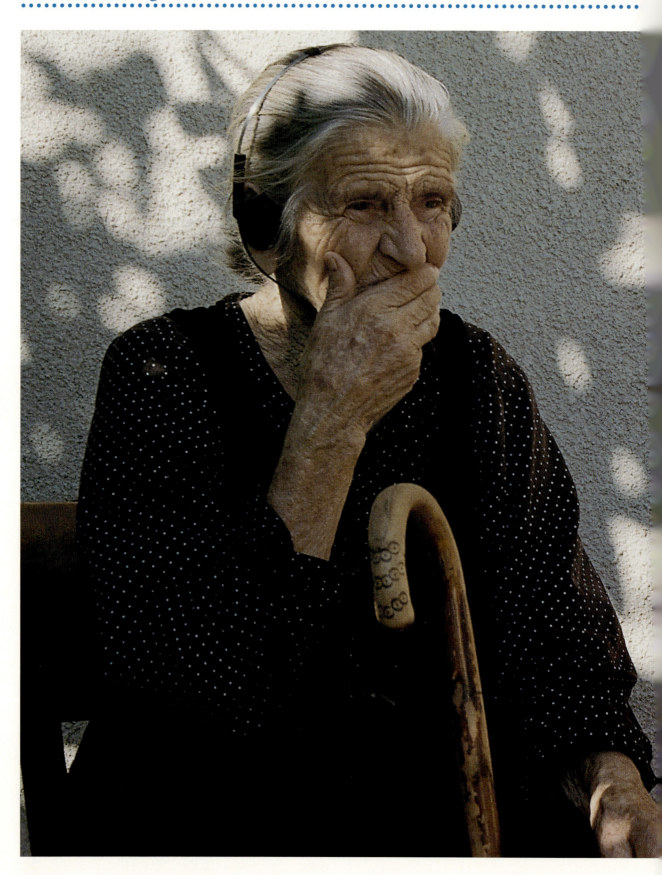

Was Oma wohl gerade hört? Worüber schmunzelt ihre Enkelin? Sehen und Hören ist für die meisten Menschen selbstverständlich. Sie denken nicht weiter darüber nach. Blinde oder taube Menschen erinnern uns allerdings daran, dass das Seh- und Hörvermögen für jeden Menschen sehr wertvoll ist.

Menschen nehmen Informationen vor allem durch Sehen und Hören auf und verständigen sich auf diese Weise. In den nächsten Kapiteln des Buches erfährst du einiges über Licht, Farben und Schall, über das Sehen und Hören und über technische Anwendungen in diesen Bereichen.

2 Informationen aufnehmen und verarbeiten

2.1 Sinnesorgane und Messgeräte

1 Beschreibe Bild 1. Welche Bedeutung haben die Sinnesorgane für einen Menschen?

2 Mit Hilfe von technischen Geräten können die Leistungen der menschlichen Sinnesorgane erweitert werden. Beschreibe dies am Beispiel von Fernglas, Mikroskop, Tachometer (Fahrrad, Auto) und Kompass.

3 Vergleiche die Eigenschaften von Messgeräten mit der Wahrnehmung von Reizen mit Hilfe von Sinnesorganen (Bild 2).

„Langsam gehe ich durch die Fußgängerzone. Von Zeit zu Zeit spüre ich Regentropfen auf den Händen und im Gesicht. Durch die Schuhsohlen fühle ich einen harten, holprigen, etwas glitschigen Untergrund. Es ist kalt. Rechts klappern Kleiderbügel. Von links sticht mir ein intensiver Fischgeruch in die Nase. Ich gehe schneller, höre Schritte und Stimmengewirr. Ein Ventilator summt. Warme, stickige Luft bläst mir ins Gesicht. Ich gehe weiter. Ein schneidend kalter Luftzug trifft mich von der Seite. Dann schnuppere ich: Ah, Kaffeeduft und der Geruch von frisch gebackenem Kuchen. Ich habe das Café erreicht. Die Türklinke ist kalt und nass. Ich drücke sie herunter und trete ein."

Diese Geschichte erzählt ein Mensch, der von Geburt an blind ist. Obwohl er nichts sehen konnte, hat er mit Hilfe seiner **Sinnesorgane** viele Informationen erhalten. Man bezeichnet alle Einflüsse, die mit Hilfe von Sinnesorganen aufgenommen werden können, als **Reize**. Licht, Schall, Druck, Gerüche und Temperatur sind Beispiele dafür. Sinnesorgane nehmen Reize auf und liefern Informationen aus der Umwelt und dem Körper eines Menschen.

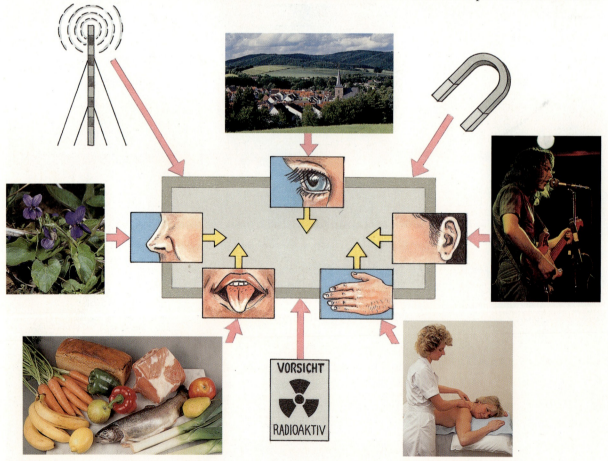

1 Sinnesorgane informieren über bestimmte Reize aus der Umwelt

Messgeräte sind technische Anwendungen, die dem Menschen Informationen über bestimmte Messgrößen liefern können. Messgeräte enthalten **Sensoren**, zum Beispiel für Licht, Temperatur, Druck, Feuchtigkeit, Säuregehalt, Stromstärke oder radioaktive Strahlung. Meistens wird das Messergebnis in Form eines genauen Zahlenwertes mit einer Einheit dargestellt, zum Beispiel 20 °C bei der Temperaturmessung in einem Raum. Solche Zahlenwerte mit einer physikalischen Einheit werden überall auf der Erde verstanden. Manche Messgeräte erschließen dem Menschen Informationen, die er ohne Messgerät nicht erhalten würde oder für die er keine Sinnesorgane hat (Bild 1, 2).

> Sinnesorgane nehmen Reize auf. Mit Hilfe von Sinnesorganen erhält ein Mensch Informationen aus seiner Umwelt und aus seinem Körper. Messgeräte sind technische Anwendungen mit Sensoren.

4 Beschreibe und vergleiche die Informationen, die in dem folgenden Satzpaar enthalten sind:
„Mir ist es in diesem Zimmer zu kalt. Ich finde es hier ungemütlich."
„Auf der Thermometer-Skala im Zimmer lese ich 10 Grad Celsius ab."

5 Nenne Beispiele für den Einsatz von Messgeräten in Bereichen, die extrem (z. B. zu heiß, zu kalt, zu sauerstoffarm) oder für den Menschen unzugänglich sind.

Sinnes-organ	Auge	Ohr	Nase	Zunge	Haut			
Reiz	Licht	Schall	Geruch	Geschmack	Druck	Temperatur	Strom	Magnetismus
Messgerät	Beleuchtungsmesser	Schallpegelmesser	Gaschromatograph	pH-Papier	Waage / Luftdruckmesser	Thermometer	Amperemeter	Kompass

2 Sinnesorgane und Messgeräte

2 Informationen aufnehmen und verarbeiten

2.2 Aufbau des Auges

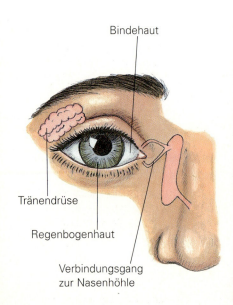

1 Außenansicht des Auges mit Tränenapparat

2 Ansicht des Auges

1 Beschreibe, was geschieht, wenn ein winziges Insekt ins Auge gelangt.

2 Nenne drei Einrichtungen, die dem Schutz des Auges dienen. Gib jeweils an, vor welchen Einflüssen sie das Auge schützen.

3 Ordne richtig zu und schreibe dein Ergebnis in dein Heft:
- Sie ist durchsichtig und liegt vor Pupille und Regenbogenhaut.
- Sie ist die Öffnung der Regenbogenhaut.
- Sie liegt auf der Lederhaut und muss ständig befeuchtet werden.
- Sie ist gut durchblutet und versorgt das Auge mit Sauerstoff und Nährstoffen.
- Bindehaut
- Aderhaut
- Hornhaut

Die Augen sind geschützt. Die Augen sind in Fettgewebe im Schädelknochen eingebettet. So sind sie gegen Erschütterungen relativ unempfindlich. Oberhalb des Auges befinden sich die Augenbrauen. Sie verhindern, dass Schweiß von der Stirn ins Auge gelangt. Auch die Wimpern dienen dem Schutz des Auges. Werden sie z. B. von einem heranfliegenden Insekt berührt, schließen sich die Augenlider sofort. Gelangt dennoch einmal ein winziges Insekt oder ein Schmutzteilchen ins Auge, setzt ein anderer Schutzmechanismus ein: Tränen fließen.

Im oberen Augenlid befindet sich eine Tränendrüse (Bild 1). Sie bildet ständig etwas Flüssigkeit. Diese Flüssigkeit verteilt sich mit jedem Lidschlag auf der Oberfläche des Auges. Sobald sich ein Fremdkörper im Auge befindet, wird mehr Flüssigkeit gebildet. Sie fließt in Richtung des inneren Augenwinkels ab. Mit der **Tränenflüssigkeit** wird der Fremdkörper von der Oberfläche des Auges weggespült. Ist der Fremdkörper winzig klein, fließt er mit der Tränenflüssigkeit durch das Tränenkanälchen in den Tränensack ab. Von dort gelangt er in die Nasenhöhle. Ein größerer Fremdkörper bleibt im inneren Augenwinkel liegen. Er kann von dort vorsichtig mit der Fingerkuppe oder einem Tuch entfernt werden, ohne dass das Auge verletzt wird.

Die Hornhaut ist eine durchsichtige Haut, die vor der Pupille und der farbigen Regenbogenhaut liegt. Sie wird durch die Tränenflüssigkeit ständig feucht gehalten.

Die farbige Regenbogenhaut bildet den vorderen Bereich der Aderhaut.

Die Pupille ist eine kreisrunde schwarze Öffnung in der Regenbogenhaut. Durch sie fällt Licht ins Auge.

Die Linse liegt hinter der Pupille und der Regenbogenhaut. Sie besteht aus einem durchsichtigen, elastischen Material und ist auf beiden Seiten nach außen gewölbt. Die Wölbung ist veränderbar.

Die weißliche, relativ feste Lederhaut umgibt den Augapfel.

Die Aderhaut liegt an der Innenseite der Lederhaut. Sie ist gut durchblutet und versorgt das Auge mit Sauerstoff und Nährstoffen.

Die Netzhaut grenzt an den Glaskörper. Sie enthält die Sinneszellen, die durch Licht gereizt werden. Von der Netzhaut führt der Sehnerv zum Gehirn.

Der Glaskörper liegt hinter der Linse. Er besteht aus einer gallertartigen, durchsichtigen Masse.

Die Bindehaut liegt auf dem sichtbaren weißen Bereich der Lederhaut. Die Bindehaut wird durch die Tränenflüssigkeit ständig feucht gehalten. In trockener Luft kann es zur Entzündung der Bindehaut kommen.

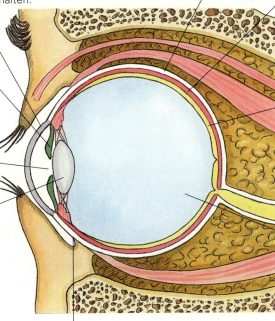

3 *Aufbau des Auges*

> Im Auge liegen hintereinander die Hornhaut, die von der Regenbogenhaut umgebene Pupille, die Linse, der Glaskörper und die Netzhaut.

1. Aufgabe von Brauen und Wimpern
Spritze dir etwas Wasser auf die Stirn und beobachte im Spiegel die Tropfen. Gib eine Erklärung für den Weg, den die Tropfen nehmen.

2. Aufgabe der Augenlider
Halte die Augen so lange es geht offen, ohne die Lider zwischendurch zu schließen. Sieh dabei auf die Uhr. Wie lange gelingt es dir? Wie fühlen sich deine Augen an, während du sie offen hältst? Erkläre deine Beobachtung.

3. Sichtbare Bestandteile des Auges
Sieh dir selbst im Spiegel in die Augen. Beschreibe die Teile des Auges, die du siehst, so genau wie möglich.

4. Tätigkeit der Augenmuskeln
Wende den Kopf nach rechts und links, ohne den Blick vom Spiegel zu wenden. Was kannst du beobachten? Erkläre deine Beobachtung.

2 Informationen aufnehmen und verarbeiten

2.3 Wie wir sehen

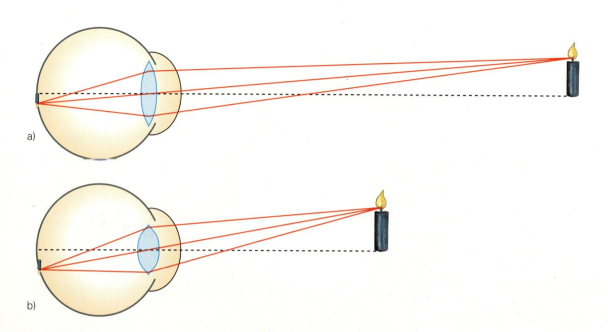

1 Durch die Veränderung der Linse wird das Licht im Auge unterschiedlich gebrochen

Der Weg des Lichtes. Lichtstrahlen gelangen durch die durchsichtige Hornhaut und die Pupille bis zur Linse. Nachdem die Lichtstrahlen Linse und Glaskörper durchquert haben, treffen sie schließlich auf die Netzhaut und ihre Sinneszellen. Auf dem Weg durch das Auge wird die Richtung der Lichtstrahlen leicht verändert. Man sagt, das Licht wird gebrochen (Bild 1a, b). Das geschieht an der Vorder- und Hinterseite der Linse. Wie stark das Licht gebrochen wird, hängt von der Krümmung der Linse ab. Je stärker die Linse gekrümmt ist, desto stärker werden die Lichtstrahlen gebrochen. Betrachtet man z. B. die Tafelanschrift, so kann man diesen weit entfernten Gegenstand scharf sehen (Bild 1c). Blickt man auf die wesentlich näheren Schüler, wird das Bild der Tafelanschrift unscharf und man sieht die Schüler scharf (Bild 1d). Das geht nur, weil das Auge sich auf die entsprechende Entfernung der betrachteten Gegenstände einstellt. Diese Fähigkeit des Auges nennt man **Akkommodation**.

Was geschieht bei der Akkommodation? Die Linse ist über Linsenbänder mit einem ringförmigen Muskel verbunden. Beim Blick in die Ferne ist dieser Ringmuskel entspannt (Bild 1e, g). Dadurch sind die Linsenbänder gestrafft und ziehen an der elastischen Linse. Die Linse wird flacher, die Krümmung der Linsenoberflächen wird geringer. Dadurch werden die Lichtstrahlen schwächer gebrochen, gerade so, dass ein scharfes Bild des entfernten Gegenstandes auf der Netzhaut entsteht. Betrachtet man

1 Erkläre, warum man Schüler und Tafel in Bild 1c und 1d nicht gleichzeitig scharf sehen kann.

2 Du siehst zuerst auf dein Buch und blickst danach aus dem Fenster. Was passiert im Auge?

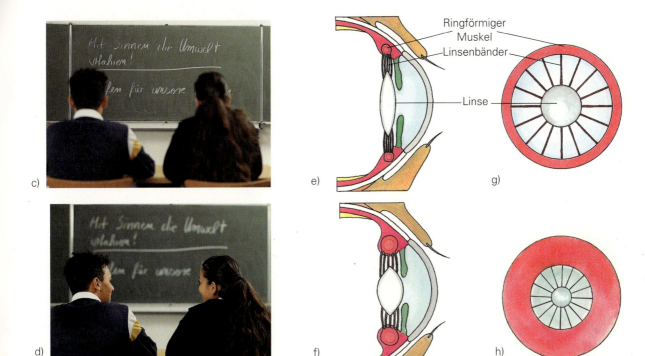

anschließend einen nahen Gegenstand, spannt sich der Ringmuskel (Bild 1f, h). Dadurch erschlaffen die Linsenbänder und die Linse wird kugeliger. Ihre Oberfläche ist dann stärker gekrümmt. Die Lichtstrahlen werden stärker gebrochen und es kann ein scharfes Bild des nahen Gegenstandes auf der Netzhaut entstehen.

Der Nahpunkt. Hält man ein Buch ganz nahe vor die Augen, kann man die Buchstaben nicht mehr scharf sehen. Die Lichtstrahlen können nicht stark genug gebrochen werden, weil sich die Linse nicht beliebig weit krümmen kann. Der Punkt, an dem man nahe gelegene Gegenstände gerade noch scharf sieht, heißt Nahpunkt. Für das Auge eines jüngeren Menschen liegt der Nahpunkt bei einem Abstand von etwa 7 cm. Mit zunehmendem Alter wird die Linse weniger elastisch. Sie kann sich nicht mehr so stark krümmen. Das hat zur Folge, dass der Nahpunkt weiter wegrückt. Im Alter von 60 Jahren liegt der Nahpunkt bei etwa 50 cm. Viele Menschen benötigen ab etwa 45 Jahren eine Brille. Nur so können sie beim Lesen die Buchstaben erkennen.

| Das Auge kann Gegenstände aus unterschiedlichen Entfernungen auf der Netzhaut scharf abbilden. Dabei verändert sich die Krümmung der Linse.

V

Nahpunkt bestimmen
Verschließe ein Auge mit der Hand. Halte ein Lineal mit ausgestrecktem Arm vor das andere Auge. Blicke auf das Lineal. Führe das Lineal langsam auf das Auge zu. Sobald du die Millimeterskala nicht mehr scharf sehen kannst, hältst du an. Lass jemand mit einem anderen Lineal den Abstand zwischen deinem Lineal und deinem Auge messen. Schreibe den gemessenen Wert auf. Testet auch eure Lehrerin/euren Lehrer.

2 Informationen aufnehmen und verarbeiten

2.4 Linsen erzeugen Bilder

Eine Experimentierleuchte sendet ein ganzes Bündel von parallel verlaufenden Lichtstrahlen aus. In Versuch 1 wurden Lichtstrahlen, die von einer Experimentierleuchte ausgehen, auf ein Brennglas gerichtet. Ein Brennglas hat die Form einer Linse. Das heißt, es ist in der Mitte dicker als am Rand. Brenngläser bestehen aus Glas oder durchsichtigem Kunststoff. Wenn Lichtstrahlen auf ein Brennglas treffen, werden sie so gebrochen, dass sie auf der anderen Seite des Brennglases in einem Punkt zusammengeführt werden (Bild 1). Man nennt diesen Punkt **Brennpunkt**. Linsen, die Lichtstrahlen in einem Brennpunkt vereinigen können, heißen **Sammellinsen** (Bild 2). Je stärker eine Sammellinse gekrümmt ist, desto stärker kann sie die einfallenden Lichtstrahlen brechen. Der Abstand zwischen dieser Linse und ihrem Brennpunkt, die **Brennweite**, ist dann geringer als bei einer flacheren Linse.

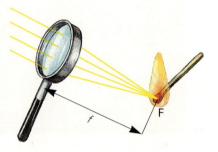

1 Brennpunkt (F) eines Brennglases (f = Brennweite)

In Bild 3 wird eine brennende Kerze als Lichtquelle benutzt. Die von ihr ausgehenden Lichtstrahlen werden von dem Brennglas gebrochen und hinter ihm zusammengeführt. Wenn man einen Bildschirm an dieser Stelle aufstellt, kann man die Kerzenflamme darauf abbilden. Das Bild der Kerzenflamme auf dem Bildschirm ist auf dem Kopf stehend, verkleinert und seitenverkehrt. Genauso wirkt die Linse in unserem Auge. Sie sammelt das Licht, das durch die Pupille ins Auge einfällt, im Brennpunkt.

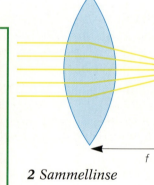

2 Sammellinse

1. Abbildungen mit Sammellinsen
Befestige eine Experimentierleuchte an einem Stativ. Richte den Strahl der Experimentierleuchte auf ein Brennglas. Das Brennglas muss sich auf der gleichen Höhe wie die Lichtquelle befinden. Verwende Brenngläser verschiedener Dicke. Welche Beobachtungen machst du? Versuche deine Beobachtungen mit Hilfe des Textes zu erklären.

3 Das Bild einer Kerze

Von jedem Punkt der Kerze in Bild 3 breiten sich nach allen Seiten Lichtstrahlen aus. Ein Teil davon gelangt durch die Sammellinse und wird so gebrochen, dass sie sich hinter der Linse vereinen.

Will man das Bild im richtigen Abstand von der Linse und in der richtigen Größe ermitteln, so braucht man nicht alle Lichtstrahlen zu zeichnen, die von einem Gegenstand ausgehen. Aus den vielen Strahlen werden drei Strahlen ausgewählt, die besonders leicht zu verfolgen und zu zeichnen sind (Bild 4).
- Ein Lichtstrahl geht durch den Linsenmittelpunkt ungehindert hindurch (Strahl 2).
- Lichtstrahlen durch den Brennpunkt vor der Linse laufen hinter der Linse parallel weiter (Strahl 3).
- Lichtstrahlen, die vor der Linse parallel verlaufen, gehen hinter der Linse durch den Brennpunkt (Strahl 1).

1 Erkläre, warum das Bild im Fotoapparat auf dem Kopf steht.

2 Beschreibe, wie sich das Bild ändert, wenn sich ein Gegenstand von der Linse entfernt.

3 Welche Strahlen eignen sich besonders zur Bildkonstruktion?

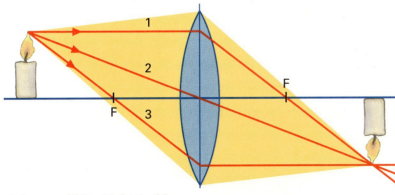

4 Ausgewählte Lichtstrahlen

2 Informationen aufnehmen und verarbeiten

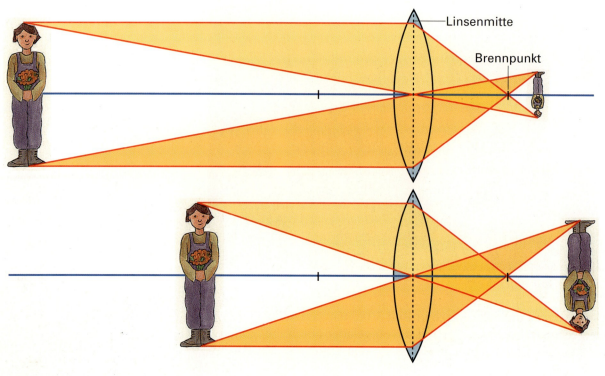

5 Das Bild eines nahen und eines fernen Gegenstandes

4 Baue eine Lochkamera aus einer Metalldose wie in Bild 6. Richte die Kamera auf ein helles Motiv. Beschreibe das Bild auf dem durchscheinenden Papier.

Zwei dieser leicht zu zeichnenden Strahlen werden zur Bildkonstruktion benutzt. Dort, wo sie sich hinter der Linse schneiden, befindet sich der Bildpunkt. So kann man für jeden Punkt des Gegenstandes einen Bildpunkt zeichnen. Für die Lage und für die Größe des Bildes reicht es aber aus, die beiden äußersten Punkte eines Gegenstandes abzubilden (Bild 5). Auch wenn der Gegenstand größer als die Linse ist, wird das Bild genauso ermittelt.

Nähert sich der Gegenstand der Linse, so entfernt sich das Bild von der Linse und der Gegenstand wird größer abgebildet.

Ein Kameramodell mit einem kleinen Loch statt einer Linse ist die Lochkamera (Bild 6). Durch das Loch gelangen von jedem Punkt nur schmale Lichtbündel, die auf dem Papier einzelne Lichtflecken hervorrufen. Das Bild setzt sich aus allen Lichtflecken zusammen. Je länger die Lochkamera ist, desto größer ist das Bild. Je weiter der Gegenstand entfernt ist, desto kleiner ist das Bild. Nur ein enges Loch liefert ein scharfes Bild.

6 Lochkamera

> Das Bild einer Sammellinse entsteht hinter der Linse dort, wo die von einem Gegenstand ausgehenden Strahlen wieder zusammentreffen.

2.5 Linsen erweitern die Sehfähigkeit

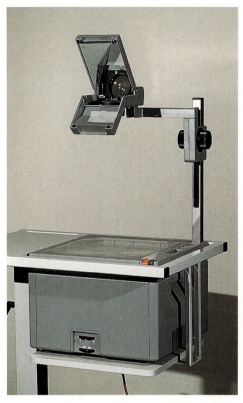

1 Geräte mit Linsen

 Nenne Berufe, die mit Linsen oder Lupen zu tun haben.

Linsen werden aus Glas oder Kunststoff angefertigt. Man findet sie beispielsweise in Brillen, Projektoren, Fotoapparaten, Ferngläsern und Mikroskopen (Bild 1).

V

1. Zerstreuung von Licht
Lasse das Licht einer Experimentierleuchte, die ein Strahlenbündel aussendet, auf eine Zerstreuungslinse fallen. Stelle hinter der Zerstreuungslinse einen Bildschirm auf. Was kannst du beobachten?

2. Bau einer Wassertropfen-Lupe
Stelle ein Wasserglas umgekehrt auf den Tisch. Knicke einen Metall-Lochstreifen aus einem Schnellhefter so in der Mitte, dass du ihn mit einem Gummiband am Glas befestigen kannst. Gib einen großen Wassertropfen auf die Öffnung des Lochstreifens, die sich über dem Glas befindet. Lege ein Haar oder einige Wattefäden auf das Glas. Was kannst du beobachten? Versuche, deine Beobachtung mit Hilfe von Bild 2, S. 60 zu erklären.

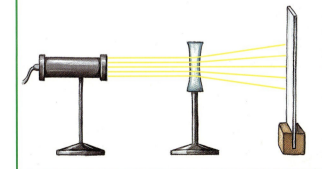

2 Informationen aufnehmen und verarbeiten

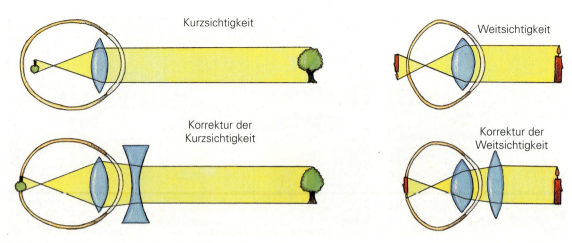

2 Augenfehler und ihre Korrektur mit Linsen

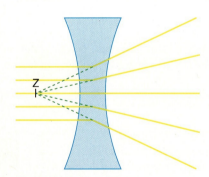

3 Zerstreuungslinse

4 Kontaktlinsen

Neben **Sammellinsen**, die einfallende Lichtstrahlen in einem Brennpunkt bündeln, gibt es auch Linsen, die in der Mitte dünner sind als am Rand (Bild 3). Wenn auf solch eine Linse Lichtstrahlen einer Experimentierleuchte fallen, werden sie zerstreut (Versuch 1). Linsen mit diesen Eigenschaften heißen **Zerstreuungslinsen.**

Sammellinsen und **Zerstreuungslinsen** helfen bei der Korrektur von Sehfehlern. Es gibt einen Sehfehler, der darauf beruht, dass der Augapfel zu kurz ist. Ein naher Gegenstand kann dann nicht scharf auf der Netzhaut abgebildet werden. Ein scharfes Bild würde erst hinter der Netzhaut entstehen. Diesen Sehfehler nennt man **Weitsichtigkeit** (Bild 2). Dieser Augenfehler wird durch eine Brille ausgeglichen, die Sammellinsen enthält.

Ein anderer Augenfehler besteht darin, dass der Augapfel zu lang ist. Wenn dieser Augenfehler vorliegt, werden von Gegenständen, die sich in der Ferne befinden, keine scharfen Bilder auf der Netzhaut erzeugt. Ein scharfes Bild entsteht vor der Netzhaut. Dieser Augenfehler heißt **Kurzsichtigkeit**. Man kann diesen Augenfehler ausgleichen, indem man eine Brille benutzt, die Zerstreuungslinsen besitzt (Bild 2, 3).

Die häufigste Form eines Sehfehlers tritt bei älteren Menschen auf. Ihre Augenlinsen sind weniger elastisch und deshalb weniger in der Lage eine kugelige Form anzunehmen. Man sieht dann im Nahbereich immer weniger scharf. Diese Erscheinung heißt **Altersweitsichtigkeit**. Sie kann mit einer Lesebrille, die Sammellinsen enthält, ausgeglichen werden.

Viele Menschen tragen anstelle einer Brille **Kontaktlinsen** (Bild 4). Das sind kleine Schalen aus Kunststoff. Sie werden direkt auf die Hornhaut aufgelegt.

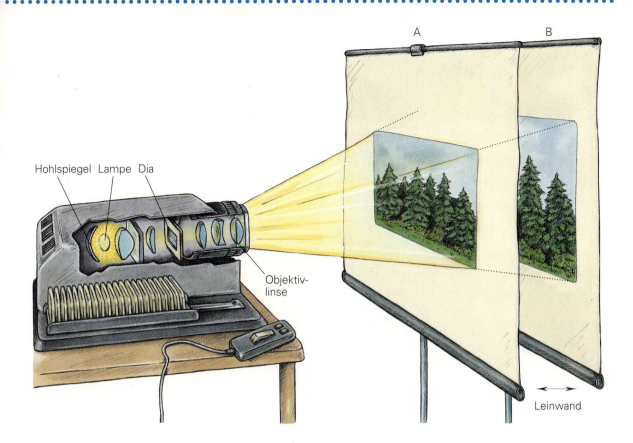

5 Kleine Bilder stark vergrößert

Mit einem Diaprojektor können nicht nur Schattenbilder, sondern auch kleine, durchscheinende Bilder stark vergrößert abgebildet werden (Bild 5). Dazu werden diese Dias von hellen Halogenlampen durchleuchtet und mit Hilfe eines Objektivs auf der Leinwand abgebildet. Das Objektiv kann aus einer oder mehreren Linsen bestehen. Wird der Abstand zwischen Leinwand und Diaprojektor vergrößert, wird das Bild größer und verschwommen.

Damit das Bild wieder scharf wird, muss der Abstand des Objektivs vom Dia geändert werden. Dazu wird das Objektiv gedreht. Bei unterschiedlichem Abstand des Projektionsgerätes von der Leinwand wird durch Drehen am Objektiv das Bild auf der Leinwand deutlich abgebildet.

2 Warum wird das Dia auf dem Kopf stehend in den Projektor geschoben?

3 Wie muss der Abstand des Objektives vom Dia geändert werden, wenn der Abstand der Leinwand vergrößert wird?

> Als Brillengläser können bei Weitsichtigkeit Sammellinsen und bei Kurzsichtigkeit Zerstreuungslinsen verwendet werden. Auch in Lupen, Mikroskopen, Ferngläsern, Fotoapparaten, Diaprojektoren und Tageslichtprojektoren sind Linsen eingebaut.

2 Informationen aufnehmen und verarbeiten

2.6 Das Zusammenwirken von Auge und Gehirn

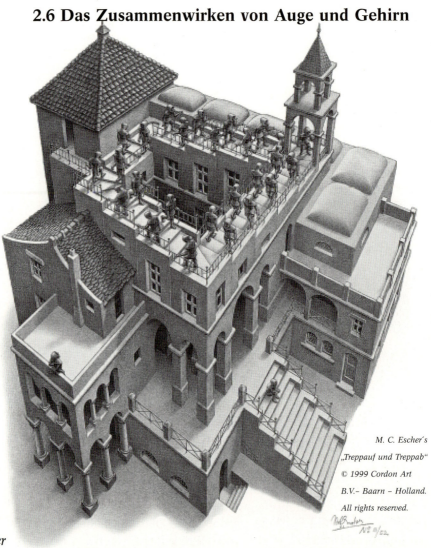

M. C. Escher's
„Treppauf und Treppab"
© 1999 Cordon Art
B.V.- Baarn – Holland.
All rights reserved.

1 Die Darstellung des Künstlers Escher ist in der Wirklichkeit unmöglich.

Viele Menschen glauben, dass in unserem Gehirn die Welt ähnlich wie bei einer Fotografie exakt abgebildet wird. Das ist aber nicht ganz richtig. Ein alltägliches Beispiel kann das verdeutlichen: Wenn deine Freunde vor dir stehen, nimmst du sie genauso groß wahr, als wenn sie zwanzig oder fünfzig Meter entfernt sind. Im ersten Fall bildet die Augenlinse eine großes Bild auf der Netzhaut ab, im zweiten Fall ein kleines. Dennoch ist die Wahrnehmung gleich groß.

Man weiß heute, dass unser Gehirn unsere Wahrnehmungen aktiv beeinflusst. Was wir wahrnehmen, ist das Ergebnis der Zusammenarbeit von Auge und Gehirn. Durch optische Täuschungen wird die Beteiligung des Gehirns beim Sehvorgang besonders deutlich.

Räumliches Sehen. Wenn wir einen Gegenstand mit beiden Augen betrachten, leitet jedes Auge ein eigenes Bild zum Gehirn.

1 Beschreibe für jede der Abbildungen 3 bis 7, worin die optische Täuschung besteht. Beachte dabei die Hinweise und Fragen.

➲ 2.8 Gehirn und Nervensystem

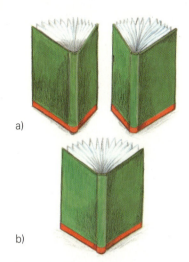

a)

b)

2 Buchrücken mit einem (a) und mit beiden Augen (b) gesehen

3 Junge und alte Frau in einem Bild?

2 a) Schaue mit beiden Augen ein paar Sekunden lang auf den Rücken deines Biologiebuches (Abb. 2). Schließe dann das linke und nach einigen Sekunden das rechte Auge. Wiederhole diesen Versuch. Beschreibe deine Beobachtungen und Wahrnehmungen. Erkläre, warum dieser Versuch auch die Zusammenarbeit von Augen und Gehirn veranschaulicht.

b) Bitte deinen Nachbarn oder deine Nachbarin in der Klasse darum, einen Bleistift mit der Spitze nach oben etwa einen halben Meter von deinen Augen entfernt in Augenhöhe zu halten. Nimm einen anderen Bleistift und versuche mit der Spitze dieses Bleistifts von oben die Spitze des anderen Bleistifts zu treffen. Wiederhole diesen Versuch mehrfach mit beiden Augen geöffnet. Führe anschließend den Versuch durch, wenn abwechselnd eines der beiden Augen geschlossen ist. Beschreibe das Versuchsergebnis und werte es aus.

4 Fahre mit dem Zeigefinger eine der „Spiralen" entlang

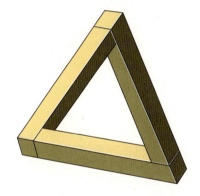

5 Warum ist dies ein „unmögliches Dreieck"?

Trotzdem sehen wir den Gegenstand nicht doppelt. Wenn wir abwechselnd jeweils ein Auge schließen, können wir die beiden Einzelbilder miteinander vergleichen. Wir stellen fest, dass sich diese voneinander unterscheiden. Offensichtlich ermittelt das Gehirn aus den beiden Einzelbildern ein Gesamtbild. Es entsteht ein räumlicher Seheindruck (Abb. 2).

◀ 6 Welche der beiden roten Kugeln ist größer?

7 Welche der beiden Frauen ist größer? ▶

2 Informationen aufnehmen und verarbeiten

2.7 Vom Reiz zur Reaktion

Wenn man versehentlich eine heiße Herdplatte berührt, zieht man die Hand schnell zurück. Wenn ein Staubkorn in ein Auge gelangt, wird das Augenlid schnell geschlossen. Wer barfuß auf einen spitzen Gegenstand tritt, zieht schnell den Fuß nach oben (Bild 1). Ist beim Essen ein Speiserest in die Luftröhre gelangt, muss man sofort husten. – Diese Beispiele zeigen schnelle Reaktionen auf bestimmte Reize hin. Es handelt sich um **Reflexe**. So nennt man Reaktionen auf Reize, die in festgelegter Weise ablaufen. Viele Reflexe schützen den Körper. Man spricht von **Schutzreflexen**.

1 Ein Schutzreflex ist eine unwillkürliche Reaktion auf einen Reiz hin

Wenn ein Torwart beim Elfmeter nach dem Ball hechtet (Bild 2), handelt es sich nicht um einen Reflex. Der Torwart entscheidet sich bewusst (willkürlich) dafür, in eine der beiden Ecken zu springen. Folgende Vorgänge spielen sich beim Torwart ab:

Reizaufnahme: Der Torwart sieht den heranlaufenden Spieler mit den Licht-Sinneszellen seiner Augen.
Erregungsleitung: Über Nerven werden Informationen von den Licht-Sinneszellen der Augen zum Gehirn geleitet.
Verarbeitung: Im Gehirn werden die einlaufenden Informationen verarbeitet. Das Gehirn schickt über Nerven Informationen an Muskeln. Es folgt die **Reaktion**. Beim Elfmeter erreicht der Ball in weniger als einer Sekunde das Tor.

2 Vom Reiz zur Reaktion

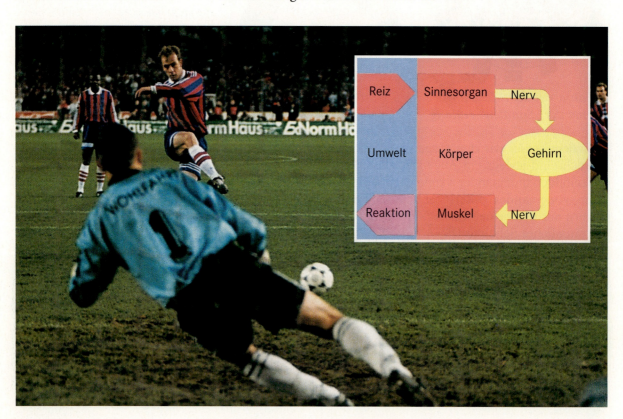

1. Reaktionszeit

Eine Mitschülerin oder ein Mitschüler hält dir ein 30 cm langes Lineal direkt über die ausgestreckte rechte Hand (siehe Bild rechts), sodass die Null vom Lineal sich in der Höhe deiner Finger befindet. Halte Daumen und Zeigefinger gespreizt. Ohne dir vorher Bescheid zu sagen, wird das Lineal losgelassen. Du versuchst, das Lineal mit Daumen und Zeigefinger zu fangen. Notiere, bei welcher Zentimetermarke du das Lineal gefangen hast. Dieser Wert ist ein Maß für deine Reaktionszeit. Führe den Versuch mehrmals durch. Was stellst du dabei fest?

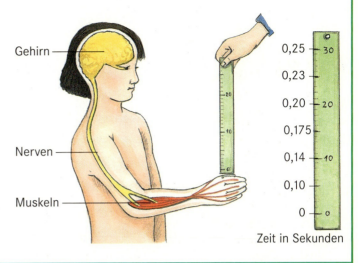

Nervenzellen können Informationen mit einer Geschwindigkeit von 120 Metern pro Sekunde leiten. Erregungsleitung und Verarbeitung von Informationen im Gehirn sind daher sehr schnell. Man bezeichnet die Zeitdauer zwischen Reiz und Reaktion als **Reaktionszeit**. Im Straßenverkehr spielt die Reaktionszeit zum Beispiel bei plötzlich auftretenden Gefahren eine große Rolle (Bild 3).

> Reflexe sind schnelle Reaktionen auf Reize hin, die in festgelegter Weise ohne Beeinflussung durch den Willen ablaufen.

1 Beschreibe die Vorgänge vom Reiz bis zur Reaktion am Bild oben (Reaktionszeit-Versuch).

2 Beschreibe anhand von Bild 3 die Vorgänge, die beim Autofahrer stattfinden, bis der Wagen anhält.

Müdigkeit, Alkohol und bestimmte Medikamente beeinflussen die Informationsverarbeitung im Gehirn. Dadurch kann die Reaktionszeit erheblich verlängert werden.

3 Gefährliche Situation

2 Informationen aufnehmen und verarbeiten

2.8 Gehirn und Nervensystem

1 Gehirn und Rückenmark bilden das Zentralnervensystem

1 Beschreibe Lage und Bau des Zentralnervensystems. Wodurch werden Gehirn und Rückenmark geschützt?

2 Welche Aufgaben und Leistungen übernimmt das Großhirn?

T

Die meisten Fahrrad- und Motorradunfälle haben Kopfverletzungen zur Folge. Für den Schutz des Gehirns ist es unbedingt notwendig, einen Sturzhelm zu tragen.

Wir atmen, kauen, weinen, lachen, reden, lesen, schlafen, singen, hören, sehen, schreiben, fahren Rad, denken, fühlen uns traurig oder glücklich. Für diese und noch viele andere Tätigkeiten und Gefühle ist das Gehirn zuständig. Es wiegt beim Erwachsenen etwa 1,4 kg und enthält ungefähr 14 Milliarden Nervenzellen.

Gehirn und **Rückenmark** liegen geschützt im Schädelknochen und in der Wirbelsäule und bilden das **Zentralnervensystem** (Bild 1). Was ein Mensch tut, denkt oder fühlt und die Tätigkeiten seiner inneren Organe werden vom Zentralnervensystem gesteuert. Innerhalb des Zentralnervensystems ist das **Großhirn** die entscheidende Verarbeitungsstation für alle Informationen, die von den Sinnesorganen kommen. Informationsverarbeitung, Wahrnehmung, Lernen, Gedächtnis, Bewegungssteuerung und das Bewusstsein sind an die Tätigkeit der Nervenzellen im Großhirn gebunden.

Bei körperlichen Anstrengungen erfolgen Atmung und Herzschlag häufiger; aus der Leber wird Traubenzucker in das Blut abgegeben; auf die Haut tritt Schweiß. Nach einer Mahlzeit wird die Nahrung in Magen und Darm verdaut. Wenn man viel Wasser getrunken hat, bilden die Nieren viel Harn. Die Tätigkeit innerer Organe wie Lunge, Herz, Magen, Darm, Leber und Nieren wird von einem bestimmten Teil des Nervensystems, dem vegetativen Nervensystem, geregelt. Diese Regelungsvorgänge können nicht vom Willen beeinflusst werden. Sie laufen ständig ab, ohne dass es uns bewusst wird und ohne dass wir daran denken müssen. Das **vegetative Nervensystem** steht mit dem Zentralnervensystem in Verbindung.

Übermäßige Belastungen können das Nervensystem beeinträchtigen oder sogar schädigen. Dauerhafte seelische Belastungen führen manchmal zu Erkrankungen (Bild 2). Man spricht in diesem Zusammenhang von **schädlichem Stress**. Das Wort „Stress". stammt aus dem Englischen und bedeutet ursprünglich Spannung, Druck, Belastung. Maßnahmen zum **Schutz vor Belastungen** des Nervensystems sind eine ausgeglichene, gesunde Lebensweise, regelmäßige körperliche oder sportliche Anstrengungen, Erholung und Entspannung sowie Vermeidung von Lärm und Reizüberflutung. Seelische Belastungen können in vielen Fällen gemindert werden, wenn man mit einer Person seines Vertrauens über Probleme, „die einem an die Nerven gehen", sprechen kann.

> Gehirn und Rückenmark gehören zum Zentralnervensystem. Das Großhirn ist an vielen wichtigen Leistungen des Gehirns beteiligt. Das vegetative Nervensystem regelt, ohne vom Willen beeinflusst zu werden, die Tätigkeit der inneren Organe.

3 Der Zustand der inneren Organe kann unsere Stimmung beeinflussen. Umgekehrt können Stimmungen die Arbeit der inneren Organe beeinflussen. Gib für beide Fälle Beispiele.

4 Nenne Bedingungen, bei denen du besonders gut lernen kannst.
Welche Einflüsse wirken sich störend auf dein Lernen aus?
Welche dieser negativen Einflüsse kannst du selbst beheben?

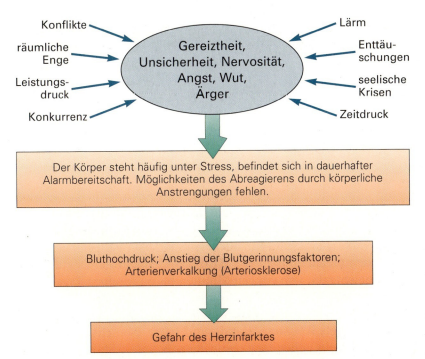

2 Dauerhafter schädlicher Stress gefährdet die Gesundheit

2 Informationen aufnehmen und verarbeiten

2.9 Lernen und Gedächtnis

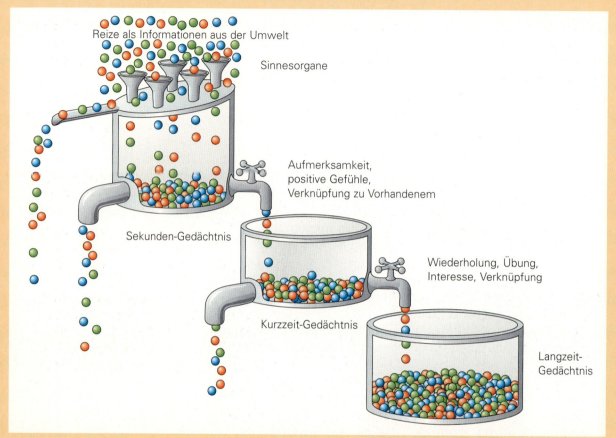

1 Weg der Informationen ins Gedächtnis

1 Im Gehirn wird etwas Neues besser gespeichert, wenn es mit schon vorhandenen Informationen verknüpft wird. Beim Lernen kann man Verknüpfungen herstellen, indem man:
– in Gedanken Verknüpfungen und Zusammenhänge herstellt,
– den Lernstoff bebildert und Skizzen und Zeichnungen anfertigt,
– verwandte Begriffe notiert.
Veranschauliche die oben genannten drei Gesichtspunkte am Beispiel folgender Aussage: „Die Grundorgane der Blütenpflanzen sind Wurzel, Sprossachse, Blätter und Blüten." Gib zu jeder der drei Möglichkeiten ein konkretes Beispiel.

In jedem Augenblick werden Informationen von den Sinnesorganen zum Gehirn eines Menschen übermittelt. Das können Informationen aus der Umwelt oder aus dem Inneren des Körpers sein. Nur ein kleiner Teil der Informationen kann gespeichert werden. Man spricht von Gedächtnis, wenn Informationen im Gehirn gespeichert werden und von dort wieder abgerufen werden können. Beim Lernen werden neue Informationen im Gedächtnis gespeichert.

Man unterteilt das Gedächtnis nach der Länge der Zeit, in der die Informationen gespeichert werden: Im **Sekunden-Gedächtnis** werden viele Informationen gespeichert, allerdings nur wenige Sekunden lang. Vor allem solche Informationen, die für den Menschen wichtig sind und für die er aufmerksam ist, gelangen vom Sekunden-Gedächtnis in das **Kurzzeit-Gedächtnis**. Das umfasst eine Speicherzeit von einigen Minuten bis zu wenigen Tagen. Nur ein sehr kleiner Teil der Informationen aus dem Kurzzeit-Gedächtnis wird im **Langzeit-Gedächtnis** noch länger gespeichert, nämlich Wochen, Monate und Jahre. Manche Informationen werden ein Leben lang gespeichert.

Eine Reihe von Faktoren begünstigen oder beeinträchtigen das Lernen und die Gedächtnisleistung. So wird die dauerhafte Speicherung von Informationen im Gedächtnis gefördert, wenn Verknüpfungen zwischen der neuen Information und dem vorhandenen Wissen hergestellt werden. Wenn Interesse und positive Gefühle das Lernen begleiten, verläuft die Speicherung besser. Auch wenn mit einer gewissen Anstrengung gelernt und wiederholt wird, kann dies zu einer guten Gedächtnisleistung führen.

2 Bild 1 zeigt, welche Informationen besonders gut behalten werden. Liste sie auf und schreibe ein Beispiel aus deiner eigenen Erfahrung dazu.

3 Werte den Rechentest in Bild 2 aus. Begründe, ob sich das Ergebnis verallgemeinern lässt oder nicht.

4 Die Kurven in Bild 3 zeigen, wie Vokabeln behalten wurden, mit und ohne Wiederholungen. Werte das Bild aus und formuliere einen Merksatz über die Bedeutung von Wiederholungen.

5 Erstellt gemeinsam ein Poster für euren Klassenraum zum Thema „Tipps zum Lernen". Berücksichtigt dabei die Informationen von dieser Seite.

Aufgaben mit Musik								Aufgaben ohne Musik							
12	X	4	+	12	-	14	=	46	12	X	4	+	12	-	14	=	46
23	X	3	-	21	+	11	=	59	23	X	3	-	21	+	11	=	59
14	X	6	-	13	-	15	=	56	14	X	6	-	13	-	15	=	56
8	X	9	+	16	-	19	=	78	8	X	9	+	16	-	19	=	69
11	X	5	+	16	+	19	=	90	11	X	5	+	16	+	19	=	90
18	X	3	+	15	-	13	=	56	18	X	3	+	15	-	13	=	56
5	X	8	-	23	+	8	=	25	5	X	8	-	23	+	8	=	25
25	X	3	+	13	-	26	=	62	25	X	3	+	13	-	26	=	62
13	X	7	-	11	-	10	=	80	13	X	7	-	11	-	10	=	70
26	X	3	-	16	+	20	=	64	26	X	3	-	16	+	20	=	82
17	X	4	-	24	+	14	=	58	17	X	4	-	24	+	14	=	58
6	X	15	+	3	-	33	=	60	6	X	15	+	3	-	33	=	60
14	X	2	-	2	+	20	=	46	14	X	2	-	2	+	20	=	46
21	X	4	+	16	-	10	=	89	21	X	4	+	16	-	10	=	89
10	X	6	-	6	-	15	=	39	10	X	6	-	6	-	15	=	39
18	X	3	+	21	-	15	=	60	18	X	3	+	21	-	15	=	60
19	X	3	+	21	+	15	=	63	19	X	3	+	21	+	15	=	93
7	X	7	-	23	-	7	=	19	7	X	7	-	23	-	7	=	19
12	X	4	+	12	+	14	=	74	12	X	4	+	12	+	14	=	74
16	X	2	-	20	+	15	=	27	16	X	2	-	20	+	15	=	27
4	X	17	-	24	+	14	=	58	4	X	17	-	24	+	14	=	58
29	X	2	-	29	-	11	=	18	29	X	2	-	29	-	11	=	40
15	X	3	+	15	+	15	=	75	15	X	3	+	15	+	15	=	75
15	X	3	-	15	-	13	=	17	15	X	3	-	15	-	13	=	17
4	X	13	+	15	+	16	=	83	4	X	13	+	15	+	16	=	83

2 Hausaufgaben mit und ohne Musik

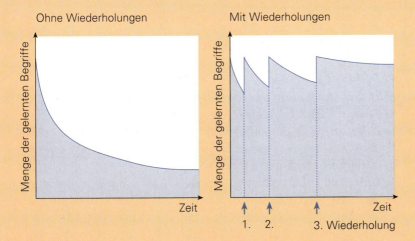

3 Lernen mit und ohne Wiederholungen

2 Informationen aufnehmen und verarbeiten

2.10 Informationsverarbeitung beim Menschen und bei technischen Informationssystemen

1 Stark vereinfachtes Schema der Informationsverarbeitung beim Menschen und beim Computer

1 Beschreibe nach dem Prinzip der Informationsverarbeitung (Eingabe, Verarbeitung und Ausgabe) folgende Situationen:
a) Du fährst gerade mit dem Fahrrad. Die Ampel springt auf Rot.
b) Du willst berechnen, wie viel Zinsen du nach einem Jahr für dein Sparguthaben von 160 Euro bei einem Zinssatz von 3% bekommst.
c) Du willst deinem Freund oder deiner Freundin mitteilen, wie glücklich du über sein/ihr Geburtstagsgeschenk bist.

2 Beschreibe und vergleiche die Informationsverarbeitung beim Menschen und beim Computer (Bild 1).

Sowohl beim Menschen als auch in der Technik unterteilt man die Informationsverarbeitung in drei Teilschritte, die **E**ingabe, die eigentliche **V**erarbeitung und die **A**usgabe.

Eingabe: Beim Menschen erfolgt die Eingabe von Informationen über die Sinnesorgane (Bild 1). Sie nehmen Reize aus der Umwelt oder dem Körper auf. Nerven leiten Informationen von den Sinnesorganen zum Gehirn.

Verarbeitung: Beim Menschen werden Informationen im Gehirn ausgewertet und verarbeitet. Das Gedächtnis ist ein riesiger Informationsspeicher. Es enthält bereits Informationen und kann neue Informationen speichern. Bei der Verarbeitung von Informationen im Gehirn spielen Verknüpfungen, logisches Denken, Gefühle und Wertungen eine große Rolle.

Ausgabe: Als Ergebnis der Verarbeitung können Informationen im Gedächtnis gespeichert oder vom Gehirn Befehle an Muskeln geschickt werden. Sprechen, Schreiben, Mimik, Gestik oder bestimmte Handlungen gehören beim Menschen auch zum Bereich der Informationsausgabe.

Bei einem Computer lassen sich **E**ingabe, **V**erarbeitung und **A**usgabe von Informationen stark vereinfacht so darstellen:

Eingabe: Tastatur, Maus, Scanner oder bestimmte Messgeräte sind Beispiele für Eingabegeräte. Zahlen, Wörter, Messwerte oder Schalterstellungen werden in die „Computersprache" umgewandelt (digitale elektrische Impulse).

Verarbeitung: Dazu dienen der Arbeitsspeicher und die Zentraleinheit, der eigentliche Prozessor. Bestimmte Programme (auch „Software" genannt) geben in allen Einzelheiten genaue Anweisungen darüber, welche Informationen wie verarbeitet werden sollen.

➲ 3.1 Verständigung bei Mensch und Tier

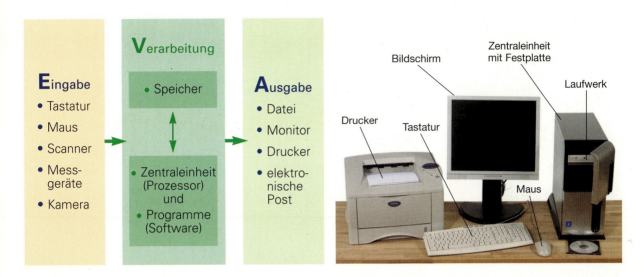

Ausgabe: Das Ergebnis der Informationsverarbeitung kann zum Beispiel auf einer Festplatte gespeichert und auf einem Bildschirm angezeigt, an einen Drucker ausgegeben oder über Telefonleitung verschickt werden.

Computer sind beim Rechnen dem Menschen in Zuverlässigkeit und Geschwindigkeit weit überlegen. Die vielfältigen Fähigkeiten des menschlichen Gehirns werden jedoch zur Zeit von keinem Computer der Welt auch nur annähernd erreicht. Menschen sind beweglich und sehr anpassungsfähig (Bild 2).

| Beim Menschen und in technischen Systemen erfolgt die Informationsverarbeitung in den Schritten Eingabe, Verarbeitung und Ausgabe.

3 Ob eine Maschine jemals so „intelligent" wie ein Mensch wird, könnte nach dem englischen Mathematiker Alan Turing folgender Test ergeben: Eine Person ist über eine Tastatur mit zwei ihm nicht sichtbaren Partnern verbunden, nämlich dem zu testenden Computersystem und einem anderen Menschen. Die Person unterhält sich über die Tastatur mit den beiden Partnern, stellt Fragen, Aufgaben und gibt Mitteilungen. Die Reaktionen der Partner werden der Person auf je einem Monitor als Text angezeigt. – Wenn die Person nicht mehr mit Sicherheit zwischen Mensch und Computersystem unterscheiden kann, dann kann man den Computer als „intelligent" bezeichnen.
Welche Fragen würdest du an die beiden Partner stellen? Welche Reaktionen erwartest du?

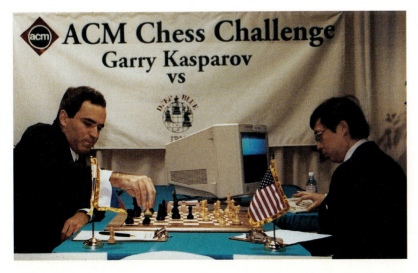

2 Garry Kasparov spielt Schach gegen einen Computer

2 Informationen aufnehmen und verarbeiten

2.11 Sensoren nehmen Informationen auf

1 Sensoren einer Alarmanlage nehmen Informationen auf

Alarmanlagen reagieren auf Veränderungen in der Umgebung. Mit Messfühlern, den **Sensoren**, können Informationen aufgenommen werden (Bild 1). Sie reagieren auf Änderungen der Helligkeit (1b), der Temperatur (1c), des Drucks (1d), der Feuchtigkeit oder eines Magnetfeldes (1a). Diese Informationen werden für die Übertragung aufbereitet und an eine zentrale Steuereinheit gesandt. Dort werden die Informationen ausgewertet und zur Ausgabeeinheit, z. B. zu einer Signallampe oder Sirene, geleitet.

Das Mikrofon ist ein Sensor für durch Schallwellen verursachte Luftdruckschwankungen. Es wandelt diese in entsprechende Stromstärkeschwankungen um.

V

1. Sensoren für Helligkeitsänderungen
a) Baue den Versuch nach dem unten stehenden Bild auf. Beleuchte den Widerstand (LDR) mit einer Lampe. Beschreibe deine Beobachtungen.

b) Ersetze, wie im Schaltplan angegeben, das Messgerät durch ein Relais, das einen zweiten Stromkreis mit einer Signallampe steuert. Was beobachtest du, wenn der Widerstand beleuchtet, beziehungsweise nicht beleuchtet wird?

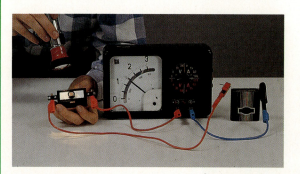

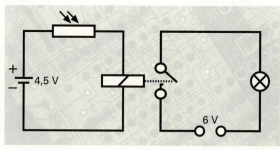

72   ➲ 12.2 Wovon hängt die Induktionsspannung ab, 1.9 Der elektrische Widerstand

Sensoren für Hell und Dunkel. Die Straßenbeleuchtung wird je nach Helligkeit durch Dämmerungsschalter ein- oder ausgeschaltet. Dazu werden häufig **Fotowiderstände** (LDR) als Sensoren für Licht eingesetzt. Diese Fotowiderstände sind lichtabhängige Widerstände. Bei Helligkeit hat ein Fotowiderstand einen geringen Widerstand, er leitet den Strom. Durch ein mit dem Fotowiderstand in Reihe geschaltetes Relais wird der Lampenstromkreis unterbrochen. Je dunkler es wird, desto größer wird der Widerstand, die Stromstärke wird geringer. Dadurch wird ein Relais betätigt, das den Lampenstromkreis einschaltet.

Bei vielen Geschäften sind am Eingang Lichtschranken angebracht, die eine Glocke einschalten, sobald ein Besucher durch den Eingangsbereich kommt. Bei einer **Lichtschranke** wird ein Fotowiderstand ständig von einer Lichtquelle beleuchtet. Sobald der Lichtstrahl unterbrochen wird, verringert sich die Helligkeit am Fotowiderstand, sein Widerstand wird größer. Ein Relais schaltet das Signal ein.

Sensoren für Warm und Kalt. Elektronische Thermometer enthalten als Sensor für die Temperatur Heißleiter. **Heißleiter** sind temperaturabhängige Widerstände. Wird ein Heißleiter erwärmt, so verringert sich sein Widerstand. Bei gleicher Spannung erhöht sich dadurch die Stromstärke. Ein Heißleiter leitet besser, wenn er heiß ist.

Daneben gibt es auch **Kaltleiter.** Diese temperaturabhängigen Widerstände haben im kalten Zustand einen geringeren Widerstand als bei Wärme. Ein Kaltleiter leitet besser, wenn er kalt ist.

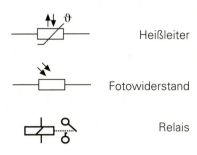

Heißleiter

Fotowiderstand

Relais

2 Schaltzeichen

 1 Nenne drei Beispiele für die Anwendung von Sensoren, die auf Lichtänderungen reagieren.

2 Nenne drei Beispiele für die Anwendung von Sensoren, die auf Temperaturänderungen reagieren.

3 In einem Pkw befinden sich mehrere Sensoren. Notiere, welche Informationen sie aufnehmen können.

V

2. Sensoren für Temperaturänderungen
a) Baue den Versuch nach dem Foto auf. Erwärme den Widerstand vorsichtig. Beschreibe deine Beobachtungen.

b) Ersetze, wie im Schaltplan angegeben, das Messgerät durch ein Relais, das einen zweiten Stromkreis mit einer Signallampe steuert. Was beobachtest du, wenn der Widerstand erwärmt beziehungsweise abgekühlt wird?

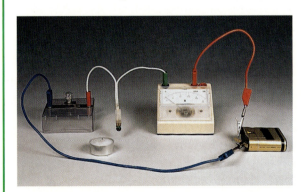

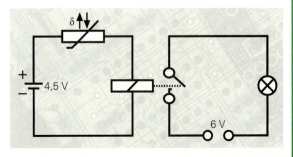

2 Informationen aufnehmen und verarbeiten

3 Sensoren in der Fahrbahn liefern Informationen über die Fahrzeugbewegungen

Sensoren für Magnetfeldänderungen. Um automatisch die Anzahl der Fahrzeuge zu erfassen, werden in Fahrbahnen Drähte verlegt, durch die ein elektrischer Strom fließt (Bild 3). Wenn ein Fahrzeug über diese Sensoren fährt, verändert sich das Magnetfeld und mit ihm die Stromstärke. Anhand der Stromstärkeänderung kann man eine Verkehrszählung durchführen und die Ampeln nach Verkehrsaufkommen schalten. Werden zwei dieser Sensoren kurz hintereinander in der Fahrbahn verlegt, kann man die Geschwindigkeit der Fahrzeuge berechnen. Bei Überschreitung der zulässigen Höchstgeschwindigkeit kann man eine Kamera auslösen.

Bei Autos mit einem **Antiblockiersystem** (ABS) wird laufend die Drehgeschwindigkeit der Räder von einem Sensor erfasst (Bild 4). Das ist eine Spule, an der sich ein Zahnrad vorbeidreht. Wenn sich das Zahnrad schnell dreht, ändert sich auch das Magnetfeld der Spule schnell. Diese Informationen werden an ein Steuergerät übertragen und für die Steuerung der Bremsen verwendet.

Sensoren für Nass und Trocken. Zwei Nägel oder Kohlestäbe können als Fühler benutzt werden, um festzustellen, ob die Erde im Blumentopf feucht oder trocken ist (Bild 5). Bei trockener Erde fließt fast kein Strom. Bei feuchter Erde steigt die Stromstärke an.

Sensoren für Gas und Rauch (Bild 6). Manche Tiere sehen, riechen und fühlen eine Brandgefahr früher als Menschen. Bei jedem Brand entstehen feine Ruß- und Rauchteilchen, die die Luft trüben. Diese Trübung können die Sensoren in einem **Rauchmelder** schon frühzeitig erkennen und dann Alarm auslö-

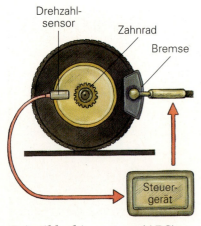

4 Antiblockiersystem (ABS)

13.4 Einfache Schaltungen mit Transistoren

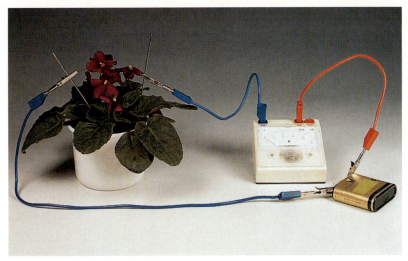

5 Alarm bei Trockenheit

sen. Auch die Temperaturerhöhungen, die durch einen Brand verursacht werden, können von den empfindlichen Fühlern in den Rauchmeldern erkannt werden. Ein **Gassensor**, der beispielsweise unverbranntes Erdgas oder Kohlenstoffmonoxid erkennen soll, reagiert mit dem aufzuspürenden Gas (Bild 6). Dadurch ändert sich der Widerstand des Sensors.

Sensoren für Leicht und Schwer. In elektronischen Waagen reagieren **Dehnungsmessstreifen** auf unterschiedliche Gewichtskräfte (Bild 7). Bei diesen Sensoren, die auf unterschiedliche Kräfte reagieren, ist ein gewundener Widerstandsstreifen in einem beweglichen Kunststoff eingeschlossen. Wird der Draht gedrückt oder verbogen, so ändert sich sein Widerstand.

> Sensoren nehmen Informationen aus der Umgebung auf und wandeln sie so um, dass sie durch Stromkreise übertragen werden können.

4 Beschreibe zwei Beispiele, wie Sensoren zum Nutzen für den Menschen eingesetzt werden können.

5 Welche Aufgabe übernimmt der Drehzahlsensor beim ABS?

6 Gassensor

7 Dehnungsmessstreifen

2 Informationen aufnehmen und verarbeiten

2.12 Nachrichten senden und empfangen

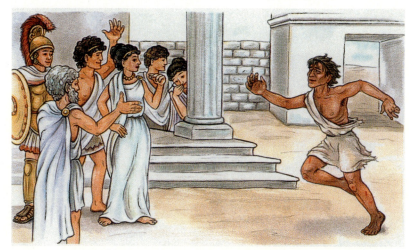

1 Optischer Telegraf

2 Der Marathonläufer überbringt die Nachricht vom Sieg

	kurz: .	
	lang: _	
A ._	J .___	T _
B _...	K _._	U .._
C _._.	L ._..	V ..._
CH ____	M __	W .__
D _..	N _.	X _.._
E .	O ___	Y _.__
F .._.	P .__.	Z __..
G __.	Q __._	Ä ._._
H	R ._.	Ö ___.
I ..	S ...	Ü ..__

3 Morsecode

Als im Jahre 490 v. Chr. die Athener in der Schlacht bei Marathon die Perser besiegten, gab es noch kein weltumfassendes Nachrichtensystem. Ein Läufer überbrachte die Siegesnachricht im Dauerlauf über die 42,195 km lange Strecke nach Athen (Bild 2). Nachdem er die Nachricht „wir haben gesiegt" ausgerufen hatte, soll er der Legende nach zusammengebrochen sein. Rauchzeichen der Indianer, Rufstafetten oder Signalmasten sind Beispiele für die Verständigung über größere Entfernungen (Bild 1).

Nachrichtenübermittlungen durch Schall und Licht haben nur eine geringe Reichweite. Erst nach der Entdeckung der Elektrizität konnten Nachrichten schnell über weite Strecken übertragen werden. Der Amerikaner Samuel Morse entwickelte die nach ihm benannte **Morsetelegrafie**. Er stellte die Buchstaben durch Punkte und Striche dar (Bild 3). Dieses Zuordnen nennt man **Codieren**. Die Zeichen werden durch kurze oder lange Stromstöße übertragen. Der Empfänger der Nachricht muss diese Signale wieder in Buchstaben zurückübersetzen (decodieren).

1. Modellversuch Morsetelegrafie

Baue einen Stromkreis mit einer Batterie, einem Taster, einer Lampe und mit Kabeln wie in der Zeichnung auf. Codiere ein Wort oder einen Satz mit Hilfe des Morsealphabets. Übermittle deine Nachricht an einen Partner. Nach jedem gesendeten Buchstaben wird eine Pause gemacht. Welche Nachricht hat dein Partner entschlüsselt?

⊃ 1.15 Elektromagnete in Aktion

Buchstabe N						
Schalter	aus	ein	ein	aus	ein
Stromfluss					
Dualcode	0	1	1	0	1

4 *Verschlüsselung des Buchstaben N im Dualcode*

Bei der elektronischen Datenverarbeitung werden alle Buchstaben, Zahlen und Zeichen nur durch zwei Zeichen dargestellt, dem sogenannten **Dualcode**. Die Ziffer „1" steht für „Strom an", die Ziffer „0" für „Strom aus". Fünf An-Aus-Signale werden jeweils pro Buchstabe oder Zahl benötigt, um das entsprechende Zeichen einwandfrei und unverwechselbar zu codieren (Bild 4, 5). Jedes einzelne Signal, entweder „Strom an" oder „Strom aus", wird als ein Bit bezeichnet. In einem Computer werden diese Bits gleichzeitig übertragen. In der Datenverarbeitung wird jedes Zeichen mit einer Kombination aus acht Bits verschlüsselt. Acht Bits werden zu einem Byte zusammengefasst. Größere Datenmengen gibt man in Kilobyte, Megabyte oder Gigabyte an.

| Mit Hilfe der Signale „Strom ein" und „Strom aus" können Nachrichten übertragen werden.

A	0	0	0	0	0
B	0	0	0	0	1
C	0	0	0	1	0
D	0	0	0	1	1
E	0	0	1	0	0
F	0	0	1	0	1
G	0	0	1	1	0
H	0	0	1	1	1
I	0	1	0	0	0
J	0	1	0	0	1
K	0	1	0	1	0
L	0	1	0	1	1
M	0	1	1	0	0
N	0	1	1	0	1
O	0	1	1	1	0
P	0	1	1	1	1
Q	1	0	0	0	0
R	1	0	0	0	1
S	1	0	0	1	0
T	1	0	0	1	1
U	1	0	1	0	0
V	1	0	1	0	1
W	1	0	1	1	0
X	1	0	1	1	1
Y	1	1	0	0	0
Z	1	1	0	0	1

5 *Dualcode*

V 2. Modellversuch
Nachrichten im Zweiercode

Baue den Versuch wie in der Zeichnung auf. Codiere ein Wort mit dem Zweiercode. Übertrage dieses Wort an einen Partner so, dass jeweils die fünf Signale für jeden Buchstaben gleichzeitig angezeigt werden. Lass es von deinem Partner decodieren.

3 Verhalten von Tieren und Menschen

3.1 Verständigung bei Mensch und Tier

1 *Eine Ameise wird von einer anderen Ameise gefüttert*

Wenn sich Artgenossen begegnen oder wenn sie zusammenleben, müssen sie sich verständigen. Dies gilt besonders bei Tieren, die in Gruppen oder Staaten zusammenleben. Solche Tiere bezeichnet man als **sozial lebende Tiere**. Dazu gehören z. B. bei den Insekten die Bienen, Wespen, Hummeln und Ameisen. In diesen Insektenstaaten müssen unter anderem die Nahrungsbeschaffung und Verteilung, die Fortpflanzung und die Betreuung der Brut geregelt werden. Auch bei Vögeln und Säugetieren gibt es sozial lebende Tiere, z. B. Hühner, Wölfe, Löwen und Schimpansen.

In den sozialen Gruppen herrscht eine **Rangordnung**, wobei jedes Tier seinen Rang in der Gruppe deutlich macht. Die Rangordnung hat z. B. Einfluss auf die Futterverteilung und die Paarung. Auch bei nicht sozial lebenden Tieren ist oft eine Verständigung zwischen Artgenossen notwendig, z. B. bei der Partnerwerbung oder der Betreuung von Jungtieren. Auch die Abgrenzung und Behauptung eines Reviers erfordert eine Verständigung.

1 Schreibe Situationen auf, in denen bei Tieren Verständigung stattfindet.

2 Beschreibe die Situation in Bild 1. Stelle Vermutungen auf, wie die Verständigung erfolgen könnte.

3 Beschreibe die Situation in Bild 2. Stelle Vermutungen auf, wie die Verständigung erfolgen könnte.

2 *Fütterung am Nest*

➲ 2.10 Informationsverarbeitung beim Menschen und bei technischen Informationssystemen

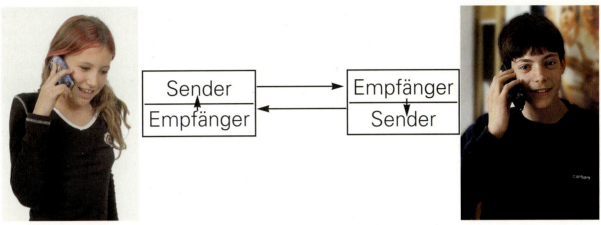

3 Schema zur Kommunikation

Bei einer Verständigung werden immer Informationen übermittelt. Wenn du mit einem Freund telefonierst, ist derjenige, der gerade spricht, der **Sender** (Bild 3). Seine Worte enthalten Informationen. Die Worte sind Signale, die mit Hilfe der Technik gesen-det werden. Der Freund ist der **Empfänger**. Er nimmt die Signale auf, indem er die Worte hört. Dabei entnimmt er ihnen die Informationen. Nun kann er selbst zum Sender werden und du wirst zum Empfänger. Erfolgt so ein Austausch von Informationen in beide Richtungen, spricht man von **Kommunikation**. Sie ist natürlich nur möglich, wenn der Empfänger die Signale des Senders versteht. Kommunikation findet im täglichen Leben ständig statt, meistens ohne technische Hilfsmittel. Als **Signale** dienen beim Menschen nicht nur die Sprache, sondern auch Gesten, Mimik und die Körperhaltung (Bild 4). Gesten sind die Bewegungen, die z. B. in einem Gespräch das Gesagte unterstützen. So kann eine geballte Faust Wut ausdrücken oder mit dem ausgestreckten Arm eine Richtung angezeigt werden. Unter **Mimik** versteht man die unterschiedlichen Gesichtsausdrücke, z. B. Lächeln. Menschen können sich mit Gesten, Mimik und Körperhaltungen ohne Worte verständigen. Wir tun dies mit Menschen, die eine andere Sprache sprechen, oder bei der Gebärdensprache der Gehörlosen.

Die **Wortsprache** macht es uns Menschen möglich, dass wir uns auch über Dinge und Personen unterhalten, die gerade nicht anwesend sind. Auch können wir so im Gespräch verschiedene Zeiten deutlich machen und z. B. über Dinge sprechen, die gestern stattfanden oder morgen stattfinden sollen.

Auch bei Tieren findet Verständigung statt. Jede Tierart verwendet ihre eigenen Signale, die aus Lauten, Mimik, Körperhaltungen, Gesten und Düften bestehen. Die Signale sind den Tieren meistens angeboren. Im Gegensatz zu den Menschen haben Tiere aber keine Wortsprache.

4 Nenne Situationen im Alltag, in denen Kommunikation stattfindet (Bild 3).
Beschreibe an einem Beispiel die verschiedenen Stationen beim Ablauf der Kommunikation.

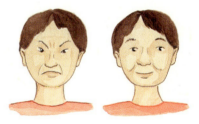

4 Mimik bei Menschen

5 a) Beschreibe die Unterschiede bei den Gesichtern im Bild 4.
Versuche, die Stimmung dieser Gesichter zu bestimmen.
b) Liste die wesentlichen Unterschiede zwischen der Wortsprache und der Mimik auf.
c) Vergleiche die Gebärdensprache mit der Wortsprache.

3 Verhalten von Tieren und Menschen

Manche Signale haben bei Hund und Katze eine unterschiedliche Bedeutung. So drückt Schwanzwedeln bei Hunden Freude aus, bei Katzen bedeutet es jedoch große Erregung und Bereitschaft zum Angriff. Missverständnisse sind im Zusammenleben von Hund und Katze daher häufig vorprogrammiert. Will ein Hund sein Rudelmitglied „Katze" freundlich mit Schwanzwedeln begrüßen, kann die Katze das als Angriffsbereitschaft missverstehen und zum Gegenangriff übergehen. Umgekehrt sieht ein Hund die schwanzwedelnde Katze als freundliche Spielgefährtin. Kommt er ihr näher, besteht die Gefahr, dass die Katze angreift.

5 *Missverständnisse bei Hund und Katze*

Hunde verwenden die gleichen Signale wie die Wölfe. Treffen Hunde aufeinander, beschnüffeln sie sich, um festzustellen, ob es sich bei dem Gegenüber um ein Männchen oder ein Weibchen handelt. Sie stellen durch Drohen und Knurren ihre Rangordnung fest, wobei der Unterlegene durch Unterwerfungsgesten den Ranghöheren anerkennt. „Befreundete" Tiere begrüßen sich und spielen miteinander. Bei den Hunden sind die Menschen und andere Haustiere „ihres" Haushaltes die Rudelmitglieder. Hunde haben gelernt, Teile der menschlichen Sprache zu erkennen. Auch können sie Gesten und Stimmungen der Menschen richtig erfassen und darauf reagieren.

6 *Körpersprache bei Hund und Katze*

6 Vergleiche mit Hilfe von Bild 6 die Körpersprache von Hund und Katze. Stelle Gemeinsamkeiten und Unterschiede zusammen.

7 Lies den Text in Bild 5. Erkläre an einem Beispiel ausführlich, warum es zwischen Katze und Hund in der Körpersprache zu Missverständnissen kommen kann (Bild 5 und 6).

8 Beschreibe Körperhaltung und Gesten bei Menschen, die drohen.

Katzen verfügen über eigene Signale. Damit wird zum Beispiel die Revierabgrenzung, Paarungsbereitschaft und das Zusammenleben mit den Jungen geregelt. Dringt eine Katze in das Revier einer anderen ein, wird sie durch Drohen, Fauchen oder Angriff vertrieben, oder sie wird zum Spielen eingeladen.

Wenn eine Biene eine neue Futterquelle entdeckt, nimmt sie eine Futterprobe mit in den Stock. Schon nach kurzer Zeit kann man an der Quelle viele Bienen beobachten. Die Kundschafterin muss ihren Artgenossinnen mitgeteilt haben, wo sich die Futterquelle befindet. Dies geschieht, indem die Biene im Bienenstock die Informationen zur Futterquelle durch **Tanzen auf der Wabe** übermittelt.

Liegt die Futterquelle näher als 100 Meter vom Stock entfernt, tanzt die Biene in Kreisform, den „Rundtanz". Er bedeutet für die anderen Bienen: „Sucht in der Nähe des Stockes!" Bei größeren Entfernungen tanzt die Biene den „Schwänzeltanz". Die Bienenwaben im Stock hängen senkrecht. Die Biene muss also die Richtung zur Futterquelle in die Senkrechte übertragen. Dazu ist die Richtung zur Sonne immer nach oben festgelegt. Die Richtung zur Futterquelle wird angegeben, indem die Biene ein Stück auf der Wabe geradeaus tanzt und dabei den Hinterleib hin und her bewegt. Die Tanzrichtung gibt dabei den Winkel zwischen Sonnenrichtung und Futterquelle an. Tanzt die Biene nach oben, liegt die Futterquelle in der Richtung zur Sonne. Tanzt die Biene mehr nach rechts, so liegt die Quelle rechts von der Sonne. Am Ende der Tanzstrecke läuft die Biene in einem Bogen zum Ausgangspunkt zurück und wiederholt den Tanz. Dies geschieht viele Male, wobei der Bogen beim Rücklaufen abwechselnd in beide Richtungen geschlagen wird (Bild 7).

Je schneller die Biene tanzt, umso näher ist die Futterquelle. Je häufiger sie diesen Schwänzeltanz durchläuft, umso ergiebiger ist die Futterquelle. Indem sie zwischendurch etwas vom mitgebrachten Futter an die anderen Bienen verfüttert, lernen diese den Geruch, den Geschmack und damit die Qualität des Futters kennen. Die Bienen im Stock laufen beim Tanz der Kundschafterin hinterher und lernen so die Richtung kennen. Dann fliegen sie selbst los.

> Tiere und Menschen können sich untereinander durch bestimmte Verhaltensweisen, aber auch durch Mimik, Gestik und Körperhaltungen verständigen.

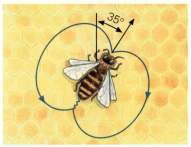

7 *Bienenstock mit Futterquelle und der dazugehörige Schwänzeltanz*

9 a) Trage in einer Tabelle zusammen, welche Informationen beim Bienentanz übertragen werden und wie die Informationen übermittelt werden.

Information	Art der Übermittlung
Futterqualität	Mitbringen von Futterproben

b) Zeichne auf, wie die Biene auf der Wabe tanzt (Bild 8). Begründe deine Darstellung.
c) Vergleiche die Wortsprache der Menschen mit der „Tanzsprache" der Bienen.

8 *Bienenstock mit Futterquelle*

3 Verhalten von Tieren und Menschen

1 In einem Experiment wurden die Eier einer Möwe im Brutkasten ausgebrütet. Die geschlüpften Küken verbrachten zunächst einige Stunden in völliger Dunkelheit. Anschließend zeigte man ihnen Schnabelmodelle erwachsener Möwen in verschiedenen Farben. Die Küken reagierten besonders auf rote Schnäbel. Erwachsene Möwen haben rote Schnäbel.
a) Welche Methoden wurden bei dem Experiment angewendet?
b) Was kann man aus dem Experiment schließen? Begründe deine Meinung.

3.2 Angeboren und erlernt

Erbanlagen und Lernen spielen für das Verhalten von Tieren und Menschen eine große Rolle. Meistens sind angeborene und erlernte Anteile miteinander verknüpft. Wenn eine Verhaltensweise überwiegend durch Erbanlagen festgelegt ist, spricht man von angeborenem Verhalten. Um zu erforschen, welche Verhaltensanteile bei Tieren erlernt und welche angeboren sind, gibt es verschiedene Methoden:

Beobachtungen im Freiland erfordern viel Zeit. Es werden die Verhaltensweisen von vielen Tieren einer Art beobachtet. Die Tiere sollen möglichst aus unterschiedlichen Gruppen und Regionen kommen. Die Verhaltensweisen der Tiere werden dann miteinander verglichen. Verhaltensweisen, die bei allen Tieren übereinstimmen, sind mit großer Wahrscheinlichkeit angeboren.

In **Isolationsversuchen** werden Tiere ohne Kontakt zu Artgenossen aufgezogen. So können sie keine Erfahrungen mit anderen Tieren machen und bestimmte Verhaltensweisen von ihnen lernen. Man nennt solche Versuche auch Kaspar-Hauser-Versuche (Bild 1). Verhaltensweisen, die von solchen Tieren gezeigt werden, sind mit großer Wahrscheinlichkeit vererbt. Bei Kaspar-Hauser-Versuchen besteht aber die Gefahr, dass die Tiere durch das Aufwachsen in unnatürlicher Umgebung verhaltensgestört werden.

Bei Menschen verbieten sich solche Experimente. Dafür untersucht man das Verhalten von eineiigen Zwillingen, die nach der Geburt z. B. infolge von Kriegseinflüssen getrennt wurden und in

Im Jahre 1828 tauchte in Nürnberg ein junger Mann etwa im Alter von 17 Jahren auf, der sich nur ungelenk bewegen konnte. Er konnte kaum sprechen. Auch verstand er nicht, was man ihm sagte und konnte nur die Worte „Kaspar Hauser" schreiben.
Als er später sprechen gelernt hatte, berichtete er, dass er zeit seines Lebens in einem kleinen Kerker gefangen war, ohne Kontakt zu anderen Menschen gehabt zu haben. Das Essen wurde ihm gegeben, ohne dass er einen Menschen zu Gesicht bekam. Erst kurz vor seinem Auftauchen wurde er aus seinem Versteck geholt. Man brachte ihm das Gehen bei und lehrte ihn, den einen Satz zu sprechen und die beiden Worte zu schreiben. Die Leute, die dies taten, waren die ersten Menschen, an die sich der Junge erinnern konnte. Mit einem Brief ohne Absender in der Hand wurde er dann in Nürnberg ausgesetzt.
Kaspar Hauser konnte zwar viele Dinge wie das Sprechen lernen, doch war sein Verhalten bis zu seinem Lebensende für seine Mitmenschen merkwürdig. Seine Herkunft konnte nie ganz genau geklärt werden. Kaspar Hauser wurde 1833 von einem Unbekannten ermordet.

unterschiedlichen Umwelten aufgezogen wurden. Eineiige Zwillinge haben identisches Erbgut, weil sie aus der gleichen Eizelle entstanden sind. Wenn solche getrennt aufgewachsenen Zwillinge gleiche Verhaltensweisen zeigen, spricht vieles dafür, dass die Vererbung eine Rolle spielt. Bei unterschiedlichen Verhaltensweisen kann man sicher sein, dass sie erlernt wurden.

Auch bei uns Menschen gibt es angeborene Verhaltensweisen. So finden wir Babys süß. Damit wird der „Brutpflegetrieb" bei uns ausgelöst. Wir wollen die kleinen Kinder beschützen und uns mit ihnen beschäftigen. Verantwortlich dafür ist die Kopfform der Kinder. Auch auf Tierkinder und ausgewachsene Tiere mit ähnlichen Kopfformen reagieren wir ebenso. Zu den Körperformen des anderen Geschlechts fühlen wir uns ebenfalls hingezogen. Die Werbung macht sich diese angeborenen Verhaltensweisen zu Nutze, indem sie ihre Produkte mit Kindern, süß aussehenden Tieren oder attraktiven Menschen in Verbindung bringt. Dadurch erhält das Produkt mehr Aufmerksamkeit.

Die meisten Verhaltensweisen entstehen durch Vererbung und erlernten Anteilen des Verhaltens. Dabei ist ein Grundmuster angeboren. Durch die Umwelt und durch Lernen wird jedoch bestimmt, wie das Verhalten dann aussieht. Zum Beispiel wird eine Neigung zu Suchtmitteln wie Alkohol oder Zigaretten vererbt, es liegt aber an der Erziehung, an der Umwelt und an eigenen Wertvorstellungen, ob es zum Konsum kommt

Lernen kann auf vielfältige Weise erfolgen. Wird die Information aufgenommen, indem ein Tier oder ein Mensch ein anderes Individuum beobachtet und und die Tätigkeit nachahmt, spricht man vom **Lernen durch Nachahmung**.

2 Eineiige Zwillinge

2 Schneide Bilder aus Zeitschriften aus, in denen die Hersteller den „Brutpflegetrieb" der Kunden ausnutzen. Haben die Produkte immer etwas mit der Baby- oder Tierpflege zu tun?

V

1. Untersuchung der Kopfform

Betrachte die beiden Kinderköpfe. Beschreibe, worin sich die Köpfe unterscheiden. Welches Kind findest du niedlicher? Versuche zu begründen, warum du diesen Kopf niedlicher findest.
Betrachte die beiden Eselsköpfe. Beschreibe, worin sich die Köpfe unterscheiden. Welchen Esel findest du niedlicher? Versuche zu begründen, warum du diesen Kopf niedlicher findest.
Sammle die Ergebnisse in deiner Klasse in einer Tabelle:

Welcher Kopf ist niedlicher?	Kinderkopf		Eselkopf	
	1	2	1	2
Mädchen	?		?	
Jungen	?		?	

3 Verhalten von Tieren und Menschen

Der Verhaltensforscher Eibl-Eibesfeld berichtet, dass Eichhörnchen zum Öffnen von Nüssen von Geburt an die Nagetechnik und die Technik des Aufsprengens mit den Nagezähnen beherrschen. Diese Verhaltensweisen sind den Tieren angeboren. Mit der Zeit lernen sie, diese Technik optimal einzusetzen. Sie nagen nur ein oder zwei Furchen entlang der Fasern in die Nuss und sprengen sie mit den Nagezähnen auf. Unerfahrene Eichhörnchen nagen wahllos in alle Richtungen an der Nuss, bis sie zufällig die Schale an einer Stelle durchgenagt haben. Sobald ein Loch in der Schale ist, versuchen die Tiere, die Nuss aufzusprengen. Das gelingt nur, wenn die Nagespuren entlang der Fasern in der Nussschale verlaufen. Das Nagen entlang der Fasern bietet den Tieren weniger Widerstand als das Nagen quer zur Faserung. Eichhörnchen lernen so durch Probieren, die Nuss möglichst schnell zu öffnen. Das Zuschauen bei erfahrenen Tieren beschleunigt den Lernerfolg.

Eichhörnchen beim Öffnen einer Nuss

3 *Die Technik des Nüsseöffnens*

4 *Haselnüsse, die von unterschiedlich erfahrenen Eichhörnchen geöffnet wurden*

Häufig erfolgt **Lernen aus Erfahrung**. Schlechte Erfahrungen führen dazu, dass solche Situationen in Zukunft vermieden werden. Gute Erfahrungen verstärken das damit verbundene Verhalten. Bei der Erziehung von Hunden z.B. werden dem Tier durch Schimpfen oder Bestrafung schlechte Erfahrungen vermittelt, um ihm nicht erwünschtes Verhalten abzugewöhnen. Bei erwünschten Verhaltensweisen muss das Tier belohnt werden. Auch die Dressur von Zirkustieren erfolgt durch Lernen aus Erfahrung.

Bietet man Schimpansen ein beliebtes Futter an, das nicht direkt zugänglich ist, kann man beobachten, dass manche Tiere zunächst nachdenken, wie sie an das Futter herankommen können. Anschließend stapeln sie z. B. Kisten aufeinander, um so eine hoch hängende Banane zu erreichen, obwohl sie das vorher nicht gelernt hatten. Diese Art des Problemlösens bezeichnet man als **Lernen durch Einsicht**. Es ist bei manchen Tierarten und vor allem beim Menschen verbreitet.

Junge Gänse prägen sich nach dem Schlüpfen den ersten sich bewegenden Gegenstand ein. Bis sie erwachsen sind, laufen sie ihm ständig hinterher. Normalerweise ist dies in der Natur die Mutter. Das Lernen erfolgt nur in einem genau festgelegten Altersabschnitt und in sehr kurzer Zeit. Das Tier kann nicht mehr umlernen. Man bezeichnet diese Art des Lernens als **Lernen durch Prägung**. Lernen durch Prägung kommt bei Tieren in unterschiedlichen Bereichen vor.

> Verhaltensweisen von Menschen und Tieren werden durch angeborene und erlernte Anteile geprägt.

3 Fasse die Aussagen des Textes in Bild 3 mit eigenen Worten zusammen. Welche Art von Lernen liegt hier vor?

4 Bild 4 zeigt Nüsse, die von Eichhörnchen geöffnet wurden. Mache Aussagen dazu, wie erfahren die jeweiligen Eichhörnchen waren. Begründe deine Aussagen.

5 Vergleiche die verschiedenen Arten von Lernen miteinander.

3.3 Das soziale Zusammenleben bei Tier und Mensch

Von den über 700 einheimischen Bienenarten bildet nur die Honigbiene einen Staat. Die übrigen Arten leben einzeln. Man nennt sie **solitäre Bienen**. Bei ihnen baut das Weibchen nach der Paarung ein Nest, bei den meisten Arten in Erdlöchern. Dort werden kleine Waben angelegt (Bild 1). In ihnen werden die Larven, die aus den Eiern schlüpfen, von der Biene mit Pollen und Nektar gefüttert, während das Männchen schon kurz nach der Paarung stirbt. Nach der Verpuppung der Larven stirbt auch das Bienenweibchen. Jede Biene hat also nur wenige Nachkommen.

1 Solitäre Biene am Nesteingang

Der **Staat der Honigbiene** besteht aus einer Königin, die bis zu fünf Jahre alt werden kann, und bis zu über 50000 Arbeiterinnen (Bild 2). Honigbienen leben in einer Gemeinschaft, sie leben sozial. Arbeiterinnen werden im Sommerhalbjahr nur wenige Wochen alt. Bienen, die im Spätsommer geschlüpft sind, überdauern den ganzen Winter. Die Drohnen, die männlichen Bienen, gibt es nur im Frühsommer. Sie leben ebenfalls nur kurze Zeit und sterben nach der Paarung. Die einzelnen Bienen kennen sich nicht persönlich. Man nennt diese Lebensweise anonym. Es handelt sich also beim Bienenstock um einen anonymen Verband. Allerdings hat jeder Stock einen eigenen Geruch, an dem die Zugehörigkeit zum Volk erkannt wird. Stockfremde Bienen werden nicht in den Stock gelassen.

2 Honigbienen mit Königin auf der Wabe

Nur die Königin legt Eier. Sie hat also sehr viele Nachkommen. Kurz nach ihrem Schlüpfen wird sie bei ihrem Hochzeitsflug von mehreren Drohnen begattet. Die Spermazellen werden über Jahre im Körper der Königin aufbewahrt. Die Arbeiterinnen haben nur verkümmerte Eierstöcke. Bei ihnen herrscht eine **Arbeitsteilung**. Es gibt Ammenbienen, die die Brut versorgen, Baubienen, die Wachs produzieren und Waben bauen, Putzbienen, Wächterinnen und Sammlerinnen. Nur diese verlassen den Stock und sammeln Nektar und Pollen, von denen sich alle Bienen des Volkes ernähren. Dabei ist das Alter der Arbeiterinnen maßgebend dafür, welche Tätigkeit vorwiegend ausgeführt wird.

Die Bienen im Stock sorgen für genügend Nahrung im Winter. Aus einem Teil des Nektars wird der Honig als Wintervorrat hergestellt und ein Teil des Pollens wird in Waben als Vorrat eingelagert. Auch die Stocktemperatur wird geregelt. Bei hohen Temperaturen sorgen Arbeiterinnen für Kühlung, indem sie Flüssigkeit zum Verdunsten auf dem Stock verteilen. Bei Kälte bilden die Bienen im Stock eine große Traube. Die Bienen am Rand schwirren dann mit den Flügeln, um durch die Muskelbewegung Wärme zu erzeugen. Das Leben im Stock befindet sich also gewissermaßen in einem fortwährenden Gleichgewicht.

1 Vergleiche die Lebensweise solitärer Bienen mit der der Honigbiene.

2 Versuche zu beschreiben, was du unter „Gleichgewicht" verstehst.

3 Erkläre, warum man im Bienenstaat von einem „Leben im Gleichgewicht" sprechen kann.

➲ 3.1 Verständigung bei Mensch und Tier

3 Verhalten von Tieren und Menschen

3 Wolfsrudel mit Beute

4 Jagdtechnik bei Wölfen

Wölfe leben fast immer in Rudeln von etwa zehn Tieren, die sich alle untereinander „persönlich" kennen. Das stärkste Tier ist der Leitwolf. Ihm gehorchen alle anderen Tiere im Rudel. Auch unter den anderen Rudeltieren herrscht eine genaue **Rangordnung**. Jeder Wolf versucht, seine Stellung im Rudel durch Drohen oder auch durch Kämpfe zu halten oder zu verbessern. Das schwächere Tier gibt bei solchen Auseinandersetzungen schnell auf und zeigt dies durch Unterwerfungsgesten, indem es sich z. B. auf den Rücken legt und dem Sieger die Kehle zeigt. Das löst bei diesem eine Beißhemmung aus. Wolfsrudel leben in Revieren. Ein solches Revier kann bis zu 200 Quadratkilometer groß sein und wird gegenüber anderen Wölfen verteidigt. Die Reviergrenzen werden regelmäßig mit Urin und Duftstoffen markiert. Andere Wölfe wissen dadurch, dass das Revier besetzt ist.

Die Beutetiere der Wölfe sind meist Jungtiere, alte oder kranke Tiere. Bei der Jagd kommt es zu einer Aufgabenverteilung. Die Wölfe treiben sich die Beute gegenseitig zu. Große Beute wird umzingelt und von mehreren Wölfen gleichzeitig angesprungen. Fällt das Beutetier schließlich zu Boden, wird es rasch getötet. Nur durch die **gemeinsame Jagd** können Beutetiere, die größer als die Wölfe sind und sich wehren können wie Elche oder Hirsche, überwältigt werden. Mit dem Erbeuten großer Tiere wird das Rudel besser mit Nahrung versorgt, als wenn jeder Wolf einzeln auf die Jagd geht und dabei nur kleine Tiere erbeuten kann. Bei der Beuteverteilung haben zunächst die ranghohen Tiere den Vortritt. Doch kommen auch die anderen zu ihrem Anteil. Besonders Jungtiere werden bei der Verteilung bevorzugt.

In der Steinzeit lebten die Menschen in kleinen Gruppen, die gut überschaubar waren. Jeder kannte jeden. Im Zusammenleben gab es eine **Arbeitsteilung.** Während die Männer auf Jagd gingen, sammelten die Frauen Samen und Früchte. Außerdem wurden Werkzeuge und Kleidung hergestellt und die Nahrung zubereitet

4 In Bild 4 ist die erfolgreiche Jagd eines Wolfsrudels dargestellt.
Beschreibe den Ablauf der Jagd. Gehe dazu auf die Aufgaben der einzelnen Wölfe ein.

5 Stelle alle Vorteile für Wölfe zusammen, die ein Leben im Rudel bietet.

6 Vergleiche das soziale Leben der Wölfe mit dem der Honigbienen.

(Bild 6). Die Gruppen wanderten mit den Tierherden, sodass immer für Nahrung gesorgt werden konnte.

Mit dem Aufkommen des Ackerbaus wurden die Menschen sesshaft (Bild 7). Sie mussten nun den Winter an Ort und Stelle überstehen. Dazu benötigten sie bessere Unterkünfte. Die Aussaat des Getreides und die Ernte mussten rechtzeitig erfolgen und Vorräte angelegt werden. Das Leben war besser planbar, aber auch komplizierter. Die Zahl der Menschen in den einzelnen Siedlungen wuchs an und die Zahl der verschiedenen Tätigkeiten nahm zu. Das Bewältigen der Aufgaben ging besser, wenn sich die Menschen **spezialisierten**. Die **Arbeitsteilung** nahm zu und der einzelne Mensch wurde mehr von den anderen abhängig. Damit alles klappte, wurden Regeln aufgestellt, die dafür sorgen sollten, dass man sich besser aufeinander verlassen konnte. Wenn die Regeln nicht eingehalten wurden, kam es zu Strafen.

Heute leben viele Menschen in großen Städten und Dörfern zusammen. Diese sind zu Staaten zusammengeschlossen. Viele Menschen arbeiten in größeren Industriebetrieben. Die Spezialisierung hat sehr stark zugenommen. Immer mehr Menschen mit verschiedenen Berufen müssen zusammenarbeiten, damit z.B. ein Industriebetrieb funktioniert. Es muss deshalb viel mehr organisiert werden als früher. Damit das Zusammenleben im Staat und in der Wirtschaft funktioniert, sind viele Regeln notwendig. Sie werden als **Gesetze** vom Gesetzgeber festgelegt. Viele Dinge, die für das Zusammenleben notwendig sind, kann der Einzelne nicht leisten. Hier übernimmt der Staat bestimmte Aufgaben. Damit er das bezahlen kann, zieht er Steuern ein.

6 Mammutjäger vor 25000 Jahren

7 Sesshafte Bauern vor 3000 Jahren

8 Menschen im Büro heute

| Rangordnung, Arbeitsteilung und Spezialisierung sowie Regeln ermöglichen das enge Zusammenleben von Tieren, aber auch beim Menschen.

7 Zeige mithilfe der Bilder 6, 7 und 8, wie sich das Leben der Menschen bei der Arbeit verändert hat.

8 Kann man bei dem Zusammenleben im Staat von einem Gleichgewicht sprechen? Begründe deine Meinung.

9 In Bild 9 sind Beispiele genannt, wie gemeinschaftliche Probleme gelöst werden können.
a) Finde weitere Beispiele aus der Gesellschaft.
b) Stelle Vor- und Nachteile solcher Lösungen zusammen.

Straßen sind im Zeitalter der Technik unverzichtbar. Der Staat übernimmt das Bauen und Pflegen der Straßenverbindungen.

Die Kosten bei schweren Krankheiten sind sehr hoch. Oft kann der Einzelne das nicht allein bezahlen. Dafür gibt es Krankenkassen, in die man Geld einbezahlt. Von diesem Geld werden dann die Behandlungen im Krankheitsfall bezahlt. Dadurch ist das finanzielle Risiko für den Einzelnen nicht mehr so hoch.

9 Beispiele von Problemlösungen im Staat

3.4 Konfliktbewältigung

1 Situation in der Schule

Bei jedem Zusammenleben treten hin und wieder Konflikte auf. Dies ist ganz natürlich, da die Menschen unterschiedlich sind und daher auch unterschiedliche Wünsche, Bedürfnisse und Interessen haben. Konflikte können sich leicht zu einem richtigen Streit ausweiten und sogar in tätliche Gewalt münden. Andererseits lassen sich Konflikte bei geschicktem Vorgehen meistens so lösen, dass beide Parteien zufrieden sind.

In einer Konfliktsituation sind wir erregt. Allzu starke **Gefühle** können bei einer friedlichen Konfliktbewältigung hinderlich sein. Wir sehen dann nur noch unseren eigenen Standpunkt und können uns nicht in die Situation des anderen hineindenken. Alles, was der andere sagt, wird von uns als ein Angriff auf uns selbst angesehen, und um diesen „Angriff" abzuwehren, gehen wir zum Gegenangriff über. So schaukelt sich die Situation immer mehr auf.

1 Marie hat ihren Atlas vergessen. Im Unterricht verlangt sie von Jens den Atlas (Bild 1).
a) Spiele spontan in einem Rollenspiel mit deinem Nachbarn, wie sich die Situation weiterentwickeln könnte.
b) Schreibe in einer Tabelle auf, wie sich die Schüler jeweils im Laufe des Konfliktes fühlen.

2 Überlege dir Situationen, aus denen heraus eine sinnlose Zerstörung (Bild 2) erfolgen könnte.

2 Sinnlose Zerstörung

➲ 7.1 Freundschaft, Liebe, Partnerschaft

3 „Ich will dich lehren, andere Leute zu schlagen"

Manchmal legen wir in das Verhalten oder die Sätze des anderen Dinge hinein, die dieser gar nicht gesagt oder gemeint hat. Wir interpretieren dies so, weil wir uns in der betreffenden Situation nicht vorstellen können, dass etwas anders gemeint sein könnte. Unsere **Wahrnehmung** ist durch unser Gefühl getrübt.

Häufig entsteht ein Streit aus einer Situation, in der einer der Beteiligten aufgrund eines schlechten Erlebnisses oder aufgrund von Frustration schlecht gelaunt und aggressiv gestimmt ist. Unter **Frustration** versteht man die Enttäuschung von Erwartungen. Die Wut oder die gereizte Stimmung entlädt sich dann oft bei einem Unbeteiligten, egal ob ein wirklicher Grund zur Auseinandersetzung vorliegt oder nicht. Auch sinnlose Zerstörungen erfolgen häufig aus solchen Situationen (Bild 2).

Unsicherheit und Angst sind oft die Ausgangslage für Auseinandersetzungen. Wer unsicher ist oder Angst hat, fühlt sich leicht bedroht und versucht sich dann zu verteidigen. Der andere fasst die Verteidigung als Angriff auf und so nimmt die Auseinandersetzung an Schärfe zu. Oft ist es uns gar nicht bewusst, dass wir Angst haben oder unsicher sind. Alles, was „anders" ist und was wir nicht verstehen, hat unbewusst diese Wirkung auf uns. Wir grenzen uns dann ab oder werden sogar aggressiv gegen andere Personen. So entstehen leicht Außenseiter oder Außenseitergruppen, mit denen es häufiger Auseinandersetzungen gibt.

3 a) Beschreibe, was in Bild 3 dargestellt ist.
b) Überlege, welche Vor- und Nachteile diese Erziehungsmethode hat.
c) Wie könnte man es besser machen?

3 Verhalten von Tieren und Menschen

> 1. Jeder nennt seine Wünsche, Bedürfnisse oder Standpunkte möglichst in Form von Ich-Botschaften. Es ist hilfreich, wenn er dabei auch mitteilt, warum ihm daran liegt. Dabei soll er möglichst nicht unterbrochen werden. Wenn jeder seine Standpunkte vorgetragen hat, soll jeweils der andere diese wiederholen und dabei fragen, ob er alles so richtig verstanden hat. Dabei können Missverständnisse ausgeräumt werden.
> 2. Es werden verschiedene Lösungsmöglichkeiten zusammengetragen, ohne sie zu bewerten.
> 3. Die einzelnen Lösungsvorschläge werden besprochen und bewertet. Die beste Lösung wird dabei ausgewählt.
> 4. Die ausgewählte Lösung wird geplant und durchgeführt.
> 5. Hinterher prüft man gemeinsam, ob der Konflikt für beide Parteien zur Zufriedenheit gelöst ist.

4 Regeln zur Konfliktlösung

Es spielt eine große Rolle, wie wir gelernt haben, mit Konflikten umzugehen. Wer immer erlebt hat, dass Auseinandersetzungen mit Gewalt ausgetragen wurden, der wird auch selbst leicht zur Gewalt greifen.

Wenn wir uns diese Zusammenhänge bewusst machen, fällt es uns leichter, vernünftig mit Konflikten umzugehen. Wir können dann besser mit Beleidigungen oder Beschimpfungen umgehen, ohne dass wir selbst ausfällig werden. Auch kann man dann besser mit eigenen Gefühlen wie Ärger und Wut zurechtkommen.

4 Überlege dir weitere Sätze mit Du-Botschaften, die bei einem Streit vorgebracht werden könnten. Übersetze sie anschließend in Ich-Botschaften.

Bei Auseinandersetzungen wird das Gespräch meistens in so genannten **Du-Botschaften** geführt. Es sind Sätze, die z. B. folgendermaßen formuliert sind: „Du willst mich nur ärgern!" „Du hast ja keine Zeit für mich!" Solche Botschaften werden in der Regel vom anderen als gegen ihn gerichtet aufgefasst. Oft gelingt es, eine drohende Auseinandersetzung schon im Vorfeld zu entschärfen, indem man statt der Du-Botschaften **Ich-Botschaften** verwenden. Als Ich-Botschaften könnten die Sätze folgendermaßen lauten: „Ich habe das Gefühl, dass du mich ärgern willst." „Ich empfinde es so, dass du keine Zeit für mich hast." Auf solche Sätze ist es leichter, ohne Ärger zu reagieren. Auch weiß der andere, was man selbst empfindet. Er kann dadurch Missverständnisse besser aus dem Weg räumen.

5 Entwickle aus der Situation in Aufgabe 1 nach den in Bild 4 dargestellten Regeln eine mögliche friedliche Lösung.

6 a) Beschreibe die in Bild 5 dargestellten Vorgänge. Wie ist hier der Konflikt gelöst worden?
b) Überlege dir weitere Konfliktsituationen aus deinem Alltag, die auf die gleiche Weise ausgeräumt werden könnten.

Am besten ist es, wenn ein Konflikt gelöst werden kann, **ohne dass es einen Sieger und einen Besiegten gibt**. Die in Bild 4 aufgeführten Regeln können bei einer solchen Lösung hilfreich sein.

Manchmal kann es hilfreich sein, wenn eine neutrale Person darauf achtet, dass die Regeln richtig eingehalten werden. Sie muss natürlich von beiden Parteien akzeptiert werden. In der Schule bieten sich Streitschlichter und Vertrauenslehrer an.

> Unsicherheit, Angst und Enttäuschung können zu einer getrübten Wahrnehmung führen. Hieraus kann ein Konflikt entstehen. Es gibt verschiedene Möglichkeiten, einen Konflikt zu lösen.

5 *In Konfliktsituationen nach Lösungen suchen*

4 Projekt: Gesunde Schule

4 Projekt: Gesunde Schule

4.1 Wie arbeitet man in einem Projekt?

Gesundheit ist mehr als nur ein gesunder Körper. Um gesund zu sein, reicht es nicht aus, den Körper mit seinen Muskeln in Form zu halten. Nur wer auch sonst mit sich und seinem Leben zufrieden ist und wer sich in der Gemeinschaft, in der er lebt, auch wohlfühlt, ist wirklich gesund. Es gibt viele Möglichkeiten, den Klassenraum, den Unterricht und die Pausen in der Schule gesünder zu gestalten. In einem Projekt können einige Möglichkeiten untersucht werden, z. B.:
- Wie ist ein Klassenraum eingerichtet, in dem man sich wohlfühlt?
- Wie kann man im Unterricht konzentriert, entspannt und ohne Angst sein?
- Wie können die Pausen zur Erholung genutzt werden?
- Was sollte es in der Schule zu essen und zu trinken geben?
- Wie können Konflikte im Umgang miteinander vermieden werden und wie können entstandene Konflikte gelöst werden?

Arbeitsschritte bei der Arbeit im Projekt „Gesunde Schule"

1 Bei der Themensammlung

1. Arbeitsgruppen werden gebildet
- Stichworte und Fragen zum Thema „Gesunde Schule" werden gesammelt.
- Die Stichworte und Fragen werden nach Sachgebieten geordnet.
- Es werden verschiedene Unterthemen zum Thema „Gesunde Schule" formuliert.
- Jeder Schüler und jede Schülerin wählt ein Unterthema aus, das ihn/sie interessiert.
- Schülerinnen und Schüler, die das gleiche Unterthema ausgewählt haben, bilden jeweils eine Arbeitsgruppe.
- Wenn sich mehr als drei oder vier Schülerinnen und Schüler für ein Unterthema entscheiden, werden zu den jeweiligen Unterthemen mehrere Arbeitsgruppen gebildet.

1 Was verbindest du mit dem Thema „Gesunde Schule"?

94

2. Die weitere Arbeit wird geplant

Die Schülerinnen und Schüler jeder Arbeitsgruppe planen, wie sie das ausgewählte Unterthema behandeln wollen:
- Sie stellen einen Arbeits- und Zeitplan auf.
- Sie beschaffen sich Informationsquellen (Schulbücher, Zeitschriften, Bücher, Dias, Filme, Internet).
- Sie bereiten Befragungen vor.
- Sie bereiten Beobachtungen vor.
- Sie beschaffen sich Materialien für Versuche oder Messungen.
- Sie kümmern sich um Anschriften, Telefonverbindungen und Internet-Adressen von Organisationen, Vereinen, Behörden und Fachleuten.
- Sie überlegen sich, wie die Arbeitsergebnisse am Schluss des Projektes vorgestellt werden können.

2 Die Arbeit planen

3. Die Arbeit wird durchgeführt

- Versuche, Befragungen und Beobachtungen werden durchgeführt und ausgewertet. Die Ergebnisse werden aufgeschrieben.
- Die Informationsquellen werden ausgewertet.
- Die Vorstellung der Ergebnisse wird vorbereitet, indem Plakate gestaltet sowie Berichte, Referate, Bilder, Fotos, Videoaufnahmen oder Tonbandaufnahmen zusammengestellt werden.
- Es wird ein zusammenfassendes Ergebnis zum Unterthema erstellt.

3 Die Arbeit wird durchgeführt

4. Die Arbeitsergebnisse werden vorgestellt

Jede Arbeitsgruppe stellt den anderen Gruppen ihre Arbeitsergebnisse vor:
- Plakate, Bilder und Fotos werden aufgehängt und erläutert.
- Videoaufnahmen und Tonbandaufnahmen werden vorgespielt und erläutert.
- Eine Ausstellung der Ergebnisse des gesamten Projektes wird in der Schule durchgeführt, indem Wandzeitungen oder ein Schaukasten gestaltet werden.
- Bei einem Schulfest können die Wandzeitungen für Besucher ausgehängt werden.
- Man kann versuchen, die örtliche Tageszeitung und den regionalen Radiosender für die Ergebnisse des Projektes zu interessieren.

4 Die Arbeitsergebnisse werden vorgestellt

4 Projekt: Gesunde Schule

Projektanregungen
- Die Schulmöbel in den Klassenräumen der Schule untersuchen.
- Sich über die Belastungen der Wirbelsäule beim Sitzen informieren.
- Andere Möglichkeiten des Sitzens ausprobieren, z. B. Sitzbälle.
- Sich bei der Schulleitung erkundigen, nach welchen Gesichtspunkten die Schulmöbel ausgesucht werden.
- Ein Aufsatzpult für den Arbeitstisch bauen.
- Informationen über schülergerechte Möbel beschaffen (Krankenkasse, Gesundheitsamt).
- Übungen zur Lockerung und Dehnung der Hals-, Schulter- und Rückenmuskulatur ausprobieren.
- Prospekte von modernen Schulmöbeln besorgen.
- Vorschläge erarbeiten, wie in den Unterricht Bewegung gebracht werden kann.

Projektbeispiel
Eine Arbeitsgruppe hat untersucht, ob die Möbel in ausgewählten Klassenräumen der Schule den Vorschriften entsprechen. Dazu hat sich die Gruppe die Normmaße für Schulmöbel besorgt, die das Deutsche Institut für Normung e. V. für Schülerinnen und Schüler unterschiedlicher Körperhöhen festgelegt hat. Die Gruppe hat die vorgeschriebenen Normmaße mit dem vorhandenen Mobiliar und den Körperhöhen der Schülerinnen und Schüler, die dieses Mobiliar benutzen, verglichen. Dabei hat sich herausgestellt, dass die Tische und Stühle manchmal zu hoch oder zu niedrig für einzelne Schülerinnen und Schüler waren. Es wurden Vorschläge zur Veränderung erarbeitet. Unpassende Stühle und Tische wurden zwischen verschiedenen Räumen getauscht. In einem Klassenraum wurde festgestellt, dass Tische und Stühle in größerer Zahl unpassend waren. Die Schulleitung wurde eingeschaltet, um diesen Missstand zu beheben.

4.2 Langes Sitzen nimmt der Rücken krumm - bewegtes Sitzen

1. Untersuchung der Schulmöbel
Material: Zollstock

Wählt aus zwei unterschiedlichen Jahrgangsstufen eurer Schule einen Klassenraum aus. Zählt in beiden Klassenräumen, wie viele Stühle und Tische jeweils von jeder Größe vorhanden sind. Stellt das Ergebnis für beide Klassenräume als Balkendiagramm auf einem Plakat dar. Ermittelt dann die Körperhöhen der Schülerinnen und Schüler, die in den ausgewählten Klassenräumen unterrichtet werden. Überprüft mithilfe der folgenden Tabelle für Normmaße, ob die Höhen der Stühle und Tische den Körperhöhen der Schülerinnen und Schüler entsprechen.

Körperhöhe	Höhe der Sitzfläche des Stuhls	Höhe der Tischplatte	Farbkennzeichen der Schulmöbel
bis 112 cm	26 cm	46 cm	Orange
113-127 cm	30 cm	52 cm	Violett
128-142 cm	34 cm	58 cm	Gelb
143-157 cm	38 cm	64 cm	Rot
158-172 cm	42 cm	70 cm	Grün
≥ 173 cm	46 cm	76 cm	Blau

1 Normmaße für Schulmöbel

2. Unterschiedliche Sitzmöbel im Vergleich
Die Schulmöbel sollen eine gute Haltung beim längeren Sitzen am Arbeitsplatz ermöglichen. Eine gute Sitzhaltung ist in Bild 2 beschrieben.
- Der Rücken soll gerade gehalten werden.
- Die Vorderkante des Stuhles soll die Unterseite des Oberschenkels nicht berühren.
- Zwischen der Unterseite der Tischplatte und den Oberschenkeln soll ein ausreichender Abstand bestehen.
- Beide Füße sollen den Boden mit der ganzen Sohle berühren.
- Die Spitzen der Ellenbogen sollen sich etwa auf der Höhe der Tischplatte befinden.
- Beim Zurücklehnen soll die Stuhllehne den Rücken unterhalb der Schulterblätter abstützen.

Vergleicht die abgebildeten Schulmöbel und die jeweiligen Sitzhaltungen miteinander (Bild 3 und 4). Könnt ihr so wie in Bild 2 an euren Schulmöbeln sitzen?
Macht Fotos von euren Mitschülerinnen und Mitschülern in unterschiedlichen Sitzhaltungen. Kennzeichnet richtige und falsche Sitzhaltungen auf den Fotos. Wenn ihr feststellt, dass ein Mitschüler oder eine Mitschülerin eine schlechte Sitzhaltung einnimmt, macht Verbesserungsvorschläge.

Der Rücken soll gerade gehalten werden.

Die Ellenbogen sollen sich etwa auf der Höhe der Tischplatte befinden.

Beim Zurücklehnen soll die Stuhllehne den Rücken unterhalb der Schulterblätter abstützen.

Zwischen der Unterseite der Tischplatte und den Oberschenkeln soll ein ausreichender Abstand bestehen.

Zwischen der Unterseite der Oberschenkel und der Vorderkante des Sitzes soll keine Berührung bestehen.

Beide Füße sollen den Boden mit der ganzen Sohle berühren.

2 *Eine gute Sitzposition*

3 *Verschiedene Arbeitshaltungen*

4 Projekt: Gesunde Schule

4 *Das Aufsatzpult erleichtert die Arbeit im Sitzen*

3. Bau eines Aufsatzpultes
Material:
- Holzbrett oder beschichtetes Regalbrett (60 cm x 40 cm, etwa 1,5 cm dick)
- 4 Verbindungswinkel (25 mm x 25 mm)
- dazu passende Holzschrauben
- 2 keilartige Unterteile (38 cm x 11 cm)
- Klebeband (3 mm stark, 6 mm breit, 60 cm lang), z. B. Fensterdichtungsband
- Schraubendreher
- Handbohrer oder Akku-Bohrschrauber
- Anti-Rutsch-Noppen

Befestigt die beiden keilartigen Unterteile unter dem Brett. Schraubt dazu die Unterteile mithilfe der vier Verbindungswinkel unter das Brett (Bild 5). Die Unterteile sollten jeweils etwa acht Zentimeter vom Rand nach innen versetzt angeschraubt werden. Das Klebeband wird am unteren Rand der Pultoberfläche angebracht, damit darauf abgelegte Blätter und Stifte nicht herunterrutschen. Wenn das Aufsatzpult auf eine glatte Tischplatte gestellt wird, kann es sich beim Schreiben leicht verschieben. Dies kann durch Anti-Rutsch-Noppen unter den Keilen verhindert werden.

Benutze das Aufsatzpult beim Schreiben und Lesen im Unterricht. Setze dich dazu auf den vorderen Teil der Sitzfläche deines Stuhles. Beim Zuhören und Zusehen setzt du dich auf den hinteren Teil der Sitzfläche deines Stuhles und lehnst dich an die Rückenlehne an.

Vergleicht die Sitzhaltungen mit und ohne Benutzung des Aufsatzpultes. Stellt im Werkunterricht Aufsatzpulte für die ganze Klasse her. Verwendet auch an eurem Arbeitsplatz zu Hause ein Aufsatzpult.

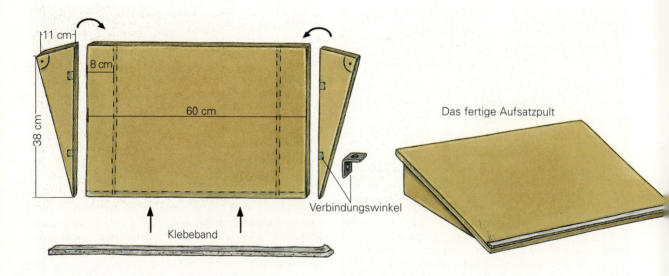

5 *So baut man ein Aufsatzpult*

4. Gymnastik für die Schultern und den Hals

Langes Sitzen in vornübergebeugter Haltung ohne ausgleichende Bewegungen führt zur Verspannung der Schulter- und Halsmuskulatur. Mit den Übungen in Bild 6 können die betroffenen Muskelgruppen der Schultern und des Halses gelockert und gedehnt werden.

Informiert euch über Haltungsschwächen, die durch eine falsche Sitzhaltung entstehen können, z. B. in einem medizinischen Lexikon. Besucht eine Praxis für Krankengymnastik, besorgt euch dort Informationsmaterial über weitere Übungen. Hängt Abbildungen, auf denen entsprechende Übungen zu sehen sind, im Klassenraum auf. Macht Vorschläge, wann und wo diese Übungen in der Schule durchgeführt werden können.

Die Fingerspitzen am Haaransatz im Nacken auf den obersten Teil der Wirbelsäule legen (dort, wo sie in den Kopf übergeht). Kopf etwas senken und mit den Fingern die Muskeln entlang der Wirbelsäule zur Schulter hin mit festem Druck ausstreichen. Diese Übung fünfmal durchführen.

Hände auf die Schultern legen. Ellenbogen vor der Brust zusammenbringen, nach unten senken, nach hinten führen und über oben wieder nach vorn zurück. Fünfmal kreisen, dann fünfmal anders herum. Mit den Fingern dabei die Schultermuskeln sanft massieren.

Den linken Arm geradeaus strecken, mit der rechten Hand den linken Ellenbogen fassen. Gegen Widerstand den gestreckten Arm zur Brust heranführen, die Unterarmmuskulatur dabei zur Hand hin ausstreichen. Schultern nicht hochziehen. Fünfmal, dann Arm wechseln.

Zum Schluss locker aufgerichtet sitzen, die Arme weit über den Kopf strecken und den gesamten Oberkörper über die Stuhllehne so weit wie möglich nach hinten dehnen. Mehrmals tief atmen.

6 So kann man Hals und Schultern lockern

4 Projekt: Gesunde Schule

4.3 Gestaltung des Klassenraumes

1. Befragung der Mitschülerinnen und Mitschüler

Erstellt einen Fragebogen, mit dessen Hilfe ihr die Wünsche eurer Mitschülerinnen und Mitschüler zur Gestaltung des Klassenraumes erfahren könnt. Der Fragebogen könnte diese Form haben:

Arbeitsgruppe
„Klassenraumgestaltung"   Datum: ....

Wir möchten euch um eure Mitarbeit bitten. Wir möchten von euch erfahren, welche Wünsche ihr zur Gestaltung unseres Klassenraumes habt.

Vorname: ....

1. Ich hätte gern folgende Anordnung der Tische/Sitzordnung:
   ○ Einzeltische
   ○ Gruppentische
   ○ Hufeisenform

2. Ich hätte gern einen gesonderten Bereich zum Lesen, Besprechen, Spielen, Entspannen usw.
   ○ ja   ○ nein

   ○ als Sitzgruppe
   ○ als Tischgruppe
   ○ als ....

3. Ich hätte gern Bücherregale und eine kleine Klassenbibliothek.
   ○ ja   ○ nein

   ○ die Bücherregale als Raumteiler
   ○ die Bücherregale an der Wand stehend
   ○ mit Nachschlagewerken (z.B. Lexika, Duden)
   ○ mit Fachbüchern
   ○ mit Literatur zur Unterhaltung (z.B. Comics, Krimis)
   ○ Gesellschaftsspiele
   ○ ....

4. Ich hätte gern Pflanzen/Tiere im Klassenraum.
   ○ ja   ○ nein

   ○ Topfpflanzen auf der Fensterbank
   ○ Kübelpflanzen auf dem Fußboden
   ○ Aquarium
   ○ ....

   Ich würde mich an der Pflege der Pflanzen/Tiere beteiligen.
   ○ ja   ○ nein

5. Ich würde gern Bilder/Poster an den Wänden anbringen.
   ○ ja   ○ nein

Wünsche für Motive:

....

Projektanregungen
- Den Klassenraum und die Möbel vermessen.
- Mithilfe von Schablonen der Möbel und einer Grundrissskizze unterschiedliche Lösungen für die Gestaltung des Klassenraumes erarbeiten.
- Die Beleuchtungsstärke an verschiedenen Stellen im Klassenraum messen.
- Die Mitschülerinnen und Mitschüler nach ihren Wünschen zur Gestaltung des Klassenraumes befragen (Leseecke usw.).

Projektbeispiel
Die Arbeitsgruppe wollte Vorschläge zur Umgestaltung des Klassenraumes machen. Um die Wünsche der Mitschülerinnen und Mitschüler zu ermitteln, führte die Gruppe eine Befragung durch. Es wurde z. B. in Erfahrung gebracht, dass sich die meisten Schüler Gruppentische und einen abgetrennten Bereich für Besprechungen und zum Lesen wünschen. Die Arbeitsgruppe entwickelte mit Hilfe von Grundrissskizzen verschiedene Lösungsvorschläge und ließ darüber abstimmen. In Bezug auf die Dekoration mit Postern konnte keine Einigkeit erzielt werden. Hier waren die Wünsche zu unterschiedlich. Man einigte sich darauf, die Poster jeweils nach einem Monat auszuwechseln.

2 Beleuchtungsstärken in einem Klassenraum

1 Mit einem Luxmeter die Beleuchtungsstärke messen

2. Ist der Klassenraum hell genug?

Material:
- Luxmeter (Bild 1)

Skizziert auf einer DIN-A4-Seite den Grundriss eures Klassenraums. Zeichnet die Lage der Fenster und die Bereiche ein, in denen sich die Schülertische und die Wandtafel befinden. Notiert in eurer Skizze ebenfalls die Lage und die Art der Beleuchtungskörper. Messt die Beleuchtungsstärke mit dem Luxmeter an unterschiedlichen Messpunkten während der Unterrichtszeit. Nehmt eure Messungen in Tischhöhe vor. Tragt die Messwerte an den entsprechenden Stellen in die Grundrissskizze ein.

Vergleicht eure Messwerte der Beleuchtungsstärken mit den Normwerten, die in Bild 3 angegeben sind. Stellt fest, ob und welche Abweichungen es gibt. Erarbeitet Verbesserungsvorschläge, falls ihr feststellt, dass die Beleuchtungsstärken z. B. an den Schülertischen oder in der Leseecke unzureichend sind. Berücksichtigt diese Angaben, wenn ihr über die Tischanordnung in eurem Klassenraum diskutiert.

Beleuchtungsstärke (Lux)	Ort	Sehaufgabe
100	Eingangshalle, Treppen, Flure, Keller	Orientierung, vorübergehender Aufenthalt
250	Unterrichtsräume	Unterrichtsgespräche führen, Tafelanschrieb lesen, schreiben
300	Bücherei	lesen, schreiben
500	Biologie-, Chemie- und Physikräume, Werkräume, Kunsträume	Laborarbeiten, Messgeräte ablesen, Farben beurteilen, zeichnen

3 Normen für die Beleuchtungsstärke in Innenräumen

4 Projekt: Gesunde Schule

Projektanregungen
- Einen Trainingsplan zum Dauerlaufen durchführen.
- Eine geeignete Strecke zum Dauerlaufen auswählen.
- Tipps zum Dauerlaufen sammeln.
- Ein Fitness-Studio besuchen und Fitness-Geräte ausprobieren.
- Fitness-Geräte mit einfachen Mitteln zusammenstellen.
- Übungen zum Kräftigen und Dehnen der Muskeln ausprobieren.

4.4 Fit und gesund

1. Ausdauertest
Material:
- Sportplatz mit 400-m-Laufbahn
- 8 Markierungshütchen
- Stoppuhr oder Uhr mit Sekundenanzeige

Sucht einen Sportplatz mit einer 400-m-Laufbahn auf. Stellt die Markierungshütchen am Innenrand der Bahn im Abstand von jeweils 50 m auf. Das erste Hütchen wird an der Startlinie aufgestellt. Der Test besteht darin, innerhalb einer Zeit von 12 Minuten auf der Laufbahn eine möglichst lange Strecke zurückzulegen. Beginnt den Lauf an der Startlinie. Beendet den Lauf nach genau 12 Minuten. Wenn das Laufen zu anstrengend wird, könnt ihr zwischendurch auch gehen. Wie viel Meter schafft ihr in 12 Minuten? Die Ausdauer kann mit Hilfe von Bild 1 beurteilt werden.
Wiederholt den Ausdauertest, nachdem ihr ein Ausdauertraining durchgeführt habt. Wie hat sich eure Ausdauer verändert?

	Jungen im Alter			
Ausdauer	**12 Jahre**	**13 Jahre**	**14 Jahre**	**15 Jahre**
ausgezeichnet	2 850 m	2 900 m	2 950 m	3 000 m
sehr gut	2 650 m	2 700 m	2 750 m	2 800 m
gut	2 250 m	2 300 m	2 350 m	2 400 m
befriedigend	1 850 m	1 900 m	1 950 m	2 000 m
mangelhaft	1 250 m	1 300 m	1 350 m	1 400 m
ungenügend	< 1 250 m	< 1 300 m	< 1 350 m	< 1 400 m

	Mädchen im Alter			
Ausdauer	**12 Jahre**	**13 Jahre**	**14 Jahre**	**15 Jahre**
ausgezeichnet	2 650 m	2 700 m	2 750 m	2 800 m
sehr gut	2 450 m	2 500 m	2 550 m	2 600 m
gut	2 050 m	2 100 m	2 150 m	2 200 m
befriedigend	1 650 m	1 700 m	1 750 m	1 800 m
mangelhaft	1 050 m	1 100 m	1 150 m	1 200 m
ungenügend	< 1 050 m	< 1 100 m	< 1 150 m	< 1 200 m

1 Beurteilung der Ausdauer

2. Trainingsplan für das Ausdauertraining
Das Ziel dieses Trainingsplans besteht darin, 20 Minuten lang zu laufen, ohne eine Pause einzulegen. Dazu muss die Ausdauer trainiert werden. Bild 2 enthält einen Plan für ein Lauftraining, das sich über vier Wochen erstreckt. Gut geeignet zum Laufen sind Waldwege und Wege in Parkanlagen, die nicht asphaltiert sind. Es wird zweimal pro Woche trainiert. Zwischen den Trainingstagen liegen immer zwei bis drei Tage, an denen kein Lauftraining stattfindet. Das Trainingspensum wird von Woche zu Woche

```
1. Woche
    Dienstag: L G L G L G L G L G L G L G L G
    Freitag:  L G L G L G L G L L G L G L G L G L
2. Woche
    Dienstag: L G L G L L G L G L L G L G L G
    Freitag:  L G L L G L L G L L G L L G L L G
3. Woche
    Dienstag: L G L L G L L G L L L G L L G L L
    Freitag:  L L G L L L G L L L G L L L G L L
4. Woche
    Dienstag: L L L G L L L L G L L L L G L L L L
    Freitag:  L L L L L L L L L L L L L L L L L L
Es bedeuten: L = 1 min. Laufen, G = 1 min. Gehen
```

2 Plan für ein vierwöchiges Lauftraining; jeweils 20 Minuten an zwei Wochentagen

gesteigert. In der ersten Trainingswoche wird nach jeder Minute Laufen eine Minute gegangen. In der vierten Woche wird keine Gehpause mehr eingelegt. Verabredet in eurer Gruppe, dass ihr z. B. jeden Dienstag und jeden Freitag gemeinsam zu einer bestimmten Zeit trainiert.

3. Stretching dehnt die Muskeln
Probiert die abgebildeten Stretching-Übungen aus (Bild 3). Ergänzt die Übungsvorschläge. Fotografiert euch gegenseitig beim Ausführen weiterer Übungen. Heftet die Fotos an eine Stellwand und stellt sie euren Mitschülern vor. Beschreibt, wie die Übungen ausgeführt werden sollen, und gebt an, welche Muskeln jeweils gedehnt werden.

Beuge einen Arm hinter dem Kopf im Ellbogen. Ziehe mit der anderen Hand den Oberarm zum Ohr.

Ziehe den Unterschenkel an das Gesäß. Benutze zum Ziehen den entgegengesetzten Arm.

Mache einen weiten Schritt nach vorn. Halte das vordere Bein gebeugt und das hintere gestreckt.

Mache einen weiten Schritt zur Seite. Beuge ein Bein und halte das andere gestreckt. Verlagere das Körpergewicht auf das gebeugte Bein.

3 Stretching-Übungen

4 Projekt: Gesunde Schule

Projektanregungen
- Beobachten, wie sich mangelnde Konzentrationsfähigkeit auswirken kann.
- Untersuchen, ob die Fähigkeit zur Konzentration von Person zu Person unterschiedlich ist.
- Möglichkeiten finden und erproben, um die eigene Fähigkeit zur Konzentration zu verbessern.
- Untersuchen, wie sich das Hören von Musik auf das Lösen von Aufgaben auswirkt.

4.5 Konzentration und Entspannung

1. Konzentrationstest

Bild 1 zeigt ein Testblatt mit den Buchstaben b, d, p und q. Jeder benötigt für diese Aufgabe ein Testblatt. Wiederholt den gleichen Test bei unterschiedlichen Gelegenheiten, z. B. zu unterschiedlichen Tageszeiten, vor und nach einer Unterrichtsstunde oder bei lauter Musik. Vergleicht die Testergebnisse.

Konzentrationstest

Gehe den Testbogen zeilenweise durch und zähle die „d". Die Buchstaben dürfen aber nicht durchgestrichen werden. Du hast drei Minuten Zeit. Wenn die Zeit abgelaufen ist, markierst du die Stelle, bis zu der du gekommen bist. Notiere dein Ergebnis auf dem Testblatt.
Überprüfe anschließend das Ergebnis in Ruhe und ohne Zeitdruck. Stelle fest, ob die Zahlenangabe richtig oder falsch war.

```
d b d d q d p p q d d  b b d b d b b d d q d b p d b b p b b d q
p b q b b q d b b p b p q q d d d d q b b p b b p q q b d b d d
q d p p q d d  b b d b d b b d d q d b p d b b p b b d q p b q b
b q d b b p b p q q d d d d q b b p b b p q q b d b d d q d p p
q d d  b b d b d b b d d q d b p d b b p b b d q p b q b b q d b
b p b p q q d d d d q b b p b b p q q b d b d d q d p p q d d  b
b d b d b b d d q d b p d b b p b b d q p b q b b q d b b p b p
q q d d d d q b b p b b p q q b d b d d q d p p q d d  b b d b d
b b d d q d b p d b b p b b d q p b q b b q d b b p b p q q d d
d d q b b p b b p q q b d b d d q d p p q d d  b b d b d b b d d
q d b p d b b p b b d q p b q b b q d b b p b p q q d d d d q b
b p b b p q q b d b d d q d p p q d d  b b d b d b b d d q d b p
d b b p b b d q p b q b b q d b b p b p q q d d d d q b b p b b
p q q b d b d d q d p p q d d  b b d b d b b d d q d b p d b b p
b b d q p b q b b q d b b p b p q q d d d d q b b p b b p q q b
d b d d q d p p q d d  b b d b d b b d d q d b p d b b p b b d q
p b q b b q d b b p b p q q d d d d q b b p b b p q q b d b d d
q d p p q d d  b b d b d b b d d q d b p d b b p b b d q p b q b
b q d b b p b p q q d d d d q b b p b b p q q b d b d d q d p p q
d d  b b d b d b b d d q d b p d b b p b b d q p b q b b q d b b
p b p q
```

Anzahl der Buchstaben „d", die beim Test gezählt wurden:

....

Anzahl der Buchstaben „d", die tatsächlich vorhanden sind:

....

---

1 *Testblatt für den Konzentrationstest*

2. Linien spiegeln

Material:
- Wandtafel
- Kreide

Jeder aus eurer Arbeitsgruppe zeichnet eine Zick-Zack-Linie an die Tafel (Bild 2). Ein anderer aus eurer Gruppe versucht darunter die vorgegebene Linie genau spiegelverkehrt nachzuzeichnen. Beendet die Aufgabe nach zwei Minuten, wenn ihr nicht schon vorher damit fertig geworden seid. Achtet darauf, dass ihr möglichst die ganze Zeit bei der Sache bleibt. Nachdem ihr die Aufgabe beendet habt, beschreibt ihr den anderen, wie ihr versucht habt, euch zu konzentrieren. Worauf habt ihr besonders beim Nachzeichnen der Linien geachtet? Was ist euch schwer und was leicht gefallen? Hat sich eure Konzentration im Laufe der Zeit während der Aufgabenlösung verändert?

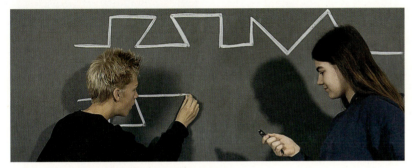

2 Linien spiegelbildlich zeichnen

3. Spagetti-Linien

Mit dem Spagetti-Bild (Bild 3) lässt sich die folgende Aufgabe durchführen: Beginne am Punkt A und fahre mit den Augen die Linie nach, die hier beginnt. Der Endpunkt ist an einer der Ziffern 1 bis 6 erreicht. Notiere, welche Anfangspunkte und welche Endpunkte jeweils zusammengehören.

Zeichnet Spagetti-Linien auf ein Plakat. Heftet das Plakat an eine Pinnwand im Klassenraum. Diese Übung kann bei Bedarf immer dann von jemandem ausgeführt werden, wenn er merkt, dass er im Unterricht oder bei einer Klassenarbeit nicht bei der Sache ist.

3 Sich mit Spagetti-Linien besser konzentrieren

4 Projekt: Gesunde Schule

4. Entspannung fördert die Konzentration

Bei den folgenden Entspannungsübungen werden bestimmte Muskelgruppen zunächst für etwa sechs Sekunden mit hoher Anstrengung angespannt und dann plötzlich entspannt. Nach weiteren sechs Sekunden, in der die betreffenden Muskeln erschlaffen, wird mit der nächsten Übung begonnen. Überlegt Vorschläge, wann die Übungen durchgeführt werden können.

(1) Stemme deine Füße gegen den Boden. Spanne Gesäß und Bauch an. Blicke nach vorn und schiebe den Kopf in Richtung Decke.

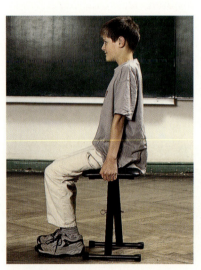

(2) Richte deinen Oberkörper auf und umfasse mit beiden Händen seitlich den Sitz des Stuhles. Ziehe mit den Händen den Sitz kräftig gegen das Gesäß. Lasse deinen Oberkörper dabei aufgerichtet.

(3) Falte die Hände hinter dem Hals und dem Kopf. Drücke den Kopf dagegen.

(4) Lege die gefalteten Hände auf die Stirn. Drücke den Kopf fest dagegen.

(5) Schließe die Augen und lasse den Oberkörper ganz locker über die Oberschenkel hängen. Atme 15 Sekunden lang ruhig ein und aus.

(6) Lege zum Abschluss die Hände auf die Knie. Richte den Oberkörper auf. Strecke die Arme fest durch und atme einmal tief ein und aus.

4 Entspannungsübungen

4.6 Die Projektergebnisse werden vorgestellt

1. Tipps für die Erstellung von Postern
Schreibt und zeichnet die wichtigsten Ergebnisse eurer Arbeitsgruppe auf Blätter, die mindestens DIN-A3-Format haben. Falls keine Stellwände oder Schaukästen zur Verfügung stehen, sucht eine geeignete Wandfläche in der Schule aus, an die ihr die Poster heften dürft. Eure Ergebnisse sollten an einem Ort ausgestellt werden, an dem eure Mitschüler die Poster in Ruhe betrachten können. Die Poster sollen etwa in Augenhöhe angebracht sein. Beachtet bei der Gestaltung der Poster Folgendes:
- Gliedert die Posterfläche durch Überschriften.
- Die Überschriften sollen so groß geschrieben werden, dass sie noch aus einer Entfernung von 5 m gelesen werden können.
- Schreibt kurze Sätze.
- Veranschaulicht eure Aussagen mithilfe von Abbildungen, z. B. Fotos oder Schemazeichnungen.

2. Tipps für Kurzvorträge
- Bereite einen Stichwortzettel vor, der nur einzelne Signalwörter beinhaltet, die für die Abfolge des Vortrages wichtig sind.
- Gliedere den Gedankengang deines Vortrages.
- Schreibe die Abfolge der wichtigsten Aussagen auf eine Folie, die du den Zuhörern während des Vortrages zeigst.
- Leite mit einem überraschenden Ergebnis oder einer verblüffenden Frage ein.
- Sprich langsam und deutlich, lege ab und zu eine kleine Pause ein.
- Lies nicht ab, sondern sprich frei. Bilde kurze Sätze.
- Nimm Blickkontakt zu den Zuhörern auf.
- Setze Tafel, Tageslichtprojektor und Modelle ein, um zu veranschaulichen.
- Fasse am Schluss die wichtigsten Ergebnisse kurz zusammen.

3. Tipps für eine Diskussion
- Wählt eine Sitzordnung, bei der sich alle Beteiligten ansehen können, z. B. einen Stuhlkreis.
- Formuliert die Fragen, die erörtert werden sollen, ganz genau.
- Schreibt die Fragen an die Tafel oder auf ein Poster.
- Legt für die Diskussion eine Zeit fest. Bei mehreren Fragen teilt ihr die Zeit ein.
- Bestimmt einen Teilnehmer als Diskussionsleiter. Der Diskussionsleiter sammelt die Meldungen für Äußerungen, ruft die Teilnehmer der Reihe nach auf und fasst Beiträge zusammen.
- Jeder, der einen Diskussionbeitrag liefern möchte, meldet sich.
- Jeder lässt die anderen ausreden.
- Die Meinung der anderen wird respektiert.

Sinnesorgane und Nervensystem

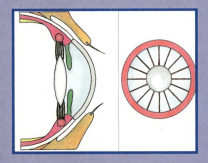

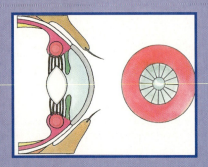

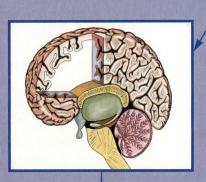

Sinnesorgane nehmen Reize aus der Umgebung auf

- Das **Auge** besteht aus Hornhaut, Regenbogenhaut, Pupille, Linse, Glaskörper und Netzhaut.
- Das Licht wird an der Linse gebrochen. Die Linse kann durch einen ringförmigen Muskel gekrümmt werden. Dabei verändert sich die Brechung der Lichtstrahlen, sodass weiter entfernte oder näher gelegene Gegenstände scharf gesehen werden. Das nennt man **Akkomodation.**

- Das **Zentralnervensystem** besteht aus Gehirn und Rückenmark.
- Die Tätigkeit der inneren Organe wird ohne Beeinflussung durch den Willen vom vegetativen Nervensystem gesteuert.

- **Reflexe** sind Reaktionen auf Reize, die ohne Beeinflussung durch den Willen ablaufen.

- Die Informationsverarbeitung von Mensch und technischen Systemen ähnelt sich. Die Teilschritte sind jeweils Eingabe, Verarbeitung und Ausgabe (EVA-Prinzip).

- Bestimmte Informationen werden im menschlichen **Gedächtnis** gespeichert. Nach der Dauer dieser Speicherung unterscheidet man Sekunden-, Kurzzeit- und Langzeitgedächtnis.

Sensoren sind elektronische Bauteile, die auf Änderung von Helligkeit, Temperatur, Druck, Schall oder eines Magnetfeldes reagieren.

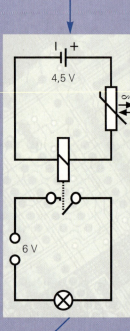

Verhalten von Tieren und Menschen

- Tiere und Menschen können sich verständigen. Erfolgt der Austausch in zwei Richtungen, spricht man von **Kommunikation.** Dabei werden Signale von einem Sender zu einem Empfänger übertragen.

- Menschen nutzen zur Kommunikation häufig die **Wortsprache.** Sie können sich aber auch durch Gestik und Mimik verständigen.

- Hunde und Katzen verwenden eine **Körpersprache,** Bienen hingegen eine Tanzsprache, um Informationen zu übermitteln.

- Manche Verhaltensweisen von Tieren und Menschen sind angeboren, andere erlernt.

- Bienen leben in einem **Staat** zusammen. Die Arbeiterinnen übernehmen im Laufe ihres Lebens verschiedene Aufgaben.

- Man unterscheidet **Lernen** durch Nachahmung, aus Erfahrung, durch Einsicht und durch Prägung.

- Wölfe leben in einem **Rudel** von ca. 10 Tieren. Das Zusammenleben wird durch eine Rangordnung geregelt. Bei der Jagd kommt es zu einer Verteilung der verschiedenen Aufgaben, sodass sie auch größere Tiere erbeuten können.

- Das Zusammenleben der Menschen wird durch **Regeln und Gesetze** geregelt. Konflikte können auf diese Weise gelöst werden.

- Zur Bewältigung der Aufgaben hat sich **Arbeitsteilung** und eine hohe **Spezialisierung** entwickelt.

Wiederholen, Üben, Anwenden, Vertiefen

1 Lege eine Tabelle nach folgendem Muster an und ordne zu.

Lichtquellen	Beleuchtete Gegenstände
?	?
?	?

Blitz, Sonne, Augen einer Katze, Baum, Feuer, Lehrer, Reflektoren am Fahrrad, Hand, Flutlicht im Fußballstadion, brennende Kerze, leuchtender Fahrradscheinwerfer, ausgeblasene Kerze, Blinker, Ampel, Rückstrahler, Blaulicht der Polizei.

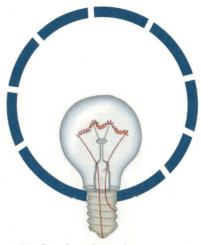

1 Wohin leuchtet die Lampe?

2 Auf dem Mond wurden Fotos von der Erde gemacht, die sie als hellen, blau leuchtenden Körper darstellen. Woher kommt das Licht, das die Erde leuchten lässt?

3 Früher hat man Nachrichten per Lichtzeichen von Turm zu Turm übermittelt. Wie mussten die Türme angeordnet werden, damit die Lichtzeichen übermittelt werden konnten?
Wie konnte das Signal übermittelt werden, wenn ein dichter Wald oder ein hoher Berg in der Übermittlungsstrecke lag?
Zeichne dazu eine Karte.

4 Zeichne Bild 1 ab und trage den Weg der Lichtstrahlen ein.

5 Kann man auch dann noch Licht sehen, wenn man nicht direkt in die Lichtquelle blickt? Erkläre.

6 Welche Eigenschaft des Lichts nutzen Lichtschranken? Beschreibe genau.

7 Ein Blick durch das Schlüsselloch zeigt immer nur einen Teil des Zimmers. Erkläre.

8 Auf welcher Seite deines Heftes würdest du eine Schreibtischlampe hinstellen? Begründe deine Antwort.

9 Welche Linsenart wird in Bild 2A bzw. 2B dargestellt? Begründe.

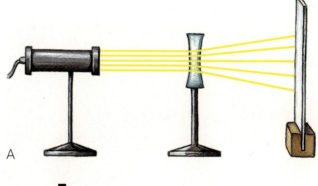

A

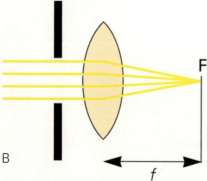

B

2 Licht wird in Linsen gebrochen

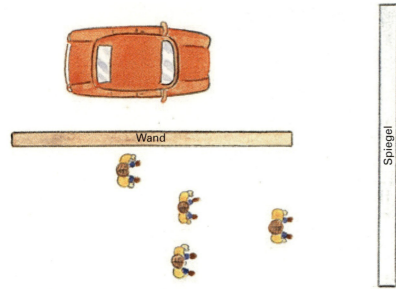

10 Welche Person kann zumindest Teile des Autos in Bild 3 sehen? Zeichne das Bild in dein Heft ab und begründe auch zeichnerisch.

3 Ist das Auto zu sehen?

11 Bei einem Fußballspiel, das unter Flutlicht durchgeführt wird, werfen die Spieler häufig vier diagonale Schatten.
Kannst du das erklären?

12 Lege im Heft eine Tabelle an und ordne den Buchstaben in Bild 4 die richtigen Bezeichnungen zu.

13 Beschreibe an verschiedenen Verkehrsschildern, wie Farben als Informationsträger verwendet werden. Versuche Regeln für die Farbverwendung zu finden.

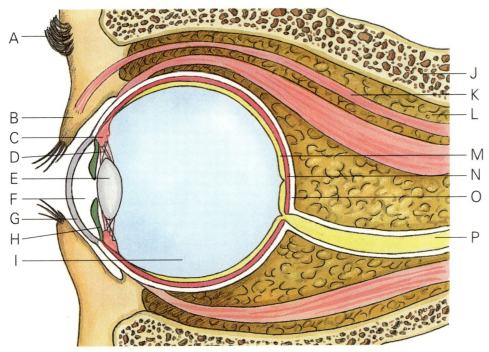

4 Querschnitt des Auges

Energie geht nicht verloren

112

Im folgenden Kapitel erfährst du Zusammenhänge zwischen Geschwindigkeit, Kraft, Masse und Beschleunigung und was man unter „angepasster Geschwindigkeit" im Straßenverkehr versteht.
Es gibt verschiedene Arten von Energie, zum Beispiel Bewegungsenergie, Wärme oder chemische Energie. Energie kann von einer Art in eine andere Art umgewandelt werden, zum Beispiel beim Verbrennungsmotor. Auch die Frau auf diesem Bild wandelt eine Art von Energie in eine andere um.

5 Kräfte

5.1 Kräfte wirken

1 Verformung und Bewegungsänderung durch Kräfte

Beim Trampolin wirken unterschiedliche Kräfte (Bild 1). Um auf das Trampolin zu gelangen, muss die Sportlerin zunächst die Fähigkeit ihrer Muskeln ausnutzen, die **Muskelkraft**. Wenn sie auf das Trampolin springt, dehnen sich die Federn und das Sprungtuch des Trampolins. Ursache dieser Verformung ist die **Gewichtskraft** der Sportlerin. Die gespannten Federn beschleunigen die Sportlerin, sodass sie hochfliegt (Bild 1). Die **Spannkraft** der Federn setzt ihren Körper in Bewegung. Das Abbremsen ihrer Bewegung erfolgt durch **Reibungskraft**.

Wenn sich die Form eines Körpers oder die Bewegung eines Körpers ändert, sprechen wir von einer **physikalischen Kraft** als Ursache (Bild 3). Die Bewegung eines Körpers kann durch eine Kraft auf unterschiedliche Weise verändert werden (Bild 2). Der Körper kann in Bewegung gebracht werden oder aus einer Bewegung abgebremst werden. Er kann auch in eine andere Richtung gelenkt werden.

1 Beschreibe die Wirkungen der Kräfte in Bild 3.

2 Suche weitere Begriffe, die das Wort Kraft enthalten. Entscheide, ob eine physikalische Kraft vorliegt.

3 Beschreibe die Wirkungen der Muskelkraft beim Radfahren.

4 Warum gehören Sehkraft oder Waschkraft nicht zu den physikalischen Kräften?

5 Untersuche, ob die Magnetkraft eine physikalische Kraft ist. Fertige ein Versuchsprotokoll an.

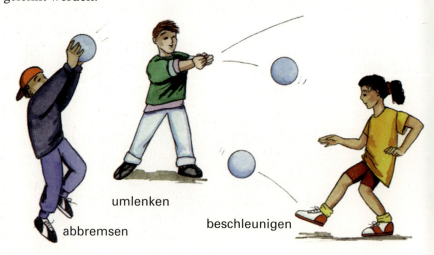

2 Bewegungsänderung

abbremsen — umlenken — beschleunigen

➲ 6.2 Hebel

Die **Schwerkraft** bewirkt, dass alle Körper von der Erde angezogen werden.
Die Anziehungskraft zwischen Erde und einem Körper heißt Gewichtskraft.
Sie ist zum Mittelpunkt der Erde gerichtet.

Spannkraft

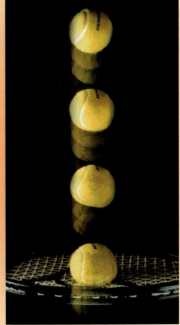

Die **Reibungskraft** wirkt.

3 Physikalische Kräfte

Manchmal wird das Wort Kraft auch im nicht-physikalischen Sinn gebraucht. Da Sehkraft, Willenskraft, Waschkraft und Überzeugungskraft weder etwas verformen noch eine Bewegung verändern können, zählen sie nicht zu den physikalischen Kräften.

> Physikalische Kräfte kann man an ihren Wirkungen erkennen. Jede Verformung oder Bewegungsänderung eines Körpers wird durch eine physikalische Kraft verursacht.

1. Kräfte verformen Körper oder ändern eine Bewegung

Zeige in mehreren Versuchen, wie durch Muskelkraft, Gewichtskraft, Spannkraft oder Reibungskraft ein Körper verformt oder eine Bewegung geändert wird. Beschreibe jeweils den Versuchsablauf.

6 Beschreibe, wie die Wasserkraft und Windkraft als Antriebskraft eingesetzt werden können.

7 Nenne je zwei Beispiele, in denen Muskelkraft, Gewichtskraft, Spannkraft und Motorkraft eingesetzt werden. Fertige für jedes Beispiel eine Tabelle an und beantworte die Fragen.

	Beispiel
Wer übt die Kraft aus?	?
Auf wen wird sie ausgeübt?	?
Welche Wirkung ist zu erkennen?	?

8 Untersuche die Antriebskräfte von Spielautos. Welche unterschiedlichen Antriebskräfte hast du festgestellt?

115

5 Kräfte

5.2 Kraft und Gegenkraft

1 Kraft und Gegenkraft

1 Was geschieht, wenn Christian einen schweren Gegenstand, beispielsweise einen Medizinball, wegstößt (Bild 2)?

2 Christian hält einen Expander gedehnt. Welche beiden Kräfte wirken gegeneinander?

3 Was haben Schwimmer mit dem Rückstoß zu tun?

4 Ein Radfahrer fährt geradeaus auf einem ebenen Fahrradweg. Nach einer Weile hört er auf zu treten, wird langsamer und bleibt schließlich stehen, obwohl er nicht gebremst hat. Welche Kraft hat ihn abgebremst? Gib drei weitere Beispiele an, bei denen diese Kraft wirkt.

5 Ein Bungeespringer fällt nach unten. Beschreibe seine Bewegungen. Welche Kräfte wirken? In welcher Situation herrscht Gleichgewicht?

Christian und Martin stehen auf Rollen und ziehen gleichzeitig an dem Seil (Bild 1). Sie bewegen sich auf einander zu und treffen sich in der Mitte. Auch wenn nur Christian zieht und Martin das Seil um seinen Körper geschlungen hat, bewegen sich beide aufeinander zu. Christian zieht am Seil von Martin. Mit gleich großer Kraft wird sein Seil von Martin gezogen. Man nennt diese Kraft Gegenkraft und spricht von der Wechselwirkung von **Kraft** und **Gegenkraft**. Die Kräfte, die zwei Körper gegenseitig aufeinander ausüben, sind gleich groß, aber entgegengesetzt gerichtet.

Wechselwirkungen der Kräfte können gefährlich werden, so beispielsweise, wenn Martin plötzlich vom Skateboard nach vorn abspringt. Durch die Gegenkraft saust das Skateboard nach hinten und könnte jemanden verletzen. Diese Gegenkraft wird auch als Rückstoß bezeichnet. Die Versuche zum Rückstoß (Versuch 1 bis 3) zeigen, dass durch die jeweilige Gegenkraft die Fahrzeuge vorankommen. In Raketen wird die vorwärtstreibende Kraft durch den Rückstoß des ausströmenden Gases erzeugt.

Wenn Martin aus der Geradeausfahrt im Kreis um Christian herumfahren will, muss Christian ihn mit seiner Muskelkraft zum Kreismittelpunkt hinziehen. Sonst würde sich Martin auf Grund seiner Trägheit geradeaus weiterbewegen. Bei der Kurvenfahrt wirkt nach innen eine Kraft. Sie heißt **Zentralkraft** oder **Zentripetalkraft**. Wenn ein Fahrzeug durch die Kurve fährt, wirkt die

2 Das Rückstoßprinzip

Zentralkraft auf Grund der Reibung zwischen Reifen und Straße. Das Fahrzeug beschleunigt nach innen. Die Insassen verharren aber im Zustand der Geradeausfahrt. Sie haben das Gefühl, als ob eine Kraft sie nach außen gegen die Fahrzeugwand drückt (Bild 3). Diese Kraft heißt **Fliehkraft**. Schon mancher Rad- oder Autofahrer hat die Wirkung leidvoll erfahren, wenn er bei zu hoher Geschwindigkeit „aus der Kurve getragen wurde". Dann reichte die Zentralkraft nicht aus oder fehlte ganz. Infolge der Trägheit bewegt sich das Fahrzeug dann geradlinig weiter.

Die Zentralkraft, die ein Fahrzeug auf seiner Kurvenbahn hält, ist umso größer,
- je schneller sich das Fahrzeug bewegt,
- je größer die Masse des Fahrzeuges ist,
- je kleiner der Kurvenradius ist.

> Die Kräfte, die zwei Körper gleicher Masse aufeinander ausüben, sind gleich groß, aber entgegengesetzt gerichtet.
> Bewegt sich ein Körper auf einer Kreisbahn, so wirkt eine Kraft zum Kreismittelpunkt, die Zentralkraft.

3 *Kraftwirkung zum Kreismittelpunkt*

6 Stelle Tipps für ein angepasstes Fahrverhalten in Kurven auf.

V

1. Luftballonantrieb
Befestige einen aufgeblasenen Luftballon auf einem leichten Wagen und lasse die Luft entweichen. Beschreibe und erkläre die Beobachtungen.

2. Rückstoßprinzip
Verbinde einen Trichter mit einem Schlauch, an dessen un-

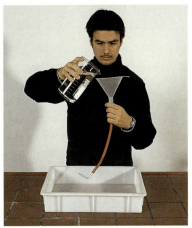

terem Ende ein rechtwinklig gebogenes Glasrohr mit ausgezogener Spitze steckt. Fülle den Trichter mit Wasser und beobachte das Winkelrohr. Was geschieht? Beschreibe deine Beobachtung und erkläre sie.

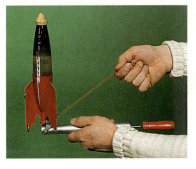

3. Modellrakete
Gib in eine Modellrakete etwas Wasser und pumpe Luft hinzu. Löse im **Freien** durch Ziehen an der Startschnur den Verschluss. Untersuche die Flugweite bei unterschiedlicher Wasserfüllung und unterschiedlichen Pumpenstößen.

5 Kräfte

5.3 Kräfte messen

1 Wer ist stärker?

Beim Tauziehen werden Kräfte verglichen (Bild 1). Die stärkere Gruppe zieht die andere Gruppe über die Mittellinie. Wenn es keiner Gruppe gelingt, die andere Gruppe wegzuziehen, ziehen beide Gruppen gleich stark. Das Seil bewegt sich dann nicht.

Mit einem Expander können verschiedene Schüler ihre Kräfte vergleichen (Versuch 1). Je weiter der Expander auseinandergezogen wird, desto größer ist die Muskelkraft des Schülers. Wenn zwei Schüler den Expander gleich weit gedehnt halten, haben sie die gleiche Muskelkraft eingesetzt.

 1 Was stellst du fest, wenn du ein Gewichtsstück an unterschiedliche Schraubenfedern hängst?

V

1. Kraftvergleich
Befestige einen Expander so, dass er während des Versuches nicht abrutscht. Ziehe den Expander auseinander und markiere, wie weit du den Expander gedehnt hast. Vergleiche deine Kraft mit der Kraft deiner Mitschüler. Formuliere einen Je-desto-Satz.

2. Gewichtsstücke an einer Feder
Nimm eine Schraubenfeder und mehrere Gewichtsstücke mit gleicher Gewichtskraft. Befestige die Schraubenfeder wie im Bild und kennzeichne die Länge der Feder. Hänge die Gewichtsstücke nacheinander an die Schraubenfeder und kennzeichne die jeweils erreichte Länge. Miss die Verlängerung der Feder. Übertrage die Tabelle in dein Heft und trage deine Versuchsergebnisse ein.

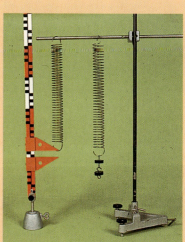

Anzahl der Gewichtsstücke	1	2	3	4	5	6
Verlängerung der Feder	2 cm	4 cm	6 cm	?	?	?

Umgang mit dem Kraftmesser

Beachte den Messbereich des Kraftmessers.

Halte den Kraftmesser in Richtung der zu messenden Kraft.

Stelle den Kraftmesser vor dem Messen auf Null ein.

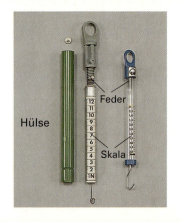

Beispiele für Kräfte

Gewichtskraft einer Tafel Schokolade	ca. 1 N
Gewichtskraft von 1 l Wasser	ca. 10 N
1-kg-Gewichtsstück	ca. 10 N
Gewichtskraft eines Menschen	ca. 700 N
Gewichtskraft eines Pkw	ca. 10 000 N
Zugkraft eines Menschen	ca. 500 N
Pkw beschleunigt	ca. 3500 N

2 Kraftmesser

Eine Feder wie im Versuch 2 eignet sich zum Messen von Kräften. Je länger sich die Feder ausdehnt, umso größer ist die Gewichtskraft. Die Ausdehnung der Feder entspricht also der Gewichtskraft. Kräfte werden mit dem Kraftmesser gemessen. Im Innern des Kraftmessers befindet sich eine Stahlfeder (Bild 2). Die Ausdehnung der Stahlfeder wird auf einer Skala angezeigt.

Man hat festgelegt: Ein Körper der Masse 102 g übt auf der Erde die Gewichtskraft 1 **Newton** (1 N) aus. Die Einheit der Kraft ist nach dem englischen Physiker ISAAC NEWTON (1643 – 1727) benannt. Das Formelzeichen der Kraft ist F (engl. force). Auf der Erde können wir sagen: Auf einen Körper der Masse 100 g wirkt ungefähr die Gewichtskraft 1 N.

> Kräfte werden mit dem Kraftmesser gemessen.
> Die Einheit der Kraft ist 1 Newton (1 N).

Wenn Kräfte dargestellt werden sollen, verwendet man Kraftpfeile.

Die Richtung des Pfeiles kennzeichnet die Kraftrichtung.

Die Pfeillänge ist ein Maß für den Betrag der Kraft.

Der Anfangspunkt entspricht dem Angriffspunkt der Kraft.

3 Kraftpfeile

Kraftmessung

3. Bestimme die Gewichtskraft einer Federtasche, eines Schlüssels, eines Buches.

4. Bestimme die Kraft, bei der ein Haar, ein Faden oder ein Draht zerreißt.

5. Wie groß ist die Reibungskraft, mit der ein Schuh oder ein Fahrradreifen auf glattem, nassem oder rauem Untergrund haftet? Wie ändert sich diese Kraft, wenn der Schuh durch ein Gewichtsstück belastet wird?

6. Plane einen Versuch, um die Motorkraft eines Spielzeugautos zu bestimmen. Führe den Versuch anschließend durch.

5 Kräfte

5.4 Gewichtskraft und Masse

1 *Zusammenhang von Gewichtskraft und Masse*

Die Einheit der Gewichtskraft ist 1 N

1 kN = 1000 N
Formelzeichen der Kraft: F

2 *Krafteinheit*

Die Einheit der Masse ist 1 kg.

1 kg = 1000 g (Gramm)
1 g = 1000 mg (Milligramm)
1000 kg = 1 t (Tonne)

Formelzeichen der Masse: m

3 *Masseeinheit*

Gewichtskraft. Bild 1 zeigt den Zusammenhang von Gewichtskraft und Masse am Beispiel einer Tafel Schokolade. Mit einem Kraftmesser wird die Anziehungskraft zwischen der Erde und der Schokolade bestimmt. Das ist die Gewichtskraft der Schokolade von 1 N. Könnten wir die Messung der Gewichtskraft auf dem Mond wiederholen, würde der Kraftmesser die Gewichtskraft F_G = 0,17 N anzeigen, also ungefähr 1/6 der Gewichtskraft auf der Erde. Auf dem Mond wirkt eine geringere Anziehungskraft als auf der Erde. Auf dem Jupiter würde der Kraftmesser mit der Schokolade eine Gewichtskraft von 2,32 N anzeigen. Dort wirkt eine größere Anziehungskraft. Die Gewichtskraft eines Körpers ist ortsabhängig (Bild 4).

Masse. Mit einer Balkenwaage wird die Masse der Schokolade bestimmt. Die Schokolade befindet sich im Gleichgewicht mit einem Wägestück von 100 g. Das ändert sich auch nicht auf dem Mond oder auf dem Jupiter. Auf der Erde wirkt auf einen Körper mit der Masse 1 kg die Gewichtskraft 10 N.

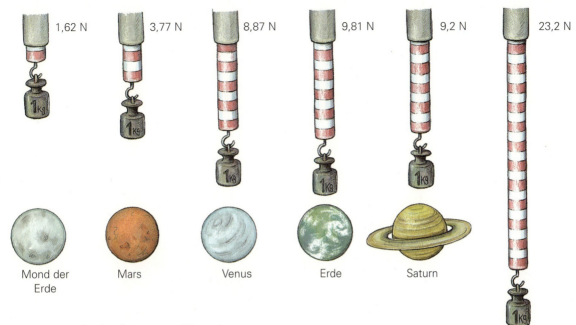

4 *Die Gewichtskraft ist ortsabhängig*

Seit über 100 Jahren ist durch internationale Vereinbarungen die Masse von einem Kilogramm festgelegt worden. Sie entspricht der Masse des Urkilogramms (Bild 5). Es befindet sich in einem Maßbüro bei Paris. Fast alle Staaten haben davon eine genaue Kopie erhalten. Deutschlands Kopie wird in der Physikalisch-Technischen Bundesanstalt in Braunschweig staubfrei in einem geschützten Raum aufbewahrt. Diese Kopie ist die Vorlage für Wägestücke gleicher Masse.

> Die Gewichtskraft hängt von dem Ort ab, an dem sich ein Körper befindet. Sie ist ortsabhängig. Die Masse eines Körpers ist an unterschiedlichen Orten gleich.

Jupiter

1 Rechne deine Masse in Gewichtskraft um.

2 Wie groß wäre deine Gewichtskraft auf den Himmelskörpern (Bild 4)?

3 Die gesamte Ausrüstung des Raumfahrers hat eine Masse von 84 kg. Wie groß ist seine Gewichtskraft auf der Erde, auf dem Mond?

4 Ein Raumfahrzeug auf dem Mond hat eine Gesteinsprobe eingesammelt und eine Gewichtskraft von 6 N gemessen. Wie groß ist die Gewichtskraft des Steins auf der Erde? Wie groß ist die Masse des Steines?

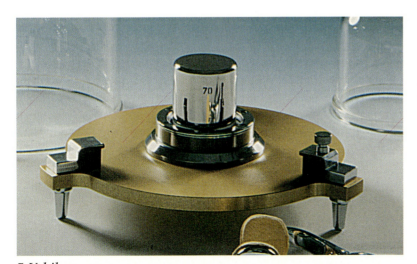

5 *Urkilogramm*

6 Einfache Maschinen

6.1 Einfache Maschinen

1 Eine Rampe - die schiefe Ebene

Kräfte stehen in den seltensten Fällen dort ausreichend zur Verfügung, wo sie gebraucht werden. Schon sehr früh haben die Menschen Werkzeuge und einfache Maschinen benutzt, um Muskelkräfte zu verstärken.

Die schiefe Ebene. Schräg aufwärts geht es auf einer Rampe (Bild 1). Zum Transport von schweren Lasten wird diese schiefe Ebene vielfach angewandt. Je kleiner der Neigungswinkel ist, desto kleiner ist auch die aufzuwendende Kraft. Allerdings muss bei kleinem Neigungswinkel ein längerer Weg in Kauf genommen werden, um eine Last auf eine bestimmte Höhe zu bringen. Maschinen werden im Alltag häufig verwendet. Sie werden benutzt, um Kraft einzusparen oder um die eingesetzte Kraft zu verstärken.

1 Warum sind einfache Maschinen für uns hilfreich?

2 Zeichne einen Flaschenzug mit vier Rollen in dein Heft.

3 Marie hebt einen Korb mit der Kraft 320 N. Wie viel Kraft müsste sie aufwenden
a) mit einer festen Rolle,
b) mit einer losen Rolle,
c) mit einem Flaschenzug (2 feste und 2 lose Rollen)?

4 Verdeutliche am Beispiel der schiefen Ebene, dass bei einer Krafteinsparung ein längerer Weg notwendig wird.

Rollen und Seile. Seile werden in der Technik vielseitig eingesetzt (Bild 2). Oftmals lenkt man sie durch eine Rolle um. Bei einem Kran führt das Seil über eine Rolle am Ausleger (Bild 3). Obwohl sich die Rolle beim Auf- und Abwickeln des Seiles um die eigene Achse dreht, spricht man hier von einer **festen Rolle**, denn ihre Achse ist bei der Kraftübertragung stets an derselben Stelle. Eine feste Rolle ändert die Richtung und den Angriffspunkt der Kraft. Die aufzuwendende Kraft bleibt gleich.

An anderen Kränen sieht man neben der festen Rolle noch eine weitere Rolle, die sich hebt und senkt (Bild 4). Bei dieser **losen Rolle** verändert sich die Lage der Drehachse. Die Last hängt an zwei Seilstücken. Ein Ende des Seiles ist oben an einem Haken befestigt. Dieser Haken trägt die Hälfte des Gewichtes. Die andere Hälfte des Gewichtes wirkt auf das Zugseil ein. Auf diese Wei-

➲ 5.3 Kräfte messen

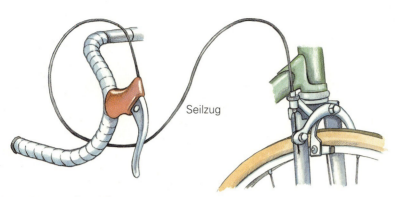

2 Kräfte werden übertragen

3 Feste Rolle

se kann die Zugkraft halbiert werden. Man spricht davon, dass man mithilfe der losen Rolle „Kraft sparen" kann. Die aufzuwendende Kraft wird halbiert. Dafür muss man das Seil aber doppelt so weit ziehen.

Flaschenzug. Ein Flaschenzug besteht aus mehreren losen und festen Rollen (Bild 5). Bei einem Kran legt man die Rollen nicht hintereinander, sondern man ordnet jeweils die festen und losen Rollen auf einer Achse nebeneinander an. Mithilfe eines solchen Flaschenzuges kann die aufzuwendende Kraft verringert werden.

Am Flaschenzug wird die Gewichtskraft gleichmäßig auf mehrere Seilstücke verteilt. Bei vier Seilstücken wird nur der vierte Teil der Gewichtskraft zum Heben benötigt. Doch muss man dann das Seil viermal so weit hochziehen. Die Anzahl der Rollen lässt sich jedoch nicht beliebig vergrößern, weil dadurch auch die Gewichtskraft der Rollen und die Reibungskraft zunehmen.

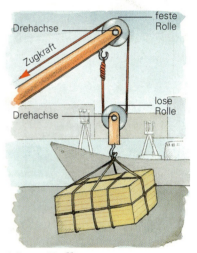

4 Lose Rolle

> Schiefe Ebene, lose und feste Rolle und Flaschenzug sind Beispiele für einfache Maschinen. Sie werden eingesetzt, um Kraft einzusparen. Was an Kraft eingespart wird, muss allerdings durch einen längeren Weg ausgeglichen werden.

1. Einfache Maschinen
Baue die einfachen Maschinen als Modell nach. Hänge unterschiedliche Lasten an das Seil und miss die jeweils zum Halten erforderliche Kraft. Vergleiche jeweils die notwendige Kraft mit der Gewichtskraft der Last. Berücksichtige auch die Gewichtskraft der Rollen, die mitgehoben werden. Miss jeweils die Wegstrecken der Last und der Kraft. Fasse die Ergebnisse in einer Tabelle zusammen.

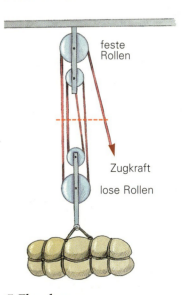

5 Flaschenzug

6 Einfache Maschinen

6.2 Hebel

1 Nicht genug Kraft?

1 Erkläre die Redensart: Er sitzt am längeren Hebel.

2 Zeichne die Hebel aus Bild 3 ab. Kennzeichne jeweils die Drehachse und die Hebelarme.

3 Nenne zwei weitere Beispiele, in denen Kräfte an einem Hebel wirken.

4 Welche Hebel in Bild 3 sind einseitige Hebel?

Kleine Kraft, große Wirkung. Nicht jeder verfügt über gewaltige Muskelkräfte. Kristina weiß, wie sie mit ihrer geringen Muskelkraft eine möglichst große Kraftwirkung erreichen kann (Bild 1). Sie benutzt die Stange als Hebel. Sie stellt einen Holzklotz so auf, dass der Hebel dort aufliegen kann. Die Kante des Klotzes ist die Drehachse, um die sich der Hebel dreht. Je weiter sie von der Drehachse entfernt drückt, desto größer ist die Kraftwirkung. Mit einer kleinen Kraft am langen Hebelarm kann sie eine große Kraft am kurzen Hebelarm bewirken.

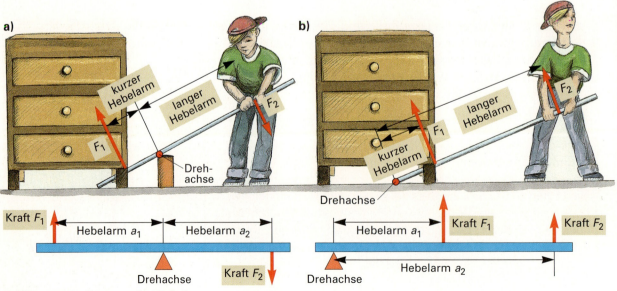

2 Eine starre Stange als Hebel

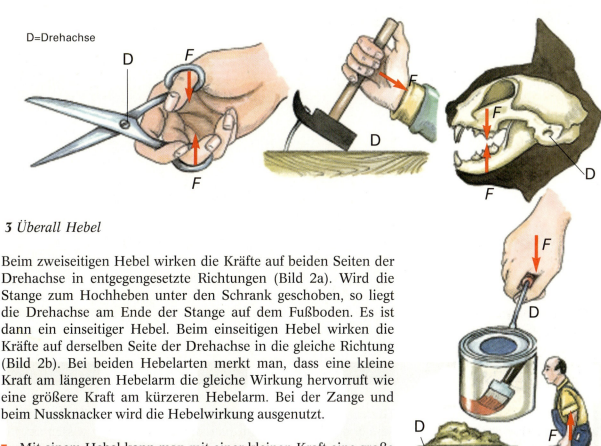

3 Überall Hebel

Beim zweiseitigen Hebel wirken die Kräfte auf beiden Seiten der Drehachse in entgegengesetzte Richtungen (Bild 2a). Wird die Stange zum Hochheben unter den Schrank geschoben, so liegt die Drehachse am Ende der Stange auf dem Fußboden. Es ist dann ein einseitiger Hebel. Beim einseitigen Hebel wirken die Kräfte auf derselben Seite der Drehachse in die gleiche Richtung (Bild 2b). Bei beiden Hebelarten merkt man, dass eine kleine Kraft am längeren Hebelarm die gleiche Wirkung hervorruft wie eine größere Kraft am kürzeren Hebelarm. Bei der Zange und beim Nussknacker wird die Hebelwirkung ausgenutzt.

> Mit einem Hebel kann man mit einer kleinen Kraft eine große Wirkung erzielen. Je länger der Hebelarm ist, an dem die Kraft angreift, desto größer ist die Kraftwirkung.

1. Kräfte am Hebel

Untersuche die am Hebel wirkenden Kräfte. Hänge an die rechte Seite des Hebels in einem bestimmten Abstand von der Drehachse ein Gewichtsstück. Befestige an der linken Seite der Reihe nach an verschiedenen Stellen einen Kraftmesser. Miss jeweils die Kraft, die den Hebel waagerecht hält, und den dazugehörenden Abstand von der Drehachse. Übertrage die Tabelle in dein Heft und trage deine Messergebnisse ein.
Abstand der Gewichtsstücke von der Drehachse: 10 cm
Gewichtskraft: 2 N
Mögliche Ergebnisse:

Abstand der Drehachse in cm	Kraft in N
2,5	8,0
5,0	4,0
7,5	2,7
10,0	2,0
?	?
?	?

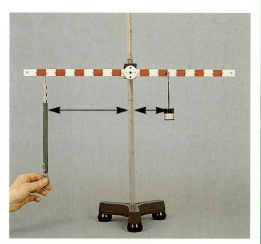

6 Einfache Maschinen

6.3 Hebelgesetz

1 Gleichgewicht an der Wippe?

1 Formuliere den Zusammenhang zwischen Kraft und Entfernung zur Drehachse.

2 Zerbrich ein Streichholz in vier kleinere Stücke. Erkläre deine Beobachtung.

3 Bestimme die fehlenden Kräfte in Bild 4.

4 Auf der linken Seite einer Wippe sitzt Petra (420 N) zwei Meter von der Drehachse entfernt. Wenn sich Alex im Abstand von 1,6 m von der Drehachse auf die Wippe setzt, ist die Wippe im Gleichgewicht. Fertige eine maßstabsgerechte Skizze der Wippe mit Drehachse an. Kennzeichne die Hebelarme und die Kräfte. Welche Gewichtskraft übt Alex aus?

Gleichgewicht am Hebel. Wie können die beiden Kinder auf der Wippe das Gleichgewicht halten (Bild 1)? Sicher wissen sie aus Erfahrung, dass das schwerere der beiden Kinder sich näher an die Drehachse setzen muss. Durch Probieren finden sie dann den richtigen Abstand, um im Gleichgewicht zu sein. Die Wippe ist in Ruhe, sie bewegt sich nicht.

Die Gleichgewichtslage der Wippe oder des Hebels kann auch rechnerisch gefunden werden. Die Messergebnisse des Versuchs „Kräfte am Hebel" zeigen, dass bei doppeltem Abstand von der Drehachse die benötigte Kraft nur halb so groß ist. Bei dreifachem Hebelarm beträgt die Haltekraft nur noch den dritten Teil

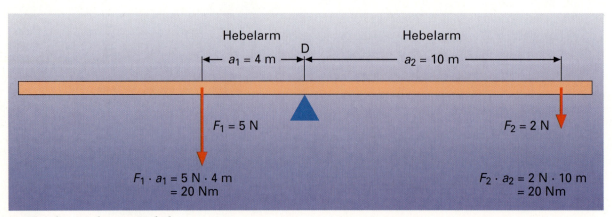

2 Gleichgewicht am Hebel

⮕ 5.3 Kräfte messen

der Gewichtskraft. Das Produkt aus Kraft F und zugehörigem Hebelarm a hat immer den gleichen Wert.

$$F_1 \cdot a_1 = F_2 \cdot a_2$$

3 Hebelgesetz

Der Hebel bleibt im Gleichgewicht, solange das Produkt aus Kraft und Hebelarm der einen Seite genau so groß ist wie das der anderen Seite (Hebelgesetz). Der Grieche ARCHIMEDES (um 250 v. Chr.) hat das Hebelgesetz erstmals formuliert. Mit Hilfe des Hebelgesetzes können die Kräfte berechnet werden (Bild 2). Doch lange zuvor wurden die Hebelwirkungen technisch genutzt. Auch heute noch benutzen wir viele Geräte und Werkzeuge, bei denen das Hebelgesetz zur Anwendung kommt (Bild 4).

> Ein Hebel bleibt im Gleichgewicht, solange das Produkt aus Kraft und Länge des zugehörigen Hebelarms auf beiden Seiten gleich ist (Hebelgesetz).

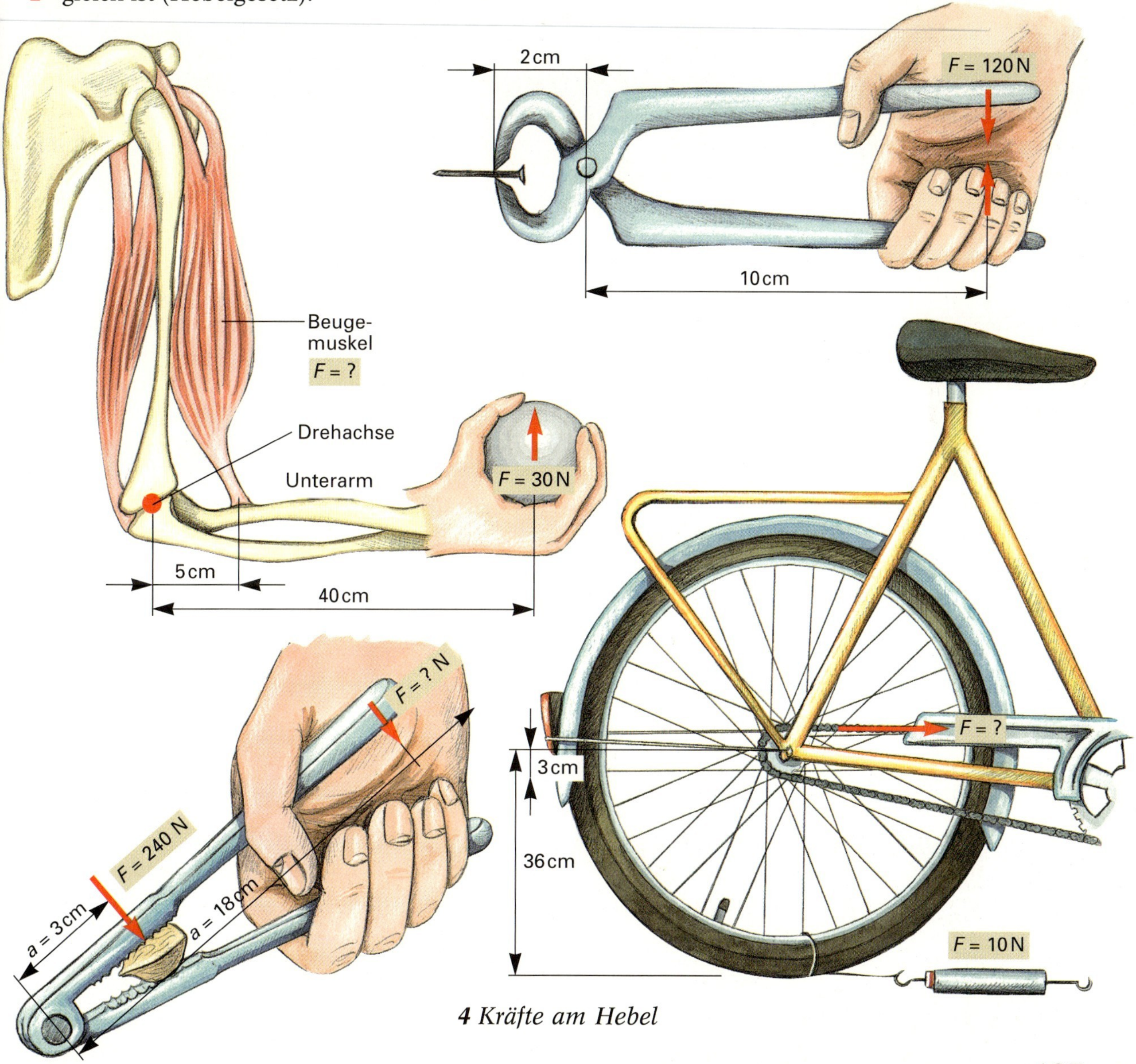

4 Kräfte am Hebel

6 Einfache Maschinen

6.4 Bau eines Funktionsmodells

1 Kochertalbrücke bei Geislingen

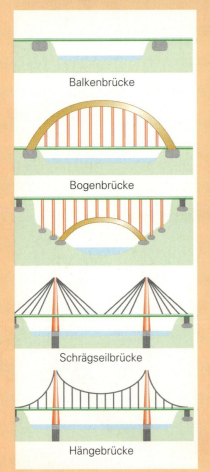

2 Verschiedene Brückentypen

Brückenbau verbindet. Hindernisse wie Täler, Gewässer oder Verkehrswege können durch Brücken leicht überquert werden (Bild 1). **Balkenbrücken** sind die ältesten Brückenformen. Man legt einen Baumstamm, einen Balken oder ein Brett von einer Seite auf die andere. Dabei müssen die beiden Auflagestellen des Balkens die gesamte Gewichtskraft aufnehmen. Ist die zu überquerende Strecke zu groß, wird der Balken in der Mitte unterstützt. Das ist notwendig, wenn der Balken durch sein eigenes Gewicht oder durch die Belastung durchhängt. Nach diesem uralten Prinzip ist auch die Brücke in Bild 1 konstruiert. Dabei sind Spannweiten von 300 Metern mit den modernen Werkstoffen wie Spannbeton oder Stahl möglich.

Bei der **Bogenbrücke** belastet die Fahrbahn den Bogen. Viele alte Steinbrücken sind Bogenbrücken. Mit **Schrägseilbrücken** und **Hängebrücken** werden weite Strecken ohne Unterstützung überwunden. Die gesamte Gewichtskraft der Brücke und der aufliegenden Lasten wird durch die Seile auf die Stützpfeiler umgelenkt (Bild 2).

Bewegliche Brücken wie Klapp- oder **Zugbrücken** werden dort gebaut, wo beispielsweise Schifffahrtswege überquert werden, die nur gelegentlich eine größere Durchfahrtshöhe erfordern (Bild 3).

Auf dem Weg von der Idee zum Funktionsmodell sind mehrere Arbeitsschritte notwendig.

Idee:
Eine Brücke für eine Modelleisenbahn bauen.

Anforderungen ergründen:
Welche Entfernung soll überbrückt werden?
Welches Gewicht soll die Brücke tragen?
Wie kann das Gewicht verteilt werden?
Welche Brückentypen gibt es?
Soll die Brücke klappbar sein?

Werkstoffe auswählen:
Welcher Werkstoff ist am besten geeignet?
Welche Vorteile, welche Nachteile der Werkstoffe Holz, Metall, Kunststoff, Pappe müssen beachtet werden?
Wie lassen sich die Werkstoffe bearbeiten?
Welchen Werkstoff kann ich bearbeiten?
Welche Werkzeuge stehen mir zu Verfügung?

Skizzen, Werkzeichnungen anfertigen:
Wie soll die Brücke aussehen?
Welche genauen Maße soll die Brücke haben?
Welche Halbzeuge oder Normteile können verwendet werden?

Materialliste erstellen:
Welche Werkstoffe werden benötigt?
Wo können diese Werkstoffe erworben werden?

3 Modell einer Zugbrücke

Arbeitsablauf überlegen:
Welche Tätigkeiten sind notwendig?
In welcher Reihenfolge muss vorgegangen werden?
Wie viel Zeit wird voraussichtlich benötigt?

Funktionsmodell herstellen:
Werkzeuge für die ersten Tätigkeiten werden bereit gelegt. Werkzeuge und Maschinen werden auf einwandfreien Zustand überprüft.
Werkzeuge werden richtig genutzt. Maschinen sind nur mit Erlaubnis der Lehrkraft zu benutzen.

Funktionsmodell bewerten:
Entspricht das Modell den Anforderungen?
Reicht die Belastbarkeit aus?
Wurde sorgfältig gearbeitet?

4 Modell einer Eisenbahnbrücke

6 Einfache Maschinen

6.5 Mechanische Arbeit

1 Wer arbeitet hier?

Was ist Arbeit? Mehrere Personen sind bei der Arbeit (Bild 1): Sie heben Pakete hoch, schieben Kisten und Wagen, lesen oder lösen ein schwieriges Problem mit dem Computer. Das kann manchmal als sehr anstrengende Arbeit empfunden werden. Wenn wir Arbeit zum Vergnügen oder freiwillig tun, zum Beispiel Bergsteigen, Gewichte heben oder Denksportaufgaben lösen, denken wir oftmals kaum an Arbeit. Wenn aber in der Physik oder in der Technik die Arbeit berechnet werden soll, spielt es keine Rolle, ob eine Arbeit als besonders anstrengend empfunden wird.

Physikalische Arbeit. Beim Heben von Kisten kann die physikalische Arbeit unterschiedlich groß sein (Bild 2). Es werden gleich schwere Kisten gehoben. Dazu ist eine Kraft erforderlich. Wird eine Kiste in das erste Regalfach gehoben, wird eine bestimmte Arbeit verrichtet. Wenn zwei Kisten in das erste Fach gehoben

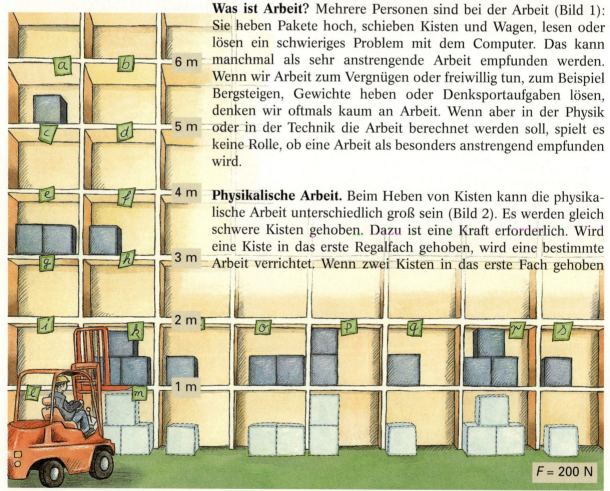

2 Die Arbeit hängt von der Gewichtskraft und von der Hubhöhe ab

werden, wird doppelte Arbeit verrichtet. Beim Heben von drei Kisten in das erste Regalfach spricht man von dreifacher Arbeit. Es wird festgelegt: Je größer die erforderliche Kraft F ist, desto größer ist die Arbeit W (engl.: work = Arbeit).

Es muss aber noch eine weitere Bedingung, die Weglänge, berücksichtigt werden. Wird eine Kiste statt in das erste Fach bis ins zweite Fach gehoben, ist der Weg doppelt so lang. Das ist dann zweifache Arbeit. Je länger der zurückgelegte Weg s ist, desto größer ist die Arbeit W.

Die beiden Größen Kraft F und Weglänge s legen die physikalische Arbeit fest. Es wurde vereinbart: Die physikalische Arbeit ist das Produkt aus Kraft F und Weglänge s.

> Arbeit = Kraft · Weg
> W = F · s

Die Einheit der Arbeit ist **1 Newtonmeter** (1 Nm). Zu Ehren des englischen Physikers JAMES PRESCOTT JOULE (1818–1898) nennt man diese Einheit auch 1 Joule (1 J).

3 Auch das ist Arbeit

Beispiel:
Eine Kiste mit der Gewichtskraft $F = 200$ N wird in das vierte Regalfach ($s = 4$ m) gehoben (Bild 2).

> Arbeit = Kraft · Weg
> = 200 N · 4 m
> = 800 Nm

Die Arbeit beträgt 800 Nm. Ob ein Mensch, ein Tier oder eine Maschine diese Arbeit verrichtet, ist unerheblich. Es bleibt dieselbe Arbeit $W = 800$ Nm.

Beim Hochheben einer Tafel Schokolade ($F = 1$ N) um einen Meter wird die Arbeit 1 Nm oder 1 J verrichtet. Auch das Ziehen eines Koffers ist physikalische Arbeit. Es wird Reibungsarbeit verrichtet. Um die Reibung zu überwinden, ist während des ganzen Weges eine Kraft erforderlich (Bild 3). Beim Anschieben des Radfahrers, der immer schneller wird, wird zusätzlich Beschleunigungsarbeit verrichtet. Ebenso ist das Kneten von Ton oder das Spannen einer Feder Arbeit. Auch in diesen Beispielen hängt die Arbeit von der Kraft und dem Weg ab. Am Ton oder an der Feder wird Verformungsarbeit verrichtet.

1 Wer arbeitet im physikalischen Sinn (Bild 1)?

2 Suche Beispiele, wie das Wort Arbeit in deiner Umgebung verwendet wird. Entscheide, ob eine physikalische Arbeit vorliegt.

3 Berechne die Arbeit, die verrichtet wurde, um die Kisten in das Fach c, g, k, s zu heben. Wie ändert sich die Arbeit, wenn eine andere Kiste eine doppelte Gewichtskraft hat?

> Arbeit = Kraft · Weg.
> Die Einheit der Arbeit ist 1 Newtonmeter (1 Nm) oder 1 Joule (1 J).

6.6 Goldene Regel der Mechanik

Mit einfachen Maschinen können Kräfte verändert werden. Besonders günstig ist es, wenn die eingesetzte Kraft verringert wird. Lässt sich mit diesen Maschinen auch die Arbeit verringern? Um diese Frage zu beantworten, untersuchen wir die Arbeit in Bild 1. Wir bilden dazu das Produkt Kraft · Weg. Mit einer einfachen Maschine müsste die Berechnung einen kleineren Wert für die Arbeit W ergeben, als wenn das Fass einfach senkrecht hochgehoben würde.

Die Beispiele zeigen, dass mit einfachen Maschinen die Kräfte zwar verringert werden können, die Wegstrecke aber größer wird (Bild 1). Die Arbeit bleibt daher gleich. Dieser Zusammenhang wird als **goldene Regel der Mechanik** bezeichnet.

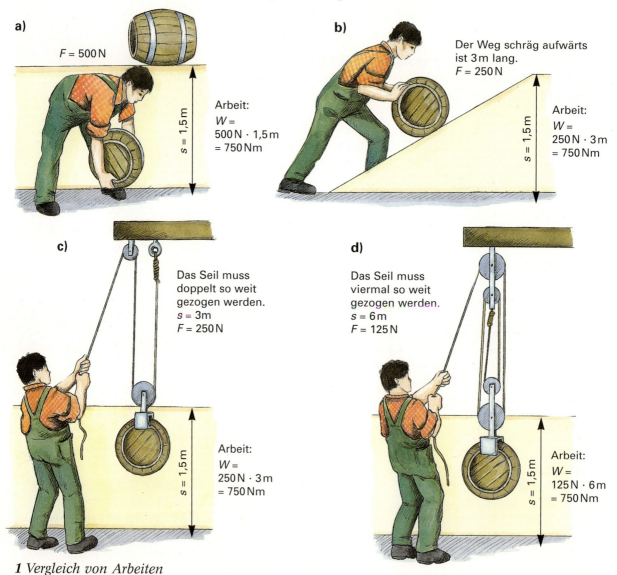

1 Vergleich von Arbeiten

2 Wie man nach oben gelangen kann

Die Anwendungen der goldenen Regel der Mechanik sind vielseitig. Immer wenn es bequemer werden soll, bedeutet es, dass für eine bestimmte Arbeit eine geringere Kraft eingesetzt werden soll. So kann durch Serpentinen der Aufstieg auf eine Höhe bequemer werden als das direkte Hinaufsteigen (Bild 2). Bei geringerer Kraft ist dabei der Weg aber länger. Die Arbeit ist gleich. Gleiche Arbeit wird bei den verschiedenen Methoden verrichtet, um vom Erdgeschoss in den zweiten Stock zu gelangen (Bild 3). Voraussetzung ist, dass die Gewichtskraft jeweils gleich ist.

> Wenn man mit einfachen Maschinen wie schiefer Ebene, Rollen und Hebel arbeitet, verringert man die Kraft und verlängert den Weg. Die Arbeit bleibt mit oder ohne einfache Maschinen gleich (goldene Regel der Mechanik).

1 Claudia muss zum Physikraum in das dritte Obergeschoss (s = 9 m). Wie groß ist ihre Arbeit bei einer Gewichtskraft von 520 N?

2 Bestimme deine Arbeit beim Treppensteigen. Überlege vorher, welche Angaben du dazu brauchst.

3 Gleiche Arbeit

6 Einfache Maschinen

6.7 Energie als Voraussetzung für Arbeit

1 Die Rollenbahn als Energiewandler

 Bei einer Achterbahnfahrt werden die Wagen zunächst nach oben gezogen und gleich danach beginnt die Talfahrt. Am Gegenhang sausen sie hinauf und kommen fast zum Stillstand. Sie überwinden diesen niedrigeren Hang und sausen auch über den nächsten Hügel. Nach einem kräftigen Ruck stoppen die Wagen. Woher bekommen die Wagen die Energie für diese Fahrt? Beschreibe den Zusammenhang von Energie und Arbeit für diese Fahrt.

Was ist Energie? Der Begriff **Energie** wird oft im Zusammenhang mit Arbeit gebraucht. Wenn wir morgens ausgeschlafen aufstehen, fühlen wir uns „voller Energie" und sind „energiegeladen". Nach einem langen Arbeitstag haben wir nur „noch wenig Energie". Wir können kaum noch weiterarbeiten und müssen „neue Energie tanken". Mit dem Begriff Energie wird die Fähigkeit beschrieben, Arbeit zu verrichten. Das Beispiel mit der Rollenbahn soll diesen Zusammenhang verdeutlichen (Bild 1).

Vor einer Fahrt mit der Rollenbahn muss zunächst der kleine Hügel erklommen werden. Das ist Arbeit. Durch diese Arbeit erhält die Rollenbahn Energie, um schnell abwärts zu rollen. Je höher der Hügel ist, desto mehr Arbeit wird verrichtet. Dadurch erhält die Rollenbahn auch mehr Energie.

Beim Herabrollen wird die Rollenbahn immer schneller. Sie wird beschleunigt. Auch das ist eine Arbeit (Beschleunigungsarbeit).

V

1. Energie und Arbeit

Lasse einen Wagen auf einer schiefen Ebene hinabrollen und gegen eine Stahlfeder prallen. Beschreibe die Bewegung des Wagens.

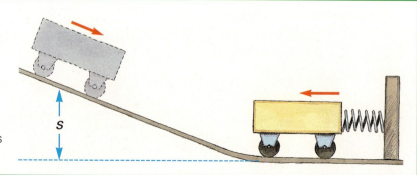

134 ➲ 10.1 Energiearten, 10.2 Energieumwandlung

Wenn die Rollenbahn schnell herunterrollt, hat sie genug Energie, um am Gegenhang wieder nach oben zu gelangen und die Feder zusammenzudrücken. Sie verrichtet zunächst Hubarbeit und anschließend Verformungsarbeit an der Feder. Je stärker dabei die Feder zusammengedrückt wird, desto mehr Energie hat sie anschließend. Mit dieser Energie beschleunigt die Feder die Rollenbahn in die Gegenrichtung.

Nun hat die Rollenbahn wieder Energie. Auf Grund dieser Energie kann die Rollenbahn auf der Gegenseite wieder hochrollen und dabei Hubarbeit verrichten. Während der Fahrt wird ein Teil der Energie dazu verwendet, die Reibung zwischen Seil und Rollen zu überwinden. Es wird Reibungsarbeit verrichtet. Sie führt dazu, dass sich die Bewegung verringert und schließlich aufhört.

Nach einiger Zeit kommt die Rollenbahn am tiefsten Punkt zum Stillstand. Von selbst geht es nicht wieder nach oben. Wenn eine Arbeit verrichtet werden soll, muss Energie vorhanden sein. Man kann auch sagen, Energie ist die Fähigkeit, Arbeit zu verrichten. Die Einheit der Energie ist 1 Newtonmeter (1 Nm) oder 1 Joule (1 J). Die Einheit für Energie und Arbeit ist dieselbe.

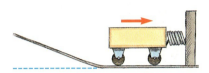
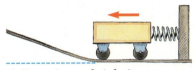

2 Energie und Arbeit

> Mit dem Begriff Energie beschreibt man die Fähigkeit eines Körpers, Arbeit verrichten zu können. Energie kann von einem Körper auf einen anderen übertragen werden. Die Einheit der Energie ist 1 Newtonmeter (1 Nm) oder 1 Joule (1 J).

2 Suche Beispiele, in denen der Begriff Energie vorkommt.

3 Beschreibe, wie Arbeit und Energie zusammenhängen (Bild 2).

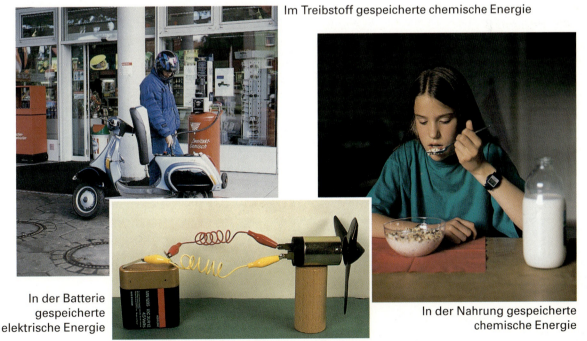

Im Treibstoff gespeicherte chemische Energie

In der Batterie gespeicherte elektrische Energie

In der Nahrung gespeicherte chemische Energie

3 Energie ist die Voraussetzung, um eine Arbeit zu verrichten

Z Energie geht nicht verloren

Kräfte
- Muskelkraft
- Gewichtskraft
- Spannkraft
- Reibungskraft

Physikalische Kräfte
- verformen Körper oder ändern deren Bewegung.
- Kräfte werden mit dem Kraftmesser gemessen.

Kraft F
Einheit: 1 N (1 Newton)

Messgerät: Kraftmesser (Newtonmeter)

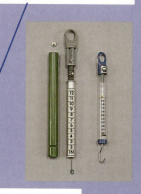

Die **Gewichtskraft** ist ortsabhängig. Die **Masse** eines Körpers ist an unterschiedlichen Orten gleich.

Mit **einfachen Maschinen** z. B. Hebel oder Rollen können Kräfte verringert werden. Die Wegstrecke wird dann aber größer, die Arbeit bleibt gleich.

Hebel
Zweiseitig: Die Kräfte wirken auf beiden Seiten der Drehachse in entgegengesetzte Richtungen.

Einseitig: Die Kräfte wirken auf derselben Seite der Drehachse in die gleiche Richtung.

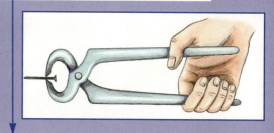

Hebelgesetz
Je länger der Hebelarm ist, an dem die Kraft ansetzt, desto größer ist die Kraftwirkung.

Goldene Regel der Mechanik
Verringert man die Kraft am Hebel, so verlängert sich der Weg.

Hebelgesetz
$F_1 \cdot a_1 = F_2 \cdot a_2$

Arbeit = Kraft · Weg
$W = F \cdot s$
Einheit:
1 Newtonmeter (1 Nm)
= 1 Joule (1 J) gemessen.

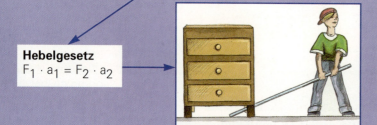

Wiederholen, Üben, Anwenden, Vertiefen

1 Woran erkennt man eine physikalische Kraft?

2 In welcher Einheit werden Kräfte gemessen?

3 Nenne je zwei Beispiele für Muskelkraft, Gewichtskraft, Spannkraft, Reibungskraft und Magnetkraft.
Wer übt diese Kraft aus?
Auf wen wird sie ausgeübt?
An welcher Wirkung ist sie zu erkennen?

4 Wie groß ist die Gewichtskraft von einer Tafel Schokolade, einem Paket Mehl, einem Becher Margarine?

5 Untersuche die Antriebskräfte von Spielzeugfahrzeugen. Welche unterschiedlichen Antriebskräfte stellst du fest?

6 Eine Schraubenfeder verlängert sich um 2,5 cm, wenn eine Kraft von 1 N auf sie einwirkt. Wenn 2 N wirken, verlängert sie sich um 5 cm.
a) Um wie viel Zentimeter wird sie länger, wenn eine Kraft von 5 N wirkt?
b) Übertrage die Tabelle in dein Heft und ergänze sie.

Kraft	1 N	2 N	3 N	4 N	5 N
Verlängerung der Feder	2,5 cm	5,0 cm	?	?	?

c) Stelle die Angaben in einem Liniendiagramm dar. Die Rechtsachse geht bis 6 N, welchen Verlauf nimmt die Linie im Diagramm?

7 Schräg aufwärts geht es bei einer schiefen Ebene. Beschreibe ein Beispiel für die schiefe Ebene. Bilde einen Je-desto-Satz.

1 Kinder auf der Wippe

8 a) Beschreibe drei Möglichkeiten, die Wippe ins Gleichgewicht zu bringen (Bild 1).
b) Erkläre an diesem Beispiel die Goldene Regel der Mechanik.

9 Zeichne drei einfache Maschinen in dein Heft. Notiere dazu den jeweiligen Namen. Was bewirken diese Maschinen? Gib an, wie groß jeweils die zum Halten notwendige Kraft ist.

10 Eine Flasche, die mit einem Kronkorken verschlossen ist, wird leicht mit einem Flaschenöffner geöffnet (Bild 2). Beschreibe wie der Flaschenöffner angelegt wird. Erkläre, wie der Flaschenöffner als Hebel wirkt.

11 Nenne drei Werkzeuge, die man als Hebel einsetzt, um Kraft zu sparen. Erkläre, wie das möglich ist.

12 Kristina weiß, dass sie höchstens mit einer Muskelkraft von 400 N ziehen kann. Welche Gewichtskraft kann sie höchstens mit einem Flaschenzug (6 Rollen) heben?

Dieser Pfeil gibt die Größe und die Richtung, in der die Kraft wirkt, an. Je länger der Pfeil ist, desto größer ist die Kraft.

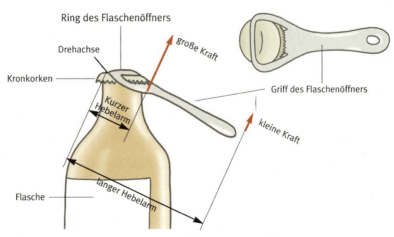

2 Der Flaschenöffner - ein einseitiger Hebel

Bausteine des Lebens - Entwicklung, Vererbung, Evolution

Unter allen Tieren sind Schimpansen dem Menschen am ähnlichsten. Menschen stammen nicht vom Schimpansen ab, aber Menschen und Schimpansen sind nahe Verwandte in der Stammesgeschichte der Lebewesen.

In der Entwicklung der Menschheit über viele Jahrhunderttausende traten allmählich Besonderheiten auf, die Grundlage der heutigen menschlichen Kultur sind. Dazu gehört zum Beispiel die Verständigung mit einer Wortsprache.

Die meisten Menschen wollen im Laufe ihres Lebens heiraten und wünschen sich eine vertrauensvolle Beziehung zu einem Partner, in der gegenseitige Achtung, Verständnis füreinander und Zärtlichkeiten sehr wichtig sind. Zur Verantwortung in einer Partnerschaft gehört auch das Wissen darüber, wie die Entwicklung eines Menschen von der Zeugung bis zur Geburt verläuft. Eltern übernehmen für das ungeborene und geborene Kind sowie für das Zusammenleben in der Familie Verantwortung.

7 Entwicklung, Partnerschaft, Sexualität

7.1 Freundschaft, Liebe, Partnerschaft

„Die Menschen sind verschieden" ist ein Spruch, den schon deine Großeltern kannten. Und er gilt auch heute noch für seelische und körperliche Eigenschaften von Menschen. Es gibt zum Beispiel kein Einheitsmaß für die Entwicklung körperlicher Merkmale oder wann ein bestimmtes Verhalten erstmals auftreten sollte.

Manchmal geben Jugendliche damit an, was sie schon alles erlebt haben. Freundschaft, Liebe und Sexualität sind jedoch kein Wettbewerb, sondern etwas höchst Persönliches.

1 Menschen sind verschieden

2 Jungen und Mädchen zeigen Interesse füreinander

1 Sprecht über Bild 2. Was könnte der Junge, was das Mädchen gerade denken? Sprecht über eure Vermutungen.

2 Sprecht darüber, welche Bedeutung Freundschaft und Liebe für Menschen haben (Bild 1, 2, 3)?

3 In Bild 3 sind Paare in verschiedenen Lebensabschnitten gezeigt. Was ist den Paaren in ihrer Beziehung vermutlich besonders wichtig?
Was könnten schöne Erlebnisse im Leben der einzelnen Paare sein?
Welche Probleme könnten die einzelnen Paare haben?
Welche Verantwortungen haben die Partner füreinander?

4 Lies noch einmal den dick gedruckten Satz auf der nächsten Seite. Nenne Beispiele für das Ausnutzen von Gefühlen.

Vom Flirten und Verliebtsein. Wenn ein junger Mann und eine junge Frau aufeinander aufmerksam werden, spielt der erste Eindruck oft eine große Rolle (Bild 1). Er beeinflusst, ob sich die beiden sympathisch finden. Verschiedene Eigenschaften und Verhaltensweisen können Auswirkungen auf den ersten Eindruck haben. Wenn der erste Eindruck mit den eigenen Vorstellungen übereinstimmt, kann es sein, dass man sich gegenseitig anlächelt und vielleicht auch schon versucht, einander anzusprechen. Beim Flirten probiert jeder der beiden aus, ob er beim anderen willkommen ist oder nicht. Das erkennt man besonders am Gesichtsausdruck, der Körperhaltung und wenn man miteinander spricht.

Wenn man häufig an den Freund oder die Freundin denkt, sich „im siebten Himmel fühlt" oder „total verknallt ist", hat man sich wahrscheinlich verliebt. Das ist ein starker Gefühlszustand, der die ganze Person erfasst. Die verliebte Person wünscht sich sehnlichst, dass ihre Gefühle erwidert werden und fürchtet sich davor, dass ihre Liebe nicht erwidert wird. Umso größer ist das Glück, wenn beide feststellen, ineinander verliebt zu sein. Oftmals verfliegt das Hochgefühl des Verliebtseins nach einiger Zeit. Man hat dann erfahren, dass die geliebte Person ein ganz normaler Mensch mit Schwächen und Fehlern ist – und nicht so vollkommen und ideal wie in den eigenen Träumen und Wünschen.

Liebe und Partnerschaft. Liebe zwischen zwei Menschen kann Bestand haben, wenn die beiden Achtung und Vertrauen zuein-

3 Paare in verschiedenen Lebensabschnitten

ander entwickeln und Verständnis für Wünsche und Bedürfnisse des anderen haben. Wichtig für eine dauerhafte Partnerschaft ist, dass Probleme offen und ehrlich angesprochen und nicht unter den Tisch gekehrt werden. Bei Streit bleiben die Partner fair zueinander, verletzen und erniedrigen sich nicht.

„Du sollst die Gefühle eines Menschen nicht rücksichtslos ausnutzen und ihn nicht mutwillig enttäuschenden Erfahrungen aussetzen." (A. Comfort)

In einer Partnerschaft versucht jeder der beiden, sich über seine eigenen Gefühle klar zu werden und diese auch mitzuteilen. Dann können beide einander besser verstehen. Der Wunsch nach einer dauerhaften Partnerschaft ist sehr ausgeprägt. Die meisten Männer und Frauen wollen in ihrem Leben heiraten und eine Familie gründen. **Ehe und Familie** werden durch das Grundgesetz geschützt (Bild 4).

Eine dauerhafte Bindung wird auch durch Zärtlichkeiten und durch sexuelle Partnerschaft gestärkt. In einer Partnerschaft übernehmen beide Verantwortung füreinander. Man sagt, die Bedürfnisse, Wünsche und Gefühle des Partners „liegen einem am Herzen". Zur Verantwortung in einer Partnerschaft gehört auch, dass Geschlechtsverkehr zu einer Schwangerschaft führen kann.

Grundgesetz für die Bundesrepublik Deutschland

I. Die Grundrechte

Artikel 1:
(1) Die Würde des Menschen ist unantastbar …

Artikel 3:
(2) Männer und Frauen sind gleichberechtigt …

Artikel 6:
(1) Ehe und Familie stehen unter dem besonderen Schutz der staatlichen Ordnung.

4 Aus dem Grundgesetz

7 Entwicklung, Partnerschaft, Sexualität

7.2 Empfängnisregelung, Familienplanung

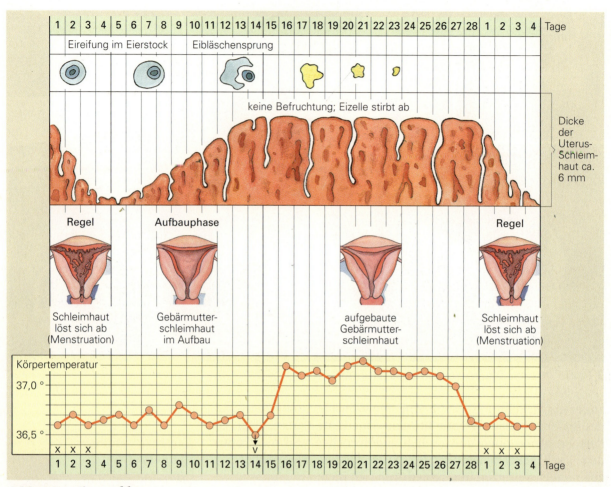

1 Menstruationszyklus

Ein Kalender für die Tage

Es kann hilfreich sein, den Beginn und die Dauer einer Menstruation in einem Kalender zu markieren. Die Zeitdauer eines Menstruationszyklus wird vom ersten Tag einer Menstruation bis zum letzten Tag vor der nächsten Menstruation gezählt. Im Bild 1 zum Beispiel ist die Dauer des Menstruationszyklus 28 Tage.

Es ist für ein Mädchen ziemlich aufregend, wenn es etwa zwischen elf und fünfzehn Jahren zum ersten Mal eine **Menstruation** (Regel, Regelblutung, Periode) bekommt. So nennt man den Vorgang, bei dem eine geringe Menge Blut aus der Scheide tritt. Mit Tampons und Binden kann das Blut aufgefangen werden. Der Zeitraum zwischen zwei Menstruationen wird **Menstruationszyklus** genannt. Er beträgt durchschnittlich 28 Tage. Er kann aber auch länger oder kürzer oder von Mal zu Mal etwas unterschiedlich sein. Besonders bei Mädchen und jungen Frauen kann der Menstruationszyklus unregelmäßig sein. Außerdem können Stress, Krankheiten oder Reisen den Menstruationszyklus beeinflussen.

In Bild 1 sind die Vorgänge bei einem normalen Menstruationszyklus von 28 Tagen Dauer dargestellt. Diese Vorgänge werden durch Wirkstoffe (Hormone) gesteuert. **Hormone** werden in bestimmten Drüsen gebildet und mit dem Blut transportiert.

Bestimmte Hormone sorgen dafür, dass eine Eizelle heranreift oder dass die Schleimhaut der Gebärmutter heranwächst und gut durchblutet wird.

Während der Menstruation (1. bis 4. Tag des Zyklus, siehe Bild 1) wird die Schleimhaut der Gebärmutter abgebaut und zusammen mit Blut durch die Scheide nach außen gegeben. Etwa vom 5. bis zum 14. Tag wird die Schleimhaut der Gebärmutter allmählich dicker, ungefähr sechs Millimeter (Bild 1). Zugleich wächst in den ersten zwei Wochen des Zyklus eine Eizelle in einem kleinen Bläschen in einem Eierstock heran (Eireifung). Die Eizelle ist etwa ein zehntel Millimeter dick.

Ungefähr am 14. Tag, also etwa in der Mitte des Zyklus von 28 Tagen, platzt das Bläschen und gibt die Eizelle frei. Man nennt diesen Vorgang **Eisprung** (das Fachwort heißt Ovulation). Nun kann das Ei für einen Zeitraum von ungefähr 6 bis 12, manchmal bis zu 24 Stunden nach dem Eisprung befruchtet werden. Unter **Befruchtung** versteht man, dass die weibliche Eizelle und eine männliche Spermazelle miteinander verschmelzen (Bild 2). Die Befruchtung ist Voraussetzung für eine Schwangerschaft.

Findet keine Befruchtung statt, stirbt die Eizelle ab. Ohne befruchtete Eizelle löst sich die Schleimhaut der Gebärmutter etwa 14 Tage nach dem Eisprung ab (Bild 1, 2). Dies ist der Beginn des nächsten Menstruationszyklus. Eine **Schwangerschaft** ist eingetreten, wenn sich aus der befruchteten Eizelle ein Embryo entwickelt, der sich in die Gebärmutterschleimhaut einnistet (Bild 2). Im Fall einer Schwangerschaft wird die Gebärmutterschleimhaut nicht abgebaut, die Menstruation bleibt aus (Bild 2).

1 Beschreibe die in Bild 1 dargestellten Vorgänge im Verlauf eines Menstruationszyklus. Ordne deine Beschreibung in folgende Abschnitte: 1. bis 4. Tag, 5 bis 14. Tag, 14. bis 28. Tag; 1. bis 4. Tag des nächsten Zyklus.

2 Unter „fruchtbaren Tagen" versteht man den Zeitraum in einem Menstruationszyklus, an dem ungeschützter Geschlechtsverkehr zur Befruchtung und damit möglicherweise zu einer Schwangerschaft führen kann. Gib für einen 28-tägigen Zyklus (Bild 1) die fruchtbaren Tage an, wenn eine Eizelle einen Tag und Spermazellen drei Tage lang zur Befruchtung fähig sind.

3 Beschreibe anhand von Bild 2, was im Vergleich mit einem normalen Menstruationszyklus anders ist, wenn es zu einer Schwangerschaft kommt.

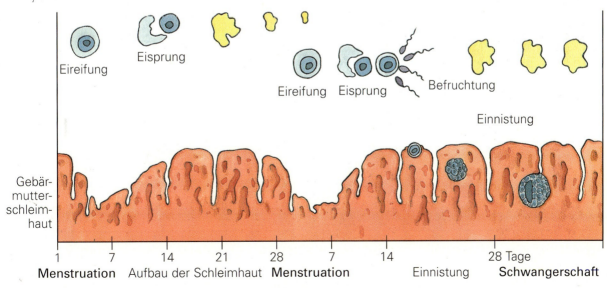

2 Normaler Menstruationszyklus und Schwangerschaft

7 Entwicklung, Partnerschaft, Sexualität

4 Nenne einige Voraussetzungen, die nach deiner Meinung erfüllt sein müssen, bevor sich ein Paar seinen Kinderwunsch verwirklicht (zum Beispiel: „Beide Partner sollen eine abgeschlossene Berufsausbildung haben", ...).

5 Beschreibe den Altersaufbau der baden-württembergischen Bevölkerung (Bild 3).

Die meisten Menschen wollen in ihrem Leben heiraten und eine Familie gründen, meistens im Alter von ungefähr 20 bis etwa 40 Jahren (Bild 3). Bei der **Familienplanung** gibt es vieles zu bedenken – zum Beispiel die berufliche Zukunft, die Wahl einer Wohnung und eines Wohnortes und die finanzielle Absicherung beider Ehepartner. Zur Familienplanung gehören auch Überlegungen, ob und wann die Ehepartner ein Kind haben wollen.

Man spricht von **Empfängnisregelung**, wenn Mann und Frau bewusst darauf Einfluss nehmen, eine Schwangerschaft herbeizuführen oder zu vermeiden.

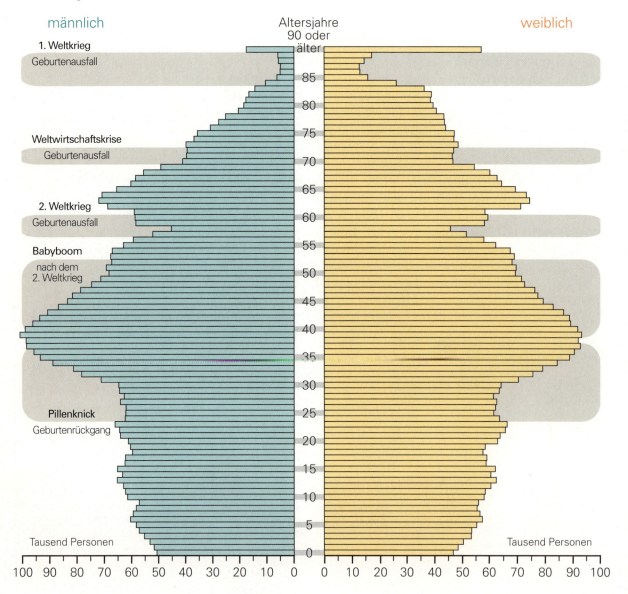

3 Altersaufbau und Geschlechterverteilung in Baden-Württemberg 2003

Eine Reihe verschiedener Mittel und Methoden fasst man unter dem Begriff **Empfängnisverhütung** zusammen (Bild 4). Dazu gehören zum Beispiel die „Pille" oder das Kondom (Bild 4). Empfängnisverhütung soll dazu dienen, eine Schwangerschaft zu vermeiden. Aus moralischen oder aus religiösen Gründen werden bestimmte Mittel zur Verhütung einer Schwangerschaft von Teilen der Bevölkerung abgelehnt.

6 Welche der in Bild 4 dargestellten Möglichkeiten der Empfängnisverhütung verhindert den Eisprung, welche Methoden verhindern das Zusammentreffen von Eizelle und Spermazellen?

> Empfängnisregelung bedeutet, dass die Partner bewusst darauf Einfluss nehmen, eine Schwangerschaft herbeizuführen oder eine Schwangerschaft zu verhindern. Empfängnisregelung kann ein wichtiger Teil der Familienplanung sein.

	„Aufpassen": Der Geschlechtsverkehr wird vor dem Samenerguss abgebrochen. Sehr unzuverlässige Methode; schon vor dem eigentlichen Samenerguss werden Spermazellen abgegeben.	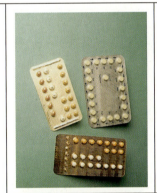	**Pille:** Hormone in der Pille verhindern den Eisprung. Rezeptpflichtiges Medikament, ärztliche Beratung. Vorteil: bei sorgfältiger Anwendung sehr sicher; Unabhängigkeit der Frau. Nachteil: Eingriff in den natürlichen Hormonhaushalt; eventuell Nebenwirkungen.
	**Kalendermethode:** Kein Geschlechtsverkehr an den „fruchtbaren" Tagen im Zyklus. Vorteil: gesundheitlich unbedenklich, ohne besondere Hilfsmittel. Nachteil: sehr unzuverlässig, da sich viele Faktoren auf den Zeitpunkt des Eisprungs auswirken können.		**Kondom (Präservativ):** Verhütungsmittel für den Mann. Fängt bei richtiger Anwendung die Spermaflüssigkeit auf. Vorteil: leicht zu beschaffen; Schutz vor sexuell übertragbaren Krankheiten; gesundheitlich unbedenklich. Nachteil: Anwendungsfehler möglich.
	**Temperaturmethode:** Die Körpertemperatur einer Frau steigt nach dem Eisprung ein wenig an. Vorteil: Keine besonderen Mittel notwendig, gesundheitlich unbedenklich. Nachteil: nur bei sehr sorgfältiger Anwendung sicher; Krankheiten und Stress beeinflussen ebenfalls die Körpertemperatur.	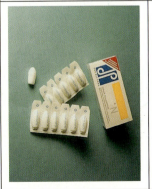	**Chemische Mittel:** Werden rechtzeitig vor dem Geschlechtsverkehr in die Scheide eingeführt; Wirkstoffe töten Spermazellen ab oder machen sie unbeweglich; frei in Apotheken erhältlich. Nachteil: für sich allein unsicher; zusammen mit Kondom sicherer; Reizung der Scheidenhaut möglich.

4 Einige Methoden und Mittel zur Empfängnisverhütung (Auswahl)

7 Entwicklung, Partnerschaft, Sexualität

7.3 Entwicklung von der Zeugung bis zur Geburt

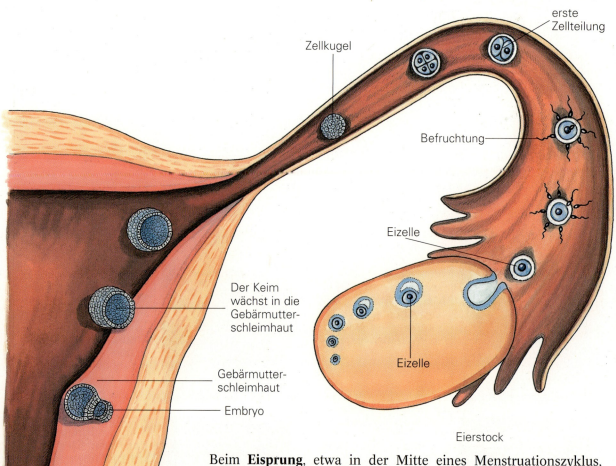

1 Befruchtung und Einnistung

Beim **Eisprung**, etwa in der Mitte eines Menstruationszyklus, gelangt eine Eizelle aus einem der beiden Eierstöcke in einen Eileiter (Bild 1). Dort bewegt sich die Eizelle langsam in Richtung Gebärmutter. – Viele Millionen Spermazellen gelangen beim Samenerguss in die Scheide der Frau. Spermazellen bewegen sich mit Hilfe ihres Schwanzfadens in Richtung Eileiter. Wenn eine Spermazelle auf ihrer Wanderung im Eileiter auf eine Eizelle trifft, kann es zur **Befruchtung** kommen (Bild 1). So nennt man den Vorgang, bei dem der Kern einer Eizelle mit dem Kern einer Spermazelle verschmilzt. In den Kernen befinden sich die Erbanlagen. Die Befruchtung ist der Beginn der Entwicklung eines neuen Menschen. Dieser neue Mensch enthält je zur Hälfte Erbanlagen vom Vater und von der Mutter.

Etwa drei Tage nach der Befruchtung ist durch Zellteilungen eine Zellkugel entstanden (Bild 1). Ungefähr sechs Tage nach der Befruchtung beginnt der Keim, sich in die stark durchblutete Schleimhaut der Gebärmutter einzunisten. Die **Einnistung** ist etwa am zehnten Tag nach der Befruchtung abgeschlossen. Von der Einnistung bis zum Ende des dritten Schwangerschaftsmonats nennt man den Keim **Embryo**.

1 Beschreibe die Ereignisse bis zur Einnistung (Bild 1).

2 Fertige anhand der Angaben in Bild 5 Wachstumskurven an (Körpergröße, Körpergewicht).

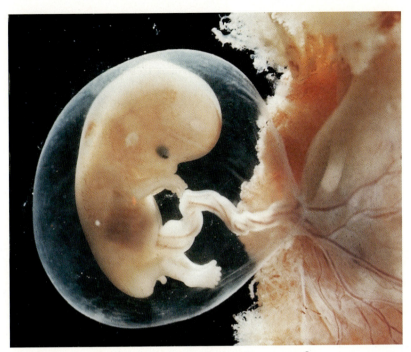

2 Embryo des Menschen, 8 Wochen, 40 mm groß

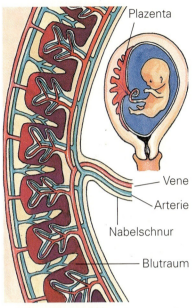

3 Plazenta (Schema)

Embryonalentwicklung. Der eingenistete Embryo bildet ein bestimmtes Hormon. Es sorgt dafür, dass die Gebärmutterschleimhaut erhalten bleibt. Der Nachweis des Hormons im Urin der Frau dient als Schwangerschaftstest. In der Fruchtblase entwickelt sich der Embryo. Die Organe wie Herz, Augen und Gliedmaßen bilden sich aus (Bild 2, 5). Am Ende des dritten Monats kann sich der Embryo bereits bewegen. Vom Ende des dritten Schwangerschaftsmonats bis zur Geburt nennt man den heranwachsenden Menschen Fetus.

Schwangerschaftswoche	0	4	8	12	16	20	24	28	32	36	40
Körpergröße (cm)	0,01	1	4	9	16	25	30	35	40	45	52
Körpergewicht (g)	0,002	6	11	40	170	500	800	1300	2300	2500	3500

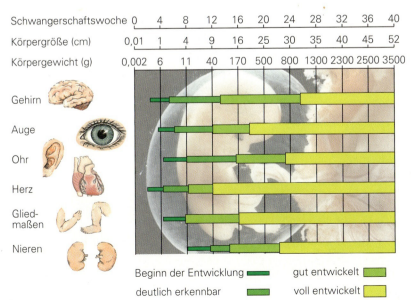

Beginn der Entwicklung ▬ gut entwickelt ▬
deutlich erkennbar ▬ voll entwickelt ▬

3 Welche Verantwortung haben Mann und Frau für das ungeborene und für das geborene Kind?

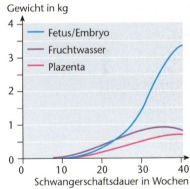

4 Gewichtsveränderungen im Laufe der Schwangerschaft

4 Beschreibe Bild 4 und werte es aus. Schätze für die 30. Schwangerschaftswoche das Gesamtgewicht von Fetus, Fruchtwasser und Plazenta.

5 Entwicklung der Organe beim Embryo und Fetus

7 Entwicklung, Partnerschaft, Sexualität

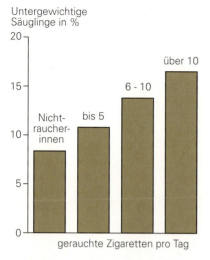

6 Zusammenhang zwischen Zigarettenkonsum und Geburtsgewicht des Kindes

Der Fetus schwimmt im Fruchtwasser der Fruchtblase (Bild 2, 7). Mutter und Baby haben jeweils einen eigenen Blutkreislauf. Im **Mutterkuchen (Plazenta)** strömt das Blut der Mutter ganz dicht am Blut des Fetus vorbei (Bild 3). Dabei treten Sauerstoff, Nährstoffe und andere wichtige Stoffe aus dem Blut der Mutter in das Blut des Babys. Über die Nabelschnur gelangen diese Stoffe zum Baby. Abfallstoffe des Babys gelangen in umgekehrter Richtung in das Blut der Mutter und werden abtransportiert.

Die **Geburt** kündigt sich durch Wehen an. Ungefähr 280 Tage seit dem ersten Tag der letzten Menstruation kommt das Baby zur Welt (Bild 9).

Gefährdungen während der Schwangerschaft. Giftige Stoffe wie Alkohol, Nikotin und andere Drogen können ungehindert von der Mutter in das Blut des Babys gelangen. Unter bestimmten Bedingungen können dadurch unter anderem Fehlgeburten, Fehlbildungen oder andere Schäden hervorgerufen werden (Bild 6).

Auch bestimmte Krankheitserreger können von der Mutter über Mutterkuchen und Nabelschnur zum Baby gelangen. Dazu

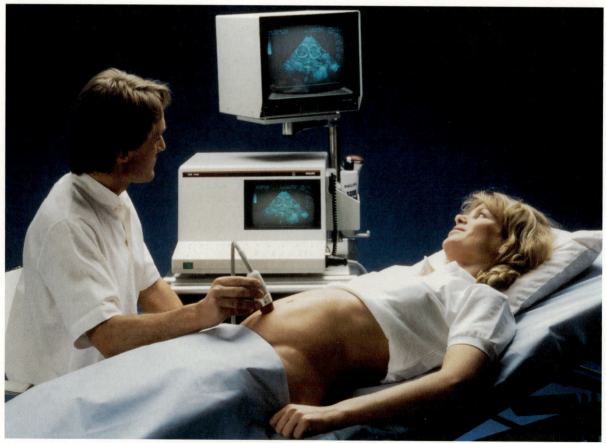

7 Ultraschall-Bild bei der Vorsorge-Untersuchung

gehört das Röteln-Virus. Während die Erkrankung an Röteln-Viren für Kinder, Jugendliche und Erwachsene ziemlich harmlos ist, kann das Baby im Mutterleib schwer daran erkranken (Blindheit, Taubheit, Herzfehler). Deshalb sollte schon im Mädchenalter eine Schutzimpfung gegen Röteln-Viren vorgenommen werden.

Schutz des ungeborenen Lebens. Im Fruchtwasser der Fruchtblase ist es gleichmäßig warm. Dort ist das Baby vor Stößen geschützt. Die Mutter schützt das heranwachsende Baby, indem sie auf Zigaretten, Alkohol und andere Drogen verzichtet. Nikotin, Alkohol und bestimmte andere Stoffe können in der Plazenta in das Blut des Babys übergehen. Medikamente sollten während der Schwangerschaft nur in Absprache mit dem Arzt oder der Ärztin eingenommen werden.

Gesunde Ernährung, Bewegung und Entspannung fördern das Wohlbefinden von Mutter und Baby. Regelmäßige **Vorsorge-Untersuchungen** in der Schwangerschaft geben Auskunft über Gesundheit und Entwicklung. Dabei werden auch Ultraschall-Bilder angefertigt (Bild 7). Der Mann und die Familienmitglieder nehmen Rücksicht auf die Mutter und unterstützen sie.

8 Alkohol? Nein danke!

> Nach Befruchtung und Einnistung entwickelt sich im Mutterleib ein neuer, einmaliger Mensch. Etwa 280 Tage nach dem ersten Tag der letzten Menstruation wird das Baby geboren.

9 Geburts-Tag

4 Beschreibe den in Bild 6 dargestellten Zusammenhang.

5 Beschreibe, wie Embryo und Fetus ernährt werden.

6 Welche Bedeutung haben regelmäßige Vorsorge-Untersuchungen in der Schwangerschaft (Bild 7).

7 Was fühlst du beim Betrachten von Bild 9?

8 Welche Veränderungen bringt die Geburt des Babys für die Eltern und für Geschwister mit sich?

9 Formuliere eine oder mehrere Schlagzeilen, die vor der Gefahr von Alkoholkonsum in der Schwangerschaft warnen (Bild 8). Diskutiert die Vorschläge in der Klasse.

7.4 Durch Geschlechtsverkehr übertragbare Krankheiten

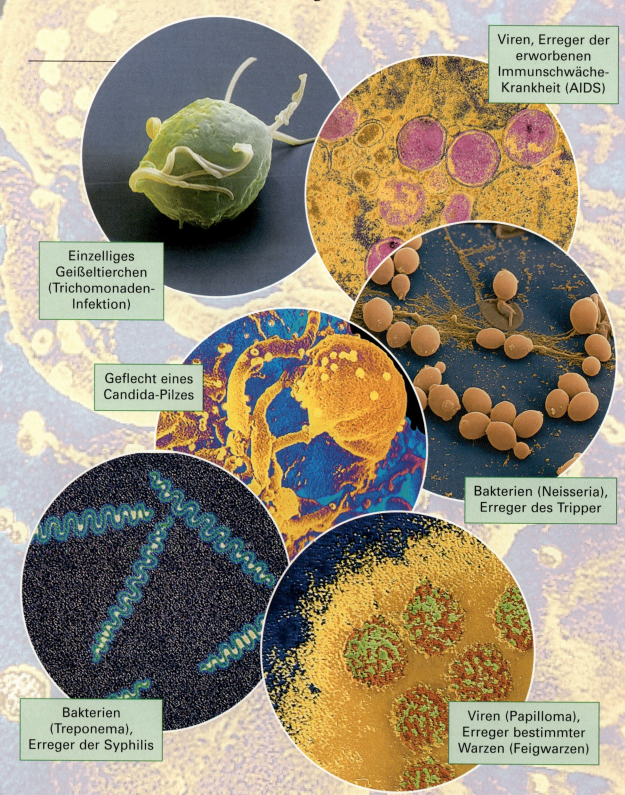

1 Mikroskopische Bilder einiger Erreger von sexuell übertragbaren Krankheiten

Krankheiten, die von Mensch zu Mensch übertragen werden, nennt man **Infektionskrankheiten**. Manche Infektionskrankheiten werden hauptsächlich durch Geschlechtsverkehr oder sehr engen körperlichen Kontakt von einem Menschen zum anderen übertragen. Solche Krankheiten werden als „sexuell übertragbare Krankheiten" oder als „Geschlechtskrankheiten" bezeichnet. Zu den Erregern sexuell übertragbarer Krankheiten gehören unter anderem **Viren, Bakterien, Pilze** und einzellige Geißeltierchen (Bild 1).

Die Erreger von Tripper und Syphilis sind Bakterien. Früher waren diese Krankheiten auch bei uns gefürchtet und weit verbreitet. Heute hat ihre Häufigkeit unter anderem in mittel- und westeuropäischen Staaten erheblich abgenommen. Dazu hat die Entdeckung von Antibiotika und anderen wirksamen Medikamenten beigetragen.

Gesetzliche Maßnahmen haben mitgeholfen, diese Krankheiten zurückzudrängen. Wer an Tripper oder Syphilis infiziert ist, muss sich medizinisch behandeln lassen. Dadurch soll eine Ausbreitung verhindert werden. Auch der häufigere Gebrauch von Kondomen in Zeiten von AIDS hat zum Rückgang von Tripper und Syphilis in manchen Ländern beigetragen.

Die verschiedenen sexuell übertragbaren Krankheiten beeinträchtigen die Gesundheit in unterschiedlichem Maße. Einige dieser Erreger sind lebensbedrohlich – andere bringen nur unangenehme Begleiterscheinungen wie Juckreiz und Entzündungen mit sich. Eine gemeinsame Eigenschaft ist den meisten Erregern sexuell übertragbarer Krankheiten, dass sie außerhalb des Körpers schnell absterben.

Das Risiko einer Ansteckung steigt durch **häufig wechselnde Partner**, mit denen ungeschützter Geschlechtsverkehr stattfindet. Außerdem tragen mangelnde Aufklärung, schlechte Hygiene und Prostitution zur Ausbreitung von Geschlechtskrankheiten in einem Land bei. Unter Prostitution versteht man, dass sexuelle Handlungen gegen Bezahlung ausgeführt werden.

Aus Verantwortung für sich und den Partner ist es wichtig, auf sich aufzupassen und fürsorglich miteinander umzugehen. Treue zum Partner, sorgfältige und regelmäßige Intimhygiene sowie die Benutzung von Kondomen mindern das Risiko einer Ansteckung.

> Zu den sexuell übertragbaren Krankheitserregern gehören bestimmte Bakterien, Viren und Pilze. Das Risiko einer Ansteckung steigt durch häufig wechselnde Partner, mit denen Geschlechtsverkehr stattfindet.

1 Ordne die Beispiele für Erreger sexuell übertragbarer Krankheiten in Bild 1 nach Bakterien, Viren und Pilzen.

2 Nenne einige Bedingungen, die dazu führen können, dass sich sexuell übertragbare Krankheiten in einem Land rasch ausbreiten können.

Intimhygiene

Auch ohne engen Körperkontakt und ohne Geschlechtsverkehr können bestimmte Viren, Bakterien und Pilze im Bereich der Geschlechtsorgane zu unangenehmem Juckreiz und Entzündungen führen. Sorgfältige und regelmäßige Intimhygiene mindert das Risiko solcher Erkrankungen. Dazu gehört, dass Mädchen und Frauen sich immer von der Scheide in Richtung After waschen - und nicht umgekehrt. Dadurch wird unter anderem verhindert, dass Darmbakterien übertragen werden.
Bei Jungen und Männern können sich unter der Vorhaut des Penis Bakterien und Pilze ansammeln. Beim Reinigen wird die Vorhaut zurückgezogen.

7 Entwicklung, Partnerschaft, Sexualität

7.5 Das wichtige erste Jahr

1 Greifen mit der Faust

2 Greifen mit dem Pinzettengriff

	1. Monat	2. Monat	3. Monat	4. Monat	5. Monat	6.
Bewegungen	ziellose Bewegungen	hebt den Kopf, stützt sich auf			dreht sich auf den Rücken	roll auf Bau
Greifen		greift mit der Faust	steckt Gegenstände in den Mund		Gegenstände werden bewuss wieder losgelas	
soziale Kontakte	erkennt Stimme der Mutter	macht Gesichtsbewegungen nach		ahmt Sprechlaute nach		

3 Entwicklung im ersten Jahr

Entwicklung der Sinne. Ein Embryo kann schon früh in der Schwangerschaft hören. Deshalb erkennt der Säugling nach der Geburt die Stimme seiner Mutter wieder. Auch Musik, die im Mutterleib gehört wurde, wird wieder erkannt. Der Geschmackssinn hat bereits im Mutterleib beim Schlucken des süßen Fruchtwassers gearbeitet. Das Riechen ist schon sehr gut ausgebildet. In den ersten Monaten der Schwangerschaft hat der Embryo noch genug Platz in der Gebärmutter für Purzelbäume und Drehungen. Dabei entwickelt er seinen Gleichgewichtssinn. Am wenigsten entwickelt ist das Sehen. Das Neugeborene sieht unscharf und kann seine Augen noch nicht auf Nähe und Ferne einstellen. Aber es erkennt im Abstand von etwa 20 Zentimetern ein Gesicht. Im Laufe der ersten Monate seines Lebens sieht das Kind immer schärfer und das Farbensehen entwickelt sich.

Beziehungen von Anfang an. Neugeborene können zwar nicht sprechen, aber mit ihrer Mimik und mit Bewegungen wichtige Signale abgeben. Sie können traurig oder fröhlich, interessiert oder gelangweilt aussehen und sie können diese Stimmungen auch bei anderen erkennen. Wenn sich ein Mensch dem Baby zuwendet, hebt es den Kopf und öffnet die Augen weit. Die vom Säugling ausgehenden Signale sind so stark, dass die meisten Menschen spontan mit entsprechender Mimik antworten. Außerdem nähern sie ihr Gesicht dem Gesicht des Kindes auf 20 bis 30 cm. Das ist die Entfernung, in der Säuglinge am schärfsten sehen können. In den ersten Monaten reagiert der Säugling auf alle Menschen, die sich ihm lächelnd nähern, interessiert und freundlich. Mit etwa sieben Monaten erkennt er, wenn ihm Menschen unbekannt sind, und reagiert ängstlich.

Bewegen und Begreifen. Als erste gezielte Bewegung lernt der Säugling mit einem Monat seinen Kopf hochzuheben und zu

1 Was kann ein Kind alles mit drei Monaten? Was kann ein Kind mit neun Monaten?

2 Befrage deine Eltern nach deiner eigenen Entwicklung. Was konntest du besonders früh, was erst ziemlich spät?

3 Bringe ein paar Fotos von dir mit, auf denen wichtige Entwicklungsschritte zu sehen sind. Die Kinderfotos aus der Klasse werden in der Reihenfolge der Entwicklung mit Wäscheklammern auf eine lange Leine gehängt.

. Monat	8. Monat	9. Monat	10 Monat	11. Monat	12. Monat
pielt mit en Füßen	sitzt frei	robbt	steht mit Festhalten	krabbelt	steht, geht an der Hand
		greift kleine Dinge zwischen Daumen und Zeigefinger		plant seine Handbewegungen	benutzt Gegenstände sinnvoll
nterscheidet ertraute und remde Personen		spielt „Guckguck" und Verstecken		ahmt alle möglichen Verhaltensweisen nach	

4 Aufstützen

5 Krabbeln

6 Laufen

halten. Mit zwei Monaten können die meisten Kinder den Oberkörper aufrichten und sich abstützen. Mit drei Monaten bewegt der Säugling Arme und Beine einzeln. Er greift nach Gegenständen und versucht, diese in den Mund zu stecken. Die Gegenstände können noch nicht bewusst wieder losgelassen werden. Im fünften Monat lernt der Säugling, sich auf den Rücken zu drehen. Mit einem halben Jahr rollt er sich über die Seite auf den Bauch. Manche Kinder entdecken das Rollen als eine Art der Fortbewegung. Einen Monat später spielt der Säugling gern mit seinen Füßen. Er kann jetzt mit beiden Händen gleichzeitig greifen und Gegenstände auch wieder loslassen. Manche Kinder sitzen jetzt ohne Hilfe, manche erst zwei Monate später. Im achten Monat entwickeln viele Kinder die ersten Ansätze der echten Fortbewegung: Sie versuchen zu krabbeln oder zu robben. Dies gelingt den meisten Kindern mit neun bis elf Monaten. Sie ziehen sich auch an Möbelstücken hoch und stehen zum Teil schon ziemlich sicher. Kleinere Gegenstände werden nicht mehr mit der ganzen Faust gepackt, sondern geschickt zwischen Daumen und Zeigefinger genommen (Pinzettengriff). Die Entwicklung des Gleichgewichts macht große Fortschritte. Mit elf bis sechzehn Monaten können Kinder allein stehen. Auch wenn die meisten Kinder mit zwölf Monaten an der Hand oder an Möbeln entlanggehen, dauert es noch ein paar Monate, bis sie sicher laufen können. Aber die wichtigsten Entwicklungsschritte hat das Kind bereits geschafft.

> Im ersten Lebensjahr entwickelt das Kind seine Sinnesleistungen weiter und knüpft vielfältige Beziehungen zu anderen Menschen. Es lernt gezielt zu greifen und kann schon fast laufen.

4. Wie alt sind die Kinder auf den Bildern 1, 2, 4, 5, 6? Nimm Bild 3 zu Hilfe.

7 Entwicklung, Partnerschaft, Sexualität

7.6 Kinder - Jugendliche - Erwachsene

1 Ins Spiel versunken

Alter	Sprache (Wortschatz)	Beispiel
6-8 Monate	aneinander gereihte Silben ohne Bedeutung	„Dadadada"
9 Monate	Wörter, noch ohne Bedeutung	„Papa", „Mama"
10-12 Monate	Bedeutung der Wörter wird verstanden; Personen und Gegenstände werden richtig benannt	Das Kind sagt: „Ball", wenn man darauf zeigt
13-15 Monate	Einwortsätze (10-15 Wörter)	Das Kind sagt: „Ball!" Es meint: „Da ist ein Ball!" oder „Ich will den Ball haben!"
2 Jahre	Zweiwortsätze	Das Kind sagt: „Mama Ball!" Es meint: „Mama hat den Ball."
	Dreiwortsätze	Das Kind sagt: „Mika auch Eis!" und meint: „Ich will auch ein Eis haben!"
4 Jahre	richtige Sätze (1 500 Wörter)	Das Kind sagt jetzt: „Ich will auch ein Eis haben!"
6 Jahre	(25 000 Wörter)	

2 Ein Kind lernt sprechen

Wortsprache. Menschen sind die einzigen Lebewesen, die sich mit einer Wortsprache verständigen können. Die Wortsprache ermöglicht es Menschen
- über Vergangenes zu sprechen;
- über Planungen und Zukünftiges zu sprechen;
- über die eigenen Gefühle zu sprechen;
- über etwas zu sprechen, was im Augenblick gar nicht wahrgenommen wird.
- Während des Sprechens sind die Hände frei für Tätigkeiten.
- Mit Hilfe der Wortsprache lassen sich mitmenschliche Beziehungen umfassend gestalten.

1 Verdeutliche die Aussagen über die Wortsprache anhand selbst gewählter Beispiele.

2 Beschreibe anhand von Bild 2, wie sich bei Kindern die Sprache entwickelt. Nenne zu jeder Entwicklungsstufe weitere Beispiele.

Spielend lernen. Nie wieder im Leben lernt ein Mensch so schnell und so viel wie in den ersten sechs Jahren. Die wichtigste Beschäftigung für Kinder ist das Spielen (Bild 1). Durch eigenes Erkunden, durch Ausprobieren und Nachmachen wird die Welt erobert. Das Kind lernt rennen, springen, schaukeln, hüpfen und klettern. Seine Sprache entwickelt sich von einzelnen Wörtern hin zu schwierigen Sätzen (Bild 2). Es benutzt einfache Werkzeuge wie Schaufel, Messer, Schere und Buntstifte. Das Kind hat gelernt, auf die Toilette zu gehen. Es kann sich selbst anziehen, Schnürsenkel binden und Knöpfe schließen. In Krabbelgruppen und im Kindergarten lernen Kinder mit anderen Kindern zu spielen. Sie machen dadurch Erfahrungen in einer Gruppe außerhalb der Familie. Kinder in diesem Lebensabschnitt benötigen viele Anregungen, aber auch die Möglichkeit, in Ruhe etwas ausprobieren zu können. Mit dem Beginn des Schulalters werden Kinder immer selbstständiger. Sie bewegen sich allein außerhalb des Zuhauses und benutzen Verkehrsmittel. Viele Kinder treiben Sport oder lernen ein Musikinstrument. Auch die körperliche Entwicklung geht weiter: Die rundlichen Formen des Kleinkindes verschwinden, der Körper streckt sich. Arme und Beine werden im Verhältnis zum restlichen Körper länger (Bild 3). Ebenso verändert sich das Verhältnis von Körpergröße zur Kopfgröße.

Vom Schulkind zum jungen Erwachsenen. Mit der Pubertät treten bei Jungen und Mädchen eine Reihe von körperlichen Ver-

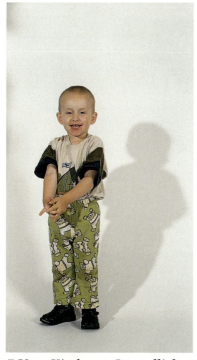  

3 Vom Kind zum Jugendlichen

änderungen ein. Außerdem lösen sich die Jugendlichen aus ihrer Abhängigkeit vom Elternhaus und machen eigene Zukunftspläne. Diese Entwicklung verläuft oft mit Konflikten. Hierbei spielen Eltern und andere Erwachsene als Vorbilder eine wichtige Rolle, aber auch die Clique und Medien.

Sexuelle Orientierung. Die Jugendzeit ist auch die Zeit der ersten großen Liebe und der beginnenden sexuellen Erfahrungen mit einem anderen Menschen. Die meisten Menschen fühlen sich zu einer Person des anderen Geschlechts hingezogen; sie sind heterosexuell. Etwa fünf Prozent der Menschen in Deutschland erleben ihre Sexualität mit Menschen desselben Geschlechts. Viele Homosexuelle leben mit ihrem Partner in einer Gemeinschaft, ähnlich einer Ehe. Um die Diskriminierung dieser gleichgeschlechtlichen Gemeinschaften zu beenden, wurde in Deutschland ein Gesetz erlassen. Es ermöglicht homosexuellen Paaren auf dem Standesamt eine „Lebenspartnerschaft" einzugehen.

Frauenrolle - Männerrolle. Heute werden Jungen und Mädchen nicht mehr wie früher allein durch ihr Geschlecht auf eine bestimmte Rolle festgelegt. Die Aufgabenverteilung in der Familie ändert sich. Männer beteiligen sich an Haushalt und Kindererziehung. Frauen sind berufstätig und finanzieren dadurch - meist gemeinsam mit dem Mann - die Familie. Trotzdem liegt in den meisten Familien die Hauptarbeit bei der Frau, während der Mann der Hauptverdiener ist. Auch bei der Wahl des Berufes

2 Lies die alte und die neue Fassung des § 1356 BGB durch. Wie hat sich die gesetzliche Grundlage für Männer und Frauen verändert?

Ehe- und Familienrecht im Bürgerlichen Gesetzbuch (BGB)

§ 1356 (vor 1977)
Die Frau führt den Haushalt in eigener Verantwortung. Sie ist berechtigt, erwerbstätig zu sein, soweit dies mit ihren Pflichten in Ehe und Familie vereinbar ist.

§ 1356 (seit 1977)
Die Ehegatten regeln die Haushaltsführung in gegenseitigem Einvernehmen. Ist sie einem der Ehegatten überlassen, so leitet dieser den Haushalt in eigener Verantwortung. Beide Ehegatten sind berechtigt, erwerbstätig zu sein. Bei der Wahl ihrer Erwerbstätigkeit haben sie auf die Belange des anderen Ehegatten die gebotene Rücksicht zu nehmen.

7 Entwicklung, Partnerschaft, Sexualität

4 *Typische Männerberufe?*

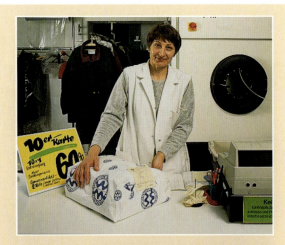

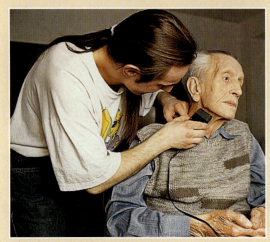

5 *Typische Frauenberufe?*

zeigt sich teilweise immer noch das alte Bild. Junge Frauen bevorzugen pflegerische und kaufmännische Berufe, junge Männer technische und handwerkliche Berufe. Aber die Zahl der Frauen, die in die „typischen Frauenberufe" drängen, sinkt. Das bedeutet, dass sich Frauen auch für bisher untypische Berufe interessieren. Auch steigt der Anteil derer, die eine längere Ausbildungszeit durchlaufen. Die Berufswahl ist eine schwierige Entscheidung. Man geht heute davon aus, dass es sich um einen Einstiegsberuf handelt und lebenslanges Lernen, Weiterbildung und Umschulungen normal sein werden. In jedem Fall sollten die eigenen Vorlieben und Fähigkeiten eine größere Rolle spielen als überholte Vorstellungen von typischen Frauen- oder Männerberufen (Bild 4, 5).

> Kinder machen bei ihrer Entwicklung hin zu Erwachsenen vielfältige Veränderungen durch. Dazu gehört auch die sexuelle Orientierung.

7.7 Altern und Sterben

1 Gesichter unterschiedlichen Alters

Mit 20 Jahren schon alt? Für Biologen beginnt das Altern, wenn das Wachstum aufhört, also etwa mit 20 Jahren. Die Körpergröße eines Menschen verringert sich bis zum 40. Lebensjahr um etwa drei Millimeter, bis zum 70. Lebensjahr um bis zu fünf Zentimeter. Diese Veränderung beruht darauf, dass die Knorpelscheiben zwischen den Wirbeln, die Bandscheiben, schrumpfen und dadurch die Wirbelsäule kürzer wird. Auch die Knochen verändern im Alter ihre Form. Die Gelenkspalten werden schmaler. Bänder und Sehnen sind nicht mehr so elastisch, die Muskulatur wird abgebaut und durch Fettgewebe ersetzt. Dies alles schränkt nach und nach die Beweglichkeit ein. Regelmäßiger Sport und viel Bewegung im Alltag können diesen Veränderungen entgegenwirken. Auch die Sinnesorgane lassen in ihrer Leistung nach. Die Augenlinse ist nicht mehr elastisch genug, um nahe Gegenstände scharf abbilden zu können. Diese Altersweitsichtigkeit beginnt bei vielen Menschen mit etwa 45 Jahren. Eine Lesebrille gleicht die Einschränkung aus. Das Hören, vor allem von hohen Tönen, wird schlechter. Weil diese Veränderung langsam vonstatten geht, wird sie manchmal erst sehr spät wahrgenommen.

Aktiv mit 70. Ältere Menschen zitieren gern den Satz „Man ist so alt, wie man sich fühlt." Damit wollen sie keineswegs die Beschwerden des Alterns schönreden. Aber wer geistig rege ist, Freunde hat und vielleicht noch ein Hobby ausübt, genießt sein Leben auch in späteren Jahren. Durch Aufgaben in der Familie oder durch ehrenamtliche Tätigkeiten bleibt der Kontakt zu jüngeren Menschen erhalten. Dieser Kontakt ist vielen älteren Menschen sehr wichtig. Für die meisten Menschen gewinnen im Alter Erinnnerungen an Bedeutung, z. B. an die eigene Kindheit und Jugend, an frühere Reisen und Familienfeste, an die Zeit, als die eigenen Kinder noch klein waren.

1 Folgende Zeitungsmeldung erschien im April 2006: Die durchschnittliche Lebenserwartung ist in Deutschland stark gestiegen. Vor mehr als 130 Jahren, im Jahre 1871, betrug die durchschnittliche Lebenserwartung eines neugeboren Jungen 39,1 Jahre, die eines neugeborenen Mädchens 42,1 Jahre. Ein im Jahre 2004 geborener Junge erreicht durchschnittlich ein Alter von 81,7 Jahren, ein im Jahr 2004 geborenes Mädchen sogar 87,8 Jahre.
a) Stelle die Angaben in einem geeigneten Diagramm dar.
b) Stellt Vermutungen über die Ursachen der stark gestiegenen Lebenserwartung auf. Diskutiert eure Vermutungen.

2 Betrachte die Fotos in Bild 1. Wie verändert sich ein Gesicht mit zunehmendem Alter?

3 Welche Veränderungen durch das Alter kennst du vielleicht aus eigener Erfahrung in der Familie?

4 Zunehmend werden auch ältere Menschen in der Werbung dargestellt. Sammle Anzeigen und werte sie aus. Welches Bild vom Alter vermitteln die Anzeigen?

7 Entwicklung, Partnerschaft, Sexualität

Eigenschaft	Wie oft angekreuzt
unternehmungslustig	15
nachsichtig	13
vergesslich	12
weise	9
ängstlich	9
hilfebedürftig	8
vernünftig	6
starrsinnig	4
geizig	3

4 Befragung 70-Jähriger

5 Erstelle einen Fragebogen wie unten abgebildet. Befrage mithilfe des Fragebogens Jugendliche. Wertet die Befragung in einem Klassengespräch aus. Vergleicht euer Ergebnis mit der Befragung 70-jähriger Menschen (Bild 4).

Welche Eigenschaften verbindest du mit dem Wort „alt"? Kreuze drei Begriffe an.	
vergesslich	O
weise	O
unternehmungslustig	O
ängstlich	O
nachsichtig	O
starrsinnig	O
hilfebedürftig	O
vernünftig	O
geizig	O

Sterben und Tod. Wenn man Menschen fragt, wo sie bei einer unheilbaren Krankheit die letzte Zeit bis zum Tod verbringen möchten, sprechen fast alle von ihrem Zuhause. Aber nur den allerwenigsten Menschen ist dies vergönnt. Sterben findet in unserer Gesellschaft überwiegend im Krankenhaus statt. Seit einigen Jahren wird dem Thema Sterben mehr Aufmerksamkeit gewidmet. Es betrifft uns schließlich alle und es macht keinen Sinn, dies zu verdrängen. Das Sterben verläuft wie das Leben bei jedem Menschen anders, je nach Alter und Befinden des Sterbenden. Es spielt auch eine Rolle, ob ihm eine Familie oder Freunde zur Seite stehen und ob er Beistand durch die Kirche wünscht.

Menschenwürdiges Sterben. Beim menschenwürdigen Sterben stehen die Bedürfnisse des Menschen im Vordergrund, beispielsweise Schmerzfreiheit. Er bekommt vielfältige Unterstützung, z. B. Hilfe bei Angelegenheiten, die noch zu regeln sind. Es werden Gespräche über das Sterben und den Tod angeboten. In die Betreuung und die Gespräche werden die Angehörigen eingebunden. Beim menschenwürdigen Sterben arbeiten Ärzte und Ärztinnen, Pflegekräfte, Seelsorger, Sozialarbeiter und ehrenamtliche Helfer zusammen. Den Angehörigen wird auch nach dem Tod des Menschen Hilfe angeboten.

Sterbebegleitung in einem Hospiz. Weil Krankenhäuser nicht für die Pflege Sterbender eingerichtet sind, gibt es seit einigen Jahren besondere Einrichtungen zur Betreuung Sterbender und ihrer Familien, die Hospize. Der Name Hospiz kommt aus dem Lateinischen und bedeutet Herberge. Das Ziel dieser Einrichtungen ist es, den Betroffenen durch Anteilnahme und Hilfe ein menschenwürdiges Sterben zu ermöglichen.

> Altern und Tod sind normale Vorgänge im Leben. Beim menschenwürdigen Sterben steht der Mensch mit seinen Bedürfnissen im Mittelpunkt.

2 Alt und Jung zusammen in der Familie

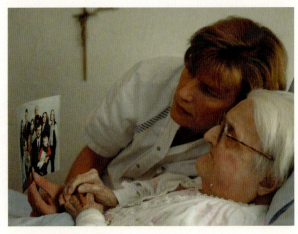

3 Abschied nehmen

Jeder zweite Gestorbene erlag im Jahr 2001 einer Kreislauferkrankung

Wie das Statistische Bundesamt mitteilt, starben im Jahr 2001 in Deutschland nach vorläufigen Ergebnissen der Todesursachenstatistik insgesamt 828 500 Personen. Bei nahezu jedem zweiten Verstorbenen (160 200 Männer und 231 100 Frauen) wurde der Tod durch eine Erkrankung des Kreislaufsystems ausgelöst. Infolge von Kreislauferkrankungen starben insbesondere ältere Menschen, ca. 90% der Verstorbenen waren über 65 Jahre alt. Frauen starben häufiger an Kreislauferkrankungen, weil sie im Durchschnitt älter werden als Männer. Von den 71 000 Personen, die infolge eines Herzinfarkts verstarben, waren hingegen 55% Männer und 45% Frauen. Ein Viertel der im Jahr 2001 Verstorbenen erlag einem Krebsleiden (108 400 Männer und 99 300 Frauen). Bei den Männern hatten bösartige Neubildungen der Verdauungsorgane (34 600 Verstorbene) und der Atmungsorgane (30 200 Verstorbene) die größte Bedeutung. Bei den verstorbenen Frauen dominierten bösartige Neubildungen der Verdauungsorgane und der Brustdrüse mit 34 100 bzw. 17 500 Sterbefällen. An Verletzungen und Vergiftungen starben im Jahr 2001 34 300 Personen (21 600 Männer und 12 700 Frauen). Davon starben insgesamt 7100 Menschen an den Folgen von Verkehrsunfällen. Von den 11 000 Personen, die 2001 freiwillig durch Selbstmord (Suizid) aus dem Leben schieden, waren 74% Männer und 26% Frauen.
Statistisches Bundesamt: www.destatis.de

5 *Zeitungsmeldung über Todesursachen*

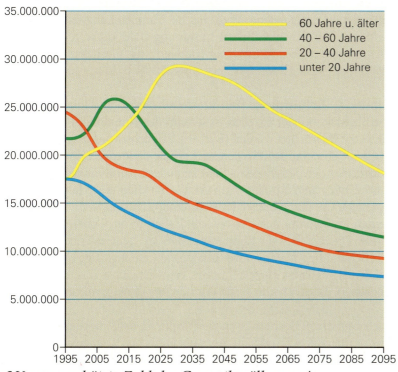

6 *Vorausgeschätzte Zahl der Gesamtbevölkerung in Deutschland, aufgeteilt in Altersklassen*

6 a) Suche aus dem Text in Bild 5 folgende Daten über die Todesursachen im Jahr 2001 heraus:
- Sterbefälle insgesamt;
- Krankheiten des Herz-Kreislaufsystems;
- davon Herzinfarkte;
- Krankheiten des Atmungssystems;
- Krankheiten des Verdauungssystems;
- Verletzungen und Vergiftungen;
- davon Verkehrsunfälle;
- Selbstmord (Suizid);

b) Stelle die Daten in Bild 6 in Form eines Säulendiagramms dar.

7 Nach Schätzungen wird die Gesamtbevölkerung in Deutschland von etwa 82 Millionen im Jahre 1998 um etwa ein Drittel bis zum Jahr 2050 schrumpfen. Kommen heute auf zehn Menschen im Erwerbsalter von 20 bis 60 Jahren ungefähr vier Menschen über 60 Jahre, so wird das Verhältnis im Jahr 2050 nach Prognosen des Statistischen Bundesamtes etwa 10 zu 8 sein.
a) Beschreibe anhand des Bildes 6 die wesentlichen Trends in der Bevölkerungsentwicklung der Bundesrepublik bis zum Jahr 2050;
b) Diskutiert mögliche Folgen, die sich aus den Trends (Aufgabe a) für die Gesellschaft und den Einzelnen ergeben.

7 Entwicklung, Partnerschaft, Sexualität

7.8 Möglichkeiten und Grenzen der Fortpflanzungsmedizin

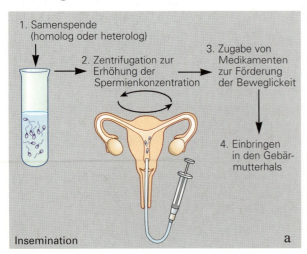 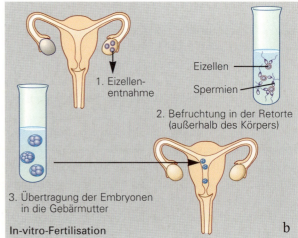

1 Verschiedene Methoden medizinischer Fortpflanzungstechnik:
a) künstliche Besamung;
b) künstliche Befruchtung

In einigen Ländern der Erde gibt es „Kinder mit fünf Eltern": Die beiden biologischen Eltern (Eizellspenderin und Samenspender), die Leihmutter und die beiden sozialen Eltern, die das Kind bestellt haben und bei denen es aufwächst.

2 Kind mit fünf Eltern

1 a) Beschreibe die medizinischen Fortpflanzungstechniken die in diesem Fall (Bild 2) notwendig sind.
Welche menschlichen Probleme siehst du für die in den Fällen Beteiligten?
b) Diskutiert den Fall in Bild 2 in Hinblick auf die Frage „Ein Wunschkind um jeden Preis?"

Man schätzt, dass in Deutschland zwei Millionen Paare ungewollt kinderlos sind. Von ungewollter Kinderlosigkeit spricht man, wenn sich bei diesen Paaren nach etwa zwei Jahren mit ungeschütztem Geschlechtsverkehr keine Schwangerschaft eingestellt hat. Manche Paare überlegen, ob sie ein Kind adoptieren. Andere Paare wünschen ein eigenes Kind und suchen einen Arzt oder eine Ärztin auf. Zunächst werden mögliche Ursachen der Unfruchtbarkeit festgestellt. In vielen Fällen kann die Unfruchtbarkeit durch Psychotherapie, medikamentöse Behandlung oder durch Operationen behoben werden. Wenn das nicht hilft, stehen verschiedene medizinische Fortpflanzungstechniken zur Verfügung. Bei der **künstlichen Besamung** (Bild 1a) werden Spermazellen angereichert und mit einer Kanüle in die Gebärmutter übertragen.

Künstliche Befruchtung (In-Vitro-Fertilisation, abgekürzt IVF), ist eine Technik, bei der Eizellen außerhalb des Körpers im Reagenzglas („in vitro") befruchtet werden (Bild 1b). Zunächst wird durch Hormongaben die Reifung der Eizellen und später dann der Eisprung in den Eierstöcken der betreffenden Frau stimuliert. Kurz vor dem Eisprung werden die reifen Eizellen vom Arzt mit Hilfe einer feinen Kanüle abgesaugt. Die durch künstliche Befruchtung entstandenen Embryonen werden im Stadium von vier bis acht Zellen in die Gebärmutter übertragen. Das nennt man **Embryotransfer.** In Deutschland dürfen pro IVF-Behandlung maximal drei Embryonen herangezogen werden, die alle zurückgepflanzt werden müssen. Weltweit gibt es über eine Million Menschen, die durch künstliche Befruchtung gezeugt wurden.

Nach deutschem Recht müssen die Partner für eine künstliche Befruchtung verheiratet sein oder in einer eheähnlichen Gemeinschaft leben. Eine **Fremdspende** ist verboten, in einigen anderen Ländern jedoch erlaubt. Eine **Leihmutterschaft** ist in Deutschland nach dem Embryonenschutzgesetz ebenfalls verboten, in bestimmten anderen Ländern jedoch nicht. Unter Leihmutterschaft versteht man, dass eine fremde Frau und nicht die Eizellspenderin den Embryo austrägt.

Ist ein Embryo auf dem Wege zum Menschen oder ist er bereits ein Mensch? Wann hat ein Embryo Recht auf Leben? Wann hat er Menschenwürde? Die Antworten auf diese Fragen haben große Bedeutung, zum Beispiel für die Frage, ob man Embryonen für medizinische Zwecke nutzen darf oder nicht.

In Einklang mit der katholischen und evangelischen Kirche und in Übereinstimmung mit der Rechtssprechung des Bundesverfassungsgerichtes wird im Deutschen Embryonenschutzgesetz der Zeitpunkt der Kernverschmelzung von Ei- und Spermazelle als Beginn menschlichen Lebens festgelegt.. Nach deutscher Rechtsauffassung ist also die befruchtete Eizelle ein Embryo, dem Menschenwürde und Schutz des Lebensrechtes zukommt.

> Ungewollt kinderlose Paare haben manchmal die Möglichkeit mit künstlicher Besamung oder künstlicher Befruchtung doch noch Kinder zu bekommen. Embryos sind in verschiedenen Ländern unterschiedlich geschützt.

„Die Würde des Menschen ist unantastbar. Sie zu achten und zu schützen ist Verpflichtung aller staatlichen Gewalt"

3 Paragraph 1 des Grundgesetzes der Bundesrepublik Deutschland

2 Ordnet die in Bild 4 dargelegten Meinungen zur Frage „Wann beginnt menschliches Leben?" nach dem Zeitpunkt, nach dem einem Embryo Menschenwürde zugesprochen wird. Vergleicht und diskutiert!

Deutschland, aus dem Gesetz zum Schutz von Embryonen, 1991: *Als Embryo im Sinne dieses Gesetzes gilt bereits die befruchtete, entwicklungsfähige menschliche Eizelle vom Zeitpunkt der Kernverschmelzung an, ferner jede einem Embryo entnommene ... Zelle, die sich bei Vorliegen der dafür erforderlichen weiteren Voraussetzungen zu teilen und zu einem Individium zu entwickeln vermag. – Dem menschlichen Embryo kommt Menschenwürde und Schutz der Lebensrechte zu.*
Judentum: *Der Embryo gilt als schutzwürdiger Mensch, sobald er beseelt ist. Die Beseelung erfolgt am 49. Tag. Ein Embryo, der nicht beseelt und auch noch nicht in einen Uterus eingenistet ist, wird als Präembryo bezeichnet. Der Präembryo ist nur ein potenzielles menschliches Wesen ohne menschlichen Charakter. Diese Auffassung gilt z.B. für Embryonen im Reagenzglas.*
Buddhismus: *Einen Embryo in der ersten Phase seines Lebens zu töten, ist dasselbe wie Tötung eines Menschen. Denn bereits wenn Samen und Eizelle zusammenkommen und ein Wesen aus dem so genannten Zwischenzustand zwischen altem und neuen Leben in diese Verbindung eintritt, beginnt im gleichen Moment die neue Existenz, die zunächst „Phase der Menschwerdung" genannt wird. Die „Phase der Menschwerdung" gehört bereits zur „Phase des Menschseins", die es zu schützen gilt.*
Prophet Mohammed (570-632), Begründer des Islam: *„Die Schöpfung eines jeden von euch wird im Leibe seiner Mutter in 40 Tagen als Samentropfen zusammengebracht, danach ist er ebenso lang ein Blutklumpen, danach ist er ebenso lang ein kleiner Klumpen Fleisch, dann wird zu ihm der Engel gesandt, der ihm den Lebensgeist (Seele, Ruh) einhaucht." Diese Aussage wird in zweierlei Weise interpretiert: a) Bis zur Einhauchung der Seele dauert es 40 Tage, b) bis zur Einhauchung der Seele dauert es drei mal 40 Tage. Je nach Interpretation beginnt menschliches Leben für einen Moslem mit dem 40. bzw. dem 120. Tag.*
Britisches Recht: *Bis zum 14. Tag nach der Befruchtung handelt es sich beim Embryo um artspezifisches menschliches Leben („human life"), dem mit Respekt zu begegnen ist. Vor der Einnistung in die Gebärmutter ist er aber noch kein individuelles menschliches Leben („human being").*

4 Wann beginnt menschliches Leben?

8 Grundlagen der Vererbung

8.1 Aufbau von Zellen

Mit einem **Mikroskop** kann man in Bereiche vordringen, die mit dem bloßen Auge nicht zu erkennen sind. Mit einem Lichtmikroskop kann man etwa 1000-fach vergrößern. Die Strecke von einem Millimeter würde dabei auf einen Meter vergrößert. Elektronenmikroskope können etwa 250 000-fach vergrößern. Bei solch einer Vergrößerung würde ein Millimeter wie eine Strecke von 250 Metern erscheinen. Mikroskopische Untersuchungen haben mitgeholfen, den Aufbau von Lebewesen zu verstehen. Heute haben mikroskopische Untersuchungen in vielen biologischen und medizinischen Berufen große Bedeutung.

Der Engländer ROBERT HOOKE (1635 – 1703) untersuchte mit einem Mikroskop die Rinde von Korkeichen. Er entdeckte winzige Gebilde, die ihn an die Kammern einer Bienenwabe erinnerten. Nach dem lateinischen Begriff „cellulae" nannte er diese winzigen Kammern „cells", zu deutsch **Zellen** (Bild 1).

Menschen, Tiere und Pflanzen bestehen aus Zellen. In ihnen finden wichtige Lebensvorgänge statt. Es gibt verschiedene Zellen

1 Zeichnung von Korkzellen aus dem Jahre 1667

1 Lies den Text zu diesem Abschnitt. Gib dann an, welche Gemeinsamkeiten die Zellen haben, die in Bild 2 dargestellt sind.

Muskelzellen sind spezialisiert auf Bewegung

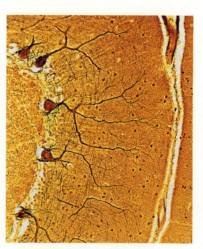

Nervenzellen sind spezialisiert auf Weiterleitung von Informationen und die Informations-Verarbeitung

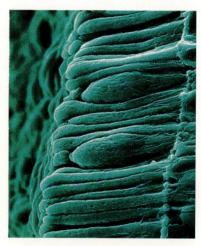

Sinneszellen (hier aus der Netzhaut des Auges) sind spezialisiert auf die Aufnahme von Reizen (hier: Licht)

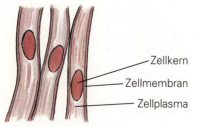
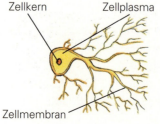
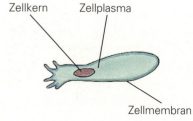

2 Eine Auswahl von Zellen des menschlichen Körpers, die auf bestimmte Aufgaben spezialisiert sind.

für verschiedene Aufgaben eines Lebewesens. Trotz dieser Verschiedenheit haben Zellen Gemeinsamkeiten (Bild 3): eine dünne Grenzschicht, die **Zellmembran**. Diese Membran begrenzt das **Zellplasma**, in dem sich ein **Zellkern** befindet.

Ein erwachsener Mensch besteht aus ungefähr 70 Billionen Zellen. Alle diese Zellen sind durch **Zellteilung** aus anderen Zellen hervorgegangen. Am Anfang der Entwicklung steht die befruchtete Eizelle.

Es gibt verschiedene Zellen im Körper eines Menschen. Die verschiedenen Zellen im Körper sind auf ihre verschiedenen Aufgaben spezialisiert (Bild 2). Die Zellen im Körper eines Menschen arbeiten zusammen. Man bezeichnet es als **Arbeitsteilung**, wenn Zellen mit verschiedenen Aufgaben zusammenwirken.

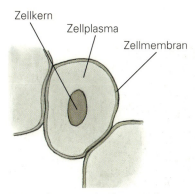

3 *Stark vereinfachtes Schema einer Zelle*

2 Was verstehst du unter den Begriffen „Spezialisierung" und „Arbeitsteilung" im Berufsleben von Menschen? Welche Bedeutung haben diese Begriffe bezogen auf die Zellen des Körpers (Bild 2)?

> Mikroskopische Untersuchungen zeigen, dass Lebewesen aus Zellen mit einem Zellkern darin bestehen. Die verschiedenen Zellen im Körper eines Menschen sind auf bestimmte Aufgaben spezialisiert.

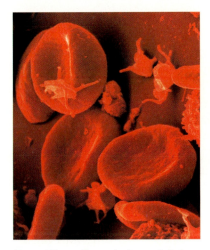 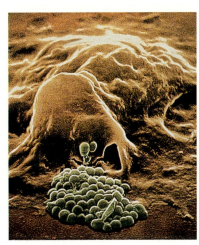 

Rote Blutzellen sind spezialisiert auf den Transport von Sauerstoff im Blut

Weiße Blutzellen (hier mit grün gefärbten Bakterien) sind spezialisiert auf die Abwehr von Fremdkörpern

Geschlechtszellen (hier eine große Eizelle umgeben von kleineren Spermazellen) sind spezialisiert auf Fortpflanzung

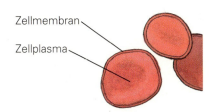 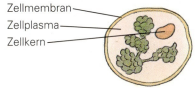 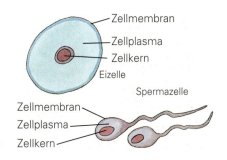

163

8 Grundlagen der Vererbung

8.2 Der Zellkern enthält Erbinformationen

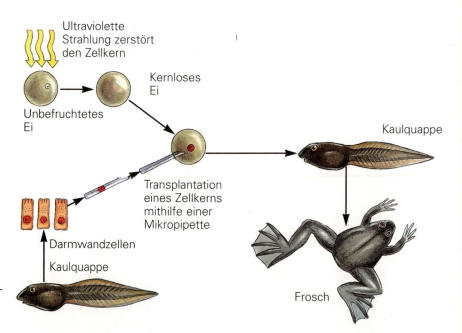

1 Verpflanzung (Transplantation) von Zellkernen beim Krallenfrosch

Im Jahre 1966 wurde ein Experiment durchgeführt, bei dem Zellkerne verpflanzt wurden. Die Versuchsgebnisse zeigen die Bedeutung des Zellkerns (Bild 1). Schon früher hatte man durch mikroskopische Untersuchungen die lebenswichtige Rolle des Zellkerns herausgefunden. Der Kern ist die **Steuerzentrale** in Zellen vom Menschen, von Tieren und Pflanzen. Alle wichtigen Leistungen und Aufgaben einer Zelle werden vom Zellkern gesteuert und beeinflusst.

Der kugelige Zellkern besteht aus einer Hülle, die von zahlreichen Poren durchsetzt ist. Im Zellkern befinden sich fädige Gebilde, die **Chromosomen** (Bild 2). Das Wort bedeutet etwa „anfärbbare Körperchen". Besonders dann, wenn sich eine Zelle teilt, werden die Chromosomen bei der Betrachtung im Mikroskop sichtbar. Jedes Lebewesen hat eine bestimmte Zahl von Chromosomen, die in jedem Kern einer jeden Körperzelle vorhanden sind. Beim Menschen sind es 46 Chromosomen. Die Chromosomen 1 bis 22 sind doppelt vorhanden; hinzu kommen zwei Geschlechtschromosomen.

Die Chromosomen im Zellkern bestehen hauptsächlich aus dünnen, langen Molekülsträngen, die stark aufgeknäuelt sind (Bild 2). Diese langen Molekülstränge sind die Erbsubstanz, abgekürzt DNA (von der Bezeichnung Desoxyribonukleinsäure abgeleitet). Die DNA enthält Informationen in chemischer Form. Bestimmte Abschnitte der DNA heißen Erbanlagen oder Gene (Bild 2). Man schätzt ihre Zahl beim Menschen auf etwa hunderttausend. Alle

1 Werte den Versuch in Bild 1 aus. Welche Bedeutung hat der Zellkern?

2 Beschreibe Bild 2. Benutze dabei die Begriffe Zellkern, Chromosomen, Erbanlagen und Gene.

3 Bestimme anhand von Bild 3 einige erbliche Merkmale beim Menschen.

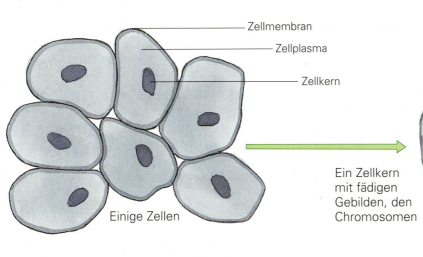

2 *Zellkern - Chromosomen – Erbanlagen*

für eine Zelle wichtigen Informationen sind in den Erbanlagen enthalten. Erbanlagen enthalten Informationen für die Ausbildung bestimmter Merkmale eines Lebewesens. Einige leicht bestimmbare erbliche Merkmale des Menschen sind in Bild 3 dargestellt.

Bei der Fortpflanzung werden die Erbanlagen von Generation zu Generation weitergegeben. Man nennt die Weitergabe von Erbanlagen auch **Vererbung**. In jedem Zellkern eines Menschen sind Erbanlagen von seiner Mutter und von seinem Vater enthalten.

> Der Zellkern ist die Steuerzentrale einer Zelle. Erbanlagen enthalten Informationen für die Ausbildung bestimmter Merkmale eines Lebewesens.

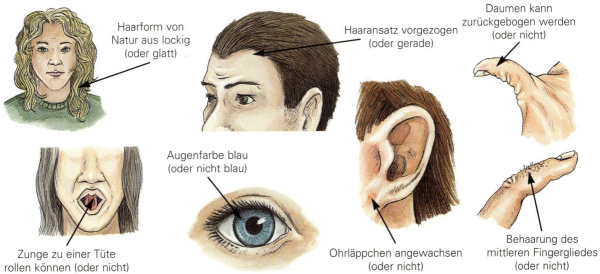

3 *Einige einfach zu bestimmende erbliche Merkmale des Menschen*

8 Grundlagen der Vererbung

8.3 Vermehrung von Zellen durch Teilung (Mitose)

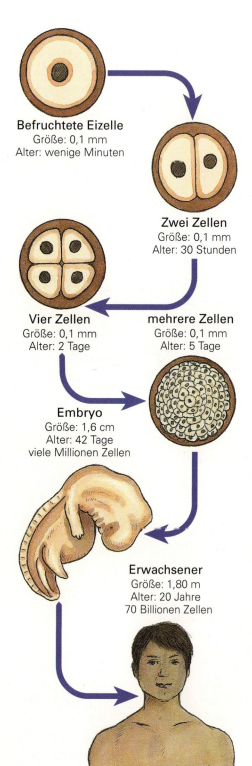

1 Vermehrung von Zellen durch Zellteilung

Jede einzelne Zelle im Körper eines Menschen ist durch Teilung aus einer anderen Zelle hervorgegangen. Am Beginn der Entwicklung eines Menschen steht die befruchtete Eizelle (Bild 1). Sie ist winzig klein. Wenn sich die befruchtete Eizelle teilt, entstehen zwei Zellen. Durch weitere Teilungen entstehen vier, acht 16, 32 Zellen und so weiter. Der Embryo besteht nach wenigen Wochen aus vielen Millionen Zellen. Ein erwachsener Menschen hat ungefähr 70 Billionen Zellen. Jeden Tag im Leben eines Menschen werden viele Millionen alte Zellen durch neue ersetzt. Auch dies geschieht durch Zellteilung.

Im Zellkern der befruchteten Eizelle befindet sich der **doppelte Chromosomensatz**. Jedes Chromosom ist zweimal vorhanden. Eines der beiden Chromosomen stammt vom Vater, das andere von der Mutter. Wenn sich die befruchtete Eizelle das erste Mal teilt (Bild 1), entstehen zwei Zellen, die ebenfalls den doppelten Chromosomensatz haben. Auch bei weiteren Teilungen entstehen immer Zellen, die den doppelten Chromosomensatz haben.

Die Vermehrung von Körperzellen durch Teilung bezeichnet man als **Mitose**. Bei diesem Vorgang entstehen aus einer Zelle zwei Zellen. Beide Zellen haben die gleichen Erbanlagen. Daher bezeichnet man die Mitose auch als **erbgleiche Teilung**. Alle Körperzellen eines Menschen haben in ihren Zellkernen die gleichen Erbanlagen wie die befruchtete Eizelle.

In Bild 2 ist der Vorgang der Mitose beispielhaft dargestellt. Die Chromosomen werden zunächst verdoppelt und dann gleichmäßig auf die beiden Zellen verteilt. Nicht nur beim Menschen, sondern auch im Körper von Pflanzen und Tieren werden neue Zellen durch Zellteilung gebildet.

Der Vorgang der Mitose dauert unterschiedlich lange. Hautzellen des Menschen sind im Durchschnitt vierzig Tage alt, wenn sie mit der Verdopplung der Chromosomen beginnen. Das dauert ungefähr acht Stunden. Die Teilung des Zellkerns und der Zelle - wie es schematisch im Bild 2 zu sehen ist – dauert nur etwa eine Dreiviertelstunde.

> Durch Zell- und Kernteilung (Mitose) entstehen aus einer Körperzelle zwei Zellen mit den gleichen Erbanlagen. Jede Körperzelle des Menschen enthält den doppelten Chromosomensatz.

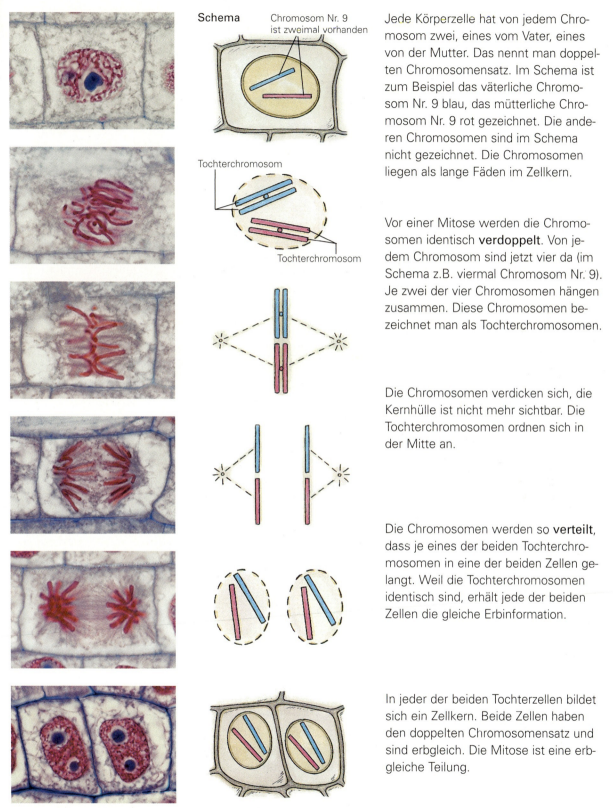

Jede Körperzelle hat von jedem Chromosom zwei, eines vom Vater, eines von der Mutter. Das nennt man doppelten Chromosomensatz. Im Schema ist zum Beispiel das väterliche Chromosom Nr. 9 blau, das mütterliche Chromosom Nr. 9 rot gezeichnet. Die anderen Chromosomen sind im Schema nicht gezeichnet. Die Chromosomen liegen als lange Fäden im Zellkern.

Vor einer Mitose werden die Chromosomen identisch **verdoppelt**. Von jedem Chromosom sind jetzt vier da (im Schema z.B. viermal Chromosom Nr. 9). Je zwei der vier Chromosomen hängen zusammen. Diese Chromosomen bezeichnet man als Tochterchromosomen.

Die Chromosomen verdicken sich, die Kernhülle ist nicht mehr sichtbar. Die Tochterchromosomen ordnen sich in der Mitte an.

Die Chromosomen werden so **verteilt**, dass je eines der beiden Tochterchromosomen in eine der beiden Zellen gelangt. Weil die Tochterchromosomen identisch sind, erhält jede der beiden Zellen die gleiche Erbinformation.

In jeder der beiden Tochterzellen bildet sich ein Zellkern. Beide Zellen haben den doppelten Chromosomensatz und sind erbgleich. Die Mitose ist eine erbgleiche Teilung.

2 *Bei der Mitose entstehen aus einer Zelle durch Zell- und Kernteilung zwei Zellen. Von jedem identisch verdoppelten Chromosom erhält jede der beiden Zellen ein Chromosom.*

8 Grundlagen der Vererbung

8.4 Bildung der Geschlechtszellen (Meiose)

1 Familienfoto

Wenn man die Mitglieder einer Familie auf einem Foto betrachtet (Bild 1), wird man feststellen, dass Kinder ihren Eltern nicht völlig gleichen. Auch Geschwister zeigen untereinander bestimmte Unterschiede. Mit Ausnahme von eineiigen Zwillingen (Bild 2) gleicht kein Mensch einem anderen völlig. Jeder Mensch ist einmalig. Das hat auch damit zu tun, dass jeder Mensch eine einmalige Kombination von Erbanlagen besitzt.

Es gibt einen Vorgang, bei dem Erbanlagen neu zusammengefügt (neu kombiniert) werden. Das ist die **Bildung der Geschlechtszellen** in den Geschlechtsorganen. Die männlichen Geschlechtszellen (Spermazellen) werden in den Hoden eines Mannes, die weiblichen Geschlechtszellen (Eizellen) in den Eierstöcken einer Frau gebildet.

Die Bildung der Geschlechtszellen ist in Bild 3 stark vereinfacht dargestellt: Am Anfang stehen Zellen, die den doppelten Chromosomensatz besitzen. Aus jeder dieser Zellen gehen schließlich vier Geschlechtszellen hervor. Jede Geschlechtszelle hat den **einfachen Chromosomensatz**. Jedes Chromosom ist in jeder Geschlechtszelle nur einmal vorhanden. Beim Menschen sind das 23 einzelne Chromosomen. Man nennt den Vorgang, bei dem aus Zellen mit doppeltem Chromosomensatz Geschlechtszellen mit einfachem Chromosomensatz entstehen, **Meiose**.

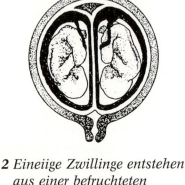

2 Eineiige Zwillinge entstehen aus einer befruchteten Eizelle. Eineiige Zwillinge gleichen sich, weil sie die gleichen Erbanlagen haben.

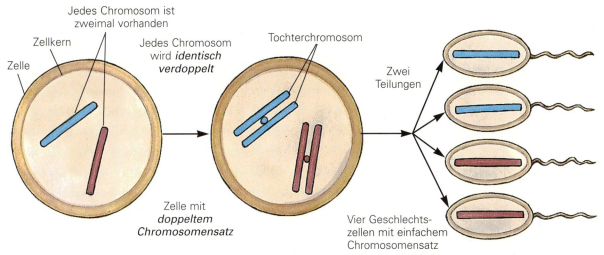

Die Meiose ist ein geordneter Vorgang, der dafür sorgt, dass jede Geschlechtszelle von jedem Chromosom eines erhält. Dabei ist es **zufällig**, ob ein mütterliches oder ein väterliches Chromosom in eine der neuen Geschlechtszellen gelangt. Bei nur einem Chromosom gibt es zwei Möglichkeiten, bei drei verschiedenen Chromosomen schon acht verschiedene Möglichkeiten (Bild 4).

Bei der Befruchtung vereinigen sich die beiden Chromosomensätze der Geschlechtszellen zum doppelten Chromosomensatz der befruchteten Eizelle. Die Zufallsverteilung der Chromosomen mütterlicher und väterlicher Herkunft bei der Meiose führt dazu, dass Chromosomen und **Erbanlagen neu kombiniert** werden. Jeder Mensch hat daher eine einmalige Zusammenstellung von Erbanlagen.

Als Meiose bezeichnet man die Bildung von Geschlechtszellen (Spermazellen, Eizellen) mit einfachem Chromosomensatz. Im Verlauf der Meiose und bei der Befruchtung werden Chromosomen und Erbanlagen neu kombiniert.

3 *Schema zur Bildung von Geschlechtszellen mit einfachem Chrosomensatz (Meiose)*

4 *Kombinationsmöglichkeiten bei drei verschiedenen Chromosomen (mütterliche Chromosomen rot, väterliche Chromosomen blau).*

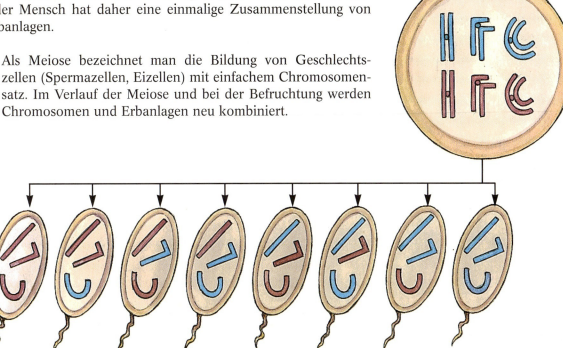

8 Grundlagen der Vererbung

8.5 Veränderung der Erbinformation – Mutationen

1 Normal gefärbter und weißer Tiger (Albino)

Die Ausbildung eines normal gefärbten Felles wird bei Tigern und anderen Säugetieren von Erbanlagen gesteuert. In seltenen Fällen haben die Tiere ihre Fähigkeit verloren, einen dunklen Farbstoff auszubilden. Ihr Fell bleibt hell oder sogar weiß. Solche Tiere nennt man Albinos (Bild 1).

Der Verlust der dunkleren Fellfärbung hängt mit erblichen Veränderungen zusammen. Zum Beispiel kann sich eine Erbanlage so verändern, dass die Anweisung für die Ausbildung der normalen Fellfärbung nicht mehr vollständig oder gar nicht mehr erfolgt. Man nennt Veränderungen von Erbanlagen auch **Mutationen**. Die verschiedenen Fellfärbungen von Hunden, Katzen und Kaninchen sind auf Mutationen zurückzuführen.

Auch von Pflanzen sind zahlreiche Mutationen bekannt. Sie betreffen unter anderem Blütenform, Blütenfarbe, Fruchtbildung und die Empfindlichkeit gegenüber bestimmten Umwelteinflüssen. Ein Beispiel für Mutationen bei Pflanzen sind erbliche Veränderungen in der Form, Größe und Färbung der Blüten bei Tulpen oder bei Rosen. In der Tier- und Pflanzenzüchtung werden diejenigen Lebewesen ausgewählt, die für den Menschen vorteilhafte erbliche Eigenschaften haben.

1 Beschreibe Beispiele für Mutationen bei Pflanzen, Tieren und Menschen.

2 Welche Rolle spielen erbliche Veränderungen in der Tierzüchtung (z. B. Hunde, Katzen) und in der Pflanzenzüchtung (z. B. Tulpen, Rosen, Kohl).

3 Betrachte Bild 3 und gib die erbliche Änderung beim Down-Syndrom an.

4 Beschreibe den Zusammenhang zwischen Häufigkeit von Neugeborenen mit Down-Syndrom und dem Alter der Mutter (Bild 4).

2 Jugendlicher mit Down-Syndrom in einer Integrationsklasse

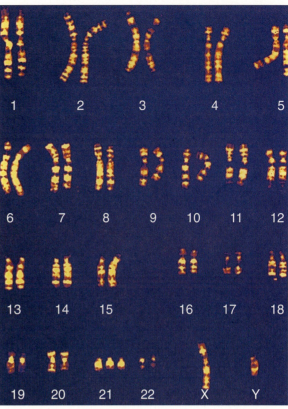

3 Nummerierte Chromosomen eines Jungen mit Down-Syndrom

Auch vom Menschen sind Veränderungen der Erbanlagen bekannt. Manche dieser Mutationen sind harmlos, manche führen jedoch zu Erkrankungen.

Menschen mit **Down-Syndrom** (benannt nach einem englischen Kinderarzt) sind unterschiedlich stark geistig und mitunter auch körperlich behindert. Durch gezielte Förderung versucht man die Behinderung zu mildern (Bild 2). Menschen mit Down-Syndrom haben eine abweichende Chromosomenzahl in ihren Zellkernen. Das Chromoson 21 ist dreimal vorhanden (Bild 3). Zwischen dem Alter der Mutter bei der Empfängnis und der Häufigkeit von Neugeborenen mit Down-Syndrom gibt es einen Zusammenhang (Bild 4).

Ein Beispiel für eine **Erbkrankheit** ist die sogenannte **Bluterkrankheit**. Eine bestimmte erbliche Veränderung hat zur Folge, dass die Blutgerinnung sehr viel langsamer verläuft als bei Gesunden. Bei kleineren Hautverletzungen zum Beispiel hört die Blutung bei einem Gesunden nach einer bis drei Minuten auf. Dagegen können Verletzungen bei Bluterkranken starke Blutverluste zur Folge haben. Heute stehen Bluterkranken Arzneimittel für eine rasche Blutgerinnung zur Verfügung.

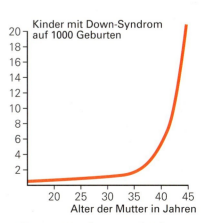

4 Down-Syndrom und Alter der Mutter

8 Grundlagen der Vererbung

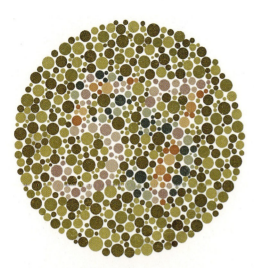 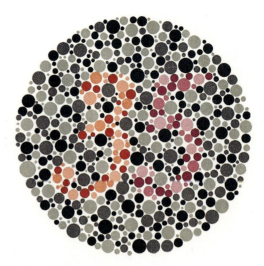

5 Rot-Grün-Blinde erkennen bei diesen Testbildern keine Ziffern

Normale, lesbare Information
DIE KUH LAG AUF DEM HEU UND TAT NIX

a) bis d): „Mutationen"
a) DIE KUH LAG RUF DEM HEU UND TAT NIX
b) DIE KUH LAG MAU FDE MHE UUN DTA TNI X
c) DIE KUH LAG UFD EMH EUU NDT ATN IX
d) DIE KUH LAG DEM HEU UND TAT NIX

6 Ein Modell: Wie Mutationen Informationen fehlerhaft machen können

5 Im Modell in Bild 6 soll ein lesbarer Text einen winzigen Ausschnitt aus der Erbinformation darstellen. Durch verschiedene „Mutationen" wird der Text fehlerhaft. Beschreibe welcher Art der jeweilige Fehler bei den „Mutationen" a bis d ist.

6 Überlege, welche Berufe für Menschen mit Rot-Grün-Blindheit nicht geeignet sind. Wie wirkt sich die Rot-Grün-Blindheit im täglichen Leben aus?

Zu den erblichen Erkrankungen zählt auch die **Rot-Grün-Blindheit**. Davon betroffene Menschen können die Farben Rot und Grün kaum oder gar nicht unterscheiden (Bild 5). Sie sehen diese Farben als verschiedene Grautöne. Etwa 8 % aller Männer und 0,5 % aller Frauen haben eine Rot-Grün-Schwäche.

In vielen Fällen kennt man die genauen Ursachen von Mutationen bei Pflanzen, Tieren und Menschen nicht. Allerdings weiß man, dass radioaktive und ultraviolette Strahlung sowie bestimmte Gifte Veränderungen in den Erbanlagen auslösen können. Verschiedene Formen von **Krebs-Wucherungen,** zum Beispiel **Hautkrebs** und **Lungenkrebs,** haben ihre Ursache in Mutationen. Teerstoffe im Tabakrauch können die Erbsubstanz direkt schädigen. Bestimmte unsichtbare ultraviolette (UV-) Strahlen der Sonne können Hautzellen schädigen und zu einem Sonnenbrand führen. Wer sich häufig ohne Schutz starker Sonnenstrahlung aussetzt, erhöht das Risiko für Mutationen in den Hautzellen. Aus mutierten Hautzellen kann unter bestimmten Umständen gefährlicher Hautkrebs werden.

Bei vielen Fällen von Krebs sind die Geschlechtszellen (Spermazellen, Eizellen) nicht von der Schädigung der Erbsubstanz betroffen. Die Krebs auslösende Mutation wird nicht an die Nachkommen vererbt.

> Veränderungen in Erbanlagen nennt man Mutationen. Manche Mutationen haben beim Menschen Krankheiten zur Folge. Wenn solche Mutationen vererbt werden, spricht man von Erbkrankheiten.

172

8.6 Erbliche Erkrankungen beim Menschen

Ein Lesebeispiel für einen Erbgang:

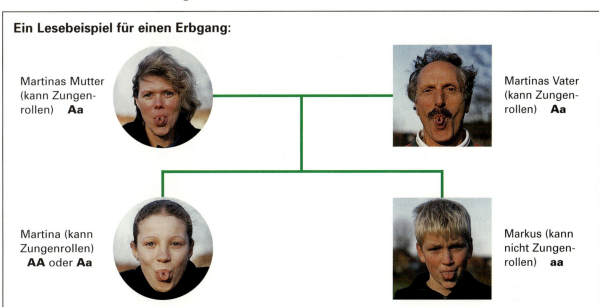

Martinas Mutter (kann Zungenrollen) **Aa**

Martinas Vater (kann Zungenrollen) **Aa**

Martina (kann Zungenrollen) **AA** oder **Aa**

Markus (kann nicht Zungenrollen) **aa**

Martina kann im Gegensatz zu ihrem Bruder Markus ihre herausgestreckte Zunge u-förmig rollen. Diese Fähigkeit ist ein Merkmal, das auf eine Erbanlage zurückzuführen ist. **Erbanlagen** sind bestimmte Abschnitte auf Chromosomen, die Anweisungen für die Ausbildung von Merkmalen tragen. Ein anderes Wort für Erbanlage ist **Gen** (Mehrzahl: Gene). Heute weiß man, dass „Zungen-Rollen" oder „Nicht-Zungen-Rollen-Können" durch ein Gen bestimmt wird. Martina muss also eine Erbanlage für das Merkmal „Zungenrollen" haben, Markus für „Nicht-Zungenrollen".

Wie alle Menschen besitzt Martina in ihren Körperzellen den doppelten Chromosomensatz. Jedes Chromosom ist doppelt vorhanden, eines vom Vater, eines von der Mutter. Weil die Chromosomen doppelt vorhanden sind, liegt jedes Gen in zwei Exemplaren vor. Die beiden Exemplare eines Gens können unterschiedliche Anweisungen für die Ausbildung eines Merkmals enthalten. Ein Gen kann die Anweisung zur Ausbildung des Merkmals „Zungenrollen", das andere die Anweisung für „Nicht-Zungenrollen-Können" enthalten. Bei Martina hat sich die Anweisung für „Zungenrollen" durchgesetzt.

Wenn sich ein Gen bei der Ausbildung eines Merkmals durchsetzt, spricht man von einer **dominanten Erbanlage** oder einem dominanten Gen. Ein Gen, das sich nicht gegen eine dominante Erbanlage durchsetzen kann, wird als **rezessive Erbanlage** oder rezessives Gen bezeichnet. Ein dominantes Gen bezeichnet man symbolisch mit einem Großbuchstaben, zum Beispiel „A", ein rezessives Gen mit einem Kleinbuchstaben, zum Beispiel „a".

Das Merkmal „Zungenrollen" wird durch ein dominantes Gen bewirkt. Martina hat dann die Gene „AA" oder „Aa"; bei „AA" liegen zwei dominante Gene für „Zungenrollen" vor, bei „Aa" ein dominantes Gen („A"), das sich gegen das rezessive Gen „a" durchsetzt. Wenn beide Gene dominant sind („AA") oder beide rezessiv sind („aa") spricht man von reinerbig, bei der Kombination „Aa" von mischerbig.

Ein **Stammbaum** zeigt, wie das Merkmal „Zungenrollen" in Martinas Familie vertreten ist. In solchen Stammbäumen werden Mädchen und Frauen durch Kreise, Jungen und Männer durch Vierecke symbolisiert. Die Kinder werden in der Reihenfolge ihrer Geburten von links nach rechts angegeben. Die Abfolge der Generationen ist von oben nach unten dargestellt. In Martinas Familie können beide Eltern und Martina selbst Zungenrollen, ihr Bruder Markus nicht. Also muss jeder von Martinas Eltern die Kombination „Aa" haben und Markus „aa".

8 Grundlagen der Vererbung

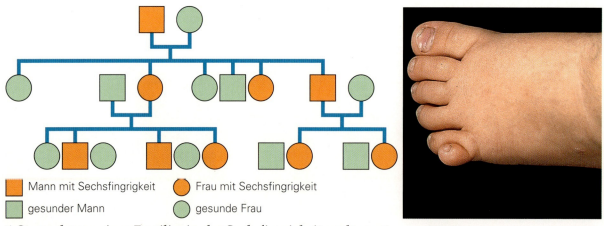

- ■ Mann mit Sechsfingrigkeit
- ● Frau mit Sechsfingrigkeit
- ■ gesunder Mann
- ● gesunde Frau

1 Stammbaum einer Familie, in der Sechsfingrigkeit vorkommt

Bild 1 zeigt einen Stammbaum zur Sechsfingrigkeit über mehrere Generationen. Sechsfingrigkeit ist eine Erbkrankheit, die durch eine dominante Erbanlage hervorgerufen wird. Die betroffenen Personen haben sechs Finger an jeder Hand und sechs Zehen an jedem Fuß. Wenn man die dominante Erbanlage mit einem Großbuchstaben (z.B. „S") bezeichnet, haben Menschen mit dem Merkmal „sechs Finger" die Gene „SS" oder „Ss". In beiden Fällen sorgt die dominante Erbanlage „S" dafür, dass ein Finger mehr ausgebildet wird.

Bild 2 zeigt einen Stammbaum über ererbte Gehörlosigkeit. Diese Erkrankung wird durch die rezessive Erbanlage (a) hervorgerufen. Sie tritt nur auf, wenn die Gene „aa" vorhanden sind.

1 Gib für die Personen in Bild 1 an, ob sie die Genkombination „AA" (bzw. „Aa") oder „aa" haben.

2 Gib für die Eltern der dritten Generation und für deren Kinder in Bild 2 die möglichen Genkombinationen an.

3 Wie beurteilst du es, dass Verwandte heiraten und Kinder haben (3. Generation in Bild 2)?

4 Personen, die selbst gesund sind, aber eine (rezessive) Erbanlage für eine Krankheit haben, bezeichnet man als Überträger. Zeige anhand von Bild 2 Personen, die Überträger sind.

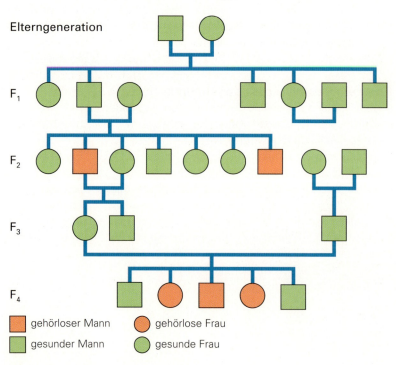

- ■ gehörloser Mann
- ● gehörlose Frau
- ■ gesunder Mann
- ● gesunde Frau

2 Stammbaum zur vererbten Gehörlosigkeit

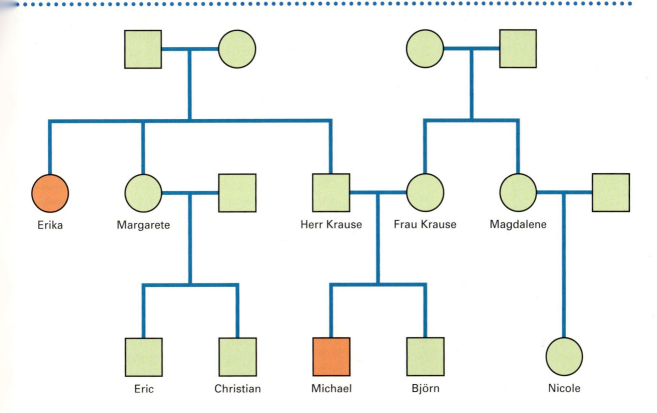

3 Stammbaum einer Familie, in der Phenylketonurie (PKU) auftritt

Als **Phenylketonurie**, abgekürzt PKU, bezeichnet man eine rezessiv vererbte Störung im Eiweißstoffwechsel. Ein bestimmter Stoff kann bei dieser Erbkrankheit im Körper nicht mehr umgewandelt werden. Die Folge ist, dass sich Stoffe anreichern, die für das Gehirn giftig sind. Unbehandelt kann PKU unter anderem zu geistiger Behinderung führen. Neugeborene werden in den ersten Tagen nach der Geburt daraufhin untersucht, ob sie PKU haben. Wenn das der Fall ist, muss eine spezielle **Diät** eingehalten werden, die die Schädigung des Gehirns verhindert.

Wenn Eltern bereits ein Kind mit einer Erbkrankheit haben, besteht eine bestimmte Wahrscheinlichkeit, dass die Erbkrankheit auch bei weiteren Kindern auftritt. Ähnlich ist es, wenn in der näheren Verwandtschaft der Eltern Erbkrankheiten auftraten. Solche Eltern mit Kinderwunsch können eine **genetische Familienberatung** in Anspruch nehmen. Dabei versuchen Fachleute, die Wahrscheinlichkeit für das Auftreten einer Erbkrankheit beim nächsten Kind zu bestimmen. Das kann eine wertvolle Information für Entscheidungen der Eltern sein. Ein Beispiel: Herr und Frau Krause (Bild 3) möchten ein weiteres Kind haben. Wie groß ist die Wahrscheinlichkeit, dass dies Kind PKU haben wird? Wenn man die Genkombinationen von Vater und Mutter kennt, kann man mit Hilfe eines Kombinationsschemas die Wahrscheinlichkeit bestimmen (Bild 4).

5 Gib für die namentlich in Bild 3 genannten Personen die möglichen Genkombinationen an („AA", „Aa" oder „aa").

6 Mit welcher Wahrscheinlichkeit hat ein weiteres gewünschtes Kind von Herrn und Frau Krause (Bild 3) nicht PKU? Begründe anhand von Bild 4.

8 Grundlagen der Vererbung

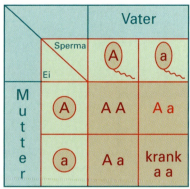

4 Kombinationsschema

Herr und Frau Krause haben jeweils die Genkombination „Aa". Bei der Bildung der Geschlechtszellen (Spermazellen, Eizellen) werden die Erbanlagen getrennt (Bild 4). Es gibt Spermazellen, die das dominante Gen „A" enthalten und solche, die das rezessive Gen „a" besitzen. Ebenso ist es bei den Eizellen. Bei der Befruchtung können drei verschiedene Genkombinationen entstehen (Bild 4): „AA", „Aa" und „aa". Die Wahrscheinlichkeit, dass ein weiteres Kind von Herrn Krause die Genkombination „aa" hat und an PKU erkrankt, ist 25 Prozent oder 1 zu 3 (Bild 4).

Die **Bluterkrankheit** wird rezessiv vererbt. Das Gen für Bluterkrankheit liegt auf dem X-Chromosom (Bild 5). Frauen haben zwei X-Chromosomen, Männer ein X- und ein Y-Chromosom. Bluterkranke Männer haben das Gen daher nur einmal. Heute stehen **Medikamente** zur Förderung der Blutgerinnung bei Bluterkranken zur Verfügung.

7 Begründe, warum Männer häufiger bluterkrank werden können als Frauen (Bild 5).

8 Gib anhand von Bild 5 Beispiele für Frauen, die Überträgerinnen sind (also gesund sind, aber neben dem dominanten Gen das rezessive Gen für Bluterkrankheit besitzen und weiter vererben können).

9 Ein Mann schreibt über das Vorkommen der Rot-Grün-Blindheit folgendes: „Mein Vater ist so wie ich Rot-Grün-blind. Meine Mutter und eine meiner Schwestern können fehlerfrei sehen. Meine zweite Schwester ist farbuntüchtig wie ich. Sie hat zwei Söhne, die beide an dieser Krankheit leiden. Ich habe einen Sohn und eine Tochter, die wie meine Frau alle Farben ohne Ausnahme sehen können."
a) Erstelle anhand der Angaben einen Stammbaum.
b) Erörtert anhand des Stammbaums den Erbgang. Beachtet dabei das Rot-Grün-Blindheit durch ein rezessives Gen auf dem X-Chromosom vererbt wird.

> Eine Reihe von Erbkrankheiten wird dominant oder rezessiv vererbt. Durch Untersuchung von Stammbäumen gewinnt man Kenntnisse über die Erbgänge solcher Erkrankungen.

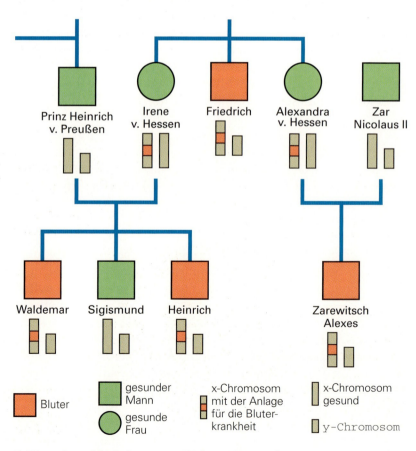

5 Bluterkrankheit in europäischen Fürstenhäusern

8.7 Eingriffe des Menschen durch die Gentechnik

Erbanlagen enthalten Informationen über die Ausbildung von Merkmalen und Eigenschaften eines Lebewesens. Unter Gentechnik versteht man die Erforschung und Anwendung von Verfahren, mit denen Erbanlagen (Gene) von Lebewesen untersucht und gezielt verändert werden. Mit der Gentechnik verbinden sich daher große Hoffnungen, aber auch Befürchtungen.

In der Gentechnik unterscheidet man zwei Hauptverfahren: Bei der **Gen-Analyse** werden die Gene eines Lebewesens, zum Beispiel des Menschen, genau untersucht. Dieses Verfahren dient dazu, Auskunft über bestimmte oder alle Erbanlagen zu erhalten. Beim **Gen-Transfer** (Genübertragung) werden Gene auf ein Lebewesen übertragen. Dadurch wird das Lebewesen in seinen Erbanlagen verändert. Es bekommt veränderte oder neue Eigenschaften.

Kenntnisse über die Erbanlagen des Menschen wachsen in raschem Tempo an. Die Gen-Analyse spielt heute schon in manchen Lebensbereichen eine Rolle, zum Beispiel bei der Früherkennung von **Erbkrankheiten und Mutationen** beim Menschen. Eine Methode der Früherkennung ist die Fruchtwasser-Untersuchung ab der 11. Schwangerschaftswoche (Bild 1). Damit kann unter anderem nachgewiesen werden, ob der heranwachsende Embryo eine abweichende Chromosomenzahl (z. B. Down-Syndrom), hat.

1 Beschreibe, was man unter Gen-Analyse und unter Gen-Transfer versteht.

2 Beschreibe das Verfahren der Fruchtwasser-Untersuchung (Bild 1).

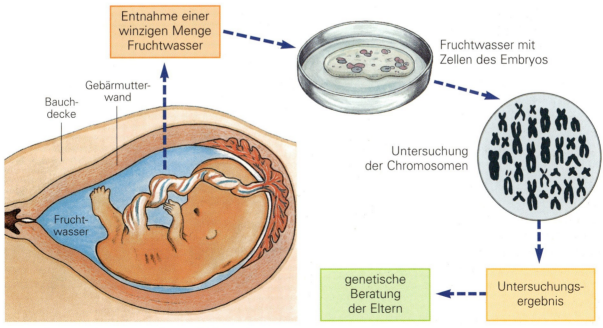

1 Fruchtwasser–Untersuchung (Schema)

8 Grundlagen der Vererbung

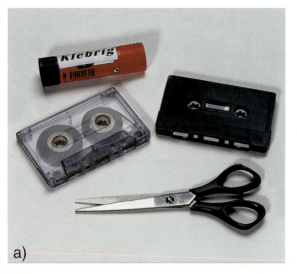

a) Die Information soll aus dem Tonband in der hellen Kassette herausgeschnitten und in das Tonband in der dunklen Kassette eingefügt werden.

Schere und Klebstoff sind die Werkzeuge bei diesem Verfahren.

b) Zwei gezielte Schnitte sind notwendig, um aus dem Band in der hellen Kassette das Stück mit der gewünschten Information herauszuschneiden.

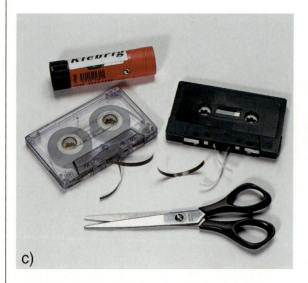

c) Das Band in der dunklen Kassette wird durch einen gezielten Schnitt an einer bestimmten Stelle geöffnet.

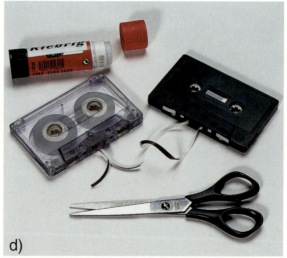

d) Das herausgetrennte Stückchen Band wird in das Band der dunklen Kassette eingeklebt. Anschließend wird das Band zurückgespult.

Nun verfügt das Band in der dunklen Kassette über neue Informationen.

2 *Ein stark vereinfachtes Modell zur Übertragung von Genen (Gen-Transfer)*

Das Modell in Bild 2 ist eine sehr starke Vereinfachung. Es kann aber das Prinzip des **Gen-Transfers** von einem Lebewesen auf ein anderes verdeutlichen. Wichtige Werkzeuge bei der Gentechnik sind bestimmte Eiweißstoffe, die man zur Gruppe der Enzyme zählt. Enzyme sind für chemische Reaktionen in Zellen notwendig. Es gibt Enzyme, die die Erbsubstanz an bestimmten Stellen zerschneiden. Man nennt sie deshalb auch „Scheren-Enzyme". Diese Enzyme werden eingesetzt, um Gene aus den Chromosomen eines Lebewesens herauszuschneiden. Andere Enzyme verknüpfen die Enden der Erbsubstanz. Diese „Klebe-Enzyme" dienen dazu, Gene einzufügen.

In der folgenden Übersicht (Bild 3) sind die technischen Möglichkeiten der Gentechnik bei der Übertragung von Genen dargestellt. Gesetzliche Vorschriften und Verbote sind in dieser Übersicht nicht berücksichtigt.

Gentechnik greift in viele Lebensbereiche ein (Bild 3). Eine Reihe von Fragen wird mit unterschiedlichen Standpunkten diskutiert, zum Beispiel: Was darf gentechnisch gemacht werden? Wo liegen die Grenzen für die Forschung und Nutzung gentechnisch veränderter Lebewesen?

> Unter Gentechnik versteht man das Erforschen und Anwenden von Verfahren, mit denen Gene von Lebewesen einschließlich des Menschen untersucht oder gezielt verändert werden.

3 Was entspricht folgenden Gegenständen im Modell (Bild 2) bei der Gen-Übertragung?
- helle Kassette
- dunkle Kassette
- Tonbänder
- herausgeschnittenes Stück Tonband aus der hellen Kassette
- Schere
- Klebstoff
- Abspielgerät für Kassetten

4 Beschreibe anhand von Bild 3 wenigstens zwei Beispiele von Verfahren der Gentechnik. Welche Vorteile hat Gentechnik? Worin siehst du Gefahren der Gentechnik?

5 In welchen Bereichen könnte Gentechnik genutzt werden? Beachte dazu die Angaben in Bild 3.

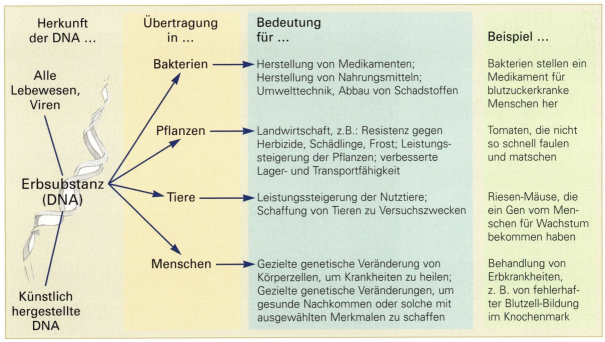

3 Möglichkeiten der Genübertragung (hier ohne Berücksichtigung gesetzlicher Vorschriften, Gebote und Verbote dargestellt)

9 Grundlagen der Evolution

9.1 Stammesgeschichte im Überblick

1 Wir veranschaulichen wichtige Zeitpunkte in der Entwicklung des Lebens auf der Erde.

Ein Bindfaden von 50 Metern Länge soll die gesamte Erdgeschichte darstellen (Bild 4). Ein (1) Zentimeter entspricht dann einer (1) Million Jahre. Schreibe auf Karten gut lesbar jeweils eine der folgende Angaben (in Millionen Jahren vor heute):

4500: glühender Erdball
4200: erste erstarrte Erdkruste
3900: Ozeane mit ersten Lebensspuren (Einzeller)
 700: erste vielzellige Tiere
 570: erste fischähnliche Wirbeltiere
 436: erste Landlebewesen (Pflanzen)
 410: erste Insekten
 355: erste Lurche
 330: erste Echsen
 290: erste Nadelbäume
 205: erste Säugetiere
 150: Urvogel von Solnhofen
 135: erste höhere Blütenpflanzen
 100: erste Laubbäume
  50: Urpferdchen
   2: erste Frühmenschen
 0,2: erste Jetztmenschen (Homo sapiens sapiens)

Spannt den Bindfaden an einem geeigneten Ort aus. Befestigt die Kärtchen in der richtigen Position. Benutzt dazu ein Metermaß. Geht den Bindfaden mehrfach in beide Richtungen entlang. Lest dabei jedes Kärtchen.

1 Versteinerter Urvogel (lebte vor 150 Millionen Jahren)

2 Urpferdchen (etwa so groß wie ein Fuchs; lebte vor 50 Millionen Jahren)

Bei Solnhofen und Eichstätt in der Fränkischen Alb in Bayern hat man in kalkhaltigen Meeresablagerungen schon mehrfach Versteinerungen gefunden. Man nennt Versteinerungen auch **Fossilien**. Das sind Spuren und Reste von Lebewesen aus der Vorzeit.

Manche Fossilien aus der Umgebung von Solnhofen und Eichstätt stammen von Urvögeln (Bild 1). Sie lebten dort vor ungefähr 150 Millionen Jahren. Einen so langen Zeitraum kann man sich kaum vorstellen. Die Urvögel von Solnhofen und Eichstätt lebten sehr wahrscheinlich in der Nähe einer flachen, ziemlich warmen Meeresbucht. Das Wasser war so warm, dass sogar Korallen wuchsen.

Manche Eigenschaften des Skeletts des Urvogels sind typisch für Kriechtiere (Reptilien), andere Eigenschaften sind typisch für Vögel, z. B. die Federn. Der Urvogel ist ein Beispiel für eine Übergangsform zwischen Kriechtieren und Vögeln.

Wissenschaftler können das Alter von Fossilien mit chemischen und physikalischen Methoden bestimmen. Verschieden alte Fossilien wurden untereinander und mit heutigen Lebewesen verglichen. Dabei fand man Gemeinsamkeiten und Unterschiede, zum Beispiel im Körperbau. Fossilien geben wichtige Anhaltspunkte zur Geschichte der Lebewesen auf der Erde.

3 *Skelett einer Frau, die vor 6000 Jahren in der Steinzeit lebte (Der runde Stein in der linken Gesichtshälfte ist nachträglich von Bodentieren in das Grab gewühlt worden. Rechts neben dem Kopf befinden sich als Grabbeigabe viele Zähne vom Rothirsch.)*

Die Untersuchungen zur Geschichte der Erde und ihrer Lebewesen lassen sich folgendermaßen zusammenfassen:

- Die Erde ist nicht – wie man noch bis vor anderthalb Jahrhunderten glaubte – wenige Tausend, sondern fast 5 Milliarden Jahre alt.

- Landschaften und Lebensräume auf der Erdoberfläche haben sich im Laufe von Millionen von Jahren immer wieder **verändert**. Gebirge entstanden und wurden abgetragen, Ablagerungen füllten Meeresbecken, Meeresboden wurde zu Festland und umgekehrt, Flüsse verlegten ihren Lauf, Kaltzeiten wechselten mit Warmzeiten. Die Kontinente bewegen sich langsam (wenige Zentimeter im Jahr) und verändern dadurch in Millionen Jahren ihre Lage und ihre Umrisse.

- Auch die Lebewesen der Erde haben sich im Laufe langer Zeiträume **verändert**. Manche Arten sind ausgestorben, neue hinzugekommen. Mit Fossilfunden kann man belegen, dass alle Arten von Lebewesen im Laufe vieler Millionen Jahre allmählich aus anderen Formen von Lebewesen hervorgegangen sind und sich dabei verändert haben. Man bezeichnet die Entwicklung von Arten aus anderen Formen als **Evolution**.

2 Beschreibe sorgfältig Bild 1 und benenne die verschiedenen Teile des Skeletts.

3 Unter welchen Voraussetzungen kann ein gestorbenes Lebewesen zu einem Fossil werden?

4 Stelle dir vor, du könntest mit einer Forscherin ein Gespräch über ihre Arbeit führen. Diese Forscherin hat das in Bild 3 dargestellte Skelett entdeckt und freigelegt. Welche Fragen willst du der Forscherin stellen?

9 Grundlagen der Evolution

4 Geschichte des Lebens auf der Erde

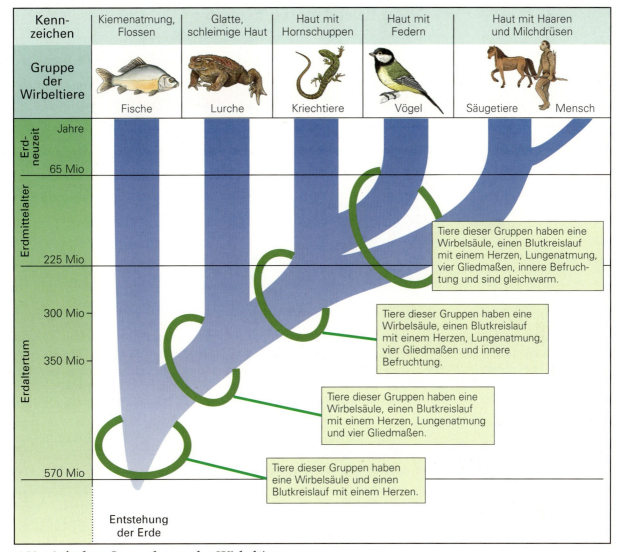

5 Vereinfachter Stammbaum der Wirbeltiere

Man hat viele Fossilien untereinander und mit heutigen Lebewesen verglichen. Durch Vergleichen wurden Gemeinsamkeiten und Unterschiede zwischen Lebewesen festgestellt, zum Beispiel im Körperbau. Auf diese Weise konnte ein **Stammbaum der Wirbeltiere** erstellt werden (Bild 5). Der Mensch hat besonders viele Merkmale mit den Säugetieren gemeinsam (Bild 5).

Auch beim Menschen gibt es eine Evolution. Die Vorfahren des Menschen haben sich in den letzten Millionen Jahren der Erdgeschichte allmählich aus anderen Formen entwickelt.

Unter Evolution versteht man, dass alle Arten von Lebewesen im Laufe von Millionen Jahren allmählich aus anderen Formen hervorgegangen sind und sich dabei verändert haben.

5 Betrachte den Stammbaum der Wirbeltiere (Bild 5). Welche Merkmale haben Menschen, Säugetiere und Vögel gemeinsam? Welche Merkmale haben Menschen und Fische gemeinsam?

6 Lies den Stammbaum (Bild 5 von unten nach oben). Beschreibe die Stammesgeschichte der Wirbeltiere.

9 Grundlagen der Evolution

9.2 Belege für die Evolution

1 Quastenflosser – ein lebendes Fossil

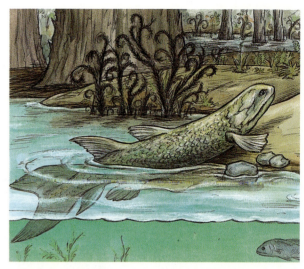

2 Rekonstruktion eines Quastenflossers

Kennzeichen von Fischen:
Flossen; schleimbedeckte Haut mit Schuppen; Kiemenatmung; Entwicklung der Larven im Wasser.

Kennzeichen von Amphibien:
Vier Beine; glatte, schleimbedeckte Haut; Lungenatmung; kiemenatmende Larven entwickeln sich im Wasser, anschließend Verwandlung zum lungenatmenden, landlebenden Tier.

Übergangsformen. Heute lebende Quastenflosser (Bild 1) sind nah verwandt mit Fischen, die im Erdzeitalter des Devon (vor 405 bis 350 Millionen Jahren) erstmals zeitweilig auch außerhalb des Wassers lebten. Aus Fossilien konnte man rekonstruieren, wie die Vorfahren der Quastenflosser lebten (Bild 2). Aus ihnen gingen die ersten Landbewohner hervor. Sie hatten zum Teil noch Merkmale der Fische, zum Teil bereits Merkmale der Amphibien. **Fossile Übergangsformen** haben Merkmale aus verschiedenen Tiergruppen. Ein weiteres Beispiel für eine fossile Übergangsform ist der Urvogel. Er besaß Merkmale der Reptilien und der Vögel.

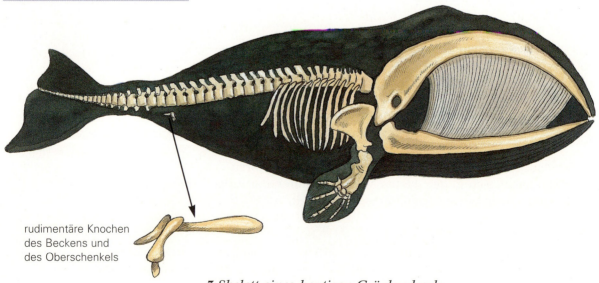

rudimentäre Knochen des Beckens und des Oberschenkels

3 Skelett eines heutigen Grönlandwals

Rudimentäre Organe. Aus einer Reihe von Funden weiß man, dass Wale von landlebenden vierfüßigen Säugetieren abstammen, die vor etwa 55 Millionen Jahren lebten. Im Laufe der Stammesgeschichte haben sich bei den Walen die Hintergliedmaßen stark zurückgebildet. Man spricht von einem **rudimentären Organ**. So nennt man Organe, die im Laufe der Stammesgeschichte ihre Aufgabe ganz oder teilweise verloren haben und Rückbildungen aufweisen. Beim Menschen sind die Körperbehaarung, der Blinddarmfortsatz sowie das Steißbein als Rest einer Schwanzwirbelsäule Beispiele für rudimentäre Organe.

Von **homologen Organen** spricht man, wenn ein Organ bei verschiedenen Tierarten nach dem gleichen Bauplan gebaut ist. Ein Beispiel für homologe Organe sind die Vordergliedmaßen verschiedener Wirbeltiere (Bild 4). Man deutet dies als Hinweis auf gemeinsame Abstammung.

Nicht nur der Vergleich von Körperbau und Organen wird herangezogen, um Verwandtschaft und gemeinsame Stammesgeschichte von Lebewesen zu belegen. Beim **Vergleich der Erbsubstanz** verschiedenartiger Lebewesen zeigen nah verwandte Lebewesen größere Übereinstimmung. Mensch und Schimpanse stimmen zum Beispiel in 98,5 % ihrer Erbsubstanz überein. Wenn man die **Embryonalentwicklung** verschiedener Arten von Lebewesen vergleicht, zeigen nah verwandte Arten größere Übereinstimmung.

> Fossilien, Übergangsformen, rudimentäre Organe und homologe Organe sind Belege für stammesgeschichtliche Verwandtschaft und Evolution.

1 Heute lebende Quastenflosser sind ein Beispiel für ein „lebendes Fossil" (Bild 1). Was ist mit dieser Bezeichnung gemeint?

2 Unter Evolution versteht man, dass alle Arten von Lebewesen im Laufe langer Zeiträume aus anderen Formen hervorgegangen sind und sich dabei verändert haben. Diskutiert darüber, inwiefern Übergangsformen, rudimentäre Organe und homologe Organe als Belege für Evolution betrachtet werden können.

3 Insektenflügel sind Ausstülpungen der Haut, die mit Chitin überzogen sind. Sind ein Insektenflügel und ein Flügel einer Taube (Bild 4) homolog? Begründe deine Antwort.

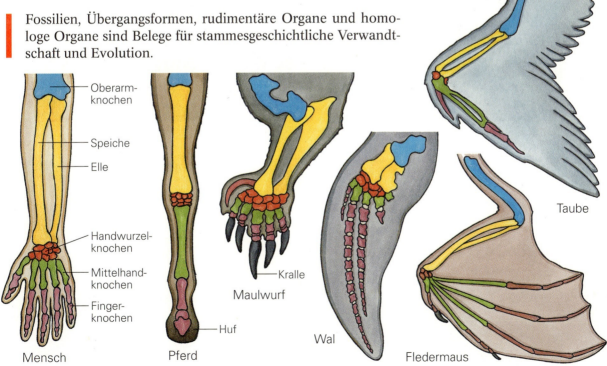

4 Vordergliedmaßen einiger Wirbeltiere

9 Grundlagen der Evolution

9.3 Entstehung neuer Arten

1 Charles Darwin

Im Jahre 1859 veröffentlichte CHARLES DARWIN (1809-1882) sein Hauptwerk „Die Entstehung der Arten". Darin legte Darwin die Grundlage für den Sachverhalt, dass alle fossilen und heute lebenden Arten allmählich aus anderen Arten hervorgegangen sind. Diese Entwicklung wird **Evolution** genannt.

Zu einer **Art** gehören alle Lebewesen, die sich untereinander fortpflanzen können. Lebewesen, die das nicht können, gehören zu verschiedenen Arten. Grünspechte und Grauspechte gehören zum Beispiel zu verschiedenen Arten (Bild 2). Diese beiden Arten weisen neben Gemeinsamkeiten im Nahrungserwerb, im Lebensraum, im Verhalten und im Körperbau auch Unterschiede in der Gefiederfärbung und im Balzruf zur Brutzeit auf. Obwohl sich ihr Verbreitungsgebiet überschneidet, können sich Grauspechte und Grünspechte nicht untereinander fortpflanzen. Rabenkrähe und Nebelkrähe sind dagegen **Rassen** einer Art. In einer schmalen Zone überschneiden sich ihre Verbreitungsgebiete zur Brutzeit (Bild 3). Dort können sich Rabenkrähen und Nebelkrähen fortpflanzen. Allgemein werden mit Rassen Gruppen innerhalb einer

2 Grauspecht (links) und Grünspecht

3 Rabenkrähe (links) und Nebelkrähe

➲ 8.4 Bildung der Geschlechtszellen (Meiose),
8.5 Veränderungen der Erbinformationen - Mutationen

Art bezeichnet, die sich von anderen Gruppen der Art erblich unterscheiden. Mitglieder verschiedener Rassen können sich untereinander fortpflanzen.

Erbliche Vielfalt innerhalb einer Art. Nachkommen eines Elternpaares sind meistens nicht ganz gleich, sondern zeigen auch erblich bedingte Unterschiede. Man spricht von erblicher Vielfalt. Bei der Hainschnirkelschnecke sind Färbung und Bänderung der Gehäuse erblich (Bild 4). Nicht immer sind erbliche Unterschiede so gut sichtbar wie bei Hainschnirkelschnecken. Heute weiß man, dass bei allen Lebewesen mit geschlechtlicher Fortpflanzung die Mitglieder einer Art erbliche Unterschiede aufweisen.

4 Gehäuse von Hainschnirkelschnecken

Mutationen sind plötzliche Veränderungen von Erbanlagen. Mutationen können neue Merkmale oder Eigenschaften hervorbringen. Ein Beispiel ist das weiß gefärbte Gefieder der normalerweise schwarzen Amseln (Bild 5). Albino-Amseln werden schneller von ihren Feinden entdeckt. Manche Mutationen können dagegen vorteilhaft sein, zum Beispiel das weiße Winterfell der Schneehasen (Bild 6). In einer schneebedeckten Landschaft sind Schneehasen mit weißem Winterfell vor ihren Fressfeinden (Wolf, Luchs) gut getarnt.

5 Albino-Amsel

Natürliche Auslese. Manche Merkmale und Verhaltensweisen eines Tieres oder einer Pflanze sind zweckmäßig und vorteilhaft. Sie erleichtern es, in einer bestimmten Umwelt zu überleben. Tiere und Pflanzen mit vorteilhaften Merkmalen haben eine höhere Wahrscheinlichkeit, sich fortzupflanzen. Sie geben ihre Erbanlagen häufiger an Nachkommen weiter als Lebewesen mit weniger zweckmäßigen Merkmalen. Man spricht von natürlicher Auslese oder **Selektion**.

6 Schneehase im Winterfell und im Sommerfell

9 Grundlagen der Evolution

7 Dunkler und heller Birkenspanner

8 Schema zur Artbildung

Der Birkenspanner ist ein Beispiel für das Wirken der natürlichen Auslese (Bild 7). Dieser Schmetterling sitzt tagsüber auf Ästen. Wenn ein Singvogel einen Birkenspanner entdeckt, frisst er ihn. Beim Birkenspanner gibt es eine hellere Form und eine dunklere Form. Die dunklen Tiere sind auf dunklen Baumstämmen kaum zu erkennen. 1848 wurde in England erstmals ein dunkles Exemplar entdeckt. 1898 waren in der Industrieregion um Manchester bereits 99 Prozent der Birkenspanner dunkel. Sie wurden durch die natürliche Auslese bevorzugt. Ruß aus den Industrieanlagen hatten die Borke vieler Birken dunkel gefärbt. Seit den sechziger Jahren des 20. Jahrhunderts haben die Rußablagerungen abgenommen. Der Anteil der weißen Birkenspanner ist seitdem wieder größer geworden.

Isolation. Damit aus einer Art im Laufe der Zeit zwei neue Arten entstehen, muss neben Neukombination, Mutation und Selektion noch der Faktor Isolation wirken. Mit diesem Begriff bezeichnet man die Trennung von zwei Gruppen einer Art. Die Trennung bewirkt, dass sich die Mitglieder der einen Gruppe nicht mehr mit den Mitgliedern der anderen Gruppe fortpflanzen können. Man nennt diesen Vorgang auch Artaufspaltung. Die allmähliche Entstehung neuer Arten durch Artaufspaltung kann mehrere hunderttausend oder sogar Millionen Jahre dauern.

Zusammenwirken von Mutation, natürlicher Auslese und Isolation. Am Beispiel von Bild 8 lässt sich die Evolution von zwei Arten aus gemeinsamen Vorfahren verdeutlichen. Die von Norden nach Mitteleuropa vordringenden Gletscher und Kältesteppen der Eiszeit isolierten die Art in zwei Gruppen (Bild 8, 9). Während der Eiszeit entwickelten sich die beiden Gruppen durch Mutation und Selektion getrennt weiter.

In den beiden isolierten Gruppen entstanden erbliche Unterschiede, zum Beispiel in der Färbung. Mit dem Rückzug der Gletscher überschnitten sich die Verbreitungsgebiete der beiden Gruppen wieder. Allerdings waren die Unterschiede während der Eiszeit so groß geworden, dass sich die Mitglieder der beiden Gruppen nicht mehr untereinander fortpflanzen konnten. Aus einer Art waren durch Artaufspaltung im Verlauf von mehr als hunderttausend Jahren zwei Arten geworden.

> Erbliche Vielfalt, Mutation, natürliche Auslese und Isolation sind Faktoren, die zusammenwirken, wenn allmählich im Verlauf langer Zeiträume aus einer Art zwei neue Arten werden (Artaufspaltung).

1. Modellversuch zur Selektion

Schneide fünfzig rote und fünfzig grüne Trinkhalme jeweils in drei etwa gleich lange Stücke. Diese Stücke stellen „Insekten" dar. Mehrere Schüler sind Feinde der Insekten, zum Beispiel „Singvögel".

Verteilt auf einer etwa 15 mal 15 Meter großen Rasenfläche gleichmäßig rote und grüne Trinkhalmstücke. Fünf „Singvögel" sollen in 30 Sekunden viele „Insekten" aufsammeln.

Zählt die gefundenen Stücke nach rot und grün getrennt aus. Deutet das Ergebnis.

Plant eine Verbesserung des Modellversuchs, bei dem auch die Fortpflanzung der unterschiedlich gut angepassten „Insekten" eine Rolle spielt.

1 Beschreibe anhand von Beispielen aus diesem Abschnitt die Begriffe Art, Mutation, erbliche Vielfalt, natürliche Auslese (Selektion) und Isolation.

2 Vergleiche an selbst gewählten Beispielen die künstliche Auslese durch Menschen bei der Züchtung von Nutzpflanzen und Tieren mit der natürlichen Auslese.

3 Beschreibe das Zusammenwirken der Evolutionsfaktoren am Beispiel von Bild 8.

9 Beim Vordringen der Gletscher während der letzten Eiszeit waren weite Teile Mitteleuropas eine Kältesteppe (Tundra) wie hier abgebildet. Viele Arten wurden durch die Kältesteppe in zwei isolierte Gruppen (in Südwest- und Südost-Europa) getrennt.

9 Grundlagen der Evolution

9.4 Verwandte in der Stammesgeschichte: Schimpansen und Menschen

1 Werkzeuggebrauch beim Schimpansen (a) und beim Menschen (b)

2 Die Schimpansin Panbanisha kann sich in einer Sprache aus farbigen Symbolen ausdrücken: Jedes der farbigen Symbole steht für einen einzelnen Begriff, darunter Tätigkeitswörter, Eigenschaftswörter und Hauptwörter; Panbanisha teilt ihrer Lehrerin mit, was sie tun, essen oder spielen möchte, indem sie auf die Symbole deutet

Schimpansen gehören wie Zwerg-Schimpansen, Gorillas, Orang-Utans und Gibbons zur Gruppe der **Menschenaffen**. Im Körperbau und im Verhalten sind Schimpansen unter allen Tieren dem Menschen am ähnlichsten.

Schimpansen können nur für kurze Zeit auf zwei Beinen gehen. Sie gehen am Boden mit vier Gliedmaßen oder hangeln sich mit ihren **Greifhänden** durch Bäume. Schimpansen leben in Gruppen. Sie verständigen sich mit vielfältigen Gesichtsausdrücken (Bild 3), mit ihrer Körperhaltung und einer sehr großen Zahl verschiedener Laute. In Schimpansengruppen kann man wütende Auseinandersetzungen, aber auch Versöhnung und Beschwichtigung beobachten. Mehrfach wurden wilde Schimpansen beim Nahrungsteilen beobachtet.

Die Kindheit eines Schimpansen dauert etwa drei Jahre. In dieser Zeit lernen Schimpansen-Kinder viel von gleichaltrigen und von anderen Gruppenmitgliedern. Schimpansen haben ein hohes **Lernvermögen** und ein gutes Gedächtnis. Sie können lernen, einfache **Werkzeuge** herzustellen und zu benutzen, zum Beispiel einen Stock zum Angeln von Insekten aus Höhlen (Bild 1).

Neben vielen Gemeinsamkeiten gibt es auch Unterschiede zwischen Mensch und Schimpanse, unter anderem im Gebiss, in der Länge der Arme und Beine, im Fußskelett und in der Form der Wirbelsäule. Das Gehirnvolumen beträgt beim Schimpansen etwa 400 Kubikzentimeter, beim Menschen 1400 Kubikzentimeter. Schimpansen können unter Anleitung des Menschen eine **Sprache** aus mehreren hundert verschiedenen Zeichen und ihre Bedeutung lernen (Bild 2). Eine Wortsprache wie die Menschen haben Schimpansen nicht. Dazu fehlt ihnen auch der Stimmapparat im Kehlkopf.

Untersuchungen der Erbanlagen von Mensch und Schimpanse haben gezeigt, dass sie zu 98,8 Prozent übereinstimmen. Das ist ein weiterer Hinweis auf die nahe Verwandtschaft von Mensch und Schimpanse. Vieles spricht dafür, dass Menschen und Schimpansen gemeinsame Vorfahren gehabt haben. Sie lebten wahrscheinlich vor ungefähr sechs Millionen Jahren in Afrika (Bild 4). Damals ging wegen weltweiter Klimaänderungen der tropische Regenwald an Fläche zurück, während das baumbestandene Grasland zunahm. Die Vorfahren der frühen Menschen lebten in der baumbestandenen Savanne, während die Vorfahren der Schimpansen im tropischen Regenwald ihren Lebensraum behielten.

> Von allen Tieren haben Schimpansen in den Erbanlagen, im Körperbau und im Verhalten die größten Ähnlichkeiten mit dem Menschen. Schimpansen und Menschen hatten wahrscheinlich gemeinsame Vorfahren.

3 Gesichtsausdruck beim Schimpansen

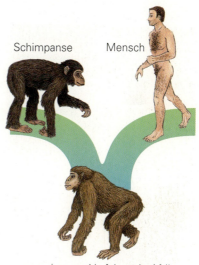

4 Gemeinsame Vorfahren von Menschen und Schimpansen (Schema)

1 Welche Bedeutung hat der Daumen für das Greifen? Binde dazu den Daumen mit einem Tuch an den Zeigefinger der Hand und versuche dann mit dieser Hand verschiedene Dinge zu greifen.

2 Welche der beiden Aussagen ist zutreffend, welche nicht? Begründe. a) „Der Mensch stammt vom Schimpansen ab." b) „Mensch und Schimpanse haben gemeinsame Vorfahren."

9 Grundlagen der Evolution

9.5 Evolution des Menschen

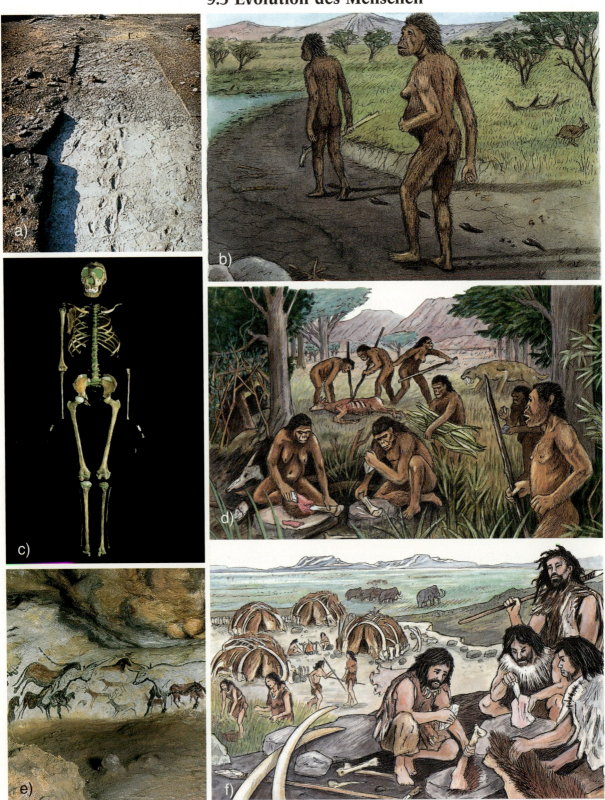

1 *Vormenschen (a, b), Frühmenschen (c, d), Jetztmenschen (e, f)*

➔ 9.6 Ein Stammbaum des Menschen

Auch bei der Frage nach der Abstammung des Menschen spielen Fossilfunde, ihre Auswertung und ihre Deutung eine große Rolle. 1976 stieß man in Tansania in Afrika auf einen sensationellen Fund: In einer Schicht verfestigter vulkanischer Asche entdeckte man Fußabdrücke von aufrecht gehenden Lebewesen, die ihre Spuren vor ungefähr 3,5 Millionen Jahren hinterließen (Bild 1a). Die Fußspuren wurden **Vormenschen** zugeordnet.

Zusammen mit der Auswertung weiterer Fossilfunde ergab sich folgendes Bild von den Vormenschen (Bild 1b): Sie lebten in Gruppen und durchstreiften die Savannen Afrikas nach pflanzlicher Nahrung und Kleintieren. Ihre Körpergröße betrug etwa 1,10 bis 1,40 m, ihr Gewicht 25 bis 40 kg. Das Gehirnvolumen war mit 450 cm³ nur wenig höher als das eines heute lebenden Schimpansen (Bild 2). Eine Wortsprache, wie wir sie kennen, hatten die Vormenschen sicher nicht. Auch Steinwerkzeuge wurden von ihnen nicht hergestellt.

Ebenfalls aus Afrika stammt der Fund eines **Frühmenschen**, der mit „Junge vom Turkanasee" bezeichnet wird (Bild 1c). Es handelt sich um das fast vollständige Skelett eines Jungen, der im Lebensalter von neun Jahren vor etwa 1,6 Millionen Jahren starb. Man vermutet, dass er nach dem jugendlichen Wachstum etwa 1,70 m groß geworden wäre.

Frühmenschen lebten von etwa 2 bis etwa 0,5 Millionen Jahre vor heute, zunächst in Afrika, später auch in Asien und Europa. Während dieser Zeit entwickelte sich das Gehirn beträchtlich. Einfache Werkzeuge wurden erstmals vor etwa 2 Millionen Jahren hergestellt. Im Laufe der Zeit wurde von den Frühmenschen die Werkzeugtechnik verfeinert.

Die Frühmenschen lebten in Gruppen als Jäger und Sammler (Bild 1d). Einige Fossilfunde sprechen dafür, dass ab etwa 0,7 Millionen Jahre vor heute schon das Feuer genutzt wurde. Manche Forscher halten es für wahrscheinlich, dass Frühmenschen vor etwa 0,5 Millionen Jahren die Fähigkeit zum Sprechen hatten.

Aus den Frühmenschen entwickelte sich im Laufe von Hunderttausenden von Jahren der **moderne Mensch** (**Jetztmensch**, Bild 1e, f). Er stammt aus Afrika und breitete sich seit etwa 200 000 Jahren über die ganze Erde aus. In Mitteleuropa trat er vor etwa 40 000 Jahren zur letzten Eiszeit auf. Der moderne Mensch ist mit einem großen Gehirn ausgestattet, das zu vielfältigen geistigen Leistungen imstande ist, zum Beispiel zu künstlerischen Darstellungen (Bild 1e). Innerhalb von nur etwa 30 000 Jahren ging die Entwicklung von den Sammlern und Jägern der Steinzeit über sesshafte Bauern hin zu den heutigen Menschen.

1 Welche Informationen kann man Fußabdrücken entnehmen? (Überlege dazu, was Fußabdrücke in einem Sandkasten aussagen.)

2 Beschreibe Bild 1b, d und f. Berücksichtige folgende Gesichtspunkte: Aussehen, Körpergröße, Lebensraum, Zusammenleben der Menschen, Nahrung, Nahrungserwerb, Werkzeuggebrauch, Behausungen, Kleidung, Arbeitsteilung und Zusammenarbeit, vermutliche Verständigungsmöglichkeiten.

3 Stelle die Angaben in Bild 2 zur Entwicklung des Gehirnvolumens, in einer geeigneten Grafik dar.

3,5 Mio. Jahre alt 450 cm³

1,8 Mio. Jahre alt 750 cm³

400 000 Jahre alt 1100 cm³

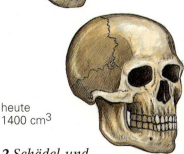

heute 1400 cm³

2 Schädel und Gehirnvolumen

9 Grundlagen der Evolution

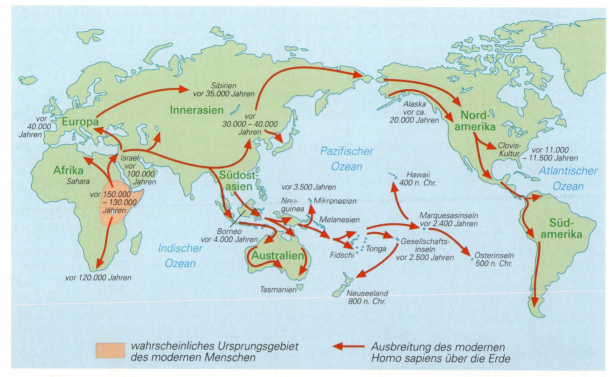

3 Die Ausbreitung des modernen Menschen (Homo sapiens) begann vor etwa 150 bis 130 Tausend Jahren in Afrika.

4 a) Erstelle anhand der Angaben in Bild 3 eine Zeittafel der Wanderbewegungen des Homo sapiens.
b) Wie hat sich in den letzten hundert Jahren das globale Ausbreitungsmuster der Menschen geändert?

5 Beschreibe anhand des Textes in Bild 4, was man unter Rassismus versteht und nenne Beispiele.

Umgangssprachlich werden mit dem Begriff „Rasse" häufig andere Völker, andere Kulturen oder einfach eine Gruppe fremder Menschen bezeichnet. Man nennt es Rassismus, wenn einer Menschengruppe Eigenschaften unterstellt werden, durch die sie abgewertet oder als unterlegen und minderwertig eingestuft werden. Durch negative Bewertungen der anderen wird die eigene Gruppe höher bewertet und überlegen dargestellt. Rassistische Vorurteile wurden häufig zur Rechtfertigung von Aggressionen gegen andere Menschengruppen benutzt. Die fast vollständige Ausrottung der Indianer in Amerika wurde auch damit begründet, dass sie „schmutzige Wilde" seien. Das Vorurteil von der Überlegenheit der germanischen („arischen") Rasse und der Unterlegenheit der jüdischen Rasse diente im Nationalsozialismus dazu, dass mehr als sechs Millionen Juden in Konzentrationslagern ermordet wurden. Rassismus tritt weltweit und in vielen verschiedenen Formen auf, zum Beispiel als Fremdenfeindlichkeit und Fremdenhass. Es ist zutiefst menschenunwürdig und gegen die Menschen- und Grundrechte, dass Menschen sich anmaßen, den Wert anderer Menschen zu bestimmen. Es gibt viele Beispiele, wo Mitglieder verschiedener Menschengruppen friedlich zusammenleben und auch gemeinsame Nachkommen haben.

4 Stichwort „Rassismus"

5 Menschen aus verschiedenen Gebieten der Erde

Alle Gruppen von Menschen auf der Erde, zum Beispiel Asiaten, Europäer, Inder, Afrikaner oder Indianer, haben eine **gemeinsame Abstammung**. Die Wiege der Menschheit liegt in Afrika. Die dunkle Hautfarbe der Menschengruppen in einigen Regionen der Erde ist ein Schutz vor allzu intensiver Sonneneinstrahlung. Besonders ultraviolette Strahlen können die Haut schädigen. Wegen der gemeinsamen Abstammung haben alle heute lebenden Menschen viele Gemeinsamkeiten (Bild 5).

> Die Evolution des Menschen verlief über Vor- und Frühmenschen zum modernen Menschen. Alle heute lebenden Gruppen von Menschen haben eine gemeinsame Abstammung.

9 Grundlagen der Evolution

9.6 Ein Stammbaum des Menschen

1 Beschreibe den Stammbaum des Menschen (Bild 2).

2 Nenne Veränderungen, die der Übergang vom Sammeln und Jagen zur Sesshaftigkeit mit sich brachte.

3 Stelle die Daten zur Bevölkerungsentwicklung von Christi Geburt bis heute (Tabelle in Bild 2) in geeigneter Weise dar. Besprecht vorher, wie ihr die Achsen anlegen und gestalten wollt.

4 Die Evolution wird auch in Zukunft weitergehen. Stellt Vermutungen über die Zukunft der Menschheit in hundert, tausend und einer Million Jahre an. Was spricht für, was gegen eure Vermutungen?

Die Untersuchung von Fossilien der Vorfahren des Menschen haben wichtige Informationen geliefert, um einen **Stammbaum** zu erstellen (Bild 2). Dieser Stammbaum ist nicht endgültig. Neue Funde können den Stammbaum ergänzen und erweitern.

Sammeln und Jagen prägte viele Jahrhunderttausende die Lebensweise der Menschen. Dabei eigneten sich die Menschen aus ihrer Umwelt Pflanzen, Tiere und Materialien an, ohne ihre Umwelt umzugestalten. Man spricht daher von einer **aneignenden Wirtschaftsweise**. Seit etwa 10 000 v. Chr. fand der allmähliche Übergang zur Sesshaftigkeit statt. Pflanzen wurden angebaut und Haustiere gehalten. Mit Ackerbau und Viehzucht wurde die Vorratshaltung verbessert. Nun waren Menschen nicht mehr nur auf das angewiesen, was sie in der Natur vorfanden. Diese **produzierende Wirtschaftsweise** wurde durch die Erfindung des Pfluges noch ergiebiger. Die Nahrungsversorgung verbesserte sich. Dadurch konnte eine größere Bevölkerung ernährt werden (Bild 2). Wegen der tiefgreifenden Veränderungen in der Lebensweise der Menschen bezeichnet man diese Phase der Vorgeschichte als **Ackerbaurevolution**. Die Vorgeschichte endet mit dem Aufkommen von Schrift. In Europa wurde die erste Schrift um 1800 v. Chr. auf der Mittelmeerinsel Kreta verwendet.

> Ein Stammbaum zeigt die Evolution des Menschen. Der Übergang vom Sammeln und Jagen zur Sesshaftigkeit mit Ackerbau brachte tiefgreifende Veränderungen mit sich.

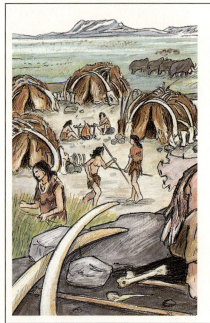

Mammutjäger in der Großstadt?

Fast 99 Prozent der Zeit von 2 Millionen Jahren bis heute haben Menschen als Jäger und Sammler in Gruppen gelebt. Eine Reihe von Wissenschaftlerinnen und Wissenschaftlern ist der Überzeugung, dass dieser lange Zeitraum Auswirkungen auf das Gehirn und das Verhalten von Menschen hatte. Diese Forscher nehmen an, dass in jedem von uns jetzt lebenden Menschen noch Verhaltens-Neigungen vorhanden sind, die sich in den Gruppen der Jäger und Sammler viele hunderttausend Jahre bewährt haben.

1 Früher – heute

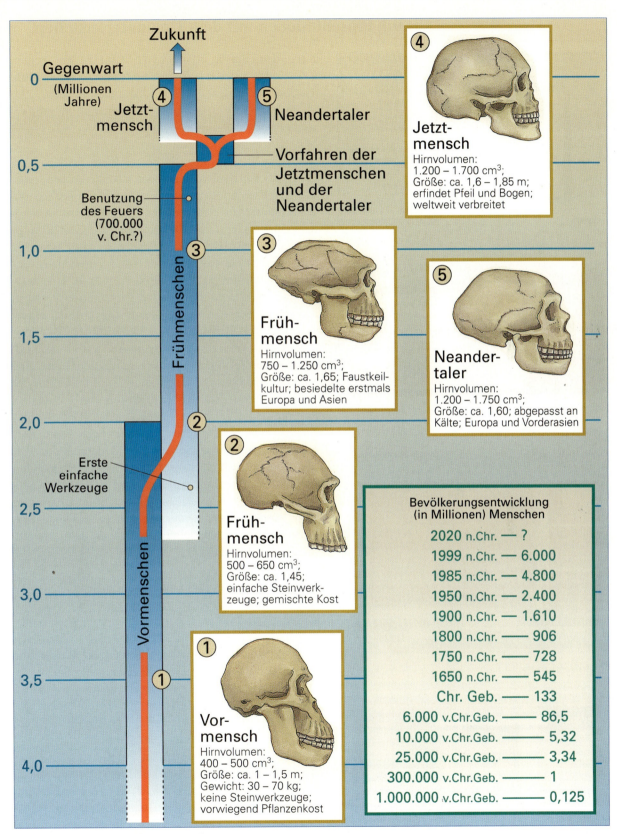

2 Ein Stammbaum des Menschen

9 Grundlagen der Evolution

9.7 Präsentationen mit dem Computer erstellen

1 Aufgabenbereich

2 AutoInhalt-Assistent

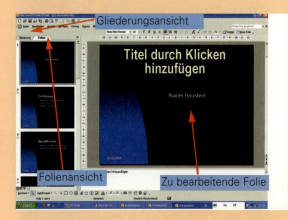

3 Folienfenster

4 Text einfügen

Nach dem Starten von Power Point ist im rechten Bildschirmfenster der Aufgabenbereich zu sehen (Bild 1). Über den Aufgabenbereich kann man steuern,
a) ob eine bereits vorhandene Präsentation geöffnet werden soll oder
b) ob eine neue Präsentation erstellt werden soll.
Eine neue Präsentation kann als leere Präsentation, von einer Entwurfsvorlage oder auf der Vorlage einer Musterpräsentation mit dem Auto-Inhalt-Assistenten gestartet werden. Die anderen hier angegebenen Möglichkeiten eignen sich für Anfänger weniger. Je nach Auswahl ändert sich der Aufgabenbereich. Es handelt sich hier um ein Kontexmenü. Es ist empfehlenswert, mit dem AutoInhalt-Assistenten zu starten. Hier werden zu bestimmten Themen Präsentationsvorlagen dargestellt. Für naturwissenschaftliche Themen eignet sich häufig die Auswahl „generisch" (Bild 2). Bestätige immer mit „Weiter". Als Ausgabeart wähle die Bildschirmpräsentation. Einen Präsentationstitel und eine Fußzeile braucht man nicht eingeben. Zum Schluss ist der Punkt „Fertig stellen" anzuklicken.
Es öffnet sich dann ein neues Fenster (Bild 3). Das Fenster stellt im kleineren linken Bereich wahlweise, durch Buttons umschaltbar, die Gliederung der Präsentation oder die Miniaturansicht der bisher erstellten Folien dar. Durch Anklicken wird die ausgewählte Folie im rechten Bereich des Fensters angezeigt und kann dann bearbeitet werden. Die ausgewählte Präsentation hat bereits einen gestalteten Hintergrund, das Hintergrunddesign.

Im rechten Fenster kann man nun die Texte der ausgewählten Folie bearbeiten und nach individuellen Vorstellungen abändern. Klicke einfach auf die jeweilige Stelle, wo etwas geändert werden soll. Es öffnet sich ein Textfeld, in das du die Änderungen eintragen kannst (Bild 4). Die neu erstellten Texte können nun, genau wie im Textverarbeitungsprogramm, formatiert werden. Dazu kann die „Format-Symbolleiste" verwendet werden. Soll weiterer Text eingefügt werden, kann man die Größe des Feldes durch Anklicken und Ziehen der nun erscheinenden Punkte mit Hilfe der Maus verändern. Ein weiteres Textfeld kann durch Anklicken des Symbols „Textfeld" im unten angeordneten Symbolfeld „Zeichnen" erstellt werden. Der Mauszeiger wird dabei zu einen Kreuz, mit dem das Textfeld in gewünschter Größe und Anordnung auf der gerade bearbeiteten Folie erstellt werden kann. Auch hier kann wieder Text in frei gewählter Formatierung eingebracht werden. Bei der Texterstellung ist aus Gründen der Lesbarkeit auf eine Schriftgröße ab 18 aufwärts sowie auf ausreichenden Kontrast zum Hintergrunddesign zu achten. Will man die Folie durch Bilder oder Grafiken interessanter gestalten, sucht man das passende Bild, z.B. mit einer Internet-Suchmaschine. Nun klickt man mit der rechten Maustaste auf das Bild und wählt im aufklappenden Menü „Kopieren". Jetzt wechselt man wieder zu Power Point, klickt mit der rechten Maustaste auf die bearbeitete Folie und wählt „Einfügen". Das ausgewählte Bild erscheint nun auf der Folie und kann durch Ziehen mit der linken Maustaste auf die richtige Größe gebracht werden (Bild 5). Durch Schieben mit der linken Maustaste kann das Bild dann an der richtigen Stelle platziert werden. Nach dieser Vorgehensweise kann man jetzt die verschiedenen Folien der Präsentation bearbeiten. Das Hintergrunddesign kann für jede Folie verändert werden (Bild 6). Dazu klickt man auf das Ausklappmenü ganz rechts oben und wählt Foliendesign. Jetzt kann man eine der zur Verwendung vorhandenen Entwurfsvorlagen auswählen. Fährt man mit dem Mauszeiger über die ausgewählte Folie, erscheint rechts ein Pfeil. Hier kann man durch Anklicken auswählen, ob dieses Design nur für die ausgewählte oder für alle Folien übernommen werden soll. Eine neue Folie wird unter dem Menüpunkt „Einfügen" in der oberen Menüleiste erzeugt. Hat man alle Folien bearbeitet, kann man die Präsentation vorführen. Das geschieht durch das Aufrufen des Punktes „Bildschirmpräsentation" in der oberen Menüleiste. Hier klickt man dann den Punkt „Bildschirmpräsentation vorführen" an. Eine neue Folie wird jeweils durch einen Klick mit der linken Maustaste aufgerufen. Eine weitere Möglichkeit zum Aufrufen der Präsentation befindet sich links unten im Fenster (Bild 7). Bevor man die Präsentation startet, sollte man überprüfen, ob die Folien in der richtigen Reihenfolge angeordnet sind. Das geht am besten in der Foliensortieransicht (Bild 7). Zum Verschieben klickt man die Folie an, lässt die linke Maustaste gedrückt und schiebt sie an die gewünschte Position Die Normalansicht ist für die Bearbeitung der Folien (Bild 7). Um die Präsentation von Anfang an beginnen zu lassen, achte darauf, dass die erste Folie aktiv ist. Hierzu kann z.B. in der Foliensortieransicht die erste Folie mit der Maus angeklickt werden. Mit der ESC-Taste beendest du sofort die Präsentation.

5 Grafik einfügen

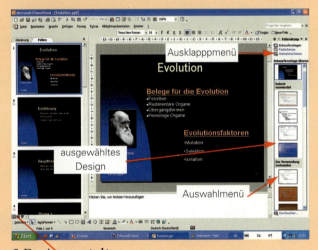

6 Design gestalten

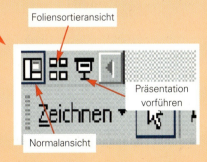

7 Verschiedene Ansichten

9 Grundlagen der Evolution

9.8 Energie und Rohstoffe

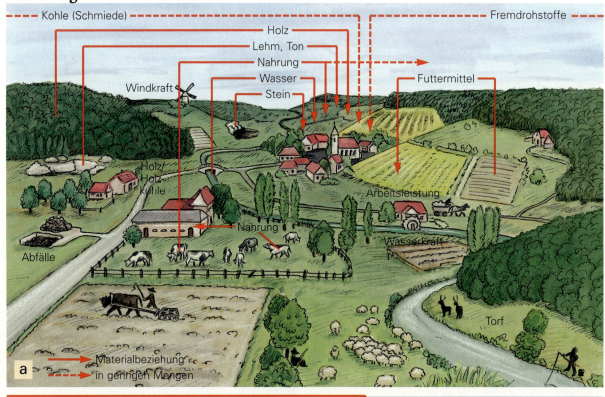

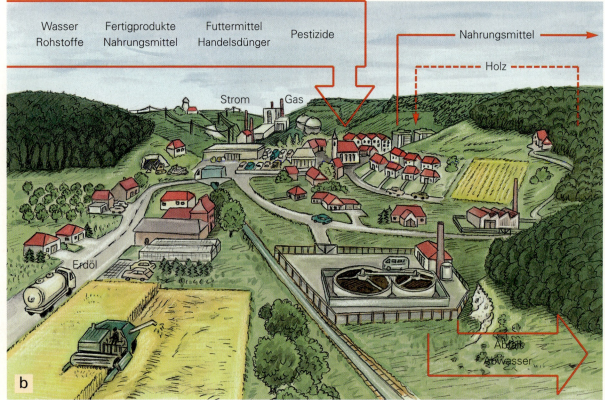

1 *Ein Dorf früher a) und heute b)*

Bild 1a zeigt im Modell ein von Landwirtschaft und Handwerk geprägtes Dorf, wie es früher war. Das Dorf und seine unmittelbare Umgebung konnte nur eine bestimmte Zahl von Menschen und Haustieren ernähren. Für die Energiebeschaffung wurden hauptsächlich örtliche Energiequellen genutzt, zum Beispiel Windkraft, Wasserkraft und Holz. Menschliche und tierische Arbeitskraft spielten eine große Rolle. Die Lebensweise der Menschen war sicherlich mühsamer, arbeitsreicher und bescheidener als heute. Bild 1b zeigt Veränderungen in der Entwicklung zu einem heutigen Ort. Diese Entwicklungen gründen vor allem auf einem hohen Bedarf an Energie und an Stoffen, die von anderswo hergeliefert werden. Einerseits bringt diese Entwicklung große Fortschritte in der Lebensweise der Menschen, andererseits ergeben sich bestimmte Nachteile und Abhängigkeiten.

Die großen Abfallmengen sind eines der heutigen Probleme. Vieles spricht dafür, dass in Zukunft die **Kreislauf-Wirtschaft** weiter an Bedeutung gewinnt (Bild 2). Damit meint man, dass ein Produkt nach seinem Gebrauch nicht als Müll abgelagert (deponiert) wird, sondern möglichst umfassend verwertet und der Produktion zugeführt wird. Weil Energie und Rohstoffe nur begrenzt vorhanden sind und Geld kosten, bemüht man sich vielerorts, sparsam damit umzugehen. Das ist ein wichtiger Beitrag zur Vorsorge für die Zukunft und schont die Umwelt.

| Eine Kreislauf-Wirtschaft ermöglicht einen sparsamen Umgang mit Energie und Rohstoffen.

1 Vergleiche Bild 1a und b und beschreibe wesentliche Unterschiede. Besprecht Vor- und Nachteile der Entwicklung.

2 Welche Rohstoffe werden in eurem Heimatort genutzt? Wie werden die Rohstoffe aufbereitet oder verarbeitet?

3 Beschreibe Bild 2. Gib an, was man unter Kreislauf-Wirtschaft versteht. Welche Vorteile hat diese Form des Wirtschaftens?

4 Stellt Tipps und Informationen zur Vermeidung, zur Verwertung und zur Entsorgung von Abfall und Müll in eurem Ort zusammen.

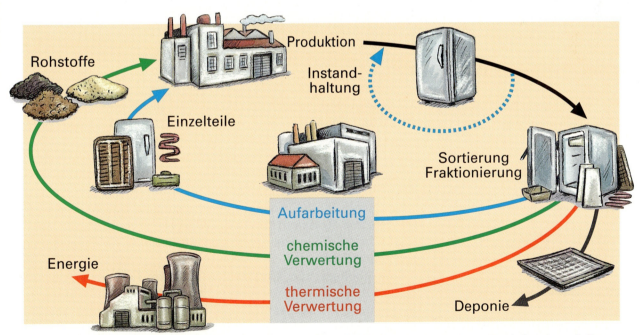

2 Kreislauf-Wirtschaft : Zwischen dem besten Weg (Weiterbenutzung eines Produktes) und dem ungünstigsten Weg (Müll-Deponie) gibt es verschiedene Möglichkeiten der Verwertung

9 Grundlagen der Evolution

9.9 Natur- und Umweltschutz – Verantwortung für die Natur

Wert	Güter und Leistungen von Natur und Umwelt	Beispiele
Wirtschaftlicher Wert	Organische Stoffe	Nahrung, Futter, nachwachsende Rohstoffe, Arzneimittel aus Pflanzen
	Anorganische Stoffe	Erze, Salze, Baustoffe, Wasser
	Energie	Wasser-, Sonnen-, Windenergie, fossile Energieträger (Erdgas, Erdöl)
Gesundheitlicher Wert	Gesundheit und Wohlbefinden	Erholung, Sport, Freizeitgestaltung; Heil-Klima; Kurort; (Tourismus)
Ökologischer Wert (Ökologie = Lehre vom Haushalt der Natur)	Luft, Klima	CO_2-Speicher (Fotosynthese); O_2-Speicher (Atmung); Temperaturausgleich, Windhemmung, Filter für Schadstoffe in der Luft
	Wasser	Versorgung; Speicherung und Reinigung des Wassers
	Boden	Bodenaufbau, Humusbildung; Schutz vor Bodenabtragung (Erosion), Standort für (Nutz-)Pflanzen
	Stoffhaushalt	Kreislauf von Stoffen (z.B. Stickstoff, Kohlenstoff); Zersetzung toter Pflanzen und Tiere; Mineralsalze für Pflanzen; Abbau bestimmter Schadstoffe
	Vielfalt der Lebewesen, Lebensraum	Pflanzen, Tiere und Mikroorganismen mit jeweils ganz bestimmter Bedeutung in der Natur; biologische Schädlingsbekämpfung; Bestäubung von Pflanzen, Lebensraum für typische Pflanzen und Tiere der Heimat
Kultureller Wert	Heimische Landschaft, Heimat	Typische Landschaft und ihre Menschen, die in Geschichten, Erzählungen, Liedern und Gemälden dargestellt werden, Heimatkunde, Brauchtum, Heimatkultur

1 Natur und Umwelt sind wertvoll

1 Tragt Beispiele für Güter und Leistungen der Umwelt zusammen (Bild 1). Die Beispiele sollen aus der Umgebung eures Ortes oder aus der Region stammen.

2 Sammelt aus heimischen Zeitungen Artikel, die Güter und Leistungen von Natur und Umwelt betreffen (Bild 1).

3 Beschreibe, welche Güter und Leistungen aus Natur und Umwelt du im Laufe eines Wochentages in Anspruch nimmst.

Menschen sind in vielerlei Weise von der Umwelt abhängig. Güter und Leistungen aus der Umwelt werden direkt oder indirekt von Menschen gebraucht und verbraucht (Bild 1). Manches davon ist so selbstverständlich, dass wir kaum darüber nachdenken. Der **Wert** von Natur und Umwelt wird uns manchmal erst deutlich, wenn es zu Störungen und Belastungen gekommen ist.
• Bestimmte Stoffe, Produkte und Leistungen tragen zum **wirtschaftlichen Wert** der Umwelt bei (Bild 1).
• Sport und Erholung in der Natur sind Beispiele für den **gesundheitlichen Wert**.
• Zum **ökologischen Wert** zählen indirekte Leistungen, die die Natur für uns Menschen erbringt. Dazu gehören zum Beispiel die Reinhaltung der Luft, die Bildung von Humus im Boden und die Bestäubung von Blüten durch Insekten.
• Die Bedeutung als Heimat für Menschen gehört zum **kulturellen Wert** von Natur und Umwelt.

- Außerdem haben Natur und Umwelt einen **Zukunfts-Wert**. Damit ist gemeint, dass auch für zukünftig lebende Menschen Natur und Umwelt wertvoll sind.
- Viele Menschen sprechen der Natur und ihren Lebewesen einen **Eigen-Wert** zu. Die Natur und alle ihre Lebewesen sind deshalb wertvoll, weil sie Teil der Schöpfung sind. Dabei ist es unwichtig, ob die Natur oder eines ihrer Lebewesen für den Menschen nützlich ist.

Weil Natur und Umwelt so wertvoll sind, muss mit ihnen sorgsam, pfleglich, rücksichtsvoll und verantwortlich umgegangen werden. Zu den Rücksichtnahmen gehört auch, an zukünftig lebende Menschen zu denken. Die Verantwortung des Menschen für Natur und Umwelt macht ihren **Schutz** notwendig (Bild 2). Damit werden jetzt und in Zukunft die Lebensgrundlagen des Menschen gesichert. Man spricht von **Umwelt-Verträglichkeit**, wenn Menschen sich so verhalten, dass Natur und Umwelt möglichst wenig belastet werden.

2 Die Mietsache …

4 Beschreibe Beispiele für Umwelt- und Naturschutz in deinem Ort und in der Umgebung.

5 Verdeutliche, was mit Bild 2 ausgesagt wird. Was könnte der Text in Bild 2 für dich und deine Mitmenschen in deinem Heimatort bedeuten?

9 Grundlagen der Evolution

9.10 Besondere Entwicklungen beim Menschen

Die Zahl an Erfindungen ist in den vergangenen Jahrhunderten rasant gestiegen (Bild 1). Grund dafür ist auch, dass Menschen in der Lage sind, Wissen, Erfahrungen und Meinungen in mündlicher oder schriftlicher Form zu verbreiten.

Zu den **Besonderheiten** des Menschen gehört, dass er im Laufe von Hunderttausenden von Jahren eine Kombination verschiedener Fähigkeiten entwickelte:

- Fähigkeit zu umfangreichen, **vorausschauenden Planungen**;

- **Verständigung mit einer Wortsprache** mit der Möglichkeit, auch über Vergangenes und Zukünftiges zu sprechen;

- Fähigkeit zur **Herstellung und Nutzung von Werkzeugen**;

- **Arbeitsteilung und Zusammenarbeit** (Kooperation) bei der Bewältigung von Aufgaben;

- Weitergabe und **Nutzung der Erfahrung anderer** (Überlieferung, Tradition).

Alle diese Fähigkeiten wirken zusammen. Sie begründen die **kulturelle Entwicklung** des Menschen. Unter Kultur versteht man alles von Menschen und Menschengruppen Geschaffene. Dazu

11. Jahrhundert	20
12. Jahrhundert	40
13. Jahrhundert	100
14. Jahrhundert	50
15. Jahrhundert	140
16. Jahrhundert	180
17. Jahrhundert	300
18. Jahrhundert	700
19. Jahrhundert	2220

1 *Ungefähre Zahl der Entdeckungen und Erfindungen*

1 Stelle die Daten in Bild 1 in einem geeigneten Diagramm dar.

2 Beschreibe Beispiele aus deinem Alltag, bei denen Planung, sprachliche Verständigung, Arbeitsteilung und Kooperation sowie Werkzeuggebrauch zusammentreffen, um ein bestimmtes Ziel zu erreichen. (Ein Beispiel: Du willst mit Freunden oder Freundinnen zusammen eine Pizza backen, Bild 2.)

„Unser Pizza-Essen ist ein kulturelles Ereignis", behauptet Jens, der im Kreis seiner Familie beim Abendbrot sitzt. „Gerade du willst wissen, was Kultur ist?", entgegnete seine Schwester genervt. Jens begründet seine Behauptung: Vor zwei Tagen hatten sie sich entschlossen, gemeinsam ein Abendessen zu gestalten. Über ihre vorausschauenden **Planungen** hatten sie sich wortreich mit **Sprache** verständigt. Beim Einkaufen der Lebensmittel und beim Zubereiten hatten sie **Arbeitsteilung** und **Kooperation** (Zusammenarbeit) vereinbart. Das Rezept für den Pizzateig wurde einem Kochbuch entnommen. Auf diese Weise nutzten sie **Erfahrungen anderer Menschen**. Die Weitergabe von Erfahrungen und Informationen durch Sprache oder Schrift bezeichnet man auch als Überlieferung oder Tradition. Beim Zubereiten und Backen der Pizza hatten sie verschiedene körperfremde Gegenstände benutzt (u. a. Messer, Schüsseln und Backofen). Ohne diese **Werkzeuge** hätten sie ihr Ziel, eine warme, leckere Pizza herzustellen, nicht erreicht.

2 *Gemeinsam eine Pizza backen - ein Beispiel für ein „kulturelles" Ereignis*

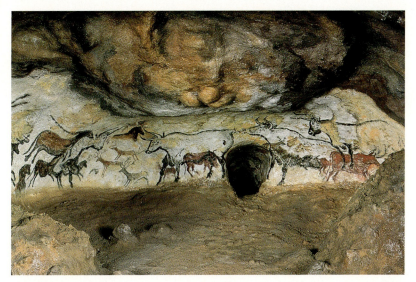

3 Höhlenmalerei

4 Moderne Arbeitsplätze

gehören Gegenstände ebenso wie geistige Errungenschaften. Im Laufe der kulturellen Entwicklung haben Menschen ihre Umwelt tiefgreifend verändert und umgestaltet. Ein Beispiel für kulturelle Entwicklung ist die Geschichte der Nachrichten-Übermittlung (Bild 5).

| Kultur und kulturelle Entwicklung sind Besonderheiten des Menschen. Sie gründen unter anderem auf der Fähigkeit zur vorausschauenden Planung und zur Verständigung mit einer Wortsprache.

Manche Wissenschaftler vermuten, dass sich Menschen schon vor 100 000 Jahren oder noch viel früher sprachlich ausdrücken konnten.

35 000 v. Chr.: älteste Kunstwerke als Höhlenmalereien und Schnitzereien

6 500 v. Chr.: erste Bilderschriften

3 500 v. Chr.: Keilschrift in Mesopotamien

2 600 v. Chr.: erste Tinte, die von Ägyptern und Chinesen aus Ruß und Wasser hergestellt wurde

190 v. Chr.: Pergament wird als Schreibfläche genutzt

Zur Zeit der Römer entstehen die uns bekannten Schriftzeichen, die 26 Buchstaben des Alphabets.

1040 n. Chr.: In China werden für den Druck von Schriftzeichen erstmals bewegliche Lettern benutzt.

1436: Buchdruck mit beweglichen Lettern und Metalltypengießgerät von Gutenberg erfunden

1609: erste Wochenzeitung

1650: erste Tageszeitung (in Leipzig)

1826: erste Fotografien

1861: Erfindung des Mikrofons

1894: erste Funksignale drahtlos übermittelt (Radio)

1903: erste brauchbare Farbfotografien

1925: erste öffentliche Fernsehvorführungen

1937: Vorläufer des Computers

1953: erstmals Farbfernsehen

1956: Videoband entwickelt

1969: erster Silizium-Mikroprozessor-Chip

Heute: Weltweite Kommunikationsmöglichkeiten; elektronische Datenverarbeitung; riesige Mengen an Information können auf geringem Raum gespeichert und schnell abgerufen werden.

5 Kulturelle Entwicklung der Nachrichten-Übermittlung durch Sprache, Bilder und Schrift

Z Sich entwickeln

Entwicklung, Partnerschaft, Sexualität

In einer Partnerschaft übernehmen beide Partner Verantwortung für einander. **Ehe und Familie** werden durch das Grundgesetz geschützt.

Der **Menstruationszyklus** wird durch Hormone gesteuert. In der Mitte des Zyklus kommt es zum **Eisprung**. Dann kann es zur Befruchtung kommen, wenn Eizelle und Spermazelle miteinander verschmelzen. Der **Embryo** nistet sich in der Gebärmutterschleimhaut ein.
Eine Schwangerschaft entsteht. Ab dem dritten Monat wird das heranwachsende Kind **Fetus** genannt.

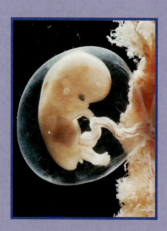

Infektionskrankheiten, die durch Geschlechtsverkehr oder engen körperlichen Kontakt übertragen werden, werden **Geschlechtskrankheiten** genannt, z.B. Tripper und Syphilis. Das Risiko einer Infektion steigt durch das häufige Wechseln des Partners.

Empfängnisregelung bedeutet, dass die Partner bewusst Einfluss auf die Entstehung einer Schwangerschaft nehmen.

Grundlagen der Vererbung

Lebewesen bestehen aus **Zellen**, die auf bestimmte Aufgaben spezialisiert sind.

Der **Zellkern** ist die Steuerzentrale der Zelle. Er enthält in den **Chromosomen** die Erbanlagen (**Gene**) der Lebewesen. Sie liegen in der **DNA** vor. Chromosomen kommen in der Zelle doppelt vor. Jedes Gen ist daher auch doppelt vorhanden. Beide Gene wirken bei der Festlegung eines Merkmals mit.
Wenn sich ein Gen bei der Ausbildung eines Merkmals durchsetzt, wird es **dominant** genannt, das sich nicht durchsetzende Gen nennt man **rezessiv**.

Bei der Zellteilung (**Mitose**) entstehen aus einer Körperzelle zwei neue Zellen mit den gleichen Erbanlagen. Geschlechtszellen werden bei der **Meiose** gebildet. In ihrem Verlauf werden Chromosomen und Erbanlagen neu kombiniert.

Mutationen sind Veränderungen der Erbanlagen. Führt die Veränderung zu einer Erkrankung, die an die Nachkommen vererbt wird, spricht man von einer Erbkrankheit.

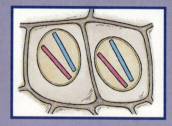

Gentechnik ist das Erforschen und Anwenden von Verfahren, mit denen Gene untersucht oder gezielt verändert werden können.

Grundlagen der Evolution

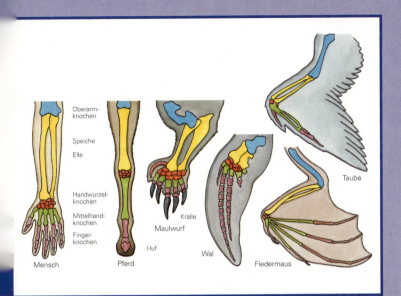

Alle Arten von Lebewesen sind im Laufe von Jahrmillionen aus anderen Formen hervorgegangen. Diese Vorgänge nennt man **Evolution**.

Belege für die Evolution der Lebewesen: **Übergangsformen** besitzen Merkmale aus verschiedenen Tiergruppen. **Rudimentäre Organe** haben im Laufe der Evolution ihre ursprüngliche Aufgabe ganz oder teilweise verloren. **Homologe Organe** sind Organe, die bei verschiedenen Tierarten nach dem gleichen Bauplan gestaltet sind. Auch die **Embryonalentwicklung** weist bei nahe verwandten Lebewesen Übereinstimmungen auf.

Die erbliche Vielfalt der Lebewesen einer Art ist auf die **geschlechtliche Fortpflanzung** zurückzuführen. Auch sie trägt zur Evolution bei.

Neue Arten können durch das Zusammenwirken von **Mutation**, **natürlicher Auslese** und **Isolation** entstehen.

Schimpanse und Mensch hatten wahrscheinlich gemeinsame Vorfahren. Der heutige Mensch breitet sich seit etwa 200.000 Jahren über die ganze Erde aus. Sein Ursprung liegt in Afrika. Er hat sich aus den Vormenschen und Frühmenschen über viele Stufen entwickelt.

Die Verwandtschaft der Lebewesen kann in **Stammbäumen** dargestellt werden. Stammbäume entstehen durch den Vergleich von Fossilien untereinander und mit heutigen Lebewesen.

Der Mensch besitzt als Besonderheit die Fähigkeit zur vorausschauenden Planung und zur Verständigung mit der Wortsprache. Er kann Werkzeuge herstellen und nutzen. Er bewältigt Aufgaben in Arbeitsteilung und Zusammenarbeit.

Wiederholen, Üben, Anwenden, Vertiefen

1 Schwarzes Männchen und weißes Weibchen

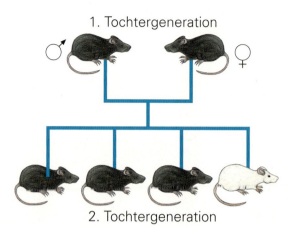

2 Kreuzung zweier mischerbiger schwarzer Mäuse

1 Beschreibe in einem Satz, was bei der Mitose passiert. Beschreibe die Meiose. Was ist der wesentliche Unterschied zwischen Mitose und Meiose?

2 Erbanlagen können reinerbig, mischerbig, dominant oder rezessiv sein. Erkläre die Begriffe.

3 Die Nachkommen der beiden reinerbigen Mäuse sind alle schwarz (Bild 1). Wie kann das sein? Gib in einer Tabelle die möglichen Genkombinationen an.

4 Ein schwarzes Männchen und ein schwarzes Weibchen der Nachkommen werden gekreuzt. Dabei gibt es wieder weiße Mäuse (Bild 2). Fertige ein Kombinationsschema an und beschreibe es.

5 Ein reinrassiges weißes Meerschweinchenmännchen mit krausem Fell wird mit einem Meerschweinchenweibchen mit glattem, schwarzem Fell gekreuzt. Schwarzes und krauses Fell sind dominant. Welche Erscheinungsbilder und welche Erbbilder treten auf?

6 Der Mensch nutzt die Kenntnisse der Vererbung zur Vieh- und Pflanzenzucht. In der Auslesezüchtung werden nur die jeweils besonders geeigneten Pflanzen oder Tiere zur Zucht genommen. Bei der Kombinationszüchtung werden verschiedene Tierrassen oder Pflanzensorten gekreuzt, um Merkmale der einen Sorte mit Merkmalen der anderen Sorte zu kombinieren. Durch Gentechnik werden fremde Gene in Zellen übertragen. Beim Klonen werden Tiere mit exakt gleichen Erbanlagen vermehrt.
a) Eine ertragreiche Weizensorte wurde mit einer Weizensorte kombiniert, die gegen Kälte widerstandsfähig ist.
b) Tomaten sollen großfruchtig, schmackhaft, gegen Braunfleckenkrankheit unempfindlich sein und nicht schnell matschig werden. Eine kleinfruchtige Tomatensorte ist gegen die Braunfleckenkrankheit unempfindlich. Durch Gentransfer wurde ein Enzym so verändert, dass es die Zellwände der Tomate bei der Reife nicht aufweicht.
c) Um den Zuckergehalt von Rüben zu erhöhen, wurden immer die zuckerreichsten Rüben zur Zucht ausgewählt. So ließ sich der Zuckergehalt der Runkelrübe von 1,5% auf etwa 20 % in der Zuckerrübe steigern.
d) Bei Milchrindern wurde die Milchleistung in den letzten 150 Jahren von durchschnittlich etwa 1200 Litern auf über 6000 Litern pro Jahr gesteigert.

Ordne die Beispiele den Verfahren zu. Informiere dich über gentechnisch veränderte Lebensmittel. Nenne Vor- und Nachteile dieses Verfahren.

Equus
vor 2 Millionen Jahren

eselsgroß, fraß Gras

Pliohippus
vor 5 Millionen Jahren

fraß Gras

Meryhippus
vor 22 Millionen Jahren

wolfsgroß, lebte in Wäldern, fraß Blätter

Mesohippus
vor 35 Millionen Jahren

ponygroß, lebte in Steppen, fraß Gras

fuchsgroß, lebte in Sumpfwäldern, fraß Blätter

Urpferdchen
vor 55 Millionen Jahren

3 Stammbaum der Pferde

7 Erkläre die Begriffe natürliche Auslese, Mutation, Selektion, Isolation.

8 Stelle die Evolutionsfaktoren mit Beispielen in einem Lernplakat zusammen.

9 Aus besonders gut erhaltenen Funden kann man die Entwicklung der Pferde nachvollziehen. Beschreibe den Stammbaum der Pferde in Bild 3. Achte dabei auch auf die Beine mit Füßen und Zehen. Welche Pferdeformen konnten sich durchsetzen?

10 Es wird immer wieder davor gewarnt, Antibiotika bei jeder Erkältungskrankheit einzunehmen, da sie ein Selektionsfaktor sind. Begründe diese Warnung.

11 Im Laufe der kulturellen Entwicklung hat sich die Arbeitswelt der Menschen tiefgreifend verändert. Beschreibe Veränderungen, die durch die Erfindung der Brille, des Elektromotors und des Computers stattgefunden haben. Bewerte die Folgen.

Energie geht nicht verloren

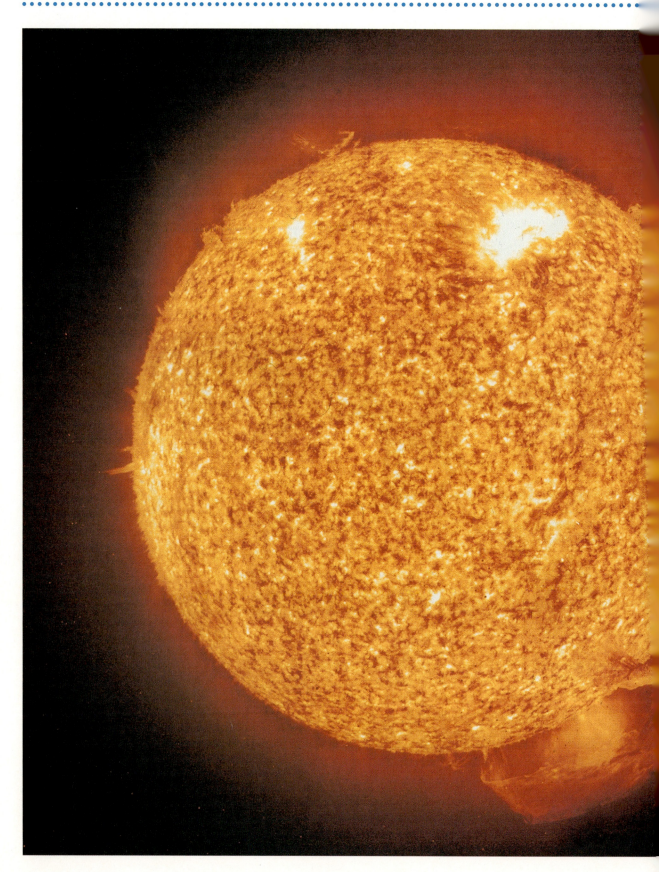

Dieses Bild von der Sonne wurde von einem Satelliten aufgenommen. Die Sonne ist der Heimat-Stern der Erde, ungefähr 150 Millionen Kilometer von uns entfernt. Wäre die Sonne so groß wie ein Fußball, läge die Erde als drei Millimeter großes Körnchen in etwa 30 Metern Entfernung. Etwa 1,3 Millionen Mal passt das Volumen unseres Planeten in das Volumen der Sonne. Im Inneren der Sonne ist es 15 Millionen Grad heiß.
Es gibt verschiedene Arten von Energie, zum Beispiel Bewegungsenergie, Wärmeenergie, chemische Energie, Lichtenergie und elektrische Energie. Energie kann von einer Art in eine andere Art umgesetzt werden. Sehr häufig wird in unserem Alltag elektrische Energie in andere Energiearten umgewandelt.

10 Energie

10.1 Energiearten

1 Sonnenenergie zum Wachsen

2 Chemische Energie

Energie von der Sonne. Ohne die Strahlung der Sonne wäre ein Leben auf der Erde nicht möglich. Die Lichtenergie erwärmt die Erde und verursacht die Bewegung von Luft und Wasser.

Chemische Energie. Pflanzen brauchen das Licht der Sonne zum Wachsen (Bild 1). Ein Teil dieser Energie wird von ihnen in Form von chemischer Energie gespeichert. Stein- und Braunkohle sind aus den Farnwäldern der vergangenen Jahrmillionen entstanden. Aus Pflanzen und Tieren, die vor Millionen von Jahren im Wasser lebten, entstanden Erdgas und Erdöl. Erdgas, Erdöl und Kohle enthalten die von der Sonne aufgenommene Energie. In **Brennstoffen** wie Holz, Torf, Heizöl, Erdgas oder Benzin ist die Sonnenenergie als chemische Energie gespeichert (Bild 2).

Jedes Lebewesen benötigt Energie. Diese Energie ist in der Nahrung enthalten. Wenn Menschen und Tiere pflanzliche Nahrung verzehren, nutzen sie die Energie der Sonne. Die verschiedenen **Nährstoffe** liefern unterschiedlich viel Energie. Die in den Nährstoffen gespeicherte chemische Energie wird vom Körper u. a. für Bewegungen, Wachstum oder für den Erhalt einer konstanten Körpertemperatur genutzt.

Bewegungsenergie. Ein fahrendes Auto, ein sich drehendes Karussell, Wind oder strömendes Wasser besitzen Bewegungsenergie. Aufgrund ihrer Bewegungsenergie können sie Arbeit verrichten. Wind- und Wassermühlen sowie Segelschiffe nutzen die Energie von bewegter Luft oder strömendem Wasser zum Antrieb (Bild 3). **Schallenergie** ist eine besondere Art der Bewegungsenergie.

Mit dem Begriff **Energie** beschreibt man die Fähigkeit eines Körpers, Arbeit verrichten zu können.

Energie kann in verschiedenen Formen vorkommen. Energie kann von einem Körper auf einen anderen übertragen werden.

Die Einheit der Energie ist 1 Joule.
Elektrische Energie wird auch in kWh gemessen.

1 kWh = 1 000 · 3600 Ws
    = 3 600 000 Ws
    = 3 600 000 J

➔ 10.3 Nährstoffe liefern Energie, 11.5 Brennstoffe für Wärmekraftwerke

3 Bewegungsenergie

Höhenenergie. Durch das Hinaufsteigen auf den Sprungturm erhält der Springer Höhenenergie (Bild 4). Je höher er hinaufsteigt, desto mehr Höhenenergie hat er. Beim Herabfallen verliert er an Höhenenergie. Aufgrund seiner Lage hat auch das Wasser in einem Stausee Höhenenergie (Lageenergie). Beim Herabströmen des Wassers können Turbinen angetrieben werden.

Spannenergie. Ein gespanntes Gummiband, die aufgezogene Feder eines Spielzeugautos oder ein gespannter Bogen besitzen Spannenergie.

Wärmeenergie. Wird beispielsweise ein Gefäß mit Wasser erwärmt, so wird dem Wasser Wärmeenergie zugeführt. Ein heißer Körper hat mehr Wärmeenergie als ein kalter Körper.

Elektrische Energie. Elektrogeräte nutzen die elektrische Energie, die durch den elektrischen Strom transportiert wird. Eine mit elektrischer Energie betriebene Glühlampe sendet Licht und Wärme aus. Mit Elektromotoren können Gegenstände hochgehoben oder bewegt werden.

Kernenergie. In Kernreaktoren gewinnt man Energie durch Spaltung von Atomkernen.

> Man unterscheidet unter anderem Sonnenenergie, chemische Energie, Bewegungsenergie, Höhenenergie, Spannenergie, elektrische Energie, Kernenergie und Wärmeenergie.

1 Schreibe die Energieformen mit den Beispielen in dein Heft. Ergänze sie durch weitere Beispiele.

2 Welche Energieformen hat ein schaukelnder Schüler?

3 Wenn ein Auto schnell fährt, so hat es mehr Bewegungsenergie als bei langsamer Fahrt. Ein voll beladenes Auto hat bei gleicher Geschwindigkeit mehr Bewegungsenergie als ein wenig beladenes Auto. Stelle für weitere fünf Energiearten je zwei Vergleiche auf.

4 Notiere für fünf Lebensmittel die Energieangaben von der Verpackung.

4 Höhenenergie

↪ 11.6 Wasser und Windenergie, 11.7 Solarenergie, 1.1 Elektrische Energie zu Hause und in der Schule

10 Energie

10.2 Energieumwandlung

Die Sonne ist für uns die wichtigste **Energiequelle**. Die gesamte Energie auf der Erde stammt von der Sonne. Das Bild 1 zeigt beispielhaft, wie diese Energie von einer Form in eine andere Form umgewandelt werden kann. Man spricht von einer Energieumwandlungskette (Bild 1). Zur Energieumwandlung ist stets ein Energiewandler notwendig. Das kann ein Lebewesen, ein Gerät oder eine Maschine sein.

Ein Teil der von der Sonne zugestrahlten Energie wird von den Pflanzen aufgenommen. Durch die Fotosynthese wird diese Energie in der Pflanze zum Aufbau von Zucker und Stärke genutzt. Diese enthalten chemische Energie.

Wenn der Mensch die pflanzliche Nahrung isst, nimmt er mit der Nahrung die in den Nährstoffen gespeicherte chemische Energie auf. Er erhält sich dadurch am Leben und wandelt einen Teil der Energie beim Laufen oder beim Radfahren in Bewegungsenergie und Wärmeenergie um.

Wird beim Radfahren der Dynamo eingeschaltet, so erfolgen weitere Energieumwandlungen. Zunächst wird die Bewegungsenergie durch den Dynamo in elektrische Energie umgewandelt. Anschließend wandelt die Lampe die elektrische Energie in Lichtenergie um. Bei allen Umwandlungen wird stets Wärme an die Umgebung abgegeben.

1 Eine Energieumwandlungskette

12.7 Energie zum Betreiben elektrischer Geräte

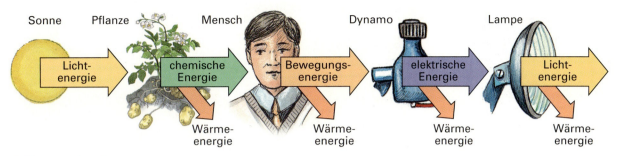

2 Energieflussdiagramm

In einem **Energieflussdiagramm** lassen sich die Umwandlungen vereinfacht darstellen (Bild 2). In Bild 3 sind weitere Beispiele für Energieumwandlungen zusammengestellt.

Energie kann von einer Form in eine andere Form umgewandelt werden. Sie geht dabei nicht verloren.

1 Fertige jeweils ein Energieflussdiagramm für drei Energieumwandlungen an.

zugeführte Energieform \ abgegebene Energieform	Bewegungsenergie	elektrische Energie	Wärmeenergie	Lichtenergie	chemische Energie
Bewegungsenergie	Windmühle	Fahrraddynamo	Hände reiben sich		
elektrische Energie	Ventilator	Transformator	Tauchsieder	Leuchtdiode	Batterieladegerät
Wärmeenergie	Dampflok	Thermoelement	Heizkörper	glühende Bremsen	
Lichtenergie	Lichtmühle	Solarzelle	Sonnenkollektor	Spiegel	Fotosynthese
chemische Energie	Bewegung	Batterie	Gasbrenner	chemisches Licht	Verdauung

3 Beispiele für die Umwandlung von Energie

⊃ 11.1 Energie im Haus, 11.4 Energiewandler Wärmekraftwerk

10 Energie

10.3 Nährstoffe liefern Energie

1 Gib an, welchen Energiegehalt das Frühstück in Bild 1 beinhaltet.

2 Stelle mit Hilfe von Bild 2 ein Frühstück für dich zusammen, das mindestens 3000 kJ enthalten soll.

3 Notiere für drei aufeinander folgende Tage alles, was du isst. Gib möglichst genau die Menge der einzelnen Nahrungsmittel an. Bestimme den ungefähren Energiegehalt deiner Nahrung für jeden Tag.

4 Ergänze die Angaben in Bild 2 durch weitere Beispiele. Ordne die Angaben in Bild 2 und deine Beispiele in aufsteigender Reihenfolge nach dem Energiegehalt.

1 Richtige Ernährung fängt mit dem Frühstück an

Mit dem Frühstück wird dem Körper Energie zugeführt (Bild 1). Die einzelnen Nährstoffe enthalten unterschiedlich viel Energie (Bild 2). Die Einheit der Energie ist 1 Joule (1 J). 1 Kilojoule (kJ) sind 1000 Joule. Die Energie braucht der Körper für die Tätigkeit des Herzens und anderer Organe, für die richtige Körpertemperatur und für die Muskelarbeit.

Im Ruhezustand benötigt der menschliche Körper jeden Tag etwa 6000 Kilojoule (kJ). Dieser Energiebedarf ist u. a. abhängig vom

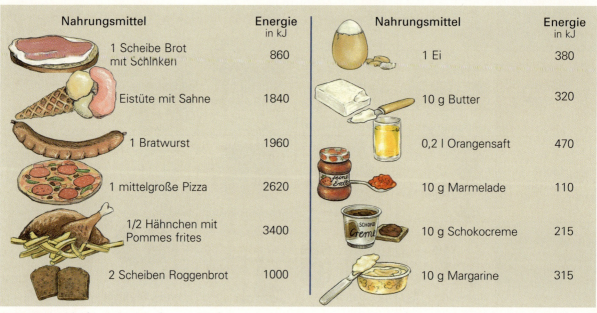

Nahrungsmittel	Energie in kJ	Nahrungsmittel	Energie in kJ
1 Scheibe Brot mit Schinken	860	1 Ei	380
Eistüte mit Sahne	1840	10 g Butter	320
1 Bratwurst	1960	0,2 l Orangensaft	470
1 mittelgroße Pizza	2620	10 g Marmelade	110
1/2 Hähnchen mit Pommes frites	3400	10 g Schokocreme	215
2 Scheiben Roggenbrot	1000	10 g Margarine	315

2 Energiegehalt einiger Lebensmittel

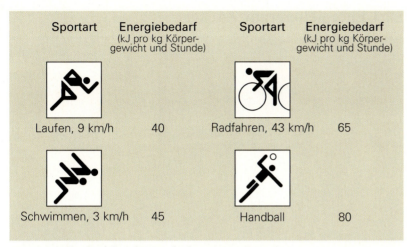

3 Energiebedarf bei körperlicher Betätigung

5 Bestimme anhand von Bild 3 deinen Energiebedarf für 10 Minuten laufen, 15 Minuten schwimmen.

6 Berechne, wie lange du mit der Energie einer Scheibe Brot mit Schinken laufen könntest.

7 Wie lange musst du laufen, um die Energie von einer Tüte Eis mit Sahne „abzulaufen"?

8 Nenne berufliche Tätigkeiten, die zu einem hohen Energiebedarf führen.

Alter und vom Geschlecht, aber auch von der Masse des Körpers. Hinzu kommt die Energie für weitere Tätigkeiten. Bei leichter sitzender Arbeit sind es schon 10000 kJ. Bei körperlicher Anstrengung ist der Bedarf an Energie höher (Bild 4).

Viele Menschen essen und trinken zu viel. Bei der Ernährung muss darauf geachtet werden, dass dem Körper genau so viel Energie zugeführt wird, wie täglich umgesetzt werden kann. Nahrungsmittel enthalten unterschiedlich viel Energie, z. B. Fette sind sehr energiereich. 1 g Fett liefert etwa 39 kJ Energie, 1 g Zucker etwa 17 kJ Energie. Mineralwasser enthält keine Energie. Übermäßige Nahrungszufuhr bei bewegungsarmer Lebensweise stört das Gleichgewicht der Vorgänge im Körper.

| Eine ausgewogene Ernährung deckt den Energiebedarf eines Menschen.

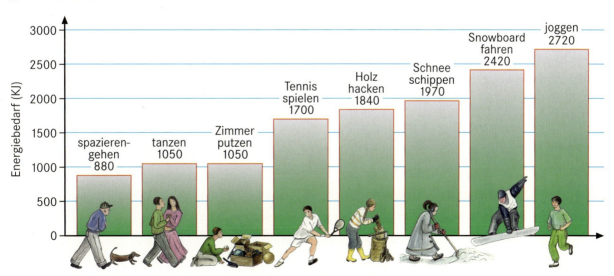

4 Energiebedarf bei verschiedenen Tätigkeiten in der Stunde

10 Energie

10.4 Energielieferant Zucker

1 Zuckerrohrernte

Wenn wir Zucker zum Süßen von Speisen und Getränken verwenden, denken wir nicht daran, dass die darin gespeicherte Energie ursprünglich von der Sonne stammt. Zucker wird bei uns aus Zuckerrüben hergestellt, in tropischen Ländern aus Zuckerrohr (Bild 1, 2).

Bis ins Mittelalter war Honig in Europa das einzige Süßungsmittel. Damals gab es allerdings noch keine Imker, die Bienen hielten. Die Menschen waren auf das schwierige Ausnehmen von Wildbienenstöcken angewiesen. Vor 800 Jahren wurde dann bei uns ein anderes Süßungsmittel bekannt – ein feines weißes Pulver aus dem fernen Indien. Es war sehr teuer, galt als fremdartiges Gewürz und wurde deshalb auch sehr sparsam verwendet. Das Pulver wurde aus einer Pflanze gewonnen, die im tropischen Klima gedeiht, aus dem Zuckerrohr.

1 Stelle den Weg der Energie von der Sonne über den Zucker zum Menschen dar.

2 Beschreibe anhand von Bild 4 auf der Seite 220 die Gewinnung von Haushaltszucker.

3 Finde heraus, welche Zuckerarten es gibt, in welchen Nahrungsmitteln sie vorkommen und wodurch sie sich unterscheiden.

4 Sammle Informationen über den Zuckergehalt verschiedener Nahrungsmittel. Fertige ein Schaubild an.

5 Informiere dich über Möglichkeiten, Zucker in einem Versuch nachzuweisen. Führe den Versuch nach Erlaubnis durch die Lehrkraft durch. Fertige eine Versuchsbeschreibung an.

2 Zuckerrübe

3 Napoleon lässt sich Zuckerhüte zeigen

Nach der Entdeckung Amerikas wurde das Zuckerrohr auch in Mittelamerika angebaut, zum Beispiel auf Kuba. Es wächst dort ebenso gut wie in Indien. Für den Zuckerrohranbau und die Ernte wurden Menschen aus Afrika als Sklaven nach Amerika verschleppt. Sie waren billige Arbeitskräfte. So konnte Zucker in großen Mengen und relativ billig hergestellt werden. In Europa wurde der Zucker weiterverarbeitet. Die neue Industrie der Zuckermühlen und das Zuckerbäckerhandwerk entstanden.

Im Krieg in den Jahren 1805-1813 wurden vom französischen Kaiser Napoleon alle Häfen auf dem europäischen Festland gesperrt. Es kamen kaum noch Waren aus Übersee nach Europa. Auch Rohrzucker konnte nicht nach Europa gelangen. Bereits vor diesem Krieg war entdeckt worden, dass Zuckerrüben ebenfalls Zucker enthalten. Es wurden immer mehr Zuckerrüben in Europa angebaut.

1. Zuckernachweis mit Glucoseteststäbchen

Fülle jeweils ein Reagenzglas zur Hälfte mit Wasser und gib etwas Traubenzucker, Haushaltszucker, zerriebenen Apfel oder Stärke hinzu. Tauche je ein Teststäbchen kurz in die Lösung. Vergleiche die Farben auf den Teststäbchen mit den Angaben auf der Packung. Welche Lösung enthält Glucose?

2. Zucker setzt Energie frei

Lege ein Stück Würfelzucker in eine Porzellanschale und bestreue es mit etwas Zigarettenasche. Zünde den Würfelzucker mit der Brennerflamme an. Halte ein mit etwas kaltem Wasser gefülltes Becherglas über den brennenden Zucker. Prüfe am Ende die Temperatur des Wassers.

10 Energie

4 Stationen der Zuckergewinnung

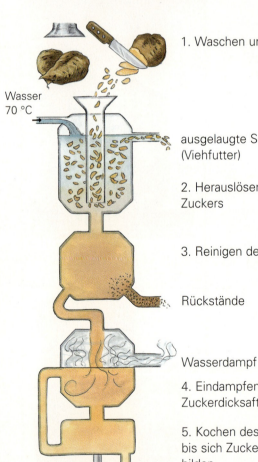

1. Waschen und schnitzeln

Wasser 70 °C

ausgelaugte Schnitzel (Viehfutter)

2. Herauslösen des Zuckers

3. Reinigen des Zuckers

Rückstände

Wasserdampf

4. Eindampfen zu Zuckerdicksaft

5. Kochen des Dicksaftes, bis sich Zuckerkristalle bilden

6. Zentrifugieren. Zuckerkristalle und Sirup werden getrennt.

V

3. Zucker aus der Rübe gewinnen
Wasche eine Zuckerrübe gründlich und zerschneide sie in kleine Stücke. Gib die Schnitzel in einen Topf mit Wasser. Koche die Schnitzel etwa 30 Minuten. Rühre dabei ständig um. Lass den Inhalt abkühlen und filtriere den Brei durch einen Trichter mit Filterpapier oder durch ein feinmaschiges Sieb in ein sauberes Glas. Probiere das Filtrat. Gib etwas von dem aufgefangenem Saft in eine Porzellanschale und erwärme leicht, bis eine sirupartige Flüssigkeit entstanden ist. Lasse diesen Sirup einige Tage stehen.

5 Kohlenhydrathaltige Nahrungsmittel

Viele Nahrungsmittel schmecken süß. Sie enthalten Zucker. Grüne Pflanzen sind in der Lage, mithilfe des Blattfarbstoffes und des Sonnenlichtes aus dem Kohlenstoffdioxid der Luft und dem aufgenommenen Wasser Zucker zu bilden (Bild 6). Die Pflanzen bilden unterschiedliche **Zuckerarten**. Der **Traubenzucker**, die **Glucose**, wird besonders viel in Weintrauben, der **Fruchtzucker**, die **Fruktose**, in Äpfeln und Birnen gebildet. Traubenzucker schmeckt nicht so süß wie Fruchtzucker, geht aber schneller ins Blut über. Unser Haushaltszucker wird aus Zuckerrüben, weniger aus Zuckerrohr gewonnen. Diese Zuckerart heißt auch **Saccharose**.

Die meisten Pflanzen wandeln den Traubenzucker in **Stärke** um, die dann in der Pflanze gespeichert wird, beispielsweise in Getreidekörnern oder in der Kartoffelknolle. Die in Wasser unlösliche Zellulose ist ähnlich wie die Stärke gebildet. **Traubenzucker, Stärke und Zellulose** gehören zu den **Kohlenhydraten**.

Kohlenhydrate kommen vorwiegend in pflanzlichen Nahrungsmitteln vor, beispielsweise in Getreideprodukten, Kartoffeln und Honig (Bild 5). Traubenzucker und Stärke liefern die Energie für die Bewegungsabläufe, für die Stoffwechselvorgänge sowie die Energie, um die Körpertemperatur zu halten. Kohlenhydrate können im Körper gespeichert werden. Die Zellulose kann nicht vom Menschen verdaut werden, sie ist ein wichtiger Ballaststoff bei der Verdauung.

> Zucker aus Zuckerrüben oder Zuckerrohr ist ein wichtiger Energielieferant. Traubenzucker, Stärke und Zellulose sind weitere wichtige Kohlenhydrate.

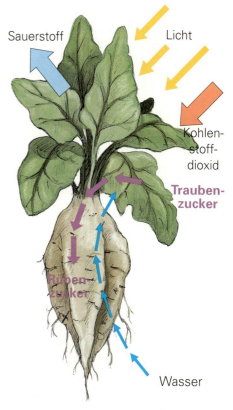

6 Bildung von Zucker

10 Energie

10.5 Energielieferant Fett

100 g der Nahrungsmittel enthalten

Butter	83 g Fett
Margarine	80 g Fett
Sahne	30 g Fett
Speck (fett)	80 g Fett
Speck (durchwachsen)	60 g Fett
Mettwurst	45 g Fett
Schweinefleisch	19 g Fett

1 Fetthaltige Nahrungsmittel

2 Fetthaltige Samen und Früchte

Bedeutung. Fette sind für den Menschen lebensnotwendige Nährstoffe. Sie liefern Energie und werden zum Aufbau von Zellen benötigt. Sie sind auch Lösungsmittel für einige Vitamine, die nur zusammen mit diesen Fetten ins Blut gelangen können. Butter, Margarine und Öl bestehen fast zu 100% aus Fetten (Bild 1). Auch Wurst, Käse oder Pommes frites enthalten Fett, so genannte **versteckte Fette**. Bei einem zu hohen Fettanteil in der Nahrung speichert der Körper Fett als Reservestoff. Der Mensch wird dick.

Gewinnung. Nach der Herkunft unterscheidet man pflanzliche und tierische Fette. **Tierische Fette** werden entweder durch Ausschmelzen aus dem Fettgewebe gewonnen oder durch Weiterverarbeitung der Milch zu Butter. **Pflanzliche Fette** werden aus den Samen und Früchten von Sonnenblumen, Kokospalmen, Raps, Soja, Erdnusspflanzen herausgepresst (Bild 2). Dazu werden die Früchte in einer Mühle zerkleinert und gepresst. Aus dem Pressrückstand wird das restliche Pflanzenöl mithilfe eines Lösungsmittels herausgelöst. Diesen Vorgang nennt man Extrahieren. Anschließend wird das Lösemittel abdestilliert. Durch Raffinieren wird das Öl gereinigt (Bild 3). Pflanzliche Fette werden vor allem für die Margarineherstellung gebraucht.

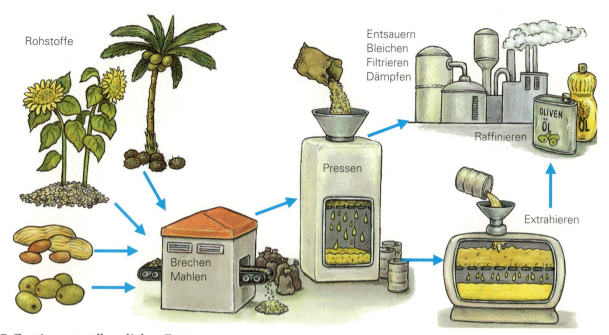

3 Gewinnung pflanzlicher Fette

Eigenschaften. Reines Fett ist geschmack- und geruchlos. In warmer Luft werden Fette leicht ranzig. Dabei entsteht oftmals ein unangenehmer Geruch. Fette sind in Wasser nicht löslich. Sie sind wasserabweisend. Die Fette schwimmen auf dem Wasser, ihre Dichte ist geringer als die Dichte von Wasser. Schüttet man jedoch flüssiges Fett und Wasser zusammen und schüttelt kräftig, so verteilen sich kleinste Fetttröpfchen im Wasser. Es bildet sich eine **Emulsion**, die sich nach kurzer Zeit wieder entmischt (Bild 4). Eine Fettschicht schwimmt dann auf dem Wasser.

Milch ist eine Emulsion. Die fein verteilten Fetttröpfchen schweben ungelöst im Wasser. Bestimmte Stoffe, beispielsweise das Eiweiß der Milch, verzögern die Entmischung, indem sie die Fettteilchen umhüllen. Diese Stoffe nennt man **Emulgatoren**.

In Benzin oder anderen organischen Lösemitteln lösen sich die Fette leicht. Deshalb eignen sich diese Stoffe besonders gut zur Reinigung von Fettflecken.

Fette sind brennbar, sie sieden bei 200°C bis 300°C. Bei ca. 300°C entzünden sich Fette von selbst. Brennendes Fett darf auf keinen Fall mit Wasser gelöscht werden. Das heiße Fett würde das Wasser sofort verdampfen, sodass das brennende Fett mit dem Wasserdampf mitgerissen wird und umherspritzt.

| Tierische und pflanzliche Fette liefern Energie und werden zum Zellaufbau benötigt.

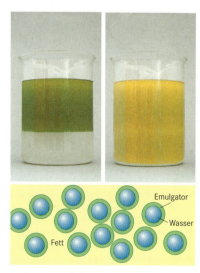

4 Fett und Wasser

10 Energie

10.6 Fossile Rohstoffe

1 Erdgasversorgung eines Hauses

2 Ölpumpe

Erdöl, Erdgas und Kohle als Energieträger. In Deutschland werden weit mehr als 50 % des Stroms aus Energieträgern wie Kohle, Erdöl und Erdgas hergestellt (Bild 1, 2). Diese Stoffe werden unter zum Teil schwierigen technischen Bedingungen unterirdisch gewonnen. Häufig werden sie von weit her mit Öl- bzw. Gastankern oder in Pipelines zu uns transportiert (Bild 4).

Entstehung von Erdöl und Erdgas. Entstanden sind diese Stoffe vor vielen Millionen Jahren. Während Erdöl und Erdgas aus winzigen abgestorbenen Kleinstlebewesen der Meere der Frühzeit entstanden sind, geht man bei Kohle davon aus, dass sie aus früheren Urwäldern entstanden ist, die im Meer versanken. Über den abgestorbenen Lebewesen lagerten sich im Laufe der Zeit Schlamm- und Gesteinsmassen ab, sodass kein Sauerstoff mehr

■1 Aus welchen Stoffen sind Erdöl und Erdgas entstanden, woraus Kohle?

■2 Unter welchen Bedingungen sind Erdöl, Erdgas und Kohle entstanden?

3 Entstehung von Erdöl und Erdgas

↪ 11,5 Brennstoffe für Wärmekraftwerke

4 Bau einer Pipeline

3 Was bedeuten die Begriffe organische Rohstoffe, nachwachsende Rohstoffe und fossile Rohstoffe?

4 Woher und auf welchen Wegen beziehen wir unser Erdgas und unser Erdöl?

5 Wo liegen Erdöl- und Erdgasfelder in Deutschland? Nimm deinen Atlas zu Hilfe.

hinzutreten konnte. Unter Sauerstoffmangel können abgestorbene Lebewesen nicht so schnell verwesen.

Über einen langen Zeitraum hinweg und unter dem Einfluss von hohem Druck, hohen Temperaturen und unter Sauerstoffabschluss wandelten Bakterien die abgestorbenen organischen Stoffe in Erdöl und Erdgas um (Bild 3). Die Entstehung von Kohle aus Urwäldern verlief ähnlich.

Erdöl, Erdgas und Kohle entstanden im Gegensatz zum Beispiel zu Rapsöl aus längst abgestorbenen Tier- und Pflanzenteilen. Man bezeichnet sie als fossile Rohstoffe. Sie sind zwar auch organische Rohstoffe, können aber nicht mehr nachwachsen.

| Erdöl, Erdgas und Kohle sind fossile Rohstoffe. Sie sind heute noch unsere wichtigsten Energieträger.

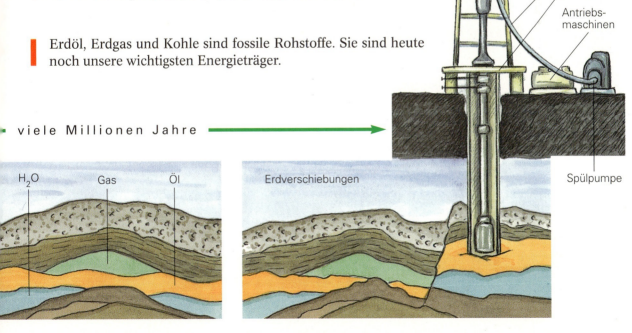

225

10 Energie

10.7 Mit einem Lexikon arbeiten

> *Wie ist Erdöl entstanden?*
> *Wozu wird Erdöl verarbeitet?*
> *Welche Staaten fördern Erdöl?*
> *Wie lange reichen die Erdölvorräte noch?*

1 Fragen zum Erdöl

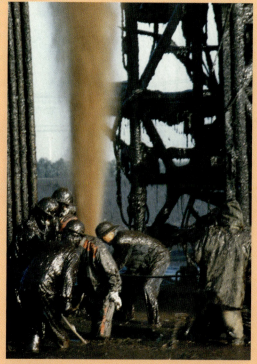

2 Erdölförderung

Diese Fragen könnten sich dir stellen, wenn du ein Referat über das Thema Erdöl vorbereitest (Bild 1). Mithilfe eines Lexikons kannst du die ersten Informationen zu deinem Thema erhalten.
Bei einem Lexikon handelt es sich um ein Nachschlagewerk, in dem die Stichwörter alphabetisch geordnet sind. Wenn du folgende Hinweise beachtest, wird dir die Arbeit mit einem Lexikon leichter fallen.

1. Passendes Stichwort finden
Überprüfe deine Frage, ob sie Wörter enthält, die Stichwörter im Lexikon sein könnten.

2. Nachschlagen des Stichwortes
Schlage die betreffenden Stichwörter nach.

3. Auswertung des Artikels
Lies den Lexikonartikel. Kläre unbekannte Begriffe mit Hilfe eines Wörterbuchs. Prüfe die Texte, ob sie Informationen enthalten, die du zur Beantwortung deiner Frage benötigst. Markiere die gefundenen Informationen und sichere sie, indem du sie auf eine Karteikarte schreibst.

Wie ist Erdöl entstanden?

Erdöl ist entstanden durch…

3 Abbildung einer Karteikarte

➲ 10.5 Fossile Rohstoffe

Erdöl ist aus kleinen Pflanzen und Tieren entstanden, die in Meeren lebten. Nach ihrem Tod sanken sie auf den Meeresboden. Dort wurden sie durch Druck u. Hitze zu Erdöl. Das E. hat sich zwischen Erdschichten in Erdöllagern gesammelt. Von dort wird es heute durch Bohrungen erschlossen u. herausgepumpt. E. ist einer der wichtigsten Rohstoffe. In *Raffinerien* wird E. z.B. zu Kraft- u. Treibstoffen, Heizölen, Schmierstoffen verarbeitet. In der chemischen Industrie werden aus E. und *Erdga*s Kunststoffe, Gummi, Textilien, Wasch- u. Lebensmittel hergestellt.

4 Auszug aus einem Lexikon

bzw.	beziehungsweise
d.h.	das heißt
dt.	deutsch
E.	Erdöl
u.	und
u.a.	und anderes
v.a.	vor allem
z.B.	zum Beispiel

5 Abkürzungen

Vor Jahrmillionen wurden Pflanzenreste von Schlamm begraben und zu →Torf zusammengepresst. Durch Druck und Hitze wurde der Torf zunächst zu Braunkohle und dann zu Steinkohle.
Braunkohle findet man oft an der Oberfläche, deshalb wird sie im Tagebau abgebaut. Steinkohle liegt in tieferen Schichten. Sie brennt besser als Braunkohle.
Der Steinkohlenteer ist ein wichtiger Rohstoff in der →chemischen Industrie. Er wird zur Herstellung von Farben, Medikamenten und Lösungsmitteln verwendet.

7 Auszug aus einem Lexikon

Info Querverweis
Querverweise werden durch Pfeile → oder durch Kursivschreibung gekennzeichnet. Sie weisen auf weitere Stichwörter im Lexikon hin.

6 Querverweis

1 Schreibe die Fragen von Bild 1 in dein Heft und beantworte sie, indem du Bild 4 auswertest. Hinweis: Ziehe zur Beantwortung der Fragen 3 und 4 weitere Lexika zu Rat oder suche im Internet nach Antworten auf diese Fragen.

2 Stelle mit Hilfe eines Lexikons fest, wie Erdgas entstanden ist.

3 Erdöl und Erdgas gehören zu den fossilen Brennstoffen. Erkläre mit Hilfe eines Lexikons, was man unter fossilen Brennstoffen versteht.

4 Schreibe folgende Fragen in deine Mappe und beantworte sie, indem du Bild 7 auswertest.
a) Wie ist Kohle entstanden?
b) Wodurch unterscheiden sich Braun- und Steinkohle voneinander?
c) Wofür wird der Steinkohleteer verwendet?

10 Energie

10.8 Trennen von Erdöl durch Destillation

1 Gereinigtes Rohöl

2 Erdöldestillation in einer Raffinerie

Eigenschaften des Rohöls. Von Sand- und Wasserbeimengungen gereinigtes Rohöl ist ein schwarzbrauner, dickflüssiger Stoff, der sich schmierig anfühlt (Bild 1). Der Geruch ist uns bekannt von Tankstellen und Werkstätten. Es riecht nach Benzin, Öl und Teer. Die genannten Stoffe werden aus Rohöl durch Destillation hergestellt. Man sagt, Rohöl riecht aromatisch.

Destillation als Stofftrennverfahren. Jeder Stoff hat einen ganz bestimmten Siedepunkt. Der Siedepunkt gehört zu den Kenn-

 Welche Stoffe lassen sich durch Destillation trennen? Welche Stoffeigenschaft macht man sich dabei zunutze?

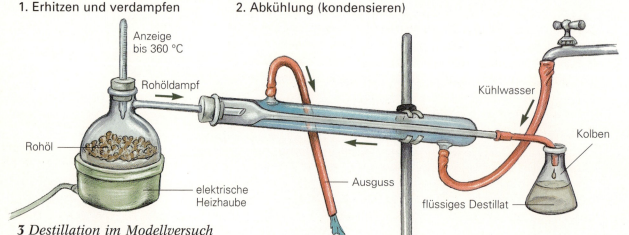

3 Destillation im Modellversuch

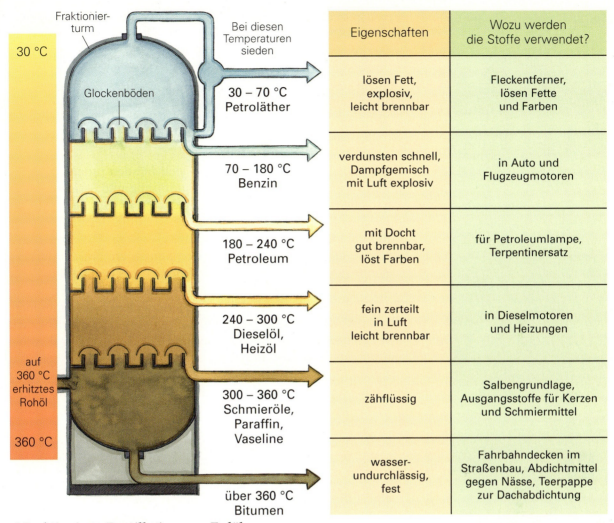

4 Fraktionierte Destillation von Erdöl

eigenschaften eines Stoffes. Flüssigkeitsgemische aus Stoffen mit unterschiedlichen Siedepunkten wie Wein (Wasser ca. 100 °C, Alkohol 78 °C) lassen sich trennen. Man erhitzt das Gemisch etwa bis zum niedrigeren Siedepunkt des Alkohols. Bei etwa 80 °C entweicht der Alkohol als Gas aus dem Gemisch. Wird dieses Gas wieder unter den Siedepunkt abgekühlt, verflüssigt es sich und man erhält reinen Alkohol. Diesen Vorgang der Trennung von Flüssigkeiten bezeichnet man als Destillation (Bild 3).

Erdöldestillation. Auch Erdöl kann destilliert und in seine Bestandteile zerlegt werden. Schon bei verhältnismäßig niedrigen Temperaturen beginnt es zu sieden. Gasförmige Stoffe steigen auf. Wenn Wasser siedet, bleibt die Siedetemperatur bei 100 °C. Wenn Erdöl siedet, steigt sie weiter an. Es sind also noch Stoffe enthalten, die einen höheren Siedepunkt haben. Beim Erdöl handelt es sich um ein Gemisch aus Stoffen mit verschieden hohen Siedepunkten. Diese Eigenschaften macht man sich zunutze, wenn

Mit **Viskosität** bezeichnet man die Zähigkeit eines Stoffes.

Der **Flammpunkt** ist die Temperatur, bei der brennbare Stoffe erstmals entflammen.

2 Erkläre folgende Begriffe mit Hilfe des Textes: Fraktionen, Derivate, fraktionierte Destillation.

10 Energie

Erdöl in seine Bestandteile zerlegt wird. Großtechnisch geschieht dies in Destillationstürmen (Bild 2). Rohöl wird auf etwa 400 °C erhitzt und unten in den Turm geleitet. In ihm steigen die Erdöldämpfe auf. Dabei kühlen sie ab. Die im Erdöl enthaltenen Stoffe kondensieren in der Höhe, wo die Temperatur der aufsteigenden Dämpfe unter ihren Siedepunkt fällt. Dort werden die wieder flüssig gewordenen Stoffe aufgefangen und durch Rohre nach außen abgeleitet (Bild 4).

Stoffe mit niedrigen Siedepunkten sind bei den unten im Turm herrschenden Temperaturen noch gasförmig und steigen weiter nach oben. So werden in verschiedenen Höhen im Destillationsturm unterschiedliche Produkte aus Erdöl destilliert. Diese unterschiedlichen flüssigen Produkte werden als Fraktionen bezeichnet. Da Erdöl durch Destillation in mehrere Fraktionen zerlegt wird, spricht man von einer fraktionierten Destillation.

Alle Stoffe, die so aus Erdöl gewonnen werden, bezeichnet man als **Derivate**. Diese Derivate müssen in Verfahren noch weiter aufgearbeitet werden, bis sie als Autobenzin, Diesel oder Petroleum verwendet werden können.

> Erdöl ist ein Gemisch von Stoffen mit verschiedenen Siedepunkten. Die unterschiedlichen Stoffe werden durch fraktionierte Destillation gewonnen.

V

Eigenschaften von Erdöl untersuchen

1. Gib etwas Erdöl in ein Reagenzglas. Schwenke das Glas hin und her und beschreibe deine Beobachtungen (Farbe und Fließverhalten). Nimm eine Geruchsprobe und beschreibe in Satzreihen (Das riecht wie … Der Geruch erinnert mich an …).

2. Verreibe etwas Erdöl zwischen den Fingern und gib deine Empfindungen wieder.

3. Gib nun etwa die gleiche Menge Wasser zum Erdöl und schüttele das Reagenzglas. Lasse die Flüssigkeit danach ruhig stehen. Was beobachtest du?

10.9 Kohlenwasserstoffe

1 Rohöldestillation mit verschiedenen Derivaten

1 Schreibe die gemeinsamen Eigenschaften der verschiedenen Erdölderivate auf.

2 Worin unterscheiden sich die verschiedenen Erdölderivate?

3 Bilde Sätze, die die Abhängigkeit der Eigenschaften von den Siedepunkten wiedergeben. Beispiel: „Je höher der Siedepunkt, desto ..."

Eigenschaften der Erdölderivate. Die fraktionierte Destillation von Erdöl kann auch als Demonstrationsversuch durchgeführt werden (Bild 1). Dazu wird Erdöl immer weiter erhitzt und die Fraktionen werden in Kolben am Ende des Kühlers gesammelt. Beim Vergleich der Derivate fällt zunächst die unterschiedliche Färbung auf. Die Stoffe mit den niedrigen Siedepunkten sind wässrig farblos. Je höher die Siedepunkte der Derivate liegen, umso dunkler werden die Derivate. Beim Schütteln der Kolben lässt sich erkennen, dass Derivate mit niedrigen Siedepunkten dünnflüssig sind, die mit höheren Siedepunkten immer dickflüssiger werden.

2 Erdöl verbrennt mit rußender Flamme

Beim Öffnen der Kolben kann sofort der Geruch der Derivate wahrgenommen werden. Dies deutet darauf hin, dass die flüssigen Stoffe schon bei Zimmertemperatur Teilchen an die Luft abgeben, also verdunsten. Der Versuch 1 (S. 233) zeigt, dass auch hier die Siedetemperatur der Derivate eine Rolle spielt. Je niedriger der Siedepunkt ist, desto leichter verdunsten die Stoffe. Gasförmige Erdölderivate werden als Brennstoff benutzt. Benzin wird im Motor verbrannt. Beim Verlegen von Bitumenschweißbahnen kommt es gelegentlich zu Bränden. Eine Eigenschaft aller Erdölderivate ist ihre Brennbarkeit (Bild 7).

Der in Bild 3 dargestellte Versuch zeigt, dass alle Erdölderivate schwerer als Luft sind und sich in Bodennähe sammeln. Diese Flüchtigkeit der Erdölderivate ist eine sehr gefährliche Eigen-

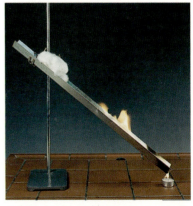

3 Flüchtige Erdölderivate sind schwerer als Luft

10 Energie

4 Kondensstreifen am Himmel

5 Brennende Erdölfelder

6 Warnschild

Stoffgruppe	Flammpunkt
Benzin	-55 – -35°C
Diesel	55 – 100°C
Kerosin	21 – 55°C

7 Tabelle für Flammpunkte

8 Ein kaltes Becherglas beschlägt über einer Erdölflamme

schaft, die man im Alltag beachten muss. Oft genügt schon ein Funke, um das Gemisch aus Luft und Dämpfen zur Explosion zu bringen. Die in Garagen und Werkstätten angebrachten Warnschilder „Rauchen verboten" usw. sollten genau beachtet werden (Bild 6).

Zusammensetzung der Erdölderivate. Bei Ölbränden ist häufig eine starke, dunkle Rauchentwicklung beobachtbar (Bild 5). Auch im Modellversuch mit Erdölderivaten zeigt sich, dass alle mit rußender Flamme verbrennen (Bild 2, V3). **Ruß** ist reiner Kohlenstoff. Ein Bestandteil aller Erdölderivate ist der Stoff Kohlenstoff (C).

Hält man ein kaltes Becherglas in die Flamme eines Erdölderivats, beschlägt das Becherglas mit Wassertröpfchen (Bild 8). Die Kondensstreifen eines Düsenflugzeugs bestehen auch aus Wassertröpfchen, die beim Verbrennen des Treibstoffs entstanden sind (Bild 4). Da Wasser ein Verbrennungsprodukt des Wasserstoffs ist, enthalten alle Erdölderivate also auch Wasserstoff (H).

Alle Erdölderivate von gasförmigen Stoffen bis hin zum festen Bitumen bestehen aus Kohlenstoff (C) und Wasserstoff (H). Man nennt solche Stoffe **Kohlenwasserstoffe**. Erdöl ist also ein Gemisch verschiedener Kohlenwasserstoffe.

> Die Erdölderivate bestehen aus Kohlenstoff und Wasserstoff. Sie heißen deshalb Kohlenwasserstoffe. Sie unterscheiden sich in Farbe, Fließverhalten, Verdunstung und Entflammbarkeit. Sie sind schwerer als Luft, wasserunlöslich und lösen Fette.

Versuche zu Eigenschaften von Erdölderivaten

1. Verdunstungsverhalten der Erdölderivate
Gib auf drei Filterpapiere mit einer Tropfpipette jeweils einen Tropfen Petrolether, Benzin und Heizöl. Beobachte im Gegenlicht, ob und in welcher Reihenfolge sich die Tropfen verflüchtigen. Notiere die Beobachtungen.

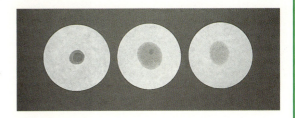

2. Fließverhalten (Viskosität) der Erdölderivate
Nimm in eine Messpipette jeweils 3 ml Petrolether, Benzin und Heizöl auf und miss mit der Stoppuhr die Zeit, die es braucht, bis die Pipette leer ist. Leeren sich die Pipetten immer gleich schnell?

3. Brennbarkeit der Erdölderivate
Fülle in ein Porzellanschälchen nacheinander jeweils 5 ml Benzin, Diesel und Motoröl. Entzünde einen Docht darin und halte eine andere Porzellanschale in die Flamme. Decke anschließend das Porzellanschälchen gleich wieder ab. Wiederhole den Versuch mit anderen Erdölderivaten. Was stellst du fest (Rußentwicklung, Brennbarkeit)?

4. Löslichkeit der Erdölderivate in Wasser
Gib in jedes von drei Reagenzgläsern etwa 5 cm hoch gefärbtes Wasser. Fülle danach in je ein Glas etwa 2 ml Petrolether, Benzin und Heizöl und schüttle die Gläser kräftig durch, wobei der Daumen die Reagenzglasöffnung abschließt. Stelle die Gläser im Gestell ab und beobachte.

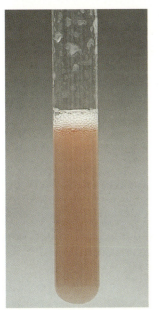

5. Löslichkeit der Erdölderivate in Fetten
Gib in jedes von drei Reagenzgläsern etwa 3 cm hoch Speiseöl. Fülle danach in je ein Glas etwa 5 ml Petrolether, Benzin und Heizöl und schüttle die Gläser kräftig durch. Stelle die Gläser im Gestell ab und beobachte.

10 Energie

10.10 Nachwachsende Rohstoffe

2 Buchensetzling

1 Brennende Scheite im Kaminofen

Holz als nachwachsender Rohstoff. Ein Baum wird gefällt und zerkleinert. Holz wird als Stoff der Natur entnommen. Es ist als pflanzliches Produkt ein organischer Rohstoff. Als solcher dient er einerseits als Energielieferant, indem Holzscheite im Kaminofen verbrannt werden und Wärme erzeugen (Bild 1). Andererseits ist Holz auch der Ausgangsstoff für Papier und Zellstoff (Bild 3). Daraus werden so unterschiedliche Stoffe wie Kunstseide, Zellophanfolie, Nitrolack und Zelluloid hergestellt. Wenn ein Baum gefällt wird, wird Holz als organischer Rohstoff der Natur entzogen. Es kann ein neuer Baum gepflanzt werden und nachwachsen (Bild 2). Es dauert ungefähr 30 Jahre, bis der verbrauchte Rohstoff ersetzt wird. Es ist dann neuer Rohstoff nachgewachsen. Holz zählt somit zu den nachwachsenden Rohstoffen (Bild 3).

Gewinnung eines flüssigen Brennstoffes. Außer Holz gibt es noch andere nachwachsende Rohstoffe. Bei manchen dauert es nur ein Jahr, bis der verbrauchte Rohstoff ersetzt ist, z. B. beim Raps. Die gelb blühende Pflanze entwickelt ölhaltige Samen (Bild 4 und 5). Diese können in einer Presse ausgepresst werden. Das gewonnene Öl wird weiterverarbeitet und anschließend als Treibstoff in Dieselmotoren verwendet. Auch aus anderen Pflanzen gewonnene Öle können als Treibstoff verwendet werden, z. B. Sonnenblumenöl, Leinöl, Distelöl und Ringelblumenöl. Ein großer Vorteil der aus nachwachsenden Rohstoffen gewonnenen Treibstoffe liegt darin, dass bei ihrer Verbrennung im Motor der

1 Welche Stoffe oder Produkte können aus Holz hergestellt werden? Fallen dir außer den im Text genannten noch weitere Verwendungsmöglichkeiten für Holz ein?

2 Aus welchen Pflanzenölen lässt sich Treibstoff gewinnen?

3 Welche Pflanzenarten lassen sich als nachwachsende Rohstoffe nützen?

4 Welche Pflanzenarten sind für die Kunststoffherstellung geeignet?

Nachwachsender Rohstoff	Pflanzenarten	Verwendungsbeispiele
Zucker	Zuckerrüben, Zuckerrohr	Leime, Pflanzenschutzmittel, Waschmittel, Enzyme, Kunststoffe
Stärke	Mais, Kartoffel, Tapioka, Weizen	Papier- und Pappeherstellung, Klebstoffe, Kosmetika, Kunststoffe
Öle und Fette	Raps, Öllein, Sonnenblume, Sojabohne, Senf	Farben, Lacke, Kosmetika, Kunststoffe, Motorkraftstoffe, Schmiermittel
Holz, Zellulose	schnell wachsende Arten wie Pappeln, Weiden, Espen	Möbel, Papier und Pappe, Textilien
Pflanzenfasern	Baumwolle, Jute, Hibiskus, Flachs, Sisal	Textilien, Pressspanplatten, Seile, Garn, Netze

3 Beispiele nachwachsender Rohstoffe

CO_2-Gehalt der Atmosphäre nicht ansteigt, da die abgegebenen CO_2-Mengen der Atmosphäre im Voraus beim Wachsen der Pflanzen entzogen wurden.

▌ Holz und Raps sind Beispiele für nachwachsende Rohstoffe.

1. Versuche mit Rapsöl

500 g Rapssamen (es können auch Sonnenblumensamen sein) werden mit dem Pürierstab eines Handmixers zerkleinert und in die Mitte eines Tuches gegeben, das zusammengelegt wird. Das zusammengelegte Tuch mit den zerkleinerten Samen wird zwischen zwei Stativplatten gelegt und mit vier Schraubzwingen zusammengepresst (siehe Abbildung). Schräg gehalten lässt man die austretende Flüssigkeit über eine Ecke in ein Becherglas tropfen. Untersuche die Flüssigkeit, indem du sie zwischen den Fingern zerreibst.
Gib etwas von der Flüssigkeit in ein Porzellanschälchen und stelle einen zusammengerollten Docht aus Filterpapier in die Mitte. Entzünde den Docht, wenn er sich bis zur Spitze vollgesaugt hat.

4 Blühende Rapspflanzen

5 Rapssamen

10 Energie

10.11 Biogas

1 Biogasanlage

Abfälle von Tieren und Pflanzen verfaulen, wenn keine Luft an die Abfälle kommt. Dabei zersetzen Bakterien die Abfälle und bilden ein brennbares Gasgemisch, das hauptsächlich aus den Gasen Methan, Stickstoff und Kohlenstoffdioxid besteht. Man nennt das Gasgemisch **Biogas.** Aus vielen Abfällen, z. B. Essensresten, Gülle oder Ernteresten, kann man auf diese Weise ein wertvolles Gas erzeugen. Dessen Energie kann zum Heizen und zum Antrieb von Motoren genutzt werden. Wenn die Biogasgewinnung abgeschlossen ist, bleibt ein schwarzer Schlamm übrig. Er ist fast geruchlos und ein hervorragender Dünger. Aus dem Kot und Urin einer Kuh können pro Tag ca. 1500 Liter brennbares Gas gewonnen werden.

1 Was versteht man unter Biogas?

2 Beschreibe mit Hilfe von Bild 3 wie Biogas erzeugt werden kann.

3 Sammle Informationen über die Verwendung von Biogas (Bild 4). Fertige ein Lernplakat an.

Moderne „Kuhheizung". Wenn man auf den Hof von Bauer Westhoff kommt, fällt dem Besucher zuerst die neue Anlage auf, die so gar nicht auf einen Bauernhof passen will. Da stehen große Tanks, Rohre und Anlagen aus blankem Edelstahl. Es ist die nagelneue Biogasanlage. „Es war schon eine aufregende Sache", erzählt Bauer Westhoff, „als wir unseren ganzen Hof auf Biogas umgestellt haben. Unsere Heizung im Wohnhaus, die Warmwasserbereitung und ein Stromgenerator werden seit einer Woche mit Biogas betrieben." Die Westhoffs nutzen den Mist und die Gülle, die ihre 160 Kühe liefern, gleich zweimal aus. Erst wird alles in die Biogasanlage gepumpt. Dort gärt und fault es etwa drei Wochen lang. Das Biogas, welches dabei entsteht, gelangt durch Rohrleitungen zur Heizung und zum Stromgenerator. Damit wird dann geheizt und ein Motor betrieben. Der Rest, der nach dem Verfaulen in der Anlage übrig bleibt, ist schwarzer, fast geruchloser Schlamm. „Das ist die zweite tolle Sache dabei", freut sich Bauer Westhoff, „wenn ich das Zeug statt der stinkenden und ätzenden Gülle auf den Acker bringe, wachsen meine Pflanzen besser." Die Nachbarn haben auch schon seine neue Biogasanlage bestaunt. Besonders freuen sie sich darüber, dass Bauer Westhoff jetzt keine Gülle mehr auf den Acker spritzt, weil dann immer die ganze Gegend gestunken hat.

1000 Liter Biogas enthalten die gleiche Menge nutzbarer Energie wie:
- 1300 Liter Stadtgas,
- 0,6 Liter Heizöl,
- 0,5 kg Propan,
- 660 Liter Erdgas,
- 0,8 kWh elektrische Energie,
- 1,2 kg Holz,
- 2,4 kg trockener Rinderdung.

2 Energiegehalt von Biogas

3 Aufbau einer Biogasanlage

> **V**
>
> **1. Herstellung von Biogas**
> Besorge dir Schlamm und Wasser aus einem Tümpel. Baue den Versuch wie in Bild 5 auf. Schließe den Quetschhahn und stelle das Becherglas an einen dunklen, warmen Ort. Wenn sich genug Gas in dem umgekehrten Trichter gesammelt hat, versuche es mit einem Streichholz anzuzünden, wenn du den Quetschhahn geöffnet hast und das Gas ausströmt.

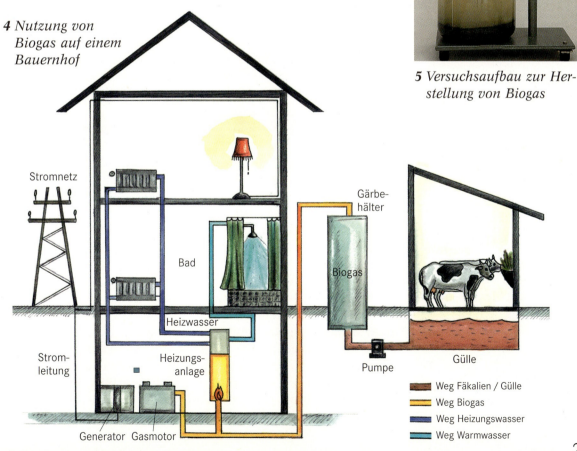

4 Nutzung von Biogas auf einem Bauernhof

5 Versuchsaufbau zur Herstellung von Biogas

10 Energie

10.12 Methan

1 Methan als Energieträger im Haushalt

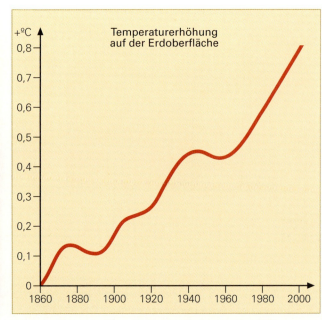

2 Veränderung der Erdtemperatur seit 1860

Methan ist ein Gas. Viele Häuser und Wohnungen sind an eine Erdgasleitung angeschlossen. Erdgas wird in Heizungen und im Gasherd verbrannt (Bild 1). Ein Hauptbestandteil des Erdgases ist Methan. Methan ist ein farbloses, geruchloses Gas. Es brennt mit schwach blauer Flamme. Beim Verbrennen von Methan entstehen Kohlenstoffdioxid und Wasser als Verbrennungsprodukte. Außer als Heizmaterial wird Methan als Motorentreibstoff und als Ausgangsstoff für chemische Prozesse verwendet.

Vorkommen von Methan. Außer im Erdgas kommt Methan beim Kohleabbau als Grubengas und bei der Erdölförderung vor. Es entsteht in Mooren. Auf Mülldeponien und in Faultürmen von Kläranlagen kann es in Biogasanlagen genutzt werden. Methan wird im Verdauungstrakt von Tieren durch Bakterien gebildet. Im Magen einer Kuh wird beispielsweise pro Tag bis zu 120 l Methan erzeugt. Überall da, wo organische Substanz im Beisein bestimmter Bakterien zersetzt wird, ohne dass Sauerstoff hinzukommt, entsteht Methan.

Methan ist ein Treibhausgas. Wenn Methan in die Atmosphäre entweicht, trägt es zum „Treibhauseffekt" bei. Man bezeichnet diese Erscheinung so, weil bestimmte Gase in der Atmosphäre wie die Glasscheiben eines Treibhauses wirken. Sie lassen die Wärmestrahlung der Sonne bis zur Erdoberfläche durch, verhindern aber eine Rückstrahlung von der Erde in den Weltraum (Bild 3). Dies führt zu einer Erhöhung der Temperatur auf der Erdoberfläche (Bild 2).

1 Schreibe aus dem Text stichpunktartig heraus, wo überall Methan vorkommt.

2 Unter welchen Bedingungen entsteht Methan?

3 Beschreibe die Entwicklung der Temperaturen nach Bild 2. Überlege mögliche Folgen des Temperaturanstiegs.

4 Beschreibe mit Hilfe von Bild 3 die Entstehung des Treibhauseffektes.

9.9 Natur- und Umweltschutz

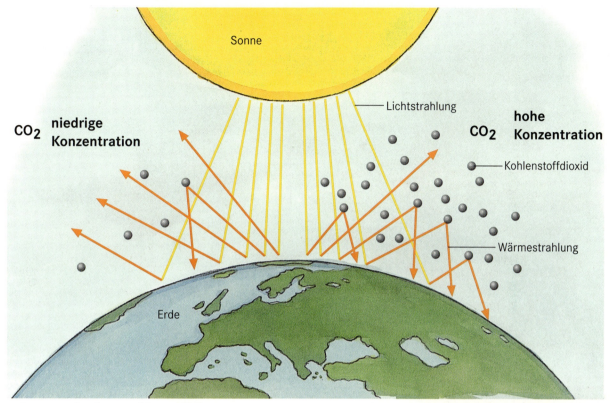

3 So entsteht der Treibhauseffekt

Vergleicht man die Treibhauswirkung von Methan mit der des Hauptverursachers Kohlenstoffdioxid, so zeigt sich, dass Methan eine sehr viel höhere Treibhauswirkung erreicht als Kohlenstoffdioxid. Allein aus diesem Grund ist es schon notwendig, ein Entweichen von Methan in die Atmosphäre möglichst zu vermeiden. Das bedeutet, dass der geringere Volumenanteil von Methan an der Menge der Treibhausgase eine deutlich stärkere Wirkung hat.

Darüber hinaus ist Methan aber auch ein wertvoller Rohstoff für die chemische Industrie und ein wichtiger Energieträger, auch wenn bei seiner Verbrennung wieder Kohlenstoffdioxid entsteht. Die Nutzung von Methan als Energieträger hilft aber, andere Energieträger einzusparen.

> Methan ist ein farb- und geruchloses Gas. Es ist Hauptbestandteil des Erdgases. Methan ist am Treibhauseffekt beteiligt.

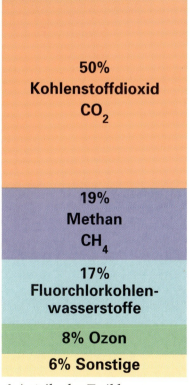

4 Anteile der Treibhausgase

11 Energiewandler

11.1 Energie im Haus

1 *Energiefluss bei einem Haus*

a) Anzahl der Kubikmeter mal Heizwert

Beispiel:
12 m³ · 35000 kJ/m³
= 420000 kJ

b) Anzahl der Kubikmeter mal Temperaturdifferenz mal 4,2 kJ

Beispiel:
4 m³
Zulauf 75°C
Rücklauf 60°C
4 m³ · 15°C · 4,2 kJ/°C
= 252 kJ

2 *Die Energie wird berechnet*

Bei niedrigen Außentemperaturen gibt ein Haus ständig Energie in Form von Wärme an die Umgebung ab. Um die Temperatur im Innern eines Hauses konstant zu halten, muss ständig Energie zugeführt werden (Bild 1). Das geschieht, indem Holz, Kohle oder Heizöl in das Haus gebracht und dort verbrannt werden. Beim Verbrennen von einem Kilogramm Steinkohle wird dem Haus die Energie 33 000 Joule zugeführt. Bei einer Gasheizung wird Gas verbrannt. Die Menge des gelieferten Heizgases für die Gasheizung wird durch einen Gaszähler ermittelt. Multipliziert man die Gasmenge mit dem jeweiligen Heizwert, so erhält man die zugeführte Energie (Bild 2a). Bei einem Gasverbrauch von 1 m³ Erdgas gelangt die Energie von ca. 35 000 J in das Haus.

Bei der **Fernwärme** wird die Menge des zufließenden heißen Wassers mithilfe einer Wasseruhr ermittelt. Gleichzeitig wird jeweils die Temperatur des Wassers vor und nach dem Heizen gemessen. Aus diesen Angaben kann die Energie berechnet werden (Bild 2b).

In **Sonnenkollektoren** (Bild 3) wird die Energie der Sonne zur Warmwasserbereitung von Häusern genutzt. Unter Glasscheiben befinden sich schwarze Metallplatten, die sich bei Sonneneinstrahlung erwärmen und die Wärme an die Flüssigkeit der darunterliegenden Rohre abgeben.

11.7 Solarenergie, 1.1 Elektrische Energie zu Hause und in der Schule

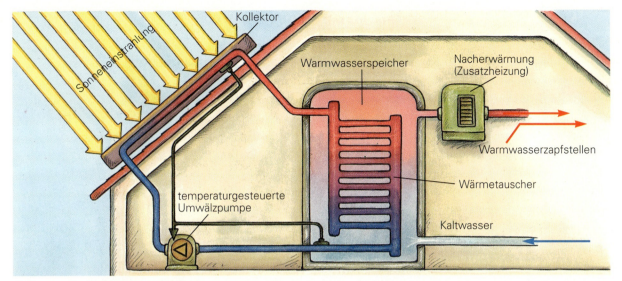

3 Sonnenkollektor

Bei einem wolkenlosen, klaren Himmel trifft in Deutschland in jeder Sekunde auf 1 m² Fläche, die senkrecht zur Sonneneinstrahlung steht, die Energie von rund 1000 J auf. Doch leider steht diese Energie nicht gleichmäßig zur Verfügung, deshalb ist an trüben Tagen und im Winter eine Zusatzheizung erforderlich.

Gibt ein Haus im Laufe eines Tages viel Energie ab, so muss auch die gleiche Energiemenge durch das Verbrennen von Brennstoffen zugeführt werden, um die Temperatur im Hause gleich zu halten. Die Regelungsanlage der Zentralheizung sorgt dafür, dass in einem Haus die gewünschte Temperatur eingehalten wird. Die jeweilige Temperatur in einem Zimmer wird durch ein Thermostatventil geregelt (Bild 4). Gelangt beispielsweise viel Wärmeenergie beim Lüften nach außen, so öffnet sich das Ventil, damit mehr warmes Wasser durch den Heizkörper strömen kann.

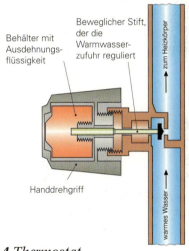

4 Thermostat

Um Energie zu sparen, muss die Abgabe der Energie so gering wie möglich gehalten werden. Das geschieht durch eine gute Wärmedämmung. Durch die Wärmedurchgangszahl, den k-Wert, wird beschrieben, wie viel Energie in jeder Sekunde durch eine Wandfläche von 1 m² bei einem Temperaturunterschied von 1 °C zwischen beiden Seiten einer Wand fließt. Dieser Wert sollte aus Wärmeschutzgründen besonders niedrig sein. Bei einem Niedrigenergiehaus sollte das Haus nur mit der zugestrahlten Sonnenenergie zum Heizen und für die Warmwasserbereitung auskommen.

> Ein Haus gibt an die Umgebung Energie ab. Bei einer gleichmäßigen Temperatur im Hause muss diese Energie ständig wieder zugeführt werden. Durch einen guten Wärmeschutz lässt sich die Energiezufuhr verringern.

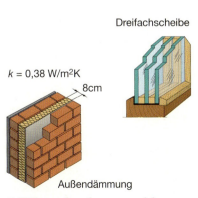

5 Wärmedurchgangszahl

11 Energiewandler

11.2 Heizung und Umwelt

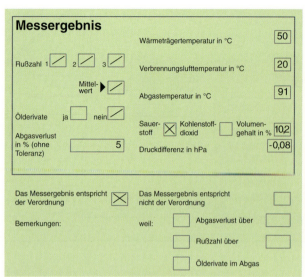

1 Prüfung der Heizungsanlage

Beim Verbrennen von Kohle, Heizöl und Erdgas in den Häusern gelangen Abgase in die Luft, die die Umwelt belasten und schädigen können. Die **Abgabe** dieser Schadstoffe an die Luft darf bestimmte festgelegte Werte nicht überschreiten. Deshalb muss jede Heizungsanlage regelmäßig überprüft und eingestellt werden, damit der Schadstoffausstoß unter den gesetzlich vorgeschriebenen Werten liegt (Bild 1). Werden diese Werte auch nach einer Neueinstellung überschritten, wird die Anlage stillgelegt.

Wird Kohle, Heizöl oder Erdgas verbrannt, so verbindet sich der Kohlenstoff mit dem Sauerstoff der Luft zu Kohlenstoffdioxid. Wenn dieses Gas vermehrt in die Erdatmosphäre entweicht, kann es dazu führen, dass die Erde wie in einem Treibhaus die Wärmeenergie schlechter in den Weltenraum abgeben kann und sich erwärmt. Dies nennt man den zusätzlichen **Treibhauseffekt**. Deshalb sollte der Anteil an Kohlenstoffdioxid möglichst gering sein.

Kohlenstoffmonoxid entsteht bei unvollständiger Verbrennung der Brennstoffe. Kohlenstoffmonoxid ist ein Gift, das u.a. den Sauerstofftransport im Blut beeinträchtigt.

Kohle, Erdöl und Erdgas enthalten Schwefel. Beim Verbrennen entsteht Schwefeldioxid. Schwefeldioxid verbindet sich mit dem Regenwasser zu schwefliger Säure, Kohlenstoffdioxid mit dem Regenwasser zu Kohlensäure. Beide Säuren verursachen mit anderen Säuren den „sauren Regen".

Mit den Heizgasen entweicht auch Ruß, der durch die Luftbewegungen in die Umgebung verteilt wird. Bei der Überprüfung

1 Welche Schadstoffe entweichen durch den Schornstein?

2 Entspricht der Brenner in Bild 1 den gesetzlichen Vorschriften?

3 Wie kann die Schadstoffabgabe an die Umwelt beim Heizen und bei der Warmwasserbereitung verringert werden?

einer Heizungsanlage wird auch kontrolliert, ob unverbrannte Heizölbestandteile in den Abgasen vorhanden sind.

Mit den Abgasen entweicht auch ein Teil der Wärmeenergie. Je höher die Temperatur der Abgase ist, desto mehr Wärmeenergie entweicht durch den Schornstein ungenutzt in die Umgebung. Die Abgastemperatur sollte deshalb möglichst gering sein. Der **Abgasverlust** gibt an, welcher Anteil der umgewandelten Energie nutzlos mit den Abgasen verloren geht.

Um Energie zum Heizen und zur Warmwasserbereitung einzusparen, ist es wichtig, die von innen nach außen fließende Energie zu verringern. Das kann durch verantwortungsbewusstes Verhalten und durch bauliche Maßnahmen erreicht werden.

- Eine gute Wärmedämmung vorsehen.
- Fenster mit einer Isolierverglasung versehen.
- Heizungsanlagen einbauen, die einen möglichst hohen Anteil der in den Brennstoffen gespeicherten chemischen Energie in Wärmeenergie umwandeln.
- Sonnenkollektoren einbauen, um die Sonnenenergie zur Warmwasseraufbereitung zu nutzen.
- Tropfende Wassserhähne vermeiden.

Die Umweltbelastungen lassen sich durch energiesparendes Bauen, Heizen und Lüften verringern.

 Miss die Zimmertemperaturen bei euch zu Hause. Vergleiche die Messwerte mit den Angaben im Tipp.

5 Wie wird richtig gelüftet?

T

Wenn beim Heizen Energie eingespart wird, wird auch die Umwelt geschont. Weniger Energie zum Heizen bedeutet weniger Belastung der Umwelt. Sie wird weniger durch Schadstoffe belastet und wichtige Rohstoffe werden eingespart.

Richtiges Lüften verhindert, dass sinnlos Wärmeenergie aus dem Fenster oder durch die Türen entweicht. Vermeide eine Dauerlüftung und lüfte nur nach Bedarf.

Nicht jeder Raum muss warm sein.

Verzichte auf überheizte Räume. Wenn die Raumtemperatur um 1 °C abgesenkt wird, kann bis zu 6 Prozent Energie eingespart werden.

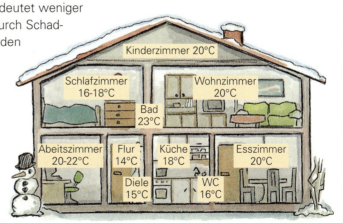

11.3 Energiezufuhr und Energieabgabe

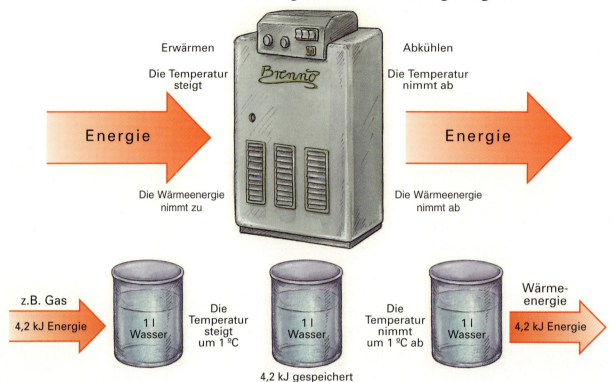

1 Zufuhr und Abgabe von Energie

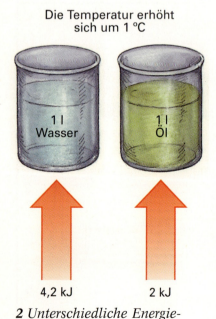

2 Unterschiedliche Energiezufuhr

Wenn das Wasser im Heizkessel die beim Verbrennen des Heizöls oder Erdgases umgewandelte Energie aufnimmt, steigt die Temperatur an (Bild 1). Die Energie ist dann im Wasser gespeichert. Wird Energie wieder abgegeben, so kühlt das Wasser ab. Um einen Liter Wasser um 1°C zu erwärmen, wird eine Energie von ca. 4,2 kJ benötigt. Die gleiche Energie von ca. 4,2 kJ wird wieder abgegeben, wenn sich die Temperatur von einem Liter Wasser um 1°C verringert.

Um die gleiche Menge verschiedener Stoffe auf dieselbe Temperatur zu erwärmen, wird unterschiedlich viel Energie benötigt. Wird beispielsweise ein Liter Speiseöl um 1°C erwärmt, so wird 2 kJ Energie benötigt (Bild 2). Das ist nur halb so viel Energie wie beim Erwärmen von Wasser. In dem erwärmten Wasser ist doppelt so viel Energie gespeichert wie in dem erwärmten Speiseöl. Man sagt, die **Wärmekapazität** des Wassers ist doppelt so groß wie die Wärmekapazität des Speiseöls. Um 1 kg Wasser um eine bestimmte Temperatur zu erwärmen, ist viel mehr Energie notwendig, als 1 kg Sand, Stein, Öl oder Metall um die gleiche Temperatur zu erwärmen (Bild 3). Deshalb ist Wasser auch ein guter Energiespeicher. Eine mit heißem Wasser gefüllte Wärmflasche enthält etwa fünfmal so viel Wärmeenergie wie ein gleich heißer und gleich schwerer Ziegelstein.

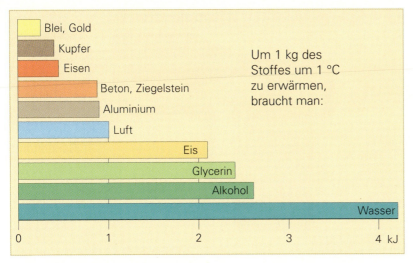

3 Beispiele für Wärmekapazitäten

1 Beschreibe zwei Beispiele von Wärmezufuhr und Wärmeabgabe. Kläre dabei, warum erwärmt oder abgekühlt wird. Wer gibt die Wärmeenergie ab, wer nimmt sie auf?

2 Wasser hat ungefähr eine fünfmal so große Wärmekapazität wie der Erdboden. Beschreibe die Auswirkungen im Frühjahr und im Herbst.

3 Wie viel Energie wird benötigt, um 15 l Duschwasser von 18 °C auf 48 °C zu erwärmen?

4 Das Wasser in einem Schwimmbad erwärmt sich an einem heißen sonnigen Sommertag. Beschreibe die Energieumwandlungen.

Die unterschiedliche Wärmekapazität der Stoffe macht sich auch bei Häusern bemerkbar. Ein Haus mit dicken Mauern erwärmt sich bei gleicher Wärmeenergiezufuhr weniger stark als ein Haus mit dünnen Holzwänden. Haben aber beide Häuser die gleiche Temperatur erreicht, hat das Haus mit den dicken Wänden mehr Energie gespeichert, es kühlt langsamer ab.

> Die Energieaufnahme beim Erwärmen ist genauso groß wie die Energieabgabe beim Abkühlen.
> Bei gleicher Energiezufuhr erwärmen sich gleiche Mengen unterschiedlicher Stoffe unterschiedlich stark.

1. Gleiche Energiezufuhr

Wiege zwei gleiche Portionen Trockenbrennstoff (z.B. 2 g) ab.
Gib in das erste Becherglas 200 g Wasser, in das andere Becherglas 200 g Speiseöl.
Miss in beiden Flüssigkeiten die Anfangstemperatur. Entzünde den Brennstoff.
Vergleiche die Endtemperaturen beider Flüssigkeiten.
Wie groß ist jeweils die Temperaturerhöhung?
Erkläre dein Ergebnis.

11 Energiewandler

11.4 Energiewandler Wärmekraftwerk

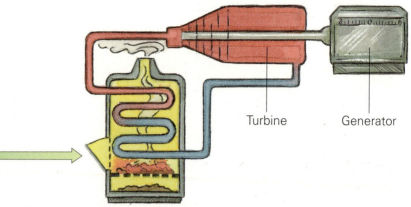

Elektrische Energie ist für die Industrie und den Haushalt unentbehrlich geworden. Die elektrische Energie wird durch **Kraftwerke** bereitgestellt und mit Hilfe des elektrischen Stromes zu den Elektrogeräten transportiert. Sie kann dort in Bewegungsenergie, Wärme oder in Lichtenergie umgewandelt werden. Kraftwerke sind Energiewandler (Bild 1). In Bild 3 ist das Prinzip dieser Umwandlungen vereinfacht dargestellt.

In **Wärmekraftwerken** werden Holz, Kohle, Erdöl oder Erdgas verbrannt. Alle diese Brennstoffe enthalten Energie. Man nennt sie deshalb **Energieträger**. Kohle, Erdöl und Erdgas sind **fossile Energieträger**. Sie sind vor Jahrmillionen aus abgestorbenen Lebewesen entstanden. Beim Verbrennen dieser Energieträger wird die früher gespeicherte Sonnenenergie frei. Dabei entsteht Kohlenstoffdioxid, das den Treibhauseffekt auf der Erde verstärkt. Außerdem enthalten die Rauchgase Staub, Schwefeldioxid und Stickstoffoxide. Die Energieträger sind nach dem Verbrennen verbraucht. Kohle, Erdöl und Erdgas gehören zu den nicht erneuerbaren Energieträgern. Ihre Vorräte sind begrenzt.

Energieumwandlungen bei Wärmekraftwerken. Die in den Energieträgern Kohle, Erdöl und Erdgas gespeicherte chemische Energie wird beim Verbrennen in innere Energie der heißen Verbrennungsgase umgewandelt. Diese Energie wird im Heizkessel an Wasser übertragen, das dadurch verdampft wird. Der heiße Wasserdampf treibt eine Turbine an, sie erhält Bewegungsenergie (Bild 3).

1 Verschiedene Energieträger für ein Wärmekraftwerk

1 In Bild 3 ist das Prinzip eines Wärmekraftwerkes dargestellt. Vergleiche mit Bild 1.

2 Beschreibe den Ablauf in einem Wärmekraftwerk.

3 Beschreibe die Energieumwandlung bei einem Wärmekraftwerk (Bild 2).

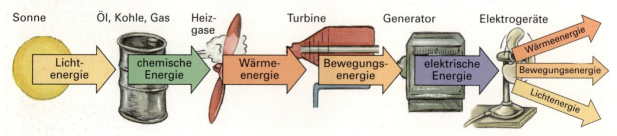

2 Energieumwandlungen bei einem Wärmekraftwerk

→ 10.2 Energieumwandlung, 10.9 Nachwachsende Rohstoffe, 10.5 Fossile Rohstoffe

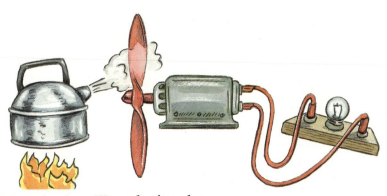

3 Prinzip eines Wärmekraftwerkes

Brennstoffe enthalten unterschiedlich viel Energie. Die Wärmeenergie, die beim Verbrennen von einem Kilogramm fester Brennstoffe frei wird, bezeichnet man als **Heizwert**. Bei gasförmigen Brennstoffen gibt der Heizwert die Wärmeenergie an, die beim Verbrennen von einem Kubikmeter Gas umgewandelt wird.

Feste und flüssige Brennstoffe	Heizwerte in J/kg
Holz, frisch	8 000
Holz, lufttrocken	19 000
Braunkohlebriketts	20 000
Koks	29 000
Steinkohle	33 000
Spiritus	27 000
Heizöl	43 000
Benzin	44 000

Gasförmige Brennstoffe	Heizwerte in J/m³
Wasserstoff	11 000
Erdgas	35 000
Propan	94 000

4 Energie wird in Joule angegeben (1 kJ = 1000 J)

Leider kann die Wärmeenergie nicht vollständig in Bewegungsenergie umgewandelt werden. Ein großer Teil der Energie wird als Wärmeenergie durch die Kühltürme oder durch das Kühlwasser an die Umgebung abgegeben, ohne dass sie genutzt werden kann. Die Bewegungsenergie der Turbine erhält der Generator, der die Bewegungsenergie in elektrische Energie umwandelt. Mit Hilfe des elektrischen Stromes wird die elektrische Energie zu den Elektrogeräten transportiert. Dort kann sie in Bewegungsenergie, Wärme oder in Lichtenergie umgewandelt werden.

Die an die Umgebung abgegebene **Wärmeenergie** wird als **Abwärme** bezeichnet. Sie kann nicht mehr sinnvoll genutzt werden. Diese Energieform ist weniger wert. Man spricht von einer Energieentwertung. Je größer der Anteil der zugeführten Energie ist, der in die gewünschte Energie umgewandelt wird, desto besser wird die Energie ausgenutzt. Bei **Heizkraftwerken** wird die Energie der Brennstoffe besser ausgenutzt. Ein Teil der sonst für die weitere Nutzung verloren gehenden Wärmeenergie wird zum Heizen von Wohnungen oder Betrieben genutzt.

> Wärmekraftwerke wandeln die in den Brennstoffen gespeicherte Energie in elektrische Energie um. Die dabei entstehende Wärmeenergie kann oft nicht mehr genutzt werden. Sie ist entwertet.

4 Nenne vier Energieträger.

5 Stelle die Heizwerte aus Bild 4 in einem Säulendiagramm dar.

V

1. Vergleich von Brennstoffen

Baue den nebenstehenden Versuch auf. Miss die Anfangstemperatur des Wassers. Verbrenne in dem Porzellanschälchen 2 g Spiritus. Miss die Wassertemperatur nach dem Verbrennen.
Wiederhole den Versuch mit unterschiedlichen Brennstoffen (beispielsweise 2 g Esbit, 2 g Benzin und 2 g Holzstückchen).
Welcher Brennstoff hat die meiste Wärmeenergie geliefert?

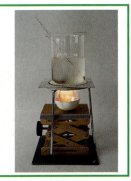

11 Energiewandler

11.5 Brennstoffe für Wärmekraftwerke

1 Anteil der Energieträger zur Stromerzeugung

Ein großer Teil der elektrischen Energie in Deutschland wird durch Verbrennung der nicht erneuerbaren, fossilen Energieträger Kohle, Erdöl und Erdgas gewonnen (Bild 1). Ein bedeutender Teil wird aus Kernenergie gewonnen.

Außer diesen Energieträgern werden zur **Stromerzeugung erneuerbare Energieträger** wie Wasser, Wind, Biomasse und Abfallstoffe eingesetzt. Sie sind unerschöpflich, umweltfreundlich und helfen Brennstoffe einzusparen sowie die Umweltbelastungen zu verringern. Jedoch ist die Ausnutzung dieser Energieträger erheblich teurer als die Verwendung der fossilen Energieträger.

Energieträger Biomasse und Abfallstoffe. Holz ist einer der meist gebrauchten Brennstoffe. Es gehört zu den **nachwachsenden Energieträgern**. Durch die Verbrennung pflanzlicher oder tierischer Produkte wie Holz, Stroh oder Mist wird Wärmeenergie frei, die zum Erhitzen von Wasser genutzt werden kann. Wenn organische Stoffe (abgestorbene Pflanzen oder tote Tiere) verrotten, entstehen brennbare Gase. Mit diesen Biogasen können Motoren angetrieben werden, die mit einem Generator verbunden sind. Auch Wärmekraftwerke können mit Biogas geheizt werden. Diese nachwachsenden Energieträger ergänzen die fossilen Energieträger.

1 Erkläre mit Hilfe von Beispielen die Begriffe
a) nicht erneuerbare Energieträger,
b) erneuerbare Energieträger,
c) nachwachsende Energieträger.

2 Wie hoch ist der Anteil der Kohle an der Stromerzeugung?

3 Stelle die Angaben aus Bild 1 in einem Kreisdiagramm dar.

4 Welcher Anteil der Energieträger zur Stromerzeugung soll in Zukunft verringert, welcher Anteil vergrößert werden? Begründe deine Angaben.

➲ 10.9 Nachwachsende Rohstoffe

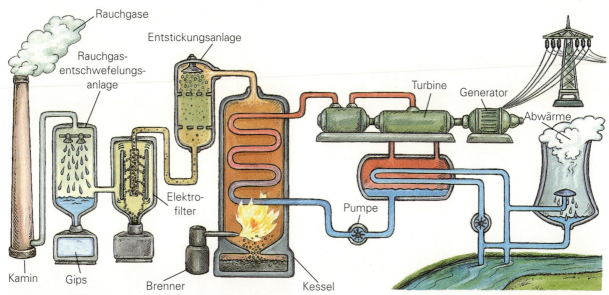

2 Umweltbelastungen durch Wärmekraftwerke

Wärmekraftwerke und Umweltbelastungen. Wärmekraftwerke belasten die Umwelt durch Abwärme und Schadstoffe (Bild 2). Nachdem der Wasserdampf die Turbinen angetrieben hat, wird er im Kondensator verflüssigt. Dabei gibt er Energie an das Kühlwasser ab. Die Wärmeenergie gelangt entweder über Kühltürme in die Luft oder mit dem Kühlwasser in das Gewässer, das sich nur wenig erwärmen darf. Eine zu starke Erwärmung des Wassers oder der Luft in der Umgebung der Wärmekraftwerke würde zu erheblichen Schäden der Umwelt führen.

Die **Rauchgase** der Kohlekraftwerke enthalten feinen Staub aus unverbrannter Kohle oder unbrennbaren Bestandteilen in der Kohle. Die Rauchgase werden in einem Elektrofilter vom Staub befreit. Dort werden die Staubteilchen elektrisch aufgeladen und durch geladene Platten angezogen, an denen sie sich absetzen.

Die fossilen Brennstoffe enthalten Schwefel, der sich beim Verbrennen mit dem Sauerstoff zu Schwefeldioxid verbindet. In der Rauchgasentschwefelungsanlage wird das Schwefeldioxid mit Kalkstein und Wasser zu Gips umgewandelt. Dabei entsteht auch Kohlenstoffdioxid.

Bei der Verbrennung entstehen auch Stickstoffoxide, die in hoher Konzentration giftig sind. In der Entstickungsanlage reagieren die Stickstoffoxide mit einem Ammoniak-Luft-Gemisch. Es bildet sich Stickstoff.

> Zur Stromerzeugung werden vorwiegend nicht erneuerbare Energieträger verbrannt. Erneuerbare Energieträger sind unerschöpflich und umweltfreundlich.

5 Welche Schadstoffe fallen beim Betrieb eines Wärmekraftwerkes an?
Welche Auswirkungen auf die Umwelt haben diese Schadstoffe?

11 Energiewandler

11.6 Wasser- und Windenergieanlagen

1 Energieträger Wasser

2 Schaufelrad einer Turbine

Wasserkraftwerke. Die Bewegungsenergie von Luft und Wasser wird schon seit Jahrhunderten ausgenutzt, um Pumpen, Mühlen oder Sägewerke anzutreiben (Bild 1). Als Antrieb für Generatoren erlangen die technisch weiterentwickelten Wind- und Wasserräder zunehmende Bedeutung, da die sich ständig erneuernden Energieträger Wind und Wasser unerschöpflich sind.

In Wasserkraftwerken strömt das Wasser eines gestauten Flusses oder eines höher gelegenen Sees durch Rohrleitungen gegen die Schaufelräder der Turbinen und treibt sie an (Bild 3). Die Höhenenergie (Lageenergie) des Wassers wandelt sich beim Herabstürzen in Bewegungsenergie um. Mit großer Geschwindigkeit trifft das Wasser auf die Schaufeln der Turbinen (Bild 2). Die Bewegungsenergie geht auf die Turbine über, die mit dieser Energie den Generator dreht. Der Generator wandelt die Bewegungsenergie in elektrische Energie um.

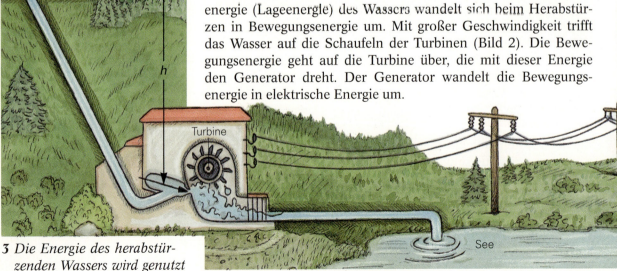

3 Die Energie des herabstürzenden Wassers wird genutzt

➔ 11.10 Energieträger zur Stromerzeugung im Vergleich

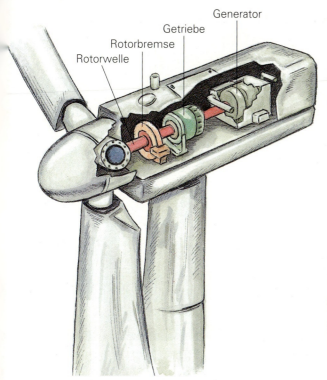

4 Moderne Windenergieanlage (Modell und Windpark)

Dabei gibt der Energieträger Wasser die Energie an die Turbine ab. Die Turbinen treiben die Generatoren an, die die Bewegungsenergie in elektrische Energie umwandeln. Wasserkraftwerke erzeugen keine Abgase, sind aber vom unterschiedlichen Wasserstand abhängig. Als Speicherkraftwerk benötigen sie große Wasserflächen.

Im nördlichen Europa waren Windmühlen zum Antrieb von Pumpen oder Getreidemühlen weit verbreitet. Durch den Einsatz von Verbrennungsmotoren und von Elektromotoren wurden sie weitgehend verdrängt. Seit einigen Jahren werden jedoch Windräder zum Antrieb von Generatoren wieder verstärkt eingesetzt.

In **Windenergieanlagen** wird die Energie des Windes zum Antrieb eines Propellers genutzt (Bild 4). Windenergieanlagen helfen, Brennstoffe einzusparen und die Umweltbelastung durch Schadstoffe zu verringern. Sie wandeln die Bewegungsenergie der Luft in elektrische Energie um. Da sich die Windräder nur bei ausreichendem Wind drehen, werden sie vorwiegend in windreichen Gegenden aufgestellt.

1 Zeichne Energieflussdiagramme für ein Wasserkraftwerk und für eine Windenergieanlage.

2 Vergleiche das Wasserkraftwerk mit einem Wärmekraftwerk. Nenne die Vor- und Nachteile.

3 Windenergieanlagen arbeiten nicht geräuschfrei. Durch welche Bauteile können Geräusche verursacht werden? Welche Energieform wird dadurch nicht genutzt?

4 Welche Gebiete in Deutschland eignen sich besonders gut für den Betrieb von Windenergieanlagen?

> Wasser und Luft sind Energieträger, die sich ständig erneuern. In Kraftwerken wird ihre Energie zum Antrieb von Generatoren genutzt.

11 Energiewandler

11.7 Solarenergie

1 In jeder Sekunde ca. 1 kJ/m²

2 Konzentrierte Sonnenenergie

1 Erkläre, warum die Sonnenenergie nicht immer gleichmäßig genutzt werden kann.

V

1. Solarzellen im Licht

Schließe an eine Solarzelle ein Strommessgerät an. Beleuchte die Solarzelle mit einer Lampe. Untersuche, wie die Stromstärke von der Helligkeit der Lampe und von der Größe der beleuchteten Fläche abhängt.

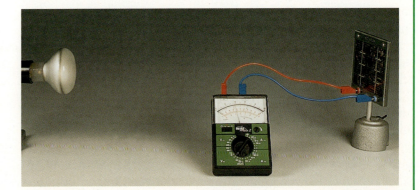

2. Sonnenventilator

Schließe an eine Solarzelle einen Minimotor an. Beobachte den Motor bei unterschiedlicher Beleuchtung der Solarzelle.

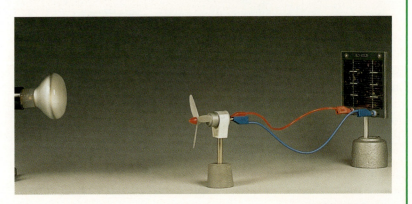

Bei einem wolkenlosen, klaren Himmel trifft in Deutschland in jeder Sekunde auf 1m² Fläche, die senkrecht zur Sonneneinstrahlung steht, die Energie von rund 1000 Joule auf (Bild 1). Solaranlagen wandeln die Energie der Sonne um. Leider steht diese Energie nicht gleichmäßig zur Verfügung. In einem **Sonnenkollektor** wird die Energie der Sonne zur Warmwasserbereitung von Häusern genutzt.

Wenn die Sonnenstrahlung durch Hohlspiegel gebündelt wird, erzielt man so hohe Temperaturen, dass Wasser verdampft (Bild 2). Im Brennpunkt befindet sich ein mit Wasser gefülltes Rohrsystem. Mit dem heißen Wasser werden Turbinen angetrieben.

In **Solarzellen** wird die Sonnenenergie direkt in elektrische Energie umgewandelt (Bild 3). Ihr Wirkungsgrad beträgt rund 20 %. Kleine Solarenergieanlagen versorgen beispielsweise Signalanlagen im Straßenverkehr, Werkzeuge oder sie ergänzen die Versorgung von Häusern mit elektrischer Energie. Im bayerischen Neuburg vorm Wald befindet sich eine **Solar-Wasserstoffanlage** (Bild 4). Die durch Solarzellen gewonnene elektrische Energie wird genutzt, um Wasser in Wasserstoff und Sauerstoff zu zerlegen. Beide Stoffe können leicht gespeichert und transportiert werden. Sie stehen für einen späteren Zeitpunkt als Energieträger zur Verfügung für Gasmotoren, für Heizkessel oder für Brennstoffzellen.

3 Solarzellen als Energiewandler

2 Beschreibe, wie du eine Solaranlage für warmes Duschwasser bauen könntest.

3 Zeichne das Energieflussdiagramm für drei unterschiedlichen Kraftwerke.

4 Im Vergleich zu anderen Kraftwerken haben Sonnenkraftwerke mehrere Vorteile. Beschreibe die Vorteile.

| Sonnenkollektoren wandeln Lichtenergie in Wärmeenergie um. Solarzellen wandeln Lichtenergie direkt in elektrische Energie um.

4 Solar-Wasserstoffanlage

12.8 Solar - Wasserstoff - Technologie

11 Energiewandler

11.8 Energieerhaltung und Energieentwertung

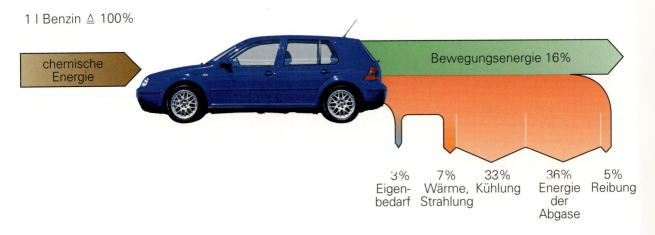

1 *Energiewandler Auto*

Bei einem Auto soll möglichst viel von der chemischen Energie des Benzins zur Fortbewegung genutzt werden. Bild 1 zeigt beispielhaft den Energiefluss bei einem Auto. Lediglich 16 % der chemischen Energie werden in Bewegungsenergie umgewandelt. Ein weiterer Teil der Energie wird benötigt, um die Reibung beim Fahren zu überwinden und die elektrischen Anlagen zu betreiben. Über 75 % der zugeführten Energie wird mit den heißen Abgasen und durch das Kühlmittel an die Umgebungsluft abgegeben oder durch den heißen Motor abgestrahlt. Diese Energie wird als **Abwärme** bezeichnet. Wir können sie nicht mehr sinnvoll nutzen. Diese Energieform ist weniger wert. Man spricht von einer **Energieentwertung**.

Der Energiewandler Auto gibt genauso viel Energie ab, wie er aufgenommen hat, solange nicht wie bei einem Akku, bei einem Tier oder bei einem Menschen ein Teil der zugeführten Energie

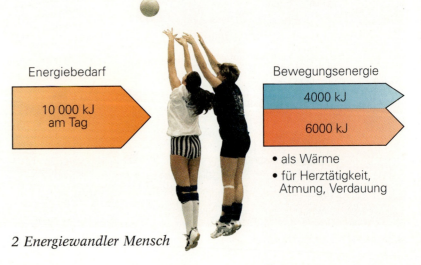

2 *Energiewandler Mensch*

1 Erkläre die Begriffe
a) Abwärme,
b) Wirkungsgrad,
c) Energieentwertung.

2 Warum soll man Energie sparen, wenn sie doch nicht verloren gehen kann?

3 Wie groß ist der Wirkungsgrad des Heizkraftwerkes in Bild 3?

4 Nenne drei Möglichkeiten, den Wirkungsgrad bei Energiewandlern in der Schule oder im Haushalt zu verbessern.

5 Bestimme den Wirkungsgrad einer Windenergieanlage, wenn der Rotor 60 % der nutzbaren Windenergie in Bewegungsenergie umwandelt und 4% der Windenergie zur Überwindung der Reibungskräfte im Getriebe sowie 7% für den Betrieb des Generators berücksichtigt werden müssen.
Zeichne ein Energieflussdiagramm.

a) als Elektrizitätswerk

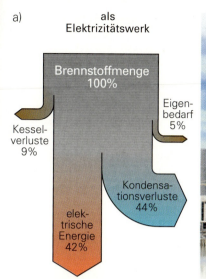

Wärmekraftwerk
1 kg Steinkohle enthält 33 MJ Energie

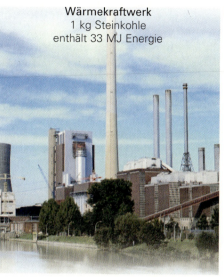

b) als Heizkraftwerk

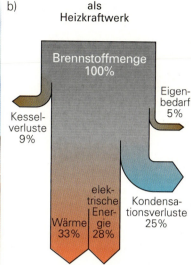

3 Energiewandler Wärmekraftwerk

gespeichert wird. Energie geht nicht verloren, sie bleibt erhalten. Dieser Satz von der Erhaltung der Energie gilt für jeden Energiewandler, auch für einen Menschen. Der Mensch wandelt die in den Nahrungsmitteln enthaltene chemische Energie in andere Energieformen um (Bild 2).

Bei fast jeder Energieumwandlung wandelt sich die zugeführte Energie nicht vollständig in die gewünschte Energieform um. Je größer der Anteil der gewünschten Energie ist, desto größer ist der **Wirkungsgrad**. Abgekürzt wird er mit dem griechischen Buchstaben η (eta). Ein Wirkungsgrad von 0,40 bedeutet, dass 40/100 der hineingesteckten Energie in die gewünschte Energieform umgewandelt wird.

$$\text{Wirkungsgrad } \eta = \frac{\text{ausgenutzte Energie}}{\text{hineingesteckte Energie}}$$

Oftmals wird der Wirkungsgrad auch als Prozentsatz angegeben. Der Wirkungsgrad von beispielsweise 40 % bei einem Wärmekraftwerk besagt, dass von der zugeführten chemischen Energie (= 100 %) ein Anteil von 40 % in elektrische Energie umgewandelt wird (Bild 3a). Wenn es gelingt, die bei der Verbrennung frei werdende Wärmeenergie zum Heizen zu nutzen, kann der Wirkungsgrad erhöht werden. Beim Heizkraftwerk wird die Energie besser genutzt und die Umwelt geschont (Bild 3b). Weitere Beispiele für Wirkungsgrade sind in Bild 4 dargestellt. Die Energieentwertung ist am geringsten bei der Umwandlung von mechanischer Energie in elektrische Energie.

Energiewandler	η in %
Pflanzen	2
Glühlampe	5
Solarzelle	10
Solarenergieanlage	15
Leuchtstofflampe	20
Windenergieanlage	30
Dampfkraftwerk	40
Kernkraftwerk	40
Kohlekraftwerk	42
Dampfturbine	46
Heizkraftwerk	61
Wasserkraftwerk	87
Dampfkessel	88
Trockenbatterie	90
Kaplanturbine	92
Gr. Elektromotor	93
Elektrogenerator	99
Tauchsieder	100
Scheibenbremse	100

Energie geht nicht verloren. Die Energieformen haben einen unterschiedlichen Wert.

4 Beispiele für Wirkungsgrade

11 Energiewandler

11.9 Bau einer energietechnischen Anlage

Elektrische Energie ist für uns eine sehr bequem nutzbare Energieform. Beim Aufbau einer der folgenden Modellanlagen könnt ihr die Umwandlung in elektrische Energie zeigen. Wählt aus dem Angebot eine Anlage aus und baut sie auf. Die benötigten Materialien können den Bildern entnommen werden. Fertigt dazu ein Energieflussdiagramm an. Zeigt bei der Vorführung eurer Anlage, wie die abgegebene Energie sich ändert, wenn sich die zugeführte Energie verringert oder vergrößert.

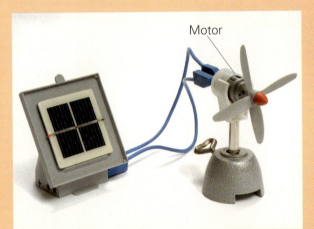

1 Solarzelle

Solarzelle als Energiewandler

Eine Solarzelle wandelt Lichtenergie in elektrische Energie um. Wird eine Solarzelle beleuchtet, gibt sie elektrische Energie ab. Die Modellanlage kann unterschiedliche Umwandlungen zeigen:

Bei Dunkelheit soll die solartechnische Anlage auch elektrische Energie liefern. Deshalb muss ein Teil der elektrischen Energie in einem Akku gespeichert werden. Die Solarzelle liefert die Energie für einen Motor, der ein Gewichtsstück hochheben kann. Die Solarzelle liefert die Energie, um Wasser in Wasserstoff und Sauerstoff zu zerlegen. Wasserstoff ist ein Energieträger, der beim Verbrennen zu Heizzwecken eingesetzt werden kann.

Windgenerator als Energiewandler

Ein kleiner Motor dient als Generator. Ein Propeller wird auf die Achse gesteckt. Der Generator wandelt die Bewegungsenergie in elektrische Energie um. Mit dem kalten Luftstrom eines Föhns wird der Propeller angeblasen.
Setzt Propeller mit unterschiedlicher Flügelzahl ein.
Speichert einen Teil der elektrischen Energie in einem Akku.
Treibt mit der elektrischen Energie einen Elektromotor an.

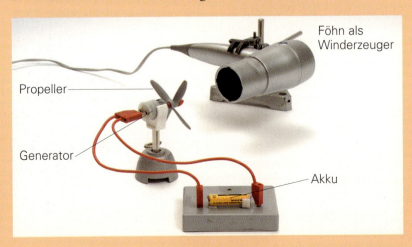

2 Windgenerator

⊃ 11.7 Solarenergie, 11.6 Wasser- und Windenergieanlagen

Wärmekraftwerk als Energiewandler

Die chemische Energie der Brennstoffe wird beim Verbrennen in Wärmeenergie umgewandelt, die zum Erwärmen von Wasser genutzt wird. Der heiße Wasserdampf treibt ein Flügelrad oder eine Turbine an. Wird die Turbine mit einem Generator verbunden, ist das Modell eines Wärmekraftwerks fertig. Eine mögliche Anordnung ist im Bild dargestellt (Bild 3).

3 Modell eines Wärmekraftwerks

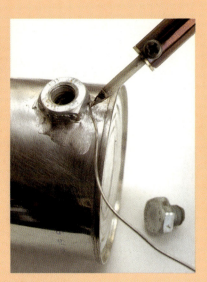

4 Bau des Dampferzeugers aus einer Milchdose, einem eingelöteten Messingrohr, einer Schraubenmutter und einem Fahrradventil als Sicherheitsventil.

5 Bau des Turbinenrades aus einem Dosendeckel

11 Energiewandler

11.10 Energieträger zur Stromerzeugung im Vergleich

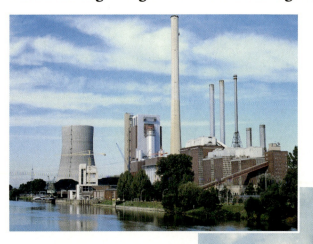
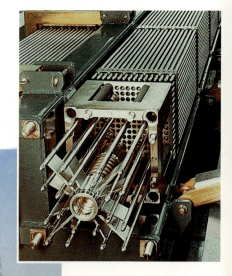

	Wärmekraftwerk	**Heizkraftwerk**	**Kernkraftwerk**
Energieträger	Kohle, Erdöl, Heizöl, nicht erneuerbar	Kohle, Erdöl, Heizöl, nicht erneuerbar	Uran 235
Wirkungsgrad	ca. 42 %	ca. 62 %	ca. 33 %
Umweltbelastung	Abwärme, Rauchgase mit Kohlenstoffdioxid, Schwefeldioxid und Stickstoffoxiden; Staub durch gelagerte Kohle	Abwärme, Rauchgase mit Kohlenstoffdioxid, Schwefeldioxid und Stickstoffoxiden	Abwärme, Strahlenbelastung der Umwelt, Anhäufung und ungeklärte Entsorgung der „ausgebrannten Brennelemente"
Standort	Große Flächen zur Lagerung der Kohle, Flussnähe wegen des großen Kühlwasserbedarfs	Große Flächen zur Lagerung der Kohle, Flussnähe wegen des großen Kühlwasserbedarfs	Flussnähe wegen des großen Kühlwasserbedarfs
Besonderheiten	Verminderung der Umweltbelastungen durch Rauchgasreinigungsanlagen	Verminderung der Umweltbelastungen durch Rauchgasreinigungsanlagen	Großes Gesundheitsrisiko bei Störfällen, hohe Sicherheitsanforderungen zur Vermeidung von radioaktiver Belastung
Anteil an der Energieversorgung in Deutschland	ca. 58 %		ca. 30 %

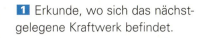

1 Erkunde, wo sich das nächstgelegene Kraftwerk befindet.

2 Erläutere anhand der Übersicht die Vor- und Nachteile eines Kraftwerktyps.

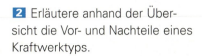

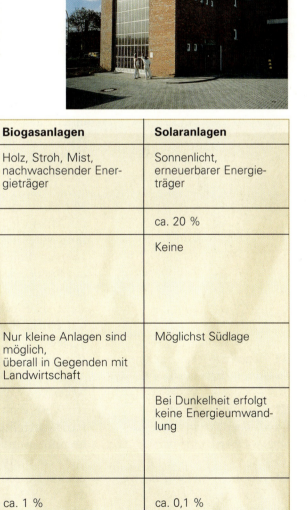

Wasserkraftwerk	Windenergieanlagen	Biogasanlagen	Solaranlagen
Wasser, erneuerbarer Energieträger	Wind, erneuerbarer Energieträger	Holz, Stroh, Mist, nachwachsender Energieträger	Sonnenlicht, erneuerbarer Energieträger
ca. 90 %	ca. 40 %		ca. 20 %
Eingriffe in die Natur durch aufgestaute Wassermassen, Überflutung von Tälern, Flussauen trocknen aus	Lärm durch die Rotoren		Keine
Nur an Gewässern mit Gefälle oder mit Ebbe und Flut	Windreiche Gegend	Nur kleine Anlagen sind möglich, überall in Gegenden mit Landwirtschaft	Möglichst Südlage
	Bei Windstille oder zu starkem Wind erfolgt keine Energieumwandlung.		Bei Dunkelheit erfolgt keine Energieumwandlung
ca. 4,3 %	ca. 5,1 %	ca. 1 %	ca. 0,1 %

11 Energiewandler

11.11 Energiewandler Verbrennungsmotor

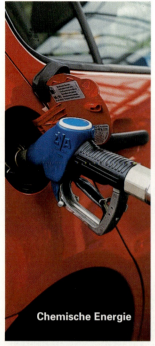
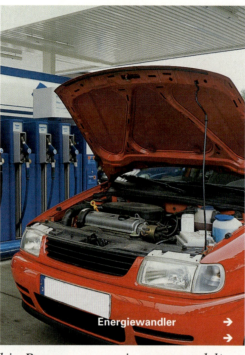

Chemische Energie — **Energiewandler** → → **Bewegungsenergie / Wärmeenergie**

1 Chemische Energie wird in Bewegungsenergie umgewandelt

Kraftstoffe liefern die Energie zum Antrieb der Automotoren. In einem abgeschlossenen Zylinder wird Benzin verbrannt. Dabei wird die chemische Energie der Kraftstoffe in Wärmeenergie und Bewegungsenergie umgewandelt (Bild 1). Automotoren bezeichnet man als **Verbrennungsmotoren**.

Mit Hilfe einer einseitig verschlossenen Papröhre, die seitlich mit einem kleinen Loch versehen ist, kann die Energieumwandlung gezeigt werden (Bild 3). Ein Wattebausch wird mit einigen Tropfen Benzin getränkt und in die Röhre gelegt. Danach wird ein Pappdeckel lose aufgelegt. Damit sich das Benzin mit der Luft gut vermischt, wird die Papröhre mehrfach umgedreht. Es entsteht ein **Benzin-Luft-Gemisch**. Anschließend wird das Gemisch mit einem Streichholz gezündet, das durch die seitliche Öffnung gesteckt wird. Explosionsartig verbrennt das Gemisch und der Pappdeckel fliegt weg.

Nikolaus Otto (1832–1891) entwickelte den ersten brauchbaren Verbrennungsmotor, den er 1878 auf der Weltausstellung in Paris vorstellte. Damit begann die gewaltige Entwicklung der Verbrennungsmotoren. Noch heute werden nach dem gleichen Prinzip Verbrennungsmotoren hergestellt. Nach ihrem Erfinder heißen sie auch Ottomotoren. Der Motor in Bild 2 hat vier **Zylinder**, in denen sich jeweils ein **Kolben** hin- und herbewegt. Im **Vergaser** wird das Benzin in feine Tröpfchen zerstäubt. Das ge-

1 Nenne die Teile des Motors und ihre Aufgaben.

2 Welche Energieumwandlungen finden beim Verbrennungsmotor statt?

3 Wodurch unterscheidet sich ein Ottomotor von einem Dieselmotor?

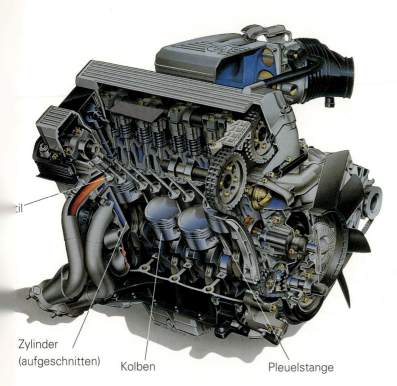

2 Aufbau eines Verbrennungsmotors

3 Modellversuch Verbrennungsmotor

schieht wie bei einem Parfümzerstäuber (siehe Versuch 1). Mit der angesaugten Luft entsteht ein Benzin-Luft-Gemisch. **Ventile** steuern die Zufuhr des Benzin-Luft-Gemischs (**Einlassventil**) und das Ausschieben der bei der Verbrennung entstehenden Gase (**Auslassventil**).

Die Hin- und Herbewegung des Kolbens wird durch eine **Pleuelstange** auf die **Kurbelwelle** übertragen. Dadurch entsteht aus der Hin- und Herbewegung eine Drehbewegung, die auf die Räder übertragen wird. Die bei der Verbrennung entstehende Wärme wird durch vorbeiströmende Luft oder vorbeiströmendes Wasser abgeführt. Das nennt man **Luft- bzw. Wasserkühlung**.

V

1. Flüssigkeiten zerstäuben
Tauche ein dünnes Glasröhrchen in ein halb mit Wasser gefülltes Reagenzglas. Blase mit einem anderen Glasröhrchen, das vorn verengt ist, gegen den oberen Rand des eingetauchten Röhrchens.
Beschreibe, was geschieht.

4 In welchem Takt erfolgt die Energieumwandlung (Bild 4, Seite 262)?

5 Um 100 km fahren zu können, benötigen Autos unterschiedlich viel chemische Energie. Vergleiche die Angaben über den Kraftstoffverbrauch mehrerer Autos. Stelle eine Rangfolge auf.

11 Energiewandler

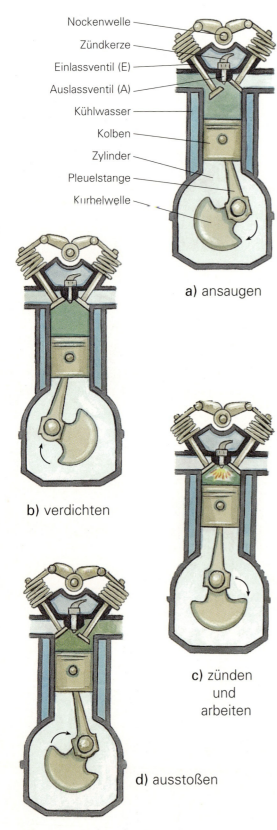

4 Die vier Takte des Ottomotors

Der Otto-Viertaktmotor. Die meisten Autos haben zum Antrieb einen Viertaktmotor. Bei diesem Motor lassen sich vier Abschnitte, die **Takte**, unterscheiden: Jeweils eine Abwärts- oder eine Aufwärtsbewegung des Kolbens ist ein Takt (Bild 4).

1. Takt – ansaugen: Der Kolben befindet sich zunächst oben im Zylinder. Das Einlassventil wird geöffnet. Der Kolben bewegt sich abwärts. Dadurch strömt das Kraftstoff-Luft-Gemisch in den Zylinder.

2. Takt – verdichten: Das Einlassventil wird geschlossen. Der Kolben bewegt sich aufwärts. Das Gemisch wird zusammengepresst. Man sagt, es wird verdichtet. Die Temperatur steigt auf ca. 500 °C an.

3. Takt – zünden und arbeiten: Kurz bevor der Kolben seine höchste Stellung erreicht, wird das Gemisch mit Hilfe einer **Zündkerze** gezündet. Dadurch steigen die Temperatur und der Druck in dem Zylinder weiter an. Das Gas in dem Zylinder dehnt sich explosionsartig aus und treibt den Kolben nach unten. Dieses ist Arbeit. Nur in diesem Takt erfolgt die Energieumwandlung von chemischer Energie in Wärmeenergie und Bewegungsenergie.

4. Takt – ausstoßen: Das Auslassventil wird geöffnet. Der Kolben bewegt sich durch den Schwung wieder nach oben und schiebt die Abgase nach außen. Danach wird das Auslassventil geschlossen. Der Vorgang beginnt von Neuem.

Abgase beim Auto. Benzin ist ein Gemisch aus unterschiedlichen Kohlenwasserstoffen. Um 1 g Benzin vollständig zu verbrennen, sind 14,7 g Luft notwendig. Benzin verbrennt zu Kohlenstoffdioxid und Wasser. Mit dem **Abgas** der Verbrennungsmotoren strömen neben diesen beiden Stoffen aber auch Abgasanteile in die Luft, die sehr gesundheits- und umweltschädigend sind (Bild 5).

Kohlenstoffmonoxid: Wenn nicht genügend Sauerstoff im Benzin-Luft-Gemisch vorhanden ist, wird das Benzin nur unvollständig verbrannt. Es bildet sich auch das giftige Kohlenstoffmonoxid.

Stickstoffoxide: Die Kohlenwasserstoffverbindungen verbrennen besonders gut bei hohen Temperaturen. Doch bei den hohen Temperaturen, die im Zylinder auftreten, reagiert auch der in der angesaugten Luft enthaltene Stickstoff mit dem Sauerstoff der Luft. Es

5 Abgase beim Verbrennungsmotor

entstehen Stickstoffoxide, die sich mit dem Regenwasser zu Säuren verbinden und als saurer Regen auf den Boden gelangen.

Unverbrannte Kohlenwasserstoffe: Bei dem schnellen Verbrennungsvorgang im Zylinder wird ein geringer Teil des Benzins überhaupt nicht verbrannt oder in andere Kohlenwasserstoffverbindungen umgewandelt. Beim Abgaskatalysator geschieht die Schadstoffverringerung auf drei Wegen, man nennt ihn deswegen auch **Dreiwegekatalysator** (Bild 6).
1. Den Stickstoffoxiden wird Sauerstoff entzogen. Sie werden zu Stickstoff reduziert.
2. Das Kohlenstoffmonoxid wird durch Oxidation mit Sauerstoff zu Kohlenstoffdioxid umgewandelt.
3. Kohlenwasserstoffe werden durch Oxidation zu Kohlenstoffdioxid und Wasser umgewandelt.

Dieselmotor. Der von RUDOLF DIESEL (1858–1913) erfundene Motor benötigt keinen Vergaser und keine Zündkerzen (Bild 6). Beim Dieselmotor wird im ersten Takt Luft angesaugt. Die Luft wird im zweiten Takt noch stärker zusammengepresst als beim Ottomotor. Die Temperatur steigt im Zylinder auf 750 °C bis 900 °C an. Kurz bevor der Kolben die oberste Stellung erreicht hat, wird der Kraftstoff eingespritzt. Aufgrund der hohen Temperatur im Zylinder entzündet sich der Kraftstoff sofort selbst und treibt den Kolben abwärts. Der Dieselmotor ist ein **Selbstzünder**. Wie beim Ottomotor erfolgt die Energieumwandlung im dritten Takt, doch wird die chemische Energie besser in Bewegungsenergie umgewandelt. Im vierten Takt erfolgt das Ausschieben der Verbrennungsgase.

Rußfilter. Im Vergleich zu den Ottomotoren haben Dieselmotoren einen geringeren Schadstoffanteil, dafür aber einen höheren Anteil an Rußteilchen. Durch spezielle Filter werden die Rußteilchen zurückgehalten.

| Beim Verbrennungsmotor wird chemische Energie in Wärmeenergie und Bewegungsenergie umgewandelt.

6 Abgaskatalysator

6 Welche Aufgabe hat ein Abgaskatalysator?

7 Beschreibe, wie der Abgaskatalysator wirkt.

8 Durch welche Fahrweisen kann Kraftstoff eingespart werden? Entwirf einen Tipp für Mofafahrer.

9 Wie kann die Menge der Schadstoffe, die mit den Abgasen in die Umgebung kommt, verringert werden?

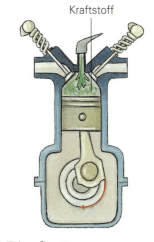

6 Dieselmotor

↪ 11.2 Heizung und Umwelt, 11.5 Brennstoffe für Wärmekraftwerke

12 Elektrische Energie

12.1 Der Dynamo als Spannungsquelle

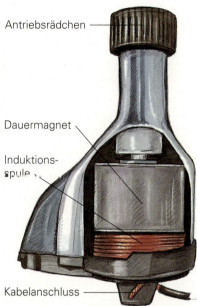

1 Der Fahrraddynamo

Ein Fahrraddynamo erzeugt die notwendige Spannung für die Fahrradbeleuchtung (Bild 1). Immer wenn sich das Antriebsrädchen mit dem Reifen dreht, leuchten bei einwandfreier Anlage die Lampen.

Im Inneren des Dynamos befinden sich eine Spule und ein zylinderförmiger Magnet. Der Magnet ist durch eine Achse mit dem Antriebsrädchen verbunden (Bild 1). Das eine Drahtende der Spule ist mit dem Gehäuse des Dynamos verbunden, das andere Drahtende führt zum Anschluss für die Lampenkabel. Immer wenn sich das Antriebsrädchen dreht, dreht sich auch der Magnet in der Spule.

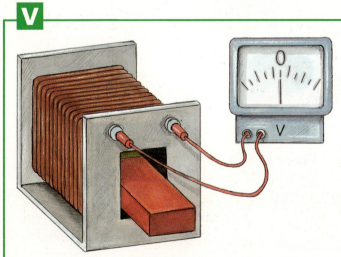

1. Mit einer Spule und einem Magneten eine Spannung erzeugen

Verbinde eine Spule (z. B. 400 Windungen) mit einem Spannungsmessgerät. Bewege einen Stabmagneten in die Spule hinein und ziehe ihn anschließend wieder aus der Spule heraus.
Beobachte das Messgerät.
Beschreibe den Vorgang.
Bewege danach die Spule und halte den Magneten fest.
Was stellst du fest?

➜ 12.3 Wechselspannung und Wechselstrom

Wenn ein Magnet in der Spule bewegt wird, zeigt das Messgerät eine Spannung an. Durch die Bewegung wird eine Spannung hervorgerufen. Diese Spannung heißt induzierte Spannung oder **Induktionsspannung**.

Wird der Magnet in die Spule hineingeschoben und anschließend herausgezogen, so schlägt der Zeiger des Messgerätes zunächst in die eine Richtung und dann in die entgegengesetzte Richtung aus. Die Induktionsspannung ändert ihre Richtung. Sie ändert auch ihre Richtung, wenn der Magnet umgedreht wird.

Das Messgerät zeigt auch dann eine Spannung an, wenn der Magnet festgehalten wird und die Spule im Magnetfeld bewegt wird. Wenn weder der Magnet noch die Spule bewegt werden, wird auch keine Spannung hervorgerufen.

> Wenn sich ein Magnetfeld in einer Spule ändert, entsteht an den Enden der Spule eine Induktionsspannung.

1 Beschreibe den Aufbau eines Dynamos. Fertige dazu eine Zeichnung an und beschrifte sie.

2 Beschreibe, wie mit einem Magneten und mit einer Spule eine Spannung hervorgerufen werden kann.

3 Erkläre im Modell mit Hilfe von Versuch 2 die Entstehung einer Induktionsspannung.

2. Induktionsspannung im Modell

a) Der Magnet befindet sich außerhalb der Spule. Die Elektronen sind im Spulendraht gleichmäßig verteilt.

b) Wird der Magnet zur Spule hin bewegt, dringt sein Magnetfeld in eine Spule ein. Dieser Vorgang bewirkt eine Änderung des Magnetfeldes in der Spule. Die Elektronen im Draht kommen in Bewegung. An einem der beiden Drahtenden entsteht ein Elektronenüberschuss. Das Messgerät zeigt eine Spannung an.

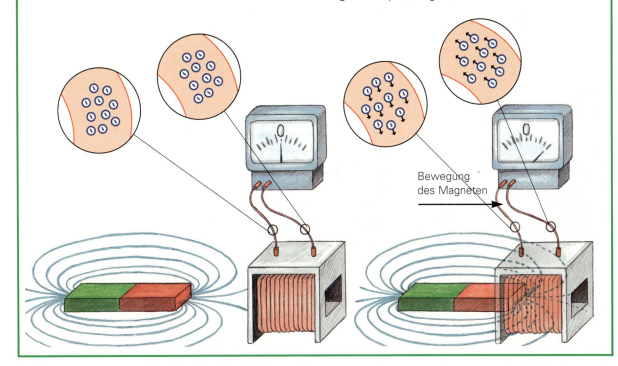

1.4 Der elektrische Stromkreis im Modell

12 Elektrische Energie

12.2 Wovon hängt die Induktionsspannung ab?

Eine möglichst hohe Spannung hervorrufen

1. Schließe eine Spule, zum Beispiel mit 400 Windungen, an einen Spannungsmesser an. Erprobe mehrere Möglichkeiten, eine hohe Spannung zu erreichen.
- Bewege einen Magneten unterschiedlich schnell in die Spule.
- Nimm unterschiedlich starke Magnete.
- Ersetze den Dauermagneten durch einen Elektromagneten.

Fertige eine Versuchsbeschreibung an.

2. Schalte drei Spulen mit unterschiedlichen Windungszahlen wie im Foto als Reihenschaltung an ein Spannungsmessgerät. Bewege einen Magneten mit gleicher Geschwindigkeit nacheinander jeweils in die einzelnen Spulen.

Vergleiche die Messergebnisse. Formuliere die Versuchsergebnisse als Merksätze.

Übertrage die Tabelle in dein Heft. Führe die Versuche durch und trage die Ergebnisse ein.

Bewegung des Magneten	Zeigerausschlag in Skalenteilen
schwacher Magnet langsam hinein	?
schwacher Magnet schnell hinein	?
starker Magnet langsam hinein	?
starker Magnet schnell hinein	?

Anzahl der Windungen	Zeigerausschlag in Skalenteilen
400	?
800	?
1600	?

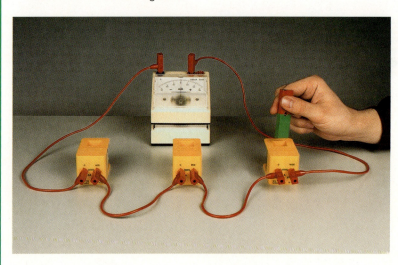

T

Bringe keine Magnete in die Nähe von Tonbändern, Videobändern, Scheckkarten oder Disketten. Die magnetisch gespeicherten Informationen können durch Magnete zerstört werden.

Wie wird eine hohe Induktionsspannung erreicht? Aus der Erfahrung wissen wir, dass die Lampe am Fahrrad umso heller leuchtet, je schneller sich das Dynamorädchen mit dem Magneten dreht. Je schneller der Magnet im Versuch 1 bewegt wird, desto größer ist die Induktionsspannung. Der Zeiger des Voltmeters schlägt weiter aus. Die Induktionsspannung hängt auch von der Stärke des Magneten (Versuch 1) und von der Windungszahl der Spule (Versuch 2) ab. Werden eine Spule mit großer Windungszahl und ein starker Magnet verwendet, wird auch die Induktionsspannung größer.

> Je schneller sich das Magnetfeld ändert, desto größer ist die Induktionsspannung.

FARADAYS Versuch zur Induktion. HANS CHRISTIAN ØERSTED hatte im Jahre 1820 entdeckt, dass ein Draht, durch den ein elektrischer Strom fließt, von einem Magnetfeld umgeben ist. Der englische Physiker MICHAEL FARADAY (1791 – 1867) fand 1831 heraus, dass sich mit Hilfe von Magnetfeldern Spannungen erzeugen lassen. Diese Art der Spannungserzeugung heißt elektromagnetische Induktion (Bild 1a).

FARADAYS Versuch bildete die Grundlage auch für die Übertragung und Speicherung von Informationen bei den modernen Geräten wie Kassettenrekordern, Videobändern, Computern und Scheckkarten.

Dynamisches Mikrofon. Eine Membran ist an einer Spule befestigt. Trifft Schall auf die Membran, bewegt sie sich mit der Spule im Magnetfeld eines Dauermagneten. Durch die Magnetfeldänderung wird in der Spule eine Spannung induziert. Auf diese Weise wird eine Schallinformation in elektrische Signale umgewandelt (Bild 1b).

Magnetschrift lesen. Bei der Wiedergabe einer bespielten Tonkassette oder Videokassette sowie bei einer Diskette oder der Festplatte eines Computers bewegt sich ein Magnetband oder eine Magnetplatte dicht an einer Spule, dem Ton- oder Lesekopf, vorbei. Die Informationen sind magnetisch gespeichert. Die Änderungen des Magnetfeldes bewirken Induktionsspannungen (Bild 1c).

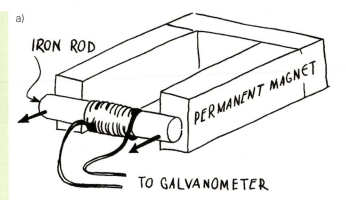
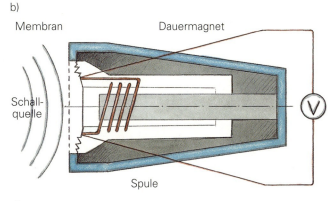
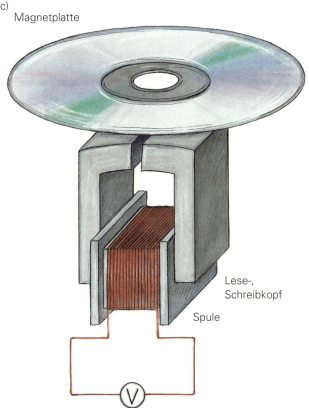

1 Von der Entdeckung der Induktion durch MICHAEL FARADAY zum Datenlesegerät

12 Elektrische Energie

1 Ein Oszilloskop als Spannungsmessgerät

12.3 Wechselspannung und Wechselstrom

Wechselspannung. Dreht sich der Magnet über der Spule (Versuch 1), so pendelt der Zeiger des angeschlossenen Voltmeters bei jeder Umdrehung des Magneten einmal zur einen Seite und anschließend zur anderen Seite. Das Messgerät zeigt eine Spannung an, die ständig ihren Wert und ihre Richtung ändert. Eine Spannung mit diesen Eigenschaften heißt Wechselspannung.

Schließt man statt des Voltmeters ein Oszilloskop als Spannungsmesser an, so erhält man auf dem Bildschirm eine Spannungskurve wie in Bild 1.

In Bild 3 sind die einzelnen **Stationen einer Wechselspannung** zu sehen. Zu Beginn des Versuches ist keine Spannung vorhanden (A). Der Magnet dreht sich. Die Spannung steigt stetig an. Wenn sich einer der beiden Magnetpole über der Spule befindet, hat die Spannung ihren höchsten Wert erreicht (B). Der Magnet dreht sich weiter, die Spannung wird geringer. Die Spannung erreicht den Wert Null Volt (C).

1 Zeichne den Spannungsverlauf einer Wechsel- und einer Gleichspannung in dein Heft.

2 Beschreibe den Unterschied zwischen Gleichstrom und Wechselstrom mit Hilfe des Modells von den Elektronen.

1. Eine Wechselspannung wird induziert

Baue den Versuch wie im unten stehenden Bild auf. Drehe den Stab mit dem Magneten und beobachte den Zeiger des Messgerätes. Beschreibe die Bewegung des Zeigers am Messgerät.

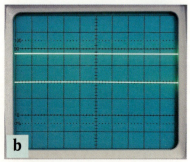

2 Wechselstrom (a) und Gleichstrom (b)

1.5 Elektrische Spannungen

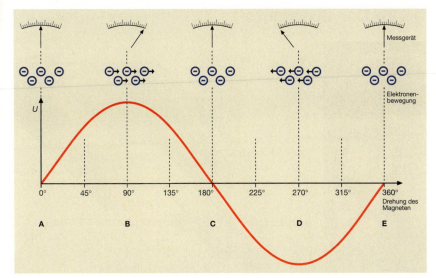

3 Spannungsverlauf bei einer Wechselspannungsquelle

Dreht sich der Magnet weiter, steigt die Spannung wieder bis zu einem Höchstwert an (D) und geht anschließend wieder auf Null Volt zurück. Der Zeiger schlägt einmal nach links und danach nach rechts aus. Die Pole haben also gewechselt. Der Magnet hat eine volle Drehung ausgeführt (E). Der Zeiger des Messgerätes hat dabei eine vollständige Hin- und Herbewegung, eine **Schwingung**, durchgeführt.

Bei der nächsten Drehung des Magneten wiederholt sich der Vorgang in der gleichen Reihenfolge. Je schneller sich der Magnet dreht, desto kürzer ist die Zeit für eine Schwingung.

Wechselstrom und Gleichstrom. Bei der Wechselspannung wechseln die Elektronen ständig ihre Bewegungsrichtung (Bild 2a). Sie pendeln hin und her. Ein elektrischer Strom, der ständig seine Richtung und seine Stärke ändert, heißt **Wechselstrom.** Bei einem Stromkreis mit einer Batterie als Spannungsquelle fließen die Elektronen immer in die gleiche Richtung (Bild 2b). Ein Strom mit dieser Eigenschaft heißt **Gleichstrom**.

Frequenz. Es gibt unterschiedliche Wechselspannungen. Der Wechsel der elektrischen Pole kann unterschiedlich schnell erfolgen. Die Anzahl der Wechsel in einer bestimmten Zeit wird als Frequenz bezeichnet. Die Frequenz gibt an, wie viele Schwingungen in einer Sekunde erfolgen. Sie wird in Hertz (Hz) angegeben. Diese Einheit ist nach dem deutschen Physiker HEINRICH HERTZ (1857 – 1894) benannt (Bild 4, 5).

Angaben auf einem Typenschild
230 V , **50 Hz**

4 Frequenz der Wechselspannung

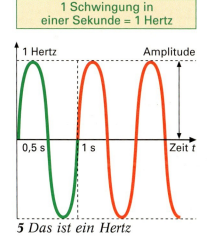

5 Das ist ein Hertz

Ein Dynamo liefert eine Wechselspannung. Die Spannung ist nicht immer gleich groß und wechselt laufend die Pole.

12 Elektrische Energie

12.4 Der Generator

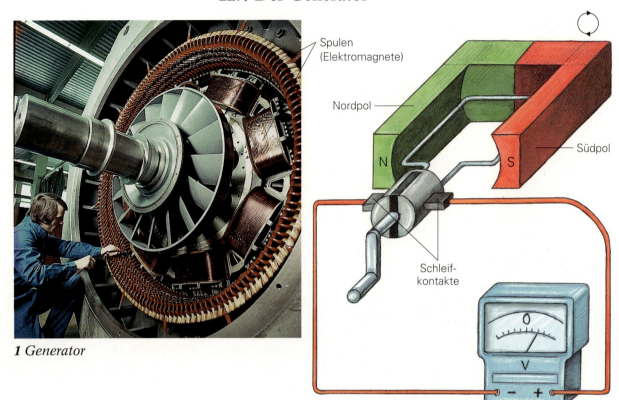

1 Generator

2 Modell eines Wechselspannungsgenerators

Ähnlich wie in einem Dynamo am Fahrrad werden in den Elektrizitätswerken durch **Generatoren** Spannungen erzeugt (Bild 1). Ein Magnet dreht sich in Drahtspulen und erzeugt eine elektrische Spannung. Eine Spannung wird auch erreicht, wenn sich eine Spule in einem Magnetfeld dreht. In Bild 2 ist eine Spule vereinfacht als Drahtschleife gezeichnet, die sich zwischen dem Nord- und Südpol eines Hufeisenmagneten befindet.

Um höhere Spannungen zu erreichen, erfolgen einige Änderungen. Statt einer Spule wie beim Fahrraddynamo werden mehrere Induktionsspulen um den Magneten herum angeordnet. Für den Dauermagneten im Dynamo werden beim Generator Spulen als Elektromagnete verwendet. Die beiden Enden jeder dieser Spulen sind an Schleifkontakte angeschlossen. Über Kontakte wird die Spannung an dieser Stelle abgenommen. Ein **Drehstromgenerator** erzeugt drei zeitversetzte Stromkreise (Bild 4).

Der rotierende Elektromagnet ist durch eine Achse mit einer Turbine, einer Art Schaufelrad, verbunden (Bild 3). Strömt gegen die Turbine Wasser oder heißer Wasserdampf, dreht sich die Wasser- bzw. die Dampfturbine und treibt den Elektromagneten im Generator an.

1 Welche Gemeinsamkeiten haben ein Dynamo und ein Generator?

2 Wie lässt sich die von einem Generator erzeugte Spannung erhöhen?

3 Generatoren im Elektrizitätswerk

Bei einer Windenergieanlage dreht sich ein Elektromagnet mit den Rotorflügeln. In Autos, auf Schiffen oder in abgelegenen Gebäuden werden die Generatoren durch Verbrennungsmotoren angetrieben.

> Bei einem Generator dreht sich eine Spule in einem Magnetfeld. Dadurch wird eine Spannung erzeugt.

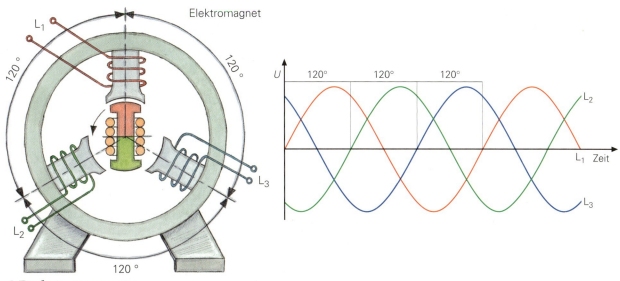

4 Drehstromgenerator

271

12 Elektrische Energie

12.5 Der Transformator

2 *Ein Transformator für die Spielzeugeisenbahn*

1 *Transformatoren*

Elektrische Spielzeugeisenbahnen dürfen aus Sicherheitsgründen nicht direkt mit der Netzspannung von 230 Volt betrieben werden. Deshalb muss die Spannung verringert werden. Dazu wird ein Transformator verwendet (Bild 2).

Aufbau eines Transformators. Jeder Transformator besteht aus zwei Spulen, zwischen denen es keine elektrisch leitende Verbindung gibt, und einem Eisenkern (Bild 4). Oftmals sind die beiden Spulen so um einen gemeinsamen Eisenkern gewickelt, dass man die beiden Stromkreise nicht genau erkennen kann (Bild 1).

Eine der beiden Spulen, die **Primärspule**, ist an eine Spannungsquelle angeschlossen. Die Primärspule bildet mit der Spannungsquelle den **Primärstromkreis**. Wenn durch die Primärspule ein Wechselstrom fließt, ändert sich ständig das Magnetfeld. Durch den Eisenkern werden die elektromagnetischen Felder auf die zweite Spule, die **Sekundärspule**, übertragen. Dadurch wird in der Sekundärspule ein Wechselstrom hervorgerufen. Dieser zweite Stromkreis heißt **Sekundärstromkreis**. Durch den geringen Abstand beider Spulen voneinander sowie durch den Eisenkern wird das Magnetfeld verstärkt (Bild 4).

Besonders deutlich werden die beiden getrennten Stromkreise bei einer elektrischen Zahnbürste (Bild 3). Ohne dass eine elektrische Leitung zwischen dem Ladegerät und der Zahnbürste besteht, zeigt ein Lämpchen der elektrischen Zahnbürste an, dass ein Ladestrom in der Zahnbürste fließt. Beim Anheben der Zahnbürste erlischt das Ladelämpchen.

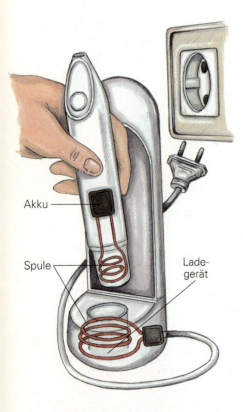

3 *Elektrische Zahnbürste mit Ladegerät*

➜ 12.7 Versorgung mit elektrischer Energie

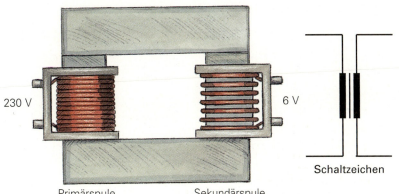
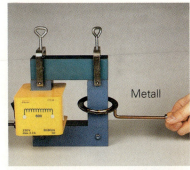

230 V 6 V

Primärspule Sekundärspule Schaltzeichen

4 Aufbau eines Transformators

Im Ladegerät befindet sich eine Spule, durch die ein Wechselstrom fließt. Der Wechselstrom ist von einem sich ständig ändernden Magnetfeld umgeben. Auch die Zahnbürste enthält eine Spule. Durch das sich ändernde Magnetfeld der Spule im Ladegerät wird in der Spule der Zahnbürste eine Wechselspannung von beispielsweise 4 V induziert. Die Spule im Ladegerät und die Spule in der Zahnbürste bilden zusammen einen Transformator.

Ein Transformator besteht aus zwei getrennten Spulen und einem Eisenkern. Durch das wechselnde Magnetfeld in der Primärspule wird in der Sekundärspule eine Spannung hervorgerufen.

5 Beim Schmelztransformator und beim Punktschweißgerät besteht die Sekundärspule nur aus einer einzigen Windung

1. Spannungsübersetzung

Stelle zwei gleiche Spulen, zum Beispiel mit 400 Windungen, gegenüber auf. Schließe eine der beiden Spulen an einen Spannungsmesser, die andere an eine Wechselspannung zum Beispiel von 6 V an. Wie groß ist die angezeigte Spannung? Was geschieht, wenn:
a) der Abstand der beiden Spulen verändert wird,
b) wenn in die Primärspule ein Eisenkern gelegt wird,
c) wenn beide Spulen auf einen U-Kern mit Joch gesetzt werden,
d) wenn das Joch locker sitzt oder fehlt,
e) wenn zwei Spulen mit unterschiedlichen Windungszahlen verwendet werden?

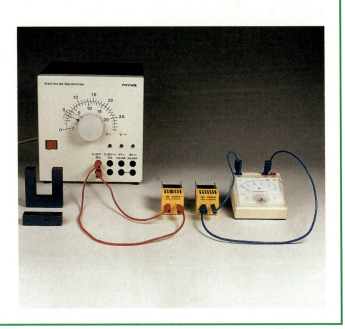

12 Elektrische Energie

12.6 Anwendungen von Transformatoren

1 Hochstromtransformator

2 Hochspannungstransformator

1 Wodurch unterscheidet sich ein Hochspannungstransformator von einem Hochstromtransformator?

2 Ein Transformator hat das Übersetzungsverhältnis 20 : 1. Erkläre diese Angabe.

3 Im Auto wird die Spannung von 12 V in der Zündspule auf 15 000 V herauftransformiert. In welchem Verhältnis stehen die beiden Transformatorspulen?

4 Das Netzgerät für einen Kassettenrekorder hat eine Primärspule von 1 200 Windungen, die Sekundärspule hat 47 Windungen. Wie groß ist die Sekundärspannung, wenn das Netzgerät an eine Spannung von 230 V angeschlossen wird?

An Transformatoren können hohe lebensgefährliche Spannungen und Stromstärken entstehen, auch wenn sie an Spannungsquellen von unter 24 V angeschlossen sind.

Der **Hochstromtransformator** in Bild 1 besitzt eine Primärspule mit 600 Windungen und eine Sekundärspule mit 5 Windungen. Wird die Primärspule an die Netzspannung angeschlossen, beginnt der Nagel zu glühen und schmilzt durch. Werden die beiden Nagelenden zusammengedrückt, lassen sich beide Teile wieder zusammenschweißen.

Zum Schweißen und zum Schmelzen von Metallen werden große Stromstärken benötigt. Beim Schmelztransformator wird als Sekundärspule eine Schmelzrinne verwendet, die das zu schmelzende Metall (zum Beispiel Blei oder Zinn) aufnimmt. Die Schmelzrinne bildet eine Spule mit einer Windung. Fließt durch die Primärspule ein Wechselstrom, so bewirkt das in der Schmelzrinne eine so große Stromstärke, dass die Rinne heiß wird und das eingelegte Blei oder das Zinn nach kurzer Zeit schmilzt.

Der Modellversuch zum Hochspannungstransformator in Bild 2 zeigt, dass durch Transformatoren gefährliche Spannungen erreicht werden können. An die Sekundärspule werden zwei hörnerartig gebogene Elektroden angeschlossen. Die Primärspule wird mit der Netzspannung von 230 V verbunden. Wird die Spannung an der Primärspule eingeschaltet, entsteht in der Sekundärspule eine so große Spannung, dass zwischen den beiden Elektroden ein Lichtbogen nach oben steigt.

Durch ein geeignetes Verhältnis der Windungszahlen beim Transformator kann beispielsweise die Spannung von 230 V auf die von Computern, Radios und CD-Spielern benötigten Spannungen (3 bis 9 V) herabtransformiert werden. Für die Bildröhre eines Fernsehgerätes oder bei Fotokopierern können durch Transformatoren Hochspannungen erzeugt werden.

Transformatoren wandeln Wechselspannungen um. Je größer die Spannung wird, desto geringer wird die Stromstärke.

Beispiele für Berechnungen

1. Wie groß ist die Spannung?

Wie groß ist die Spannung zwischen den beiden Elektroden (Bild 2)? Die Primärspannung beträgt 230 V.

Aus der Gleichung

$$\frac{\text{Spannung der Primärspule } U_P}{\text{Spannung der Sekundärspule } U_S} = \frac{\text{Windungszahl der Primärspule } N_P}{\text{Windungszahl der Sekundärspule } N_S}$$

erhält man durch Umstellung

$$U_S = \frac{N_S \cdot U_P}{N_P} = \frac{23000 \cdot 230 \text{ V}}{500} = 10580 \text{ V}$$

Die Spannung U_S beträgt ca. 10580 V.

2. Wie groß ist die Stromstärke?

Wie groß ist die Stromstärke im Sekundärstromkreis beim Hochstromtransformator (Bild 1)? Die Primärstromstärke beträgt 0,8 A.

Aus der Gleichung

$$\frac{\text{Stromstärke der Primärspule } I_P}{\text{Stromstärke der Sekundärspule } I_S} = \frac{\text{Windungszahl der Sekundärspule } N_S}{\text{Windungszahl der Primärspule } N_P}$$

erhält man durch Umstellung

$$I_S = \frac{N_P \cdot I_P}{N_S} = \frac{600 \cdot 0{,}8 \text{ A}}{5} = 96 \text{ A}$$

Die Stromstärke I_S beträgt ca. 96 A.

V

1. Spannungen werden transformiert

Verbinde die Primärspule mit dem Netzgerät und stelle eine Wechselspannung von 6 V ein. Verwende als Sekundärspule Spulen mit unterschiedlicher Windungszahl und miss jeweils die Sekundärspannung.
Lege eine Tabelle wie in Bild 3 an und trage deine Messergebnisse ein.
Verwende anschließend unterschiedliche Primärspulen und wiederhole die Messungen bei gleicher Sekundärspule.

2. Stromstärken werden gewandelt

Baue einen Transformator aus Spulen mit unterschiedlichen Windungszahlen auf. Schließe jeweils an die Sekundärspule einen einstellbaren Widerstand an (z. B. 10 Ω). Miss bei gleicher Spannung (z. B. 6 V) die Stromstärke in beiden Stromkreisen.
Zeichne eine Tabelle in dein Heft und trage die Ergebnisse ein.

Windungszahl der		Spannung der	
Primärspule	Sekundärspule	Primärspule	Sekundärspule
400	400	6 V	6 V
400	800	6 V	12 V
400	1600	6 V	24 V
800	400	6 V	3 V
800	1600	6 V	12 V

3 Ein mögliches Messergebnis

Spannung:
$$\frac{\text{Spannung der Primärspule}}{\text{Spannung der Sekundärspule}} = \frac{\text{Windungszahl der Primärspule}}{\text{Windungszahl der Sekundärspule}}$$

Stromstärke:
$$\frac{\text{Stromstärke der Primärspule}}{\text{Stromstärke der Sekundärspule}} = \frac{\text{Windungszahl der Sekundärspule}}{\text{Windungszahl der Primärspule}}$$

4 Übersetzungsverhältnisse am Transformator

12 Elektrische Energie

12.7 Versorgung mit elektrischer Energie

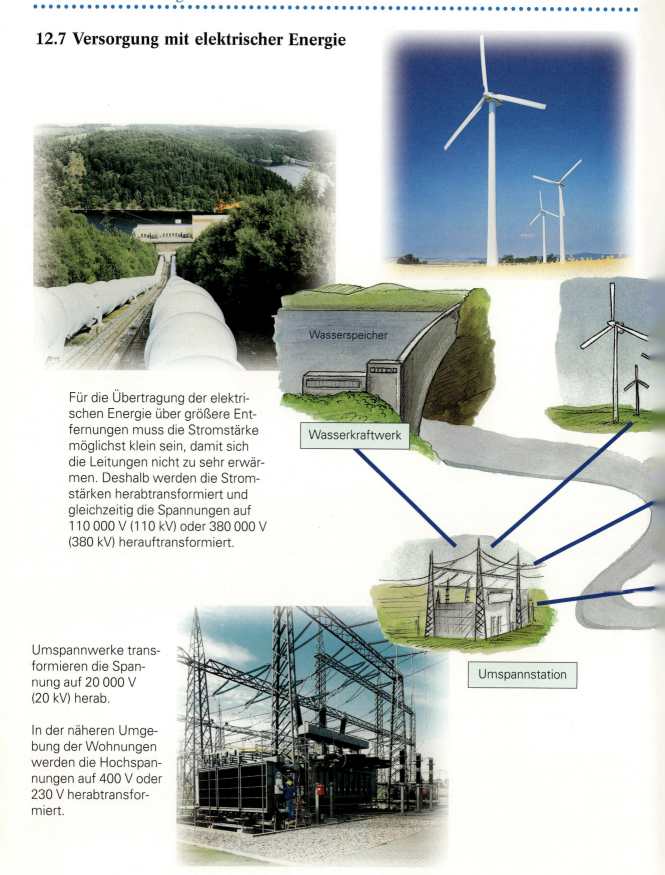

Für die Übertragung der elektrischen Energie über größere Entfernungen muss die Stromstärke möglichst klein sein, damit sich die Leitungen nicht zu sehr erwärmen. Deshalb werden die Stromstärken herabtransformiert und gleichzeitig die Spannungen auf 110 000 V (110 kV) oder 380 000 V (380 kV) herauftransformiert.

Umspannwerke transformieren die Spannung auf 20 000 V (20 kV) herab.

In der näheren Umgebung der Wohnungen werden die Hochspannungen auf 400 V oder 230 V herabtransformiert.

Strömendes Wasser, Wasserdampf und Wind setzen Turbinen oder Windräder in eine Drehbewegung. Die angeschlossenen Generatoren erzeugen Spannungen von einigen tausend Volt.

Windkraftwerk

Wärmekraftwerk

Umspannstation

Elektromotoren können durch den elektrischen Strom in Bewegung gesetzt werden.

1 Erkunde, wo in deinem Heimatort Transformatoren der Elektrizitätswerke stehen. Welche Aufgabe haben sie?

2 Erläutere anhand der Bilder dieser Seite die Stationen vom Generator über den Transformator zum Motor.

3 Überlege, ob man einen Fahrraddynamo auch als Motor verwenden kann.

12 Elektrische Energie

12.8 Energie zum Betreiben elektrischer Geräte

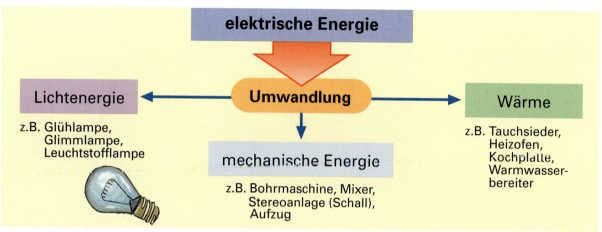

1 Umwandlung elektrischer Energie

Die zum Betreiben elektrischer Geräte genutzte Energie wird von den Energieversorgungsunternehmen bereitgestellt. Die Elektrogeräte wandeln die elektrische Energie in andere Energieformen um (Bild 1). Kleine Solarenergieanlagen auf Hausdächern ergänzen die Versorgung der Häuser mit elektrischer Energie. Sie bestehen aus zahlreichen 10 cm mal 10 cm großen Solarzellen, die die Sonnenenergie direkt in elektrische Energie umwandeln (Bild 3).

An einem **Elektrizitätszähler** kann die genutzte elektrische Energie abgelesen werden (Bild 2). Die elektrische Energie wird in der Einheit 1 Kilowattstunde (1 kWh) gemessen. Ein Elektroherd mit einer hohen Leistung benötigt in jeder Sekunde mehr elektrische Energie als beispielsweise der Betrieb eines Handrührgerätes. Die Scheibe im Elektrizitätszähler dreht sich schneller. Die elektrische Energie kann nach folgender Formel berechnet werden: **Elektrische Energie = Leistung des Gerätes · Zeit**

$$W = P \cdot t$$

Die Anzahl der Kilowattstunden wird durch das Zählwerk angezeigt.

Zählerscheibe

Mit der Abkürzung U/kWh wird angegeben, wie viele Umdrehungen diese Scheibe gemacht hat, bis die Energie 1 kWh entnommen wurde.

Berechnung der Kosten

Anzahl der Kilowattstunden: 450
0,20 EUR pro kWh

Kosten: 450 · 0,20 EUR = 90 EUR

2 Ein Elektrizitätszähler misst die elektrische Energie

Das Zeichen für die elektrische Leistung ist P, die Einheit ist 1 Watt (W).
Die elektrische Leistung P der Solaranlage = Spannung · Stromstärke.
$$P = U \cdot I$$
Das Zeichen für die elektrische Energie ist W, die Einheit ist
1 Wattsekunde (Ws) oder 1 Joule (J).
3 600 000 Wattsekunden = 1 Kilowattstunde (kWh).
Die durch die Solaranlage gewonnene elektrische Energie W ergibt sich nach der Gleichung:
$W = P \cdot t$

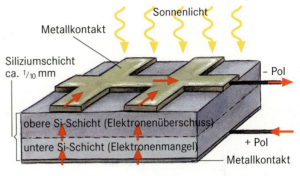

3 *Elektrische Energie durch Solarzellen*

Ein Computer mit der elektrischen Leistung $P = 60$ W ist am Schulvormittag 3 Stunden in Betrieb. Sein Energiebedarf beträgt 60 W · 3 h = 180 Wh = 0,180 kWh. In der restlichen Zeit befindet sich der Computer im „Stand-by-Betrieb" mit einer Leistung von 8 W. Die Energie von 8 W · 21 h = 168 Wh = 0,168 kWh wird ungenutzt verschwendet.

> Ein Elektrizitätszähler misst die elektrische Energie.
> Elektrische Energie = Leistung des Gerätes mal Betriebszeit

1 Berechne die genutzte elektrische Energie folgender Geräte:

Gerät	Leistung P in Watt	Betriebszeit
Bügeleisen	700	1/2 h
Toaster	1000	4 Minuten
Stereoanlage	120	6 h
Haartrockner	750	15 Minuten

T

Energiesparen in der Schule

Fertige eine Liste der elektrischen Geräte an, die in der Schule genutzt werden. Notiere die jeweilige elektrische Leistung. Schätze die wöchentliche Betriebsdauer und berechne aus den Angaben die benötigte Energie. Notiere Möglichkeiten, den Energiebedarf zu verringern. Besorge dir Energiespartipps der Gemeinde oder von Beratungsstellen.
Welche Geräte sind in der Schule auf "Stand-by-Betrieb" geschaltet? Berechne, wie viel Energie diese Geräte im Jahr benötigen. Welche dieser Geräte könnten vorübergehend abgeschaltet werden?

11.7 Solarenergie

12 Elektrische Energie

12.9 Solar-Wasserstoff-Technologie

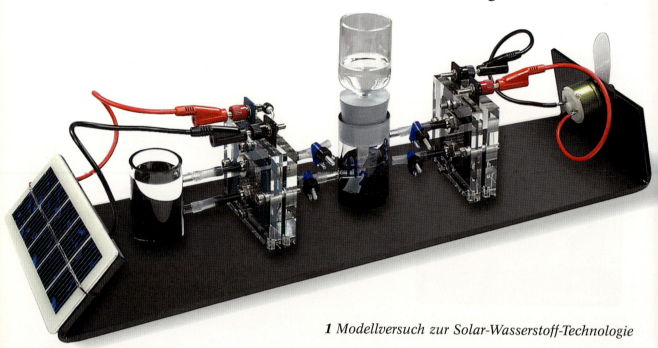

1 Modellversuch zur Solar-Wasserstoff-Technologie

Wissenschaftler versuchen, umweltverträgliche und preiswerte Methoden der Energiegewinnung zu entwickeln. Da die Vorräte an fossilen Energieträgern begrenzt sind, muss zukünftig Energie aus **erneuerbaren Energieträgern** gewonnen werden (Bild 2). Erneuerbare Energieträger sind z. B. Wasserkraft, Wind- und Sonnenenergie.

Intensiv wird die Nutzung von Sonnenenergie erforscht. Solaranlagen können aber nur dort wirtschaftlich betrieben werden, wo die Sonneneinstrahlung sehr stark ist und große Flächen zur Verfügung stehen, z. B. in Wüsten. Die dort erzeugte Energie wird an anderen Orten, z. B. in Europa, benötigt. Sie muss deshalb gespeichert und transportiert werden. Speicherung und Transport von elektrischer Energie über weite Strecken sind aber kompliziert.

Solar-Wasserstoff-Technologie. Mit dem von den Solaranlagen erzeugten Strom kann Wasserstoff durch Wasserspaltung erzeugt werden. Wasserstoff lässt sich wie Erdgas durch Pipelines transportieren. Er kann in flüssiger Form von gut isolierten Schiffen und Tanklastzügen befördert werden. In Brennstoffzellen wird aus dem Solar-Wasserstoff mit Sauerstoff aus der Luft wieder elektrische Energie gewonnen (Bild 1).

Wasserstoff ist ein sehr sauberer Energieträger. Wird Wasserstoff mit Sauerstoff in Brennstoffzellen zur Reaktion gebracht, entsteht nur Wasser. Die Umwelt wird dadurch nicht belastet.

1 Beschreibe den Ablauf der Energiegewinnung in dem Modellversuch, der in Bild 1 gezeigt wird.

2 Erkläre, warum die in Bild 1 dargestellte Form der Energiegewinnung umweltfreundlich ist.

3 Nenne Gründe, warum Solar-Wasserstoff in größeren Mengen nicht in Mitteleuropa produziert werden kann.

4 Beschreibe anhand von Bild 4 den Ablauf der Energiegewinnung mit Hilfe einer Algenkultur.

Biologische Wasserstofferzeugung. Für die Herstellung von Solarzellen werden Energie und Rohstoffe benötigt. Biologen haben entdeckt, dass auch bestimmte Algen und Bakterien im Sonnenlicht Wasser spalten. Die Bilder 3 und 4 zeigen, wie mit Hilfe einer Algenkultur elektrische Energie erzeugt werden kann.

Wirtschaftlichkeit der Solar-Wasserstoff-Technologie. Heute ist die Solar-Wasserstoff-Produktion noch teuer. Die Energiegewinnung aus fossilen Brennstoffen (Kohle, Erdöl, Erdgas) und aus der Kernenergie ist noch kostengünstiger. Es ist aber zu erwarten, dass in den kommenden Jahrzehnten die heute benutzten Energieträger knapper und damit teurer werden. Gleichzeitig wird die Wasserstofftechnologie weiterentwickelt und deshalb billiger. Es ist möglich, dass die Solar-Wasserstoff-Technologie in einigen Jahrzehnten eine wichtige und umweltschonende Methode zur Energiegewinnung wird. In Modellversuchen und in kleineren Anlagen wird diese Möglichkeit bereits demonstriert (Bild 1).

Energieträger	Reichweite
Erdöl	50 Jahre
Erdgas	70 Jahre
Kohle	200 Jahre

2 Geschätzte Reichweite der vorhandenen Vorräte an fossilen Brennstoffen

5 Nenne Faktoren, die dazu führen könnten, dass die Bedeutung des Wasserstoffs als Energieträger zunimmt.

> Solar-Wasserstoff ist eine mögliche Energiequelle der Zukunft. Wasser wird mit Sonnenenergie in Wasserstoff und Sauerstoff zerlegt. Wasserstoff kann als Energieträger zu den Verbrauchern transportiert werden.

6 Welche Vorteile würden sich ergeben, wenn Algen und Bakterien zur Solar-Wasserstoff-Produktion eingesetzt werden könnten?

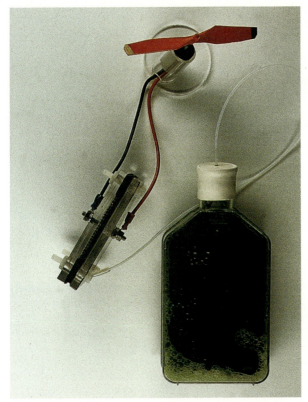

3 Stromerzeugung mit Algen

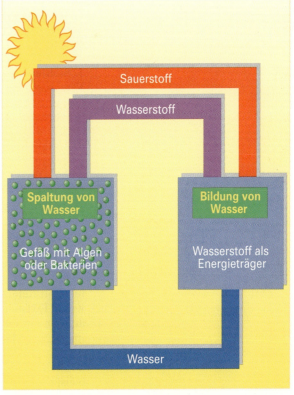

4 Biologische Wasserstoff-Technologie

12 Elektrische Energie

12.10 Ein Referat erstellen

1 Windkraft

Im Unterricht beschäftigt ihr euch mit dem Thema: erneuerbare Energien. Du sollst ein Referat über das Thema Windenergie halten.

1. Vorwissen bestimmen
Beginne die Arbeit an deinem Referat damit, dass du dir folgende Fragen stellst.
- Was weiß ich über mein Thema?
- Was möchte ich noch über mein Thema wissen?
- Welche Vorkenntnisse haben meine Zuhörer?
- Was könnte sie am Thema interessieren?

2. Material suchen
Suche in der Bücherei und im Internet nach passenden Büchern, Zeitschriften, Karten, Bildern und Internetseiten zu deinem Thema.

3. Sichten des Materials
Verschaffe dir einen ersten Überblick über das gefundene Material und entscheide, welche Texte, Bilder oder Karten du in deinem Referat verwenden möchtest.

4. Erstellen einer Gliederung
Überlege dir, welche Schwerpunkte du in deinem Referat setzen willst. Das gefundene Material und deine Fragen, die du dir zu Anfang gestellt hast, helfen dir dabei, mögliche Schwerpunkte zu finden. Deine Schwerpunkte stellen das Gerüst deines Referates dar. Sie werden auch Gliederungspunkte genannt. Lege anschließend fest, in welcher Reihenfolge du deine Gliederungspunkte vortragen möchtest.

5. Auswerten des Materials
Werte die Materialien aus, indem du die wichtigsten Informationen für dein Referat „sicherst". Das kann so geschehen, dass du beispielsweise Textstellen kopierst, wichtige Passagen zitierst oder einen Textauszug, ein Exzerpt, anfertigst. Verwende für die „Sicherung" ein Heft im DIN-A4-Format. Schreibe auf jede Doppelseite, zu welchem Gliederungspunkt die Informationen passen. Trage auf die Doppelseite auch den Titel des Buches bzw. die Adresse der Internetseite ein. So weist du, woher die gefundenen Informationen stammen.

11.6 Wasser- und Windenergieanlagen

6. Ausarbeiten des Referats
Oft wird verlangt, dass ein Referat nicht nur vorgetragen, sondern auch schriftlich ausgearbeitet wird. Ausarbeiten bedeutet, dass du die Informationen, die du in deinem DIN-A4-Heft für jeden einzelnen Gliederungspunkt eingetragen hast, in ganzen Sätzen aufschreibst.

7. Die Einleitung
Verwende ein passendes Foto oder eine Karikatur, um das Interesse der Zuhörer zu wecken. Du kannst auch eine aktuelle Zeitungsmeldung oder ein Zitat eines Experten als Einstieg verwenden.

8. Erstellen des Konzepts
Trage deinen Vortrag möglichst frei vor. Damit du weißt, was du zu jedem einzelnen Gliederungspunkt erzählen willst, halte auf Karteikarten die wichtigsten Informationen in Stichworten fest. Verwende Folien, Plakate oder Karten, um deinen Vortrag anschaulicher zu machen. Trage auch auf den Karteikarten ein, wann du welches Medium einsetzen möchtest.

Windkraft als Energiequelle
1. Einleitung
2. Was ist Windkraft?
3. Windkraft im Vergleich mit anderen Energiequellen
4. Verhältnis zwischen Windkraft und Umwelt
   4.1 Windkraft und Tierwelt
   4.2 Windkraft und Landschaftsbild

4 Mögliche Gliederung

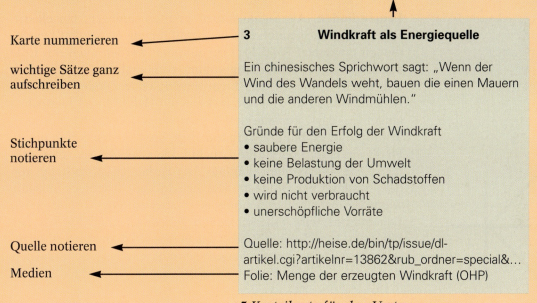

5 Karteikarte für den Vortrag

- Übe deinen Vortrag zu Hause.
- Halte Blickkontakt zu deinen Zuhörern.
- Verschränke nicht die Arme vor der Brust.
- Sprich laut und deutlich.
- Betone wichtige Wörter und mache nach den zentralen Stellen eine Sprechpause.
- Lege Pausen ein, damit deine Zuhörer Fragen stellen können.

6 Tipps für den Vortrag

1. Erstelle ein Referat zum Thema Windkraft.
2. Erstelle ein Referat zu einem Thema deiner Wahl.

13 Elektronik

13.1 Dioden

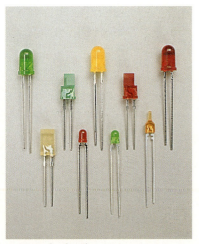

1 Leuchtdioden in unterschiedlichen Farben

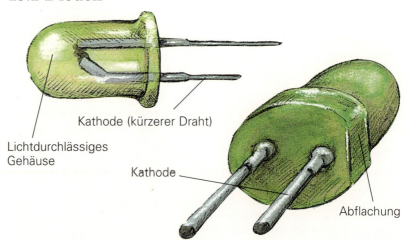

1 Wie wirkt eine Leuchtdiode im Gleichstromkreis, wie im Wechselstromkreis?

Leuchtdioden. Als Signallampen in Stereoanlagen, bei elektrischen Haushaltsgeräten und bei Kraftfahrzeugen werden Leuchtdioden eingesetzt (Bild 1). Leuchtdioden werden auch mit LED abgekürzt. Diese Abkürzung kommt vom englischen „**l**ight **e**mitting **d**iode" und bedeutet Licht aussendende Diode. Wird eine Leuchtdiode so in einen Stromkreis mit Batterie und Lämpchen eingefügt, dass ihr markierter Anschluss (Kathode) mit dem Minuspol einer Batterie verbunden ist, lässt sie den Strom durch. Fließt ein Strom durch die Leuchtdioden, senden sie rotes, grünes, blaues oder gelbes Licht aus. Die Farbe des Lichts hängt von dem Material der Diode ab. Die Leuchtdiode leuchtet nur dann, wenn sie in Durchlassrichtung geschaltet ist. Die Kathode einer Leuchtdiode wird unterschiedlich gekennzeichnet. Sie hat den kürzeren Anschlussdraht oder das Gehäuse ist an der Kathodenseite abgeflacht. Leuchtdioden benötigen einen Schutzwiderstand, der die Stromstärke begrenzt.

> Eine Leuchtdiode lässt den elektrischen Strom nur in eine Richtung durch. Dann leuchtet sie. Sie wirkt wie ein Ventil.

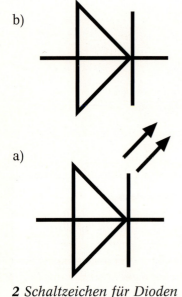

2 Schaltzeichen für Dioden und Leuchtdioden

3 Eine Diode wirkt wie ein Ventil

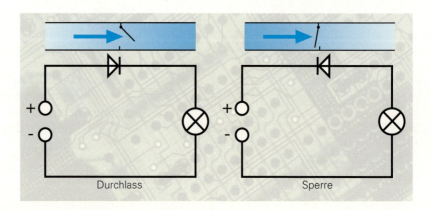

284 ⊃ 13.3 Transistoren verstärken und schalten, 13.4 Einfache Schaltungen mit Transistoren

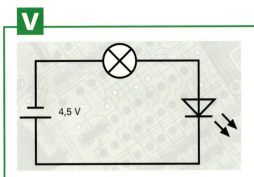

1. Eine Leuchtdiode im Stromkreis

Baue nach dem Schaltplan einen Stromkreis mit einer Batterie (4,5 V), einer Lampe, einer Leuchtdiode und Kabeln auf. Beschreibe, wie die Leuchtdiode angeschlossen werden muss, damit sie leuchtet.
Ersetze die Batterie durch eine Wechselspannung von 4 V.

2. Eine Diode als Polprüfer

Schalte, wie im nebenstehenden Bild dargestellt ist, eine Diode mit einer Lampe in Reihe. Die Lampe wirkt hier als Widerstand. Beschreibe, wie du mit dieser Schaltung den Pluspol der Batterie bestimmen kannst.

Achtung! Leuchtdioden dürfen nur mit einem Schutzwiderstand betrieben werden, damit die zulässige Stromstärke nicht überschritten wird.

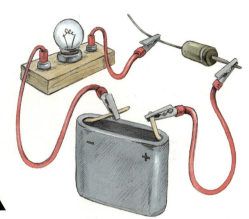

3. Die Leuchtdiodenanzeige

Leuchtdioden werden auch benutzt, um Zahlen oder Buchstaben darzustellen. Die einzelnen Leuchtdiodenbalken sind durch Buchstaben, die Anschlüsse durch Ziffern gekennzeichnet.
Untersuche mit der nebenstehenden Schaltung, welche Segmente jeweils leuchten.
Stelle deine Ergebnisse in einer Tabelle zusammen.

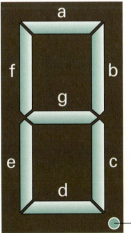

Es leuchtet der Balken, wenn …	… Kontakt Nr. an ⊕	…Kontakt Nr. an ⊖
a	?	?
b	?	?
c	?	?
d	?	?
e	?	?
f	?	?
g	?	?
Dezimalpunkt	?	?

13 Elektronik

13.2 Transistor

1 Verstärkung von Musik

2 Erfinder des Transistors

Der **Transistoreffek**t wurde 1947 von den amerikanischen Forschern SHOCKLEY, BARDEEN und BRATTAIN zufällig entdeckt, als sie Halbleiterbauteile überprüften (Bild 2). Seit der Herstellung des ersten funktionierenden Transistors 1947 haben Transistoren für die Verstärkung von elektrischen Signalen und für die Verarbeitung und Speicherung von Informationen eine immer entscheidendere Bedeutung erlangt. Durch ihren Einsatz konnten die technischen Geräte immer kleiner, leichter und leistungsfähiger werden.

Elektrogitarren, Mikrofone, Radio- und Fernsehgeräte und viele weitere Geräte der Unterhaltungselektronik brauchen Verstärker, um schwache Signale so zu verstärken, dass sie über Kopfhörer oder Lautsprecher hörbar werden (Bild 1). Als Verstärker werden seit 1974 Transistoren eingesetzt. Sie können elektrische Ströme und Spannungen verstärken. Transistoren haben drei Anschlüsse,

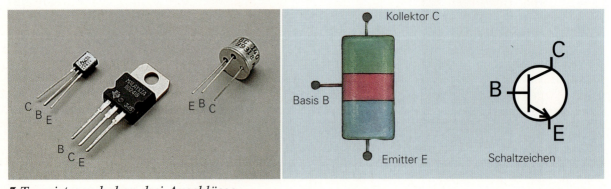

3 Transistoren haben drei Anschlüsse

⮕ 13.3 Transistoren verstärken und Schalten, 13.4 Einfache Schaltungen mit Transistoren die zu je einer Schicht des Transistors führen (Bild 3). Der mittlere Anschluss ist die **Basis B**, die beiden anderen Anschlüsse sind der **Kollektor C** und der **Emitter E**.

Wird der Transistor nur mit zwei Anschlüssen in einen Stromkreis eingesetzt, so fließt nur dann Strom, wenn die Basis an den Pluspol und der Emitter oder der Kollektor an den Minuspol angeschlossen werden. Werden die beiden äußeren Anschlüsse C und E mit einer Gleichspannungsquelle verbunden, so fließt kein Strom zwischen dem Kollektor und dem Emitter. Die mittlere Schicht, die Basis, hat einen hohen Widerstand. Wird jedoch auch der dritte Anschluss des Transistors, die Basis, benutzt und an den Pluspol einer Spannungsquelle angeschlossen, so fließt auch ein Strom durch die Strecke Emitter – Kollektor (Bild 4).

Durch einen Transistor führen zwei Stromkreise (Bild 4). Der **Steuerstromkreis** (rot gezeichnet) führt über die Strecke Emitter – Basis im Transistor. Dieser Stromkeis heißt auch **Basisstromkreis**. Der **Arbeitsstromkreis** (blau gezeichnet) benutzt den Weg Emitter – Kollektor durch den Transistor. Dieser Stromkreis heißt auch **Kollektorstromkreis**. Solange im Steuerstromkreis keine Spannung vorhanden ist, leuchtet die Lampe im Arbeitsstromkreis nicht. Erst wenn im Steuerstromkreis die Spannung bei etwa 0,7 V liegt, leuchtet die Lampe im Arbeitsstromkreis normal hell. Um die Spannungsquelle des Arbeitsstromkreises auch für den Steuerstromkreis zu benutzen, wird eine Anordnung wie in Bild 5 verwendet. Diese Schaltung ist eine Spannungsteilerschaltung.

| Ein Transistor besteht aus drei Schichten. Zu jeder Schicht führt ein Anschluss: Emitter, Kollektor und Basis.

1 Zeichne das Schaltzeichen für einen Transistor und benenne die Anschlüsse.

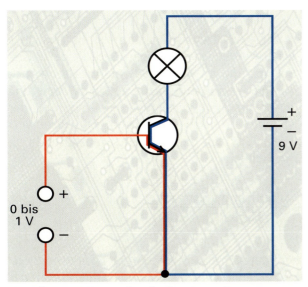

4 Auf zwei Wegen durch den Transistor

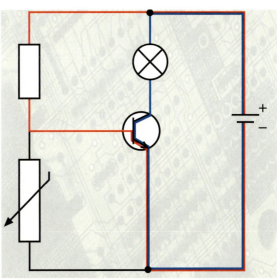

5 Nur eine Spannungsquelle

13 Elektronik

13.3 Transistoren verstärken und schalten

1. Stromverstärkung

Baue den Versuch anhand des Schaltplanes auf. Ändere mit dem Einstellwiderstand die Stromstärke im Basisstromkreis jeweils um 0,1 mA und miss die zugehörige Kollektorstromstärke. Lege eine Tabelle an und trage die Messwerte ein. Fertige ein Diagramm an. Berechne die Verstärkung.

Stromstärke im Basisstromkreis	Stromstärke im Kollektorstromkreis
...	...

2. Der Transistor als Verstärker

a) Baue den Versuch anhand des Schaltplanes auf. Halte eine angeschlagene Stimmgabel vor das Mikrofon. Mit Hilfe des Einstellwiderstandes kann die Stromstärke an der Basis verändert werden. Ist der Ton im Lautsprecher hörbar?

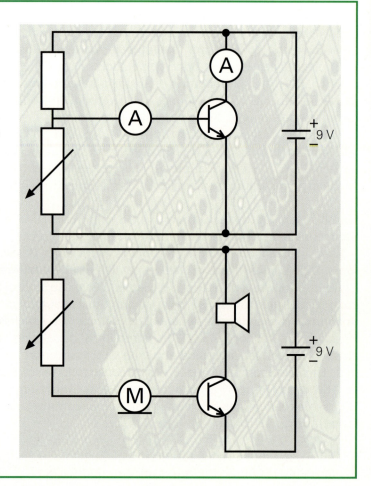

Basisstromstärke	Kollektorstromstärke
0,1 mA	2,5 mA
0,2 mA	5,0 mA
0,3 mA	7,5 mA
0,4 mA	10,0 mA
0,5 mA	12,5 mA

Beispiel:

$$\text{Verstärkung} = \frac{12{,}5 \text{ mA}}{0{,}5 \text{ mA}} = 25$$

Die Verstärkung ist 25-fach.

1 Ein Messbeispiel

Die **Verstärkerwirkung** eines Transistors kann wie im Versuch 1 ermittelt werden. Dazu werden jeweils die Stromstärke des Basisstromes und die Stromstärke im Kollektorstromkreis gemessen. Beim Messbeispiel in Bild 1 fällt auf, dass eine kleine Änderung der Stromstärke im Basisstromkreis eine große Änderung der Stromstärke im Kollektorstromkreis hervorruft. Die Stromverstärkung erhält man, indem man die Kollektorstromstärke durch die Basisstromstärke dividiert.

$$\text{Stromverstärkung} = \frac{\text{Kollektorstromstärke}}{\text{Basisstromstärke}}$$

Beim Versuch 2 befindet sich das Mikrofon im Basisstromkreis. Wenn die Stimmgabel angeschlagen wird, verändert sich der Widerstand des Mikrofons.

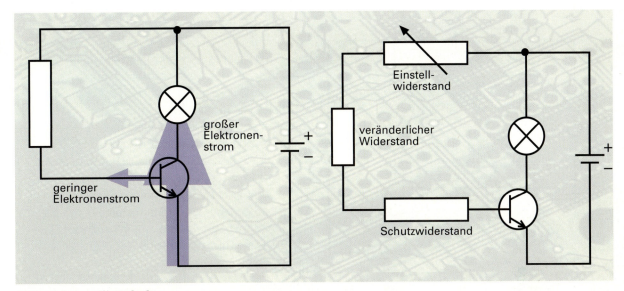

2 Transistor als Schalter

Wird der Widerstand des Mikrofons geringer, fließt ein stärkerer Strom vom Emitter zur Basis durch den Transistor. Das bewirkt, dass die Stromstärke im Kollektorstromkreis, in dem sich der Lautsprecher befindet, stark ansteigt. Die Lautsprechermembran wird angezogen. Geringe Änderungen der Stromstärke im Stromkreis mit dem Mikrofon bewirken große Änderungen der Stromstärke im Stromkreis mit dem Lautsprecher (Versuch 2). Reicht die Verstärkung eines Transistors nicht aus, so können zwei oder mehr Transistoren hintereinandergeschaltet werden. Man erhält dann einen zweistufigen oder mehrstufigen Verstärker.

Transistoren werden in elektronischen Schaltungen auch als Schalter verwendet, um Stromkreise ein- und auszuschalten. Dazu werden in den Basisstromkreis Widerstände eingesetzt, die beispielsweise aufgrund geringer Änderungen der Temperatur, der Helligkeit, eines Magnetfeldes oder der Feuchtigkeit ihren Widerstandswert ändern (Bild 2). Der Kollektorstromkreis ist eingeschaltet, wenn Strom durch den Basisstromkreis fließt. Der Kollektorstromkreis ist ausgeschaltet, wenn kein Strom durch den Basisstromkreis fließt.

Im Computer werden Transistoren beispielsweise benutzt, um Tausende von Schaltvorgängen in einer Sekunde auszuführen.

Mit Transistoren können elektrische Ströme verstärkt werden. Transistoren können wie ein Schalter Stromkreise ein- und ausschalten.

1 Nenne die beiden Möglichkeiten, wie ein Transistor eingesetzt werden kann.

2 Erläutere Bild 2.

1.15 Elektromagnete in Aktion

13 Elektronik

13.4 Einfache Schaltungen mit Transistoren

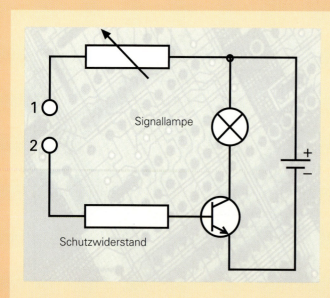

Grundschaltung

Dieses ist die Transistorgrundschaltung. Zwischen den beiden Anschlussstellen 1 und 2 wird ein Sensor eingebaut. Das kann beispielsweise sein:

  a) ein einstellbarer Widerstand,
  b) ein Fotowiderstand,
  c) ein temperaturempfindlicher Widerstand,
  d) ein Feuchtigkeitsfühler.

Je größer der Widerstand des Sensors ist, desto geringer ist die Stromstärke durch die Strecke Emitter - Basis des Transistors, bis der Transistor nicht mehr leitet. Die Signallampe leuchtet dann nicht.

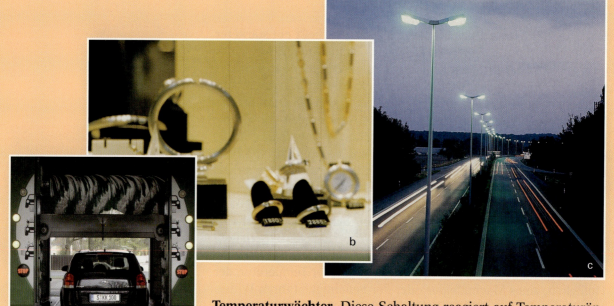

1 Anwendungen von Lichtschranke (a), Drahtsicherung (b) und Dämmerungsschalter (c)

Temperaturwächter. Diese Schaltung reagiert auf Temperaturänderungen. Wird der temperaturabhängige Widerstand zwischen den Kontakten 1 und 2 erwärmt, nimmt sein Wert ab (Bild Grundschaltung). Die Stromstärke steigt an. Das hat zur Folge, dass die Signallampe leuchtet, eine Glocke ertönt oder ein Ventilator eingeschaltet wird.

Ein Berührungsschalter. Beim Berühren der beiden Kontakte 1 und 2 mit der Hand, fließt ein geringer Strom durch die Basis des Transistors. Dadurch wird im Stromkreis mit der Signallampe eine Stromstärke erreicht, die ausreicht, um die Signallampe zum Leuchten zu bringen.

➲ 13.2 Transistor

Erweiterte Schaltung

Dieses ist eine erweiterte Transistorschaltung. Sie enthält eine „Umgehungsstrecke". Zwischen den beiden Anschlussstellen 3 und 4 wird ein Sensor eingebaut. Das kann beispielsweise sein:
  a) ein Draht,
  b) ein Fotowiderstand,
  c) ein temperaturempfindlicher Widerstand,
  d) ein Feuchtigkeitsfühler.
Je größer der Widerstand des Sensors in der Umgehungsstrecke ist, desto geringer ist dort die Stromstärke. Der Strom fließt dann durch die Strecke Emitter – Basis des Transistors. Das bewirkt, dass die Signallampe leuchtet.

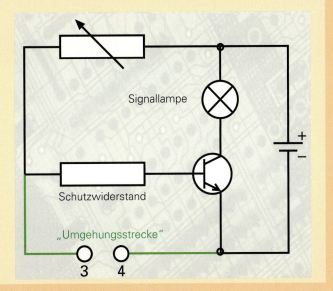

Lichtschranke. Sobald das Auto die Lichtschranke passiert, stoppt das Förderband der Waschanlage (Bild 1a). Die Helligkeit auf dem Lichtsensor zwischen den Kontakten 1 und 2 nimmt ab. Dadurch vergrößert sich sein Widerstand. Die Stromstärke wird geringer. Der Transistor leitet nicht mehr. Das Relais schaltet einen Motor ein, der die Waschbürsten antreibt.

Drahtsicherung. Besonders wertvolle Gegenstände in Schaufenstern werden durch eine Drahtsicherung in der Glasscheibe vor Diebstahl gesichert (Bild 1b). Wenn der Draht zwischen den Kontakten 3 und 4 zerreißt, ist die Umgehungsstrecke des Transistors unterbrochen. Die Stromstärke der Strecke Emitter – Basis steigt. Der Transistor leitet. Es ertönt ein Signal. Mit der gleichen Schaltung können auch Zimmer gesichert werden.

Dämmerungsschalter. Wenn es dunkel wird, erfolgt das Einschalten der Beleuchtung am Haus oder im Straßenbereich automatisch (Bild 1c). Bei Dunkelheit hat der Fotowiderstand zwischen den Kontakten 3 und 4 einen hohen Wert. Er sperrt die Umgehungsstrecke. Als Folge steigt die Stromstärke durch die Strecke Emitter – Basis des Transistors. Die Lampe leuchtet. Wird es wieder hell, sinkt der Wert des Fotowiderstandes, die Stromstärke in der Umgehungsstrecke steigt an. Als Folge davon sinkt die Stromstärke durch den Transistor. Die Lampe erlischt.

Elektronische Schaltungen werden vielfältig eingesetzt. Sie verarbeiten die Signale der Sensoren und leiten sie an einen Empfänger.

1 Wähle ein Beispiel aus Bild 1 aus. Fertige ein Schaltbild an. Beschreibe, wie die Schaltung funktioniert.
Baue diese Schaltung.
Denke dir weitere Anwendungsmöglichkeiten für diese Schaltung aus.

13 Elektronik

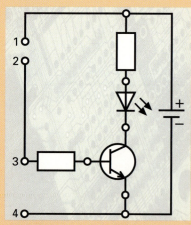

2 Schaltplan für die Aufbauten in Bild 3 bis 5

Der **Aufbau einer Schaltung** wie in Bild 2 kann auf unterschiedliche Weise erfolgen:

Lüsterklemmenaufbau (Bild 3)
Versuchsausbauten mit Lüsterklemmen lassen sich sehr einfach herstellen. Bei umfangreicheren Schaltungen können die Lüsterklemmen auf einem Holzbrett festgeschraubt oder geklebt werden. Bei dieser Aufbauart können die Bauteile schnell wieder abgebaut und für einen neuen Aufbau verwandt werden.

Brettschaltung (Bild 4)
Auf einem Holzbrett werden die Bauteile wie beim Schaltplan angeordnet. An den Verbindungsstellen der einzelnen Bauteile und der Kabel dienen kleine Messingnägel oder Reißnägel als Lötstützpunkte.

Lochrasteraufbau (Bild 5)
Lochrasterplatinen besitzen auf der Lötseite parallel verlaufende Lötstreifen aus Kupfer mit gleichmäßigen Bohrungen. Die Anschlüsse der Bauteile werden durch die Bohrungen geführt und auf dem Lötstreifen eingelötet. Die Kupferstreifen können unterbrochen werden.

Mögliche Fehler kennen und vermeiden
Anschlussdrähte werden zu nah am Gehäuse abgeknickt. Dadurch wird das elektronische Bauteil beschädigt oder es entsteht ein Wackelkontakt.
Es fehlt eine leitende Verbindung.
Durch zu viel Lötzinn wird eine nicht vorgesehene Verbindung hergestellt.
Eine Lötstelle ist fehlerhaft. Es wurde zu lange mit dem Lötkolben erwärmt. Das wärmeempfindliche Bauteil wurde dadurch zerstört.
Plus- und Minuspol werden verwechselt.
Die Bauteile werden an falscher Stelle eingebaut. Deshalb sollte vor jeder Inbetriebnahme die Schaltung gründlich auf Fehler überprüft werden.

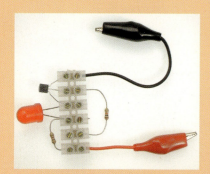

3 Lüsterklemmenaufbau

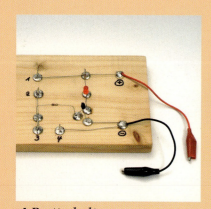

4 Brettschaltung

5 Lochrasteraufbau

Tipps zum Lötvorgang
- Benutze einen handlichen Lötkolben mit ca. 15 W Leistung.
- Die zu verbindenden Teile muss völlig fettfrei sein.
- Die Oberfläche der Reißnägel muss vor der Montage der Bauteile verzinnt werden.
- Verwende nur speziellen Elektroniklötzinn.
- Die zu verbindenden Metallteile müssen so heiß werden, dass der Lötzinn fließen kann.
- Die elektronischen Bauteile müssen schnell eingelötet werden. In etwa zwei Sekunden muss der jeweilige Lötvorgang beendet sein, da sonst die Bauteile durch zu hohe Temperatur zerstört werden können.
- Eine gute Lötstelle glänzt und hat eine glatte Oberfläche.

6 *Richtig löten*

Systematische Fehlersuche:
Sollte eine Schaltung wie in Bild 2 bis 4 gar nicht oder nur eingeschränkt funktionieren, müssen die Fehler systematisch untersucht werden. Dabei helfen die folgenden Fragen (Bild 7).

Fehler finden	Abhilfe
Ist die richtige Spannung vorhanden?	Spannung überprüfen, richtige Spannungsquelle verwenden.
Sind alle Bauteile an der richtigen Stelle eingebaut?	Schaltung mit Schaltplan vergleichen, evtl. korrigieren.
Gibt es Verwechslungen von Plus- und Minuspolen?	Plus- und Minuspol überprüfen, evtl. Pole tauschen.
Sind die Lötstellen fehlerfrei?	Lötstellen nachbessern.
Haben die Bauteile die geforderten Werte?	Bauteilangaben mit Schaltplan vergleichen, evtl. austauschen.
Funktionieren die Bauteile?	Bauteile prüfen, eventuell ersetzen.
Wird ein Transistor oder Widerstand heiß?	Bauteil austauschen.

7 *Systematische Fehlersuche*

13 Elektronik

13.5 Informationen verknüpfen

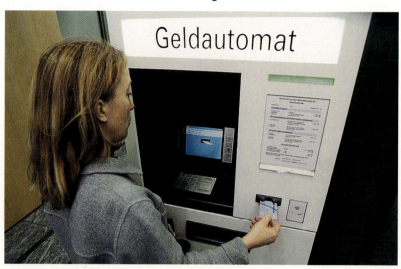

1 Logische Verknüpfungen beim Geldabheben

■ Eine Teilnahme an der Klassenfahrt ist nur möglich, wenn das Geld bezahlt ist und das Einverständnis der Eltern vorliegt. Zeichne die logische Verknüpfung und fertige eine Wahrheitstabelle an.

■ Es werden neue Sportschuhe benötigt, wenn die alten Schuhe kaputt oder zu klein sind. Zeichne die logische Verknüpfung und fertige eine Wahrheitstabelle an.

Um am Geldautomaten von seinem Konto Geld zu erhalten, müssen zunächst zwei Bedingungen erfüllt sein (Bild 1):
Bedingung A: Die Scheckkarte muss richtig in den Automaten eingeführt worden sein.
Bedingung B: Die richtige Geheimzahl muss eingegeben sein.
Ein Computer fragt jede Bedingung ab. Wenn eine Bedingung erfüllt ist, bedeutet es, dass die Aussagen „wahr". In der Datenverarbeitung wird dann eine Spannung eingeschaltet. Diesen Zustand beschreibt man mit der Ziffer 1. Ist eine Bedingung nicht erfüllt, so ist die Aussage „falsch". Es ist keine Spannung vorhanden. Dieser Zustand ist 0.

Der Computer verknüpft die Antworten miteinander und leitet daraus ein Ergebnis X ab. Nur wenn die Bedingung A und die Bedingung B erfüllt sind, lässt der Automat den nächsten Schritt zu. Es handelt sich bei diesem Beispiel um eine **UND-Verknüpfung** (Bild 2). Beim Geldautomat bedeutet es, dass am Ausgang X eine Spannung vorhanden ist (Zustand 1), es geht weiter.

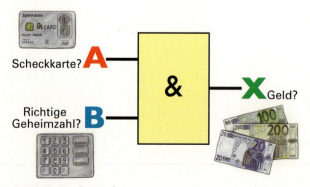

Eingang Bedingung A Scheckkarte?	Eingang Bedingung B Geheimzahl?	Ausgang X nächster Schritt?
0	0	0
1	0	0
0	1	0
1	1	1

2 UND-Verknüpfung *3 Wahrheitstabelle*

➜ 1.3 Parallel - und Reihenschaltung

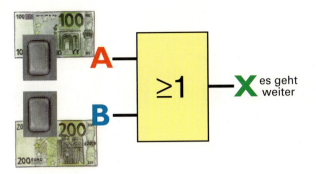

Eingang Bedingung A	Eingang Bedingung B	Ausgang X
0	0	0
1	0	1
0	1	1
1	1	1

4 Entweder – oder *5 ODER-Verknüpfung*

Alle Kombinationsmöglichkeiten können übersichtlich in einer Tabelle, einer **Wahrheitstabelle**, dargestellt werden (Bild 3).

Am Geldautomaten muss man als nächstes eine Taste mit der entsprechenden Geldsumme drücken (Bild 4). Man kann sich zwischen mehreren Tasten entscheiden. Wird die Taste 100 € oder eine andere Taste gedrückt, wird die Geldausgabe vorbereitet. Es ist eine **ODER-Verknüpfung** (Bild 5). Die Wahrheitstabelle für eine Oder-Verknüpfung mit zwei Möglichkeiten ist in Bild 5 dargestellt.

Eingang A	Ausgang X
1	0
0	1

Man erhält das Geld aber nur, wenn das Konto **nicht** gesperrt ist. Das ist eine **NICHT-Verknüpfung**. Es wird hier nur über eine Bedingung entschieden (Bild 6).

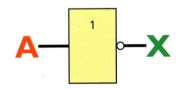

In der Elektronik werden Bedingungen miteinander durch UND-, ODER- sowie NICHT-Schaltungen verknüpft.

6 NICHT-Verknüpfung

V

1. Eine UND-Schaltung
Baue eine Reihenschaltung aus zwei Schaltern, einer Lampe und einer Spannungsquelle auf.
Wie viele unterschiedliche Kombinationen der Schalterstellungen gibt es? Fertige eine Wahrheitstabelle wie in Bild 3 an.
Bei welcher Kombination leuchtet die Lampe?

2. Eine ODER-Schaltung
Baue die nebenstehende Schaltung auf.
Wie viele unterschiedliche Kombinationen der Schalterstellungen gibt es? Fertige eine Wahrheitstabelle wie in Bild 5 an. Bei welcher Kombination leuchtet die Lampe?

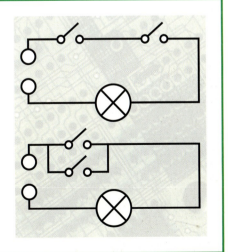

13 Elektronik

13.6 IC-Schaltkreise

*1 Sicherheit durch mehrere Verknüpfungen.
Die Tür darf nur geöffnet werden: Bedingung A: Das Fahrzeug hält
und Bedingung B: Ein Fahrgast oder der Fahrer betätigt den Türöffner.*

Bei der Türsicherung in Bild 1 ist ein UND-Glied mit einem ODER-Glied verknüpft. Acht Kombinationen sind möglich, doch nur bei drei Kombinationen lässt sich die Tür öffnen (Bild 2).

In einem elektronischen Baustein wie in Bild 3 sind mehrere Schaltglieder zusammengefasst, integriert. Man spricht von einem integrierten Schaltkreis (integrated circuit), von einem **IC-Baustein**. Da die Verknüpfungen in den Schaltkreisen im Wesentlichen durch Transistoren erfolgen, spricht man auch von einer **Transistor-Transistor-Logik**, von einer TTL-Logik. IC-Bausteine mit gleichem äußeren Aussehen werden zu Familien zusammengefasst (Bild 3).

> In IC-Bausteinen sind auf kleinstem Raum mehrere Schaltglieder zusammengefasst.

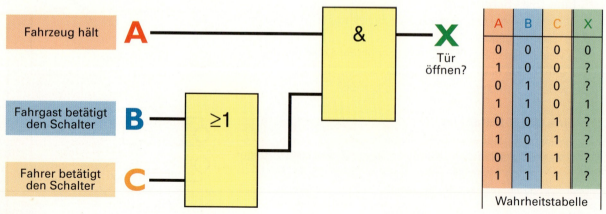

2 Lösung des Sicherheitsproblems

A	B	C	X
0	0	0	0
1	0	0	?
0	1	0	?
1	1	0	1
0	0	1	?
1	0	1	?
0	1	1	?
1	1	1	?

Wahrheitstabelle

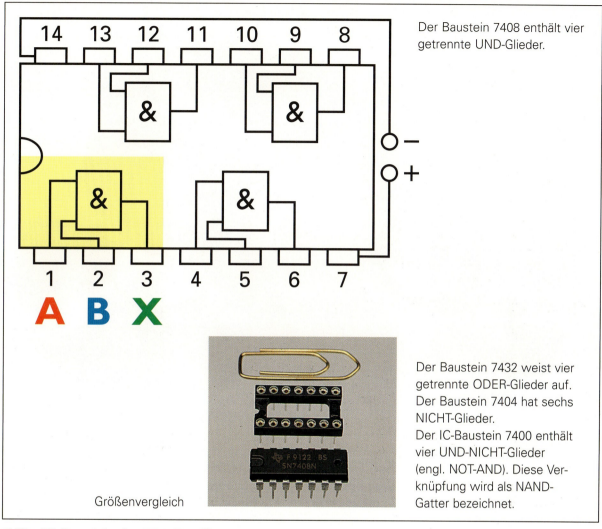

Der Baustein 7408 enthält vier getrennte UND-Glieder.

Der Baustein 7432 weist vier getrennte ODER-Glieder auf. Der Baustein 7404 hat sechs NICHT-Glieder. Der IC-Baustein 7400 enthält vier UND-NICHT-Glieder (engl. NOT-AND). Diese Verknüpfung wird als NAND-Gatter bezeichnet.

Größenvergleich

3 *Ein IC-Baustein der 74er-Familie*

1. Verknüpfungen bei einem IC

Untersuche ein Glied des IC 7408. Baue dazu die Versuchsschaltung auf. Lege eine Wahrheitstabelle an und trage deine Ergebnisse ein. Ersetze den IC 7408 durch den IC 7432 und untersuche die möglichen Verknüpfungen.
Lege eine Wahrheitstabelle an und trage deine Ergebnisse ein.

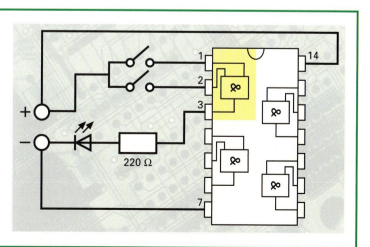

13 Elektronik

13.7 Elektronische Speicher

1 CD-ROM als Datenspeicher

Auf einer Kompakt-Disc (CD) können große Datenmengen **digital gespeichert** werden. Die Daten werden mit einem Laserstrahl in winzige Vertiefungen, die **Pits**, eingebrannt. Die Abfolge der Vertiefungen und der stehengebliebenen Stellen zusammen ergeben ein Muster, dass bei Musik-CDs die Informationen für die Töne enthält, die der CD-Spieler wieder zurückwandelt. Auf einer CD-ROM (Bild 1) können Texte, Bilder, Töne oder Computerprogramme gespeichert sein, die ein Computer entschlüsseln kann.

Beim Abspielen werden die CDs von einem Laserstrahl abgetastet. Die Stellen ohne Vertiefung reflektieren den Laserstrahl so, dass er auf eine Fotozelle trifft. In der Fotozelle entsteht eine elektrische Spannung. Wenn eine elektrische Spannung vorhanden ist, bedeutet es vereinbarungsgemäß Zustand 1. Vertiefungen reflektieren das Laserlicht nicht auf die Fotodiode: Es entsteht keine Spannung. Das bedeutet in der Elektronik Zustand 0. Die Bedeutung der Abfolge von 0 und 1 ist in einem Code, dem **Binärcode** festgelegt (Bild 2). Mit diesem Code lassen sich alle Zahlen und Buchstaben darstellen und speichern. Die gespeicherten Zahlenwerte werden weiterverarbeitet und in ein analoges Signal umgewandelt, das in Lautsprechern in Töne umgewandelt werden kann (Bild 3).

Dezimalzahl	Dualzahl
0	0
1	1
2	10
3	11
4	100
5	101
6	110
7	111
8	1000
9	1001
10	1010

2 Binärcode

➲ 2.12 Nachrichten senden und empfangen

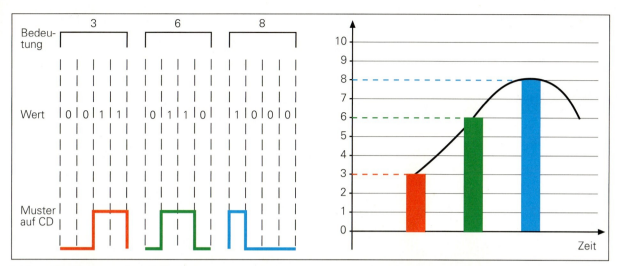

3 Aus Zahlen werden Schwingungen

Informationen können gemessen werden. Die Entscheidung zwischen den beiden Zuständen 1 oder 0 nennt man 1 bit. Acht bit zusammengefasst nennt man 1 Byte. Größere Datenmengen werden in Kilobyte, Megabyte oder Gigabyte angegeben. Auf einer CD-ROM können etwa 650 Megabyte gespeichert werden. Das reicht aus für ungefähr 75 Minuten Musik.

1 Byte = 8 bit	
1 Kilobyte (KB) ≈ 1000 Byte	
1 Megabyte (MB) ≈ 100 000 Byte	
1 Gigabyte (GB) ≈ 100 000 000 Byte	

Auf einer CD sind alle Daten digital als Folge von 0 und 1 gespeichert.

4 Einheit der Information

Um die kurzen Signale, beispielsweise des Lasers, zu speichern, wird diese besondere Schaltung, die Kippschaltung, im Computer benutzt. Man nennt sie auch Flip-Flop-Schaltung. Sie kann zwei Zustände unterscheiden und speichern, an welchem Eingang zuletzt eine Spannung vorhanden war. Die Taster 1 und 2 sind die beiden Eingänge. Wenn der Taster 1 betätigt wird, leuchtet die grüne Lampe so lange, bis der Taster 2 gedrückt wird. Dann leuchtet die rote Lampe bis zum erneuten Betätigen des Tasters 1.

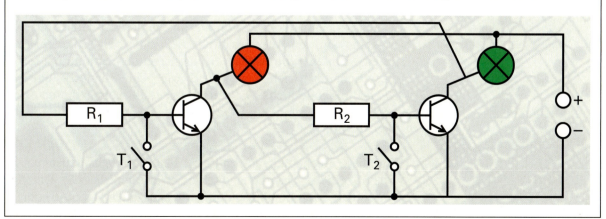

5 Eine Schaltung mit Gedächtnis – die Kippschaltung

13 Elektronik

13.8 Elektronisch addieren

1 Zwei einstellige Binärzahlen sollen elektronisch addiert werden

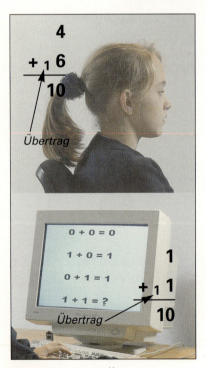

2 Rechnen mit Übertrag

Computer führen komplizierte Rechenaufgaben mit Lichtgeschwindigkeit aus. Sie arbeiten mit den beiden Ziffern 0 und 1 des Binärcodes (vergl. Abschnitt 8.8). Alle Rechnungen werden in eine Reihe von Additionen zerlegt, denn dann braucht der Computer im Grunde nur die vier Möglichkeiten bei der Addition einstelliger Binärzahlen zu beherrschen (Bild 1). Mithilfe eines UND-Gliedes können die ersten drei Aufgaben gelöst werden. Der Eingang A ist für die erste Zahl, der Eingang B für die zweite Zahl vorgesehen. Das Addieren dieser Zahlen erfolgt so, wie wir es beim Addieren von Dezimalzahlen gewohnt sind. Das Ergebnis wird am Ausgang durch die Summe S als 0 oder 1 angezeigt. Um aber die Aufgabe 1 plus 1 rechnen zu können, reicht diese Schaltung nicht aus. Eine 2 wie beim Zehnersystem gibt es im Binärcode nicht. Das entsprechende Ergebnis dieser Addition ist eine 0 mit einem Übertrag 1 für die nächst höhere Stelle, also 10 (Bild 2).

Für diese Rechenaufgabe müssen mehrere Logik-Bausteine zu einem **Addierer** zusammengeschlossen werden (Bild 3). Der Addierer hat zwei Eingänge und zwei Ausgänge. Der Ausgang S zeigt bei diesem Rechenvorgang die Null an, der andere Ausgang Ü zeigt den Übertrag, die Eins, an.

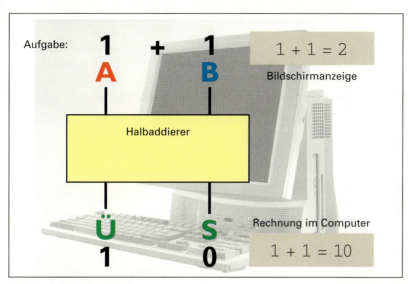

3 Ein Addierbaustein

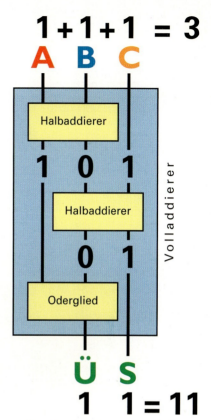

4 Ein Volladdierer für Binärzahlen

Obwohl der Computer nur mit den Ziffern 1 und 0 rechnet, zeigt er das Ergebnis auf dem Bildschirm in der uns vertrauten Darstellung mit den Ziffern 0 bis 9 an.

Die **Addierer** können die Eingangssignale so verknüpfen, dass die vier Möglichkeiten der Addition zweier einstelliger Binärzahlen richtig ausgeführt werden können. Dennoch wird die Schaltung in Bild 3 nur als Halbaddierer bezeichnet. Er hat nur zwei Eingänge und kann einen Übertrag einer vorangegangenen Addition nicht verarbeiten. Erst wenn zwei Halbaddierer und ein ODER-Glied zu einem **Volladdierer** zusammengeschaltet werden, kann ein Übertrag mitverwendet werden (Bild 4).

> Mit einem Halbaddierer können die vier Möglichkeiten der Addition zweier binärer Zahlen ausgeführt werden. Der Computer rechnet mit Binärzahlen und zeigt die Rechnungen auf dem Bildschirm als Dezimalzahlen an.

Rechenaufgabe	Eingang		Ausgang	
	A	B	Übertrag	Summe
0 + 0	0	0	?	?
0 + 1	0	1	?	?
1 + 0	1	0	?	?
1 + 1	1	1	?	?

5 Wahrheitstabelle

1 Welche Möglichkeiten treten beim Addieren einstelliger Binärzahlen auf?

2 Was unterscheidet einen Halbaddierer von einem UND-Baustein?

3 Übertrage die Tabelle von Bild 5 in dein Heft und ergänze sie.

Z Energie geht nicht verloren

Energie
- Mit diesem Begriff beschreibt man die Fähigkeit eines Körpers, Arbeit zu verrichten.
- Die Einheit der Energie ist 1 Joule (1J).

Energiearten
- Sonnenenergie
- Chemische Energie
- Bewegungsenergie
- Höhenenergie
- Spannenergie
- Elektrische Energie
- Wärmeenergie
- Kernenergie

Energieträger
- nicht erneuerbare Energieträger: Kohle, Erdgas und Erdöl.
- erneuerbare Energieträger: Wind, Wasser, Holz, Stroh, Biogas, Wasserstoff, Nährstoffe
- Die Wärmekapazität eines Stoffes gibt an, wie viel Energie nötig ist, um 1 g eines Stoffes um 1 °C zu erwärmen.

Energieumwandlung
- Energie kann von einem Körper auf einen anderen übertragen werden. Dabei kann sich die Erscheinungsform ändern.
- Bei der Energieumwandlung bleibt die Energiemenge erhalten: Energieerhaltung.
- Bei allen Energieumwandlungen wird stets Wärme (Abwärme) an die Umgebung abgegeben. Diese Wärme kann nicht mehr sinnvoll genutzt werden: Energieentwertung.

- Wirkungsgrad $\eta = \dfrac{\text{ausgestreckte Energie}}{\text{hineingestrckte Energie}}$

Energiewandler
- Mensch
- Haus
- Auto
- Wärmekraftwerk
- Windenergieanlage
- Wasserkraftwerk
- Solaranlage
- Solar-Wasserstoff-Technologie

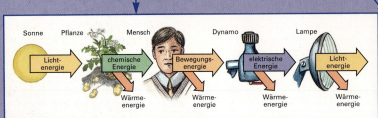

Elektrische Energie
Elektrische Energie = Leistung des Gerätes mal Betriebszeit

Induktionsspannung
Wenn ein Magnet in einer Spule bewegt wird, wird dadurch eine Spannung erzeugt, die Induktionsspannung. Je schneller sich das Magnetfeld ändert, desto größer ist die Induktionsspannung. Die Spannung hängt auch von der Windungszahl der Spule und von der Stärke des Magneten ab.

Bei einem **Generator** dreht sich eine Spule in einem Magnetfeld. Dadurch wird eine Spannung erzeugt. Die Spule ist mit einer Turbine verbunden, die z.B. durch fließendes Wasser oder Wasserdampf angetrieben werden kann.

Beim **Fahrraddynamo** wird ein Magnet durch das Rad angetrieben. Der Magnet dreht sich in einer Spule. Durch die Bewegung des Magneten wird eine Spannung hervorgerufen, die **Induktionsspannung.**

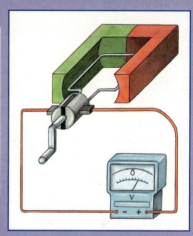

Die **Wechselspannung** ändert ständig die Größe und die Pole der Spannungsquelle. Der **Wechselstrom** ändert ständig seine Richtung und Stärke.

Frequenz gibt die Anzahl der Wechsel in einer bestimmten Zeit an.
Die Einheit ist 1 Hertz (1 Hz).
1 Hz = 1 Schwingung/ 1 Sekunde

Wechselspannung und Wechselstrom im deutschen Stromnetz haben eine Frequenz von 50 Hz.

Transformator
Ein Transformator besteht aus zwei getrennten Spulen (Primärspule und Sekundärspule) und einem Eisenkern. Durch das wechselnde Magnetfeld in der Primärspule wird in der Sekundärspule eine Spannung hervorgerufen.

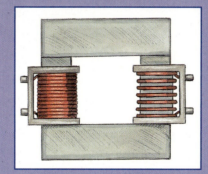

Elektronische Bauteile
Diode, Transistor, Sensor, IC

Transistorschaltung
Mit einem Transistor können elektrische Ströme verstärkt werden. Transistoren können Stromkreise ein- und ausschalten.

$$\frac{\text{Spannung der Primärspule}}{\text{Spannung der Sekundärspule}} = \frac{\text{Windungszahl der Primärspule}}{\text{Windungszahl der Sekundärspule}}$$

$$\frac{\text{Stromstärke der Primärspule}}{\text{Stromstärke der Sekundärspule}} = \frac{\text{Windungszahl der Sekundärspule}}{\text{Windungszahl der Primärspule}}$$

Wiederholen, Üben, Anwenden, Vertiefen

1 Fertige ein Lernplakat zum Thema „Energiearten" an.

2 Welche Energiearten lassen sich speichern? Gib zu den speicherbaren Energiearten mindestens ein Beispiel an.

3 Das Aufwindkraftwerk in Bild 1 nutzt die Sonnenenergie. Fertige eine Schnittzeichnung an und beschrifte sie. Beschreibe den Aufbau. Wie kann mit dieser Anlage elektrische Energie gewonnen werden? Welche Bedingungen müssen für den Standort bedacht werden? Welche Umweltbelastungen treten auf? Plane einen Modellversuch zum Aufwindkraftwerk und baue das Modell.

1 Aufwindkraftwerk

4 Kohlenstoffdioxid (CO_2) entsteht bei der Verbrennung und kommt in Spuren in der Atmosphäre vor. Dort verhindert es mit anderen Gasen, dass zu viel Wärme von der Erde zurück in den Weltraum gestrahlt wird. Diese Treibhausgase sorgen dafür, dass die durchschnittliche Temperatur der Erde ungefähr +15 °C beträgt. Ohne diese Gase wäre es auf der Erde ungefähr -18 °C lebensfeindlich kalt. Wenn wir jedoch große Mengen von Kohle, Erdöl, Holz und Wäldern verbrennen, gelangt zusätzliches Kohlenstoffdioxid in die Atmosphäre. Als Folge davon steigt die Temperatur. Deshalb ist die Verringerung der Kohlenstoffkonzentration in der Atmosphäre dringend notwendig. Informiere dich über die Folgen der Erwärmung. Beschreibe, wie die Entstehung von Kohlenstoffdioxid verringert werden kann.

5 Das Bild 2 zeigt das Modell eines Elektromotors. Benenne die Teile. Lege im Heft eine Tabelle an und ordne den Buchstaben die richtigen Bezeichnungen zu. Beschreibe vier Stationen der Drehbewegung.

6 Das Bild 3 zeigt einen aufgeschnittenen Dynamo. Benenne die Teile. Lege im Heft eine Tabelle an und ordne den Buchstaben die richtigen Bezeichnungen zu. Wo befinden sich die beiden Anschlussstellen?

7 Lässt sich ein Dynamo auch als Elektromotor verwenden? Begründe deine Meinung. Plane einen Versuchsaufbau, um deine Meinung zu überprüfen. Fertige eine Skizze an und stelle deine Planung deinen Mitschülerinnen und Mitschülern vor. Baue den Versuch auf, wenn Ihr gemeinsam zu einer Lösung gekommen seid. Notiere das Ergebnis.

8 Mit vielen elektrischen Geräten werden „Netzteile" mitgeliefert. Welche Aufgaben hat ein Netzgerät? Notiere von fünf Netzteilen die Angaben über die Spannungen.

9 Zwischen der Primärspule und der Sekundärspule eines Transformators gibt es keine elektrisch leitende Verbindung. Weshalb entsteht an der Sekundärspule trotzdem eine Spannung?

10 In einem Netzteil wird die Spannung von 230 V auf 4,6 V verringert. In welchem Verhältnis müssen die Spulen zueinander stehen? Wie groß ist das Übersetzungsverhältnis?

11 Begründe, warum Transformatoren nur mit Wechselstrom betrieben werden könnnen.

12 Die Sekundärspule eines Transformators hat die vierfache Windungszahl der Primärspule. Was ergibt sich für die Sekundarspannung, Sekundärstromstärke?

13 Mit einer Mindmap lassen sich Informationen übersichtlich zusammenfassen. Fertige eine Mindmap zum Thema „Elektromagnetismus" an.

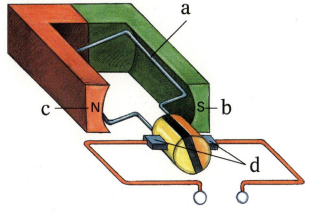

2 Modell eines Elektromotors

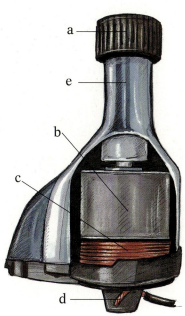

3 Fahrraddynamo

14 In vielen Gebäuden sind aus Sicherheitsgründen Rauchmelder eingebaut. Sie sollen bei Rauchentwicklung Alarm auslösen. Überlege, wie die Schaltung im Modell nachgebaut werden kann. Beschaffe dir Informationen aus Büchern, Zeitschriften oder aus dem Internet. Fertige eine übersichtliche Zeichnung an. Zeichne den möglichen Schaltplan. Fertige eine Materialliste an. Stelle die Planung vor. Baue das Modell. Fertige dazu ein Informationsblatt an.

Hormonsystem und Immunsystem

Mit bloßem Auge können viele Menschen gerade noch zwei Punkte getrennt sehen, deren Ränder 1/10 Millimeter voneinander entfernt sind. Mikroskope erweitern das Sehvermögen beträchtlich. Sie haben mitgeholfen, den Aufbau von Lebewesen aus Zellen zu verstehen.
Noch um ein Vielfaches kleiner als Zellen sind Moleküle und Atome. Manche Stoffe senden bestimmte unsichtbare Strahlung aus, die man unter dem Begriff „radioaktive Strahlung" zusammenfasst.
Wenn Schutzmaßnahmen beachtetet werden und verantwortlich damit umgegangen wird, können bestimmte Arten radioaktiver Strahlung auch von Nutzen sein. Zum Beispiel wird in der Medizin Röntgenstrahlung eingesetzt, um den Körper zu durchleuchten.

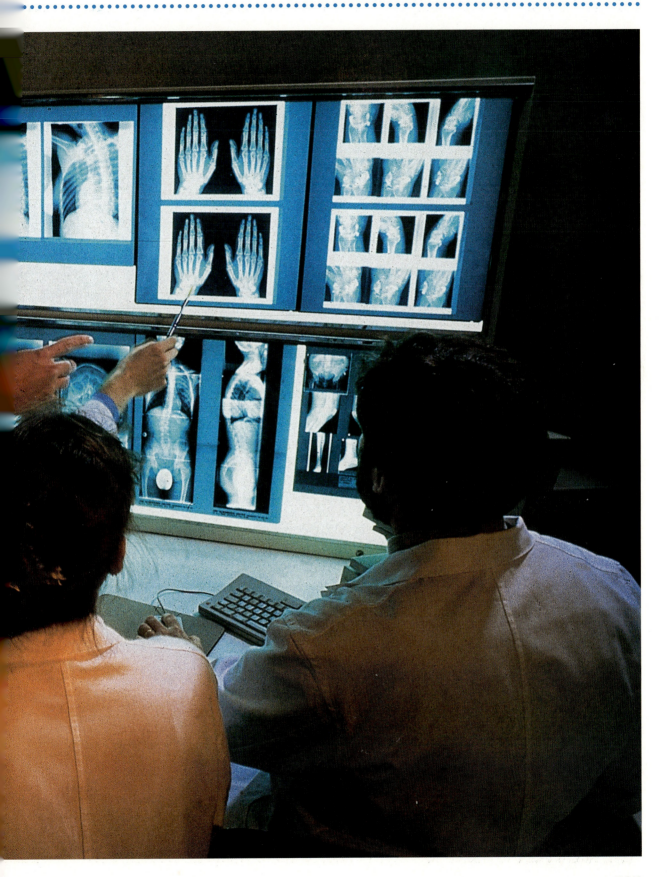

14 Regelung und Steuerung durch Hormone

14.1 Hormone und ihre Wirkung

Heute ist Petra mit ihren Freundinnen auf dem Jahrmarkt. Zum Abschluss wollen die Mädchen noch mit der Achterbahn fahren. Kurz vor der steilen Abfahrt beginnt Petras Herz, rasend schnell zu schlagen. Der Wagen beschleunigt rasch. Petra hält sich unter Aufbietung all ihrer Kräfte am Haltegriff fest. Endlich ist die Fahrt vorüber. Petra ist ganz blass geworden. Ihr schnell schlagendes Herz beruhigt sich nur allmählich. So wie Petra kann es jedem ergehen, der in eine ähnliche Situation gerät. Die Herzfrequenz, das ist die Anzahl der Herzschläge pro Minute, erhöht sich. Sie nimmt nach solchen Erlebnissen nur langsam wieder ab.

Die Erhöhung der Herzfrequenz und des Blutdrucks ist auf die Tätigkeit der Nebennieren zurückzuführen (Bild 1). Diese liegen kappenförmig auf dem oberen Teil der Nieren. Sie produzieren einen Stoff und geben diesen in die Blutbahn ab. Er wird Adrenalin genannt. Obwohl **Adrenalin** mit dem Blut alle Körperteile erreicht, wirkt es nur in bestimmten Zellen und Organen. Gerät ein Mensch in eine als lebensbedrohlich oder stressig empfundene Situation, wird die Adrenalinabgabe schlagartig gesteigert. Dadurch wird die Herzfrequenz erhöht (Bild 2). Gleichzeitig bewirkt Adrenalin in der Leber, dass verstärkt Zucker und Fette in die Blutbahn abgegeben werden. Zusätzlich steigert es die Durchblutung der Muskulatur und wird im Gehirn wirksam. Die betroffene Person gerät in einen Zustand gesteigerter Erregung und erhöhter Aufmerksamkeit. Dadurch kann sie auf Reize schneller reagieren. Durch die gesteigerten Hirn- und Muskelleistungen kann in kürzester Zeit eine körperliche Höchstleistung erbracht werden. Adrenalin gehört zu einer Gruppe von Stoffen,

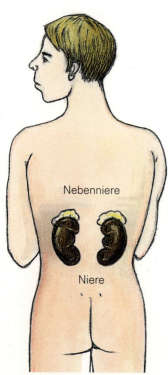

1 Lage der Nebennieren

1 Berichte über Situationen, in denen du Angst hattest. Welche körperlichen Reaktionen konntest du dabei an dir feststellen?

2 Nenne Situationen, in denen du dich gestresst fühlst.

3 Beschreibe mit Hilfe von Bild 2 die Wirkung von Adrenalin.

4 Beschreibe anhand von Bild 4, warum Hormone immer nur auf bestimmte Zellen wirken.

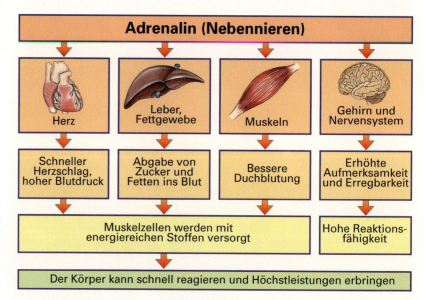

2 Wirkung von Adrenalin im Körper

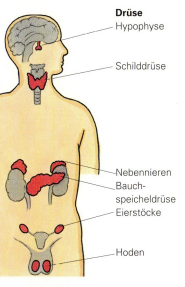

Drüse	Hormon	Wirkung
Hypophyse	bisher 10 Hormone nachgewiesen	Wachstum, Wasserhaushalt, Follikelreifung in den Eierstöcken, Bildung der Muttermilch, Bildung der Spermazellen, Steuerung anderer Hormondrüsen
Schilddrüse	Thyroxin	Förderung der Sauerstoffaufnahme und der Energieumwandlung der Zelle, Förderung des Wachstums in der Jugend, erhöht Aufnahme von Traubenzucker aus dem Darm in das Blut
Nebennieren	Nebennierenmark-Hormone: Adrenalin, Noradrenalin	Erhöhung des Blutzuckerspiegels, Beschleunigung der Herztätigkeit, Erhöhung des Blutdrucks, Beschleunigung der Atmung, Erhöhung der Aufmerksamkeit
	Nebennierenrinden-Hormone: Cortisol, Aldosteron	Hemmung und Heilung von Entzündungen, Regelung der Schweißabsonderung
Bauchspeicheldrüse	Insulin, Glukagon	Senkung des Blutzuckerspiegels, Erhöhung des Blutzuckerspiegels
Eierstöcke	Weibliche Geschlechtshormone	Ausbildung der sekundären Geschlechtsmerkmale, z. B. der Brust, Steuerung von Schwangerschaft und Geburt, Regelung der Menstruation, Bildung der Muttermilch
Hoden	Männliche Geschlechtshormone	Ausbildung der sekundären Geschlechtsmerkmale, Entwicklung der Spermazellen

3 Wichtige Hormondrüsen, Hormone und ihre Wirkung

die als **Hormone** bezeichnet werden. Sie werden in den Hormondrüsen erzeugt und direkt in das Blut abgegeben (Bild 3). Dadurch werden sie im ganzen Körper verteilt. Sie beeinflussen bereits in sehr geringen Mengen gezielt die Funktionen von Organen. Hormone werden deshalb auch **Botenstoffe** genannt. Diese Beeinflussung wird als Steuerung bezeichnet. Da Hormone in der Leber abgebaut werden, lässt ihre Wirkung nach einer gewissen Zeit nach. Sie werden ständig neu gebildet.

Die Wirkungsweise der Hormone lässt sich modellhaft darstellen. An oder in den Zielorganen befinden sich speziell geformte Bereiche, die Rezeptoren, an die sich nur ein entsprechend gebautes Hormon anlagern kann. Man spricht hier von einem Schlüssel-Schloss-Prinzip, weil wie bei einer Haustür nur der richtige Schlüssel in das Schloss passt (Bild 4). Wenn sich ein Hormon an den passenden Rezeptor anlagert, reagiert das zugehörige Organ in bestimmter Weise. Die etwa erbsengroße Hirnanhangsdrüse, die Hypophyse, bildet mehr als zehn verschiedene Hormone. Da diese Hormone bestimmte weitere Hormondrüsen, z. B. Schilddrüse, Nebennieren oder Keimdrüsen, dazu anregen, die von ihnen gebildeten Hormone abzugeben, ist die Hirnanhangsdrüse eine übergeordnete Hormondrüse. Die Hirnanhangsdrüse gibt aber auch Hormone ab, die direkt auf Stoffwechselvorgänge im Körper einwirken. Durch diese Hormone werden z. B. die Bildung der Muttermilch nach der Geburt und das Körperwachstum gesteuert.

Hormone werden in Hormondrüsen gebildet und mit dem Blut transportiert. Sie wirken im Körper schon in kleinsten Mengen. Dabei werden bestimmte Vorgänge ausgelöst und gesteuert. Die Hirnanhangsdrüse ist eine übergeordnete Hormondrüse.

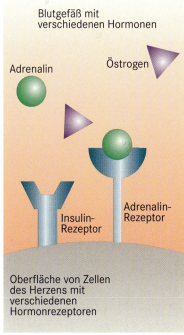

4 Hormone verbinden sich mit Rezeptoren

14 Regelung und Steuerung durch Hormone

14.2 Die Schilddrüse – eine wichtige Hormondrüse

Je mehr Thyroxin im Blut ist, desto weniger Hormon wird von der Hirnanhangsdrüse abgegeben.
oder
Je weniger Thyroxin im Blut ist, desto mehr Hormon wird von der Hirnanhangsdrüse abgegeben.

Gegen-Wirkung
je mehr ... desto weniger
je weniger ... desto mehr

Je mehr Hormon der Hirnanhangsdrüse im Blut ist, desto mehr Thyroxin wird von der Schilddrüse abgegeben.
oder
Je weniger Hormon der Hirnanhangsdrüse im Blut ist, desto weniger Thyroxin wird von der Schilddrüse abgegeben.

Gleiche Wirkung
Je mehr ... desto mehr
je weniger ... desto weniger

1 Regelkreisschema „Schilddrüse – Hirnanhangsdrüse"

Die Schilddrüse produziert das Hormon **Thyroxin**. Es fördert den Energieumsatz in den Zellen und die Sauerstoffaufnahme. Bestimmte Zellen in einem Teil des Gehirns registrieren, d. h. „messen," ständig die Thyroxinmenge im Blut, also den Thyroxinspiegel. Für seine Höhe ist ein bestimmter „Normalwert" vorgegeben. Dieser kann jedoch nicht immer eingehalten werden: Beispielsweise erfordert körperliche Anstrengung eine Erhöhung des Energieumsatzes im Körper. Es tritt eine größere Thyroxinmenge aus dem Blut in das Gewebe über. Dadurch sinkt der Thyroxinspiegel des Blutes. Die Messzellen im Gehirn verzeichnen dieses Absinken und informieren die Hirnanhangsdrüse darüber. Daraufhin gibt diese eine größere Menge **Hirnanhangsdrüsenhormon** (TSH) ins Blut ab. Dieses zusätzliche TSH regt die Schilddrüse an, mehr Thyroxin zu produzieren und abzugeben. Registrieren die Messzellen im Gehirn, dass der Thyroxinspiegel des Blutes seinen Normalwert wieder erreicht hat, veranlassen sie, dass die TSH-Abgabe durch die Hirnanhangsdrüse verringert wird. Diese Informationsweitergabe wird als **Rückkopplung** bezeichnet.

Das Beispiel zeigt, dass die Thyroxinproduktion der Schilddrüse durch die TSH-Abgabe der Hirnanhangsdrüse gesteuert wird. Diese Steuerung ist möglich, da die Hirnanhangsdrüse von den Messzellen im Gehirn ständig eine Rückmeldung über den Thyroxinspiegel im Blut erhält. Es wird also nur so viel Thyroxin produziert, wie es der Körper gerade benötigt. Eine solche Steuerung mit Rückkopplung wird **Regelung** genannt. Sie erfolgt in einem **Regelkreis**.

> Bei der Regelung der Thyroxinmenge im Blut wirken Hypophyse und Schilddrüse zusammen.

1 Erkläre anhand des Regelkreises (Bild 1) die Auswirkungen der folgenden beiden Situationen auf den Thyroxinspiegel im Blut:
a) Eine Person beginnt nach einer Ruhepause mit einer anstrengenden körperlichen Tätigkeit.
b) Ein an der Schilddrüse erkrankter Patient muss täglich eine thyroxinhaltige Tablette zu sich nehmen.

14.3 Regelung des Blutzuckerspiegels

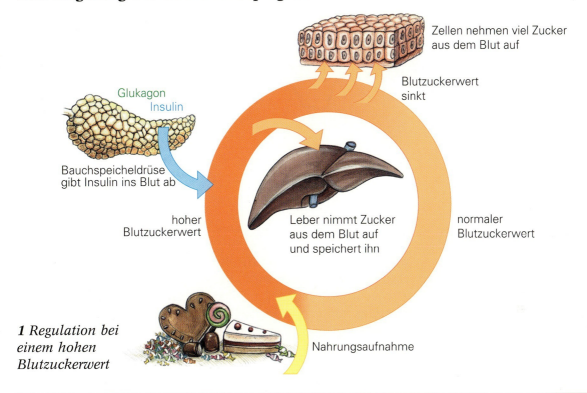

1 Regulation bei einem hohen Blutzuckerwert

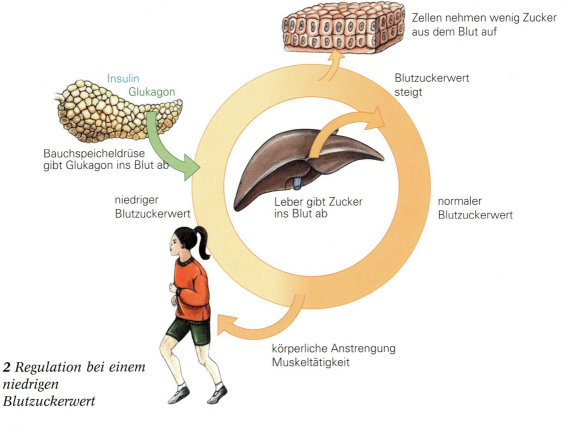

2 Regulation bei einem niedrigen Blutzuckerwert

↪ 1.5 Vom Reiz zur Reaktion

14 Regelung und Steuerung durch Hormone

1 Erläutere unter Benutzung des Pfeildiagramms, welche Wirkungen auf den Blutzuckerspiegel sich im Einzelnen aus der Aufnahme einer kohlenhydratreichen Mahlzeit ergeben (Bild 4).

2 Begründe anhand des Pfeildiagramms in Bild 4, weshalb Diabetikern empfohlen wird, sich regelmäßig sportlich zu betätigen.

3 Beschreibe die Veränderungen der Blutzuckerwerte im Tagesverlauf bei einem gesunden Menschen, bei einem Typ-I- und einem Typ-II-Diabetiker (Bild 3). Erkläre die Schwankungen und die Unterschiede zwischen den drei Kurven.

4 Warum sinkt der Blutzuckerspiegel eines gesunden Menschen nachts nicht unter ca. 100 mg Traubenzucker pro 100 ml Blut, obwohl keine Nahrung zugeführt wird?

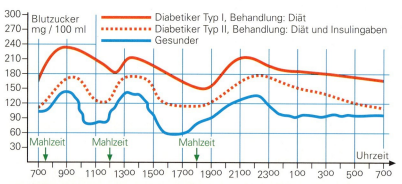

3 Schwankungen des Blutzuckerspiegels wärend eines Tages

Die Menge Blutzucker, die in 100 Milliliter Blut vorhanden ist, wird **Blutzuckerspiegel** genannt. Normalerweise liegt er bei etwa 100 Milligramm Traubenzucker. Die Höhe des Blutzuckerspiegels wird durch das Hormon **Insulin** gesteuert, das in der Bauchspeicheldrüse produziert wird. Insulin fördert die Aufnahme von Zucker in die Zellen der Leber. Dadurch wird der Blutzuckerspiegel gesenkt (Bild 1). Nach der Aufnahme einer kohlenhydratreichen Nahrung steigt der Blutzuckerspiegel zunächst an. Dadurch wird die Bauchspeicheldrüse angeregt, mehr Insulin herzustellen und in das Blut abzugeben. Durch die oben beschriebene Wirkung dieses Hormons ist der Blutzuckerspiegel nach etwa zwei Stunden wieder annähernd auf den ursprünglichen Wert gesunken (Bild 3).

Nach einer schweren körperlichen Anstrengung sinkt der Blutzuckerspiegel. Unterschreitet er seinen Normalwert, gibt die Bauchspeicheldrüse ein anderes Hormon in das Blut ab. Es ist das **Glukagon** (Bild 2). Es bewirkt, dass der in Leberzellen gespeicherte Zucker in das Blut abgegeben wird. Deshalb steigt nach kurzer Zeit der Blutzuckerspiegel wieder an. Durch das Zusammenwirken von Insulin und Glukagon wird der Blutzuckerspiegel reguliert. Hierzu erhält die Bauchspeicheldrüse ständig Meldungen über den aktuellen Wert des Blutzucker-

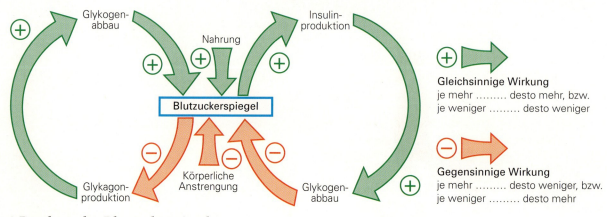

4 Regelung des Blutzuckerspiegels

spiegels. Diese Meldungen beeinflussen die Höhe der Insulin- und Glukagonproduktion und deren Abgabe in die Blutbahn. Die Regelung kann ebenfalls in einem Modell dargestellt werden (Bild 4).

1921 wurde in ein Krankenhaus in Toronto (Kanada) ein dreizehnjähriger Junge eingeliefert, der nur 33 kg wog und sehr erschöpft wirkte. In seinem Blut und Urin wurden auffällig hohe Traubenzuckerwerte festgestellt. Er litt an der Zuckerkrankheit, die auch **Diabetes mellitus** genannt wird. Unter normalen Bedingungen lässt ein erhöhter Blutzuckerspiegel die Insulinabgabe ansteigen. Das ist bei zuckerkranken Menschen anders. Die Bauchspeicheldrüse von Zuckerkranken kann überhaupt kein Insulin mehr bzw. nur unzureichende Mengen Insulin herstellen. Hieraus ergibt sich das typische Erscheinungsbild dieser Krankheit, der länger andauernde erhöhte Blutzuckerspiegel. Überschreitet er eine bestimmte Höhe, wird Traubenzucker mit dem Harn ausgeschieden. Der Zucker im Urin kann mit Teststäbchen nachgewiesen werden (Bild 5). Die Ausscheidung von Traubenzucker mit dem Harn führt zu einer stärkeren Wasserausscheidung, was zu einem übermäßigen Durstgefühl bei Diabetikern führt.

Die Insulinproduktion kann schon in früher Jugend abnehmen und schließlich völlig zum Stillstand kommen. Die hiervon betroffenen jugendlichen Diabetiker müssen dann regelmäßig Insulininjektionen erhalten. Daneben gibt es eine zweite Form der Zuckerkrankheit, die überwiegend bei älteren Menschen, heute aber auch zunehmend bei Jugendlichen auftritt: der **Erwachsenen- oder Altersdiabetes**. In diesem Fall wird noch eine geringe, aber nicht mehr ausreichende Menge an Insulin produziert. Die Zuckerkrankheit wird durch eine künstliche Zufuhr von Insulin behandelt.

Bei der Behandlung des Diabetes müssen Ernährung, körperliche Betätigung und Insulinzufuhr ständig aufeinander abgestimmt werden. Insbesondere müssen bestimmte Diätregeln eingehalten werden (Bild 6). Mithilfe moderner Messgeräte zur Blutzuckerselbstkontrolle und tragbarer Insulin-Infusionsgeräte können sich heute Diabetiker Insulin mengenmäßig so zuführen, dass diese Zufuhr stets an den aktuellen Blutzuckerspiegel angepasst ist (Bild 7). Wenn es gelingt, den Blutzuckerspiegel durch diese Maßnahmen niedrig zu halten, gilt der betreffende Patient als „gut eingestellt".

5 Nachweis mit Teststäbchen

1. Man sollte nur so viel essen, dass das Idealgewicht erreicht und gehalten wird.
2. Die tägliche Nahrungsmenge sollte auf 6 bis 7 Mahlzeiten verteilt werden.
3. Auf Zucker sowie auf Nahrungsmittel und Getränke, die viel Zucker enthalten oder mit Zucker gesüßt sind, sollte verzichtet werden.
4. Die Fettmenge in der Nahrung sollte eingeschränkt werden.

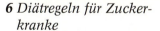

6 Diätregeln für Zuckerkranke

> Die Regelung des Blutzuckerspiegels erfolgt mit Hilfe der Hormone Insulin und Glukagon. Insulin fördert die Aufnahme von Traubenzucker in die Leberzellen. Glukagon regt die Rückumwandlung in Zucker an. Die Zuckerkrankheit (Diabetes mellitus) ist auf das Fehlen oder einen Mangel an Insulin zurückzuführen.

7 Arne spritzt sich Insulin

14 Regelung und Steuerung durch Hormone

14.4 Eine Klassenarbeit vorbereiten

Du hast dir sicherlich schon oft die Frage gestellt: „Wie bereite ich mich am besten auf eine Klassenarbeit vor?" Wenn du die folgenden Schritte beachtest, wirst du ruhig und konzentriert an die nächste Klassenarbeit herangehen können.

1 Eine Klassenarbeit schreiben

1. Schritt: Rechtzeitig wiederholen
Fange rechtzeitig mit dem Üben und Wiederholen des Lernstoffs an und nicht erst einen Tag vor der Arbeit.

2. Schritt: Kalender anlegen
Lege dir einen Kalender zu. Trage das Datum der nächsten Klassenarbeit ein und auch schon mehrere Termine zum Üben.

3. Schritt: Lerne in einer Gruppe
Bilde mit einigen deiner Klassenkameraden eine Lerngruppe. Trefft euch regelmäßig, um euch über den Stoff auszutauschen. Frage sie, wenn du etwas nicht verstanden hast.

4. Schritt: Lerntechniken anwenden
Damit du dir den Lernstoff besser einprägst, wende verschiedene Lerntechniken an. Dazu gehören beispielsweise das Anlegen einer Lernkartei, das Aufschreiben von Merksätzen, das Anfertigen von Skizzen, Tabellen und das Erstellen eines Merkzettels.

2 Kalender anlegen

5. Schritt: Ruhe bewahren
Lerne am Morgen der Klassenarbeit nicht mehr. Lasse dich nicht vor Beginn der Arbeit von deinen Mitschülern aus der Ruhe bringen.

6. Schritt: Zu Beginn der Klassenarbeit
Wenn du die Klassenarbeit in den Händen hältst, lies sie zunächst genau durch. Überlege, wonach in den einzelnen Aufgaben gefragt wird. Wenn du eine Aufgabenstellung nicht verstehst, bitte deinen Lehrer, sie dir noch einmal zu erklären.

7. Schritt: Mit leichten Aufgaben beginnen
Beginne mit einer leichten Aufgabe und bearbeite dann erst die schwierigeren. Wenn du eine Aufgabe nicht lösen kannst, überspringe sie und bearbeite die nächste.

8. Schritt: Lösen einer Aufgabe
Bevor du die erste Aufgabe bearbeitest, lies dir genau die Aufgabenstellung durch. Überlege, wonach gefragt wird. Behalte beim Beantworten immer die Aufgabenstellung im Auge. So verhinderst du, dass du Unwichtiges aufschreibst. Wenn eine Aufgabe aus mehreren Teilaufgaben besteht, achte darauf, dass du keine vergisst. Kontrolliere am Ende der Arbeit, ob du alle Aufgaben beantwortest hast.

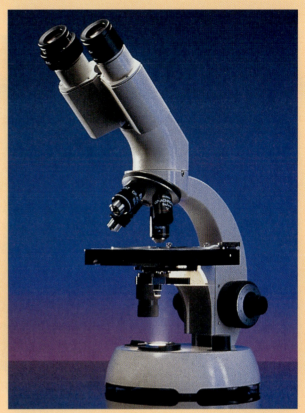

3 Mikroskop

Die Tipps für die Vorbereitung einer Klassenarbeit kannst du an folgender Arbeit über Zellbiologie anwenden.

a) Die Biologie ist die Lehre von den Lebewesen. Zähle die sechs Merkmale des Lebendigen, die allen Lebewesen gemeinsam sind, auf.
b) Beim Mikroskopieren musst du dich zwischen verschiedenen Vergrößerungen entscheiden.
 • Dein Okular hat die Vergrößerung 10x.
 • An deinem Mikroskop befinden sich Objektive mit den Vergrößerungen 5x, 10x und 40x.
Für welches Objektiv entscheidest du dich, wenn du die Vergrößerung 100x erreichen willst?
c) Benenne die einzelnen Teile eines Mikroskops.
d) Zeichne eine tierische Zelle und beschrifte sie.
e) Beschrifte die schematische Abbildung einer Pflanzenzelle.
f) Wie unterscheiden sich tierische und pflanzliche Zellen voneinander?
g) Wer hat größere Zellen: ein Nashorn oder ein Hamster? Begründe deine Entscheidung.
h) Erkläre den Begriff Gewebe.
i) Nenne ein Beispiel für ein Gewebe.

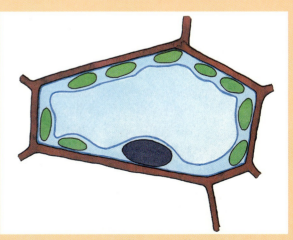

4 Zeichnung einer Pflanzenzelle

15 Immunsystem und Infektionskrankheiten

15.1 Das Immunsystem des Menschen

1 Eine weiße Blutzelle (Fresszelle), die Bakterien einfängt und bekämpft (Das Foto wurde nachträglich gefärbt)

Bakterien: z. B. Diphterie, Cholera, Wundstarrkrampf, Brechdurchfall, Keuchhusten, Scharlach, Typhus, Pest, Tuberkulose, Lepra.

Viren: z. B. Grippe, Herpes, Röteln, Masern, Kinderlähmung, Windpocken, Tollwut, Hepatitis, AIDS.

Pilze: z. B. Pilzinfektionen der Haut und von Schleimhäuten.

Einzellige Tiere: z. B. Malaria, Schlafkrankheit, Amöbenruhr, Trichomoniasis.

Vielzellige Tiere: z. B. Parasiten wie Bandwürmer, Kopflaus, Krätzmilbe.

2 Die meisten Krankheitserreger beim Menschen lassen sich fünf Gruppen zuordnen

Man spricht von **Infektion**, wenn ein Krankeitserreger (Bild 2) zu einem Menschen **übertragen** wird, in dessen Körper **eindringt** und sich dort **vermehrt**. Die wichtigste Infektionsquelle ist der Mensch selbst: Erreger können von Mensch zu Mensch übertragen werden. Andere Infektionskrankheiten gehen von Tieren oder von der Umwelt aus. Es gibt für Krankheitserreger eine Reihe von **Eintrittsstellen** in den Körper: durch die Haut, durch Wunden und Stiche, durch die Schleimhäute des Mundes und der Atemwege und durch Geschlechtsorgane.

Der Körper selbst wehrt sich gegen Krankheitserreger. Die Krankheitserreger werden als körperfremd erkannt und mit der Hilfe von weißen Blutzellen bekämpft (Bild 1, 3). Man spricht von **körpereigener Abwehr**. Meistens kommt es bei einer Infektionskrankheit zu einem mehrere Tage oder Wochen dauerndem Wettlauf zwischen Vermehrung der Krankheitserreger im Körper und der körpereigenen Abwehr. Die Abwehr findet hauptsächlich im Blut in der Milz und den Lymphknoten statt.

Zu den weißen Blutzellen gehören Fresszellen, Helferzellen sowie so genannte B-Zellen und T-Zellen (Bild 3). Wenn eine Fresszelle auf einen Krankheitserreger trifft, nimmt sie ihn in sich auf und informiert die Helferzellen. Diese informieren und aktivieren die B- und T-Zellen.

Die B-Zellen geben in großer Menge Eiweißstoffe an das Blut ab. Man nennt diese Eiweißstoffe **Antikörper**. Sie verklumpen die Krankheitserreger und machen sie unschädlich. T-Zellen zerstören Krankheitserreger direkt. Bestimmte Zellen können sich Eigenschaften von Erregern merken. Diese **Gedächtniszellen** sorgen dafür, dass der Erreger bei einer späteren erneuten Infektion sofort bekämpft wird.

> Man spricht von Infektion, wenn ein Krankheitserreger auf einen Menschen übertragen wird, in dessen Körper eindringt und sich dort vermehrt. Die körpereigene Abwehr von Krankheitserregern erfolgt mit weißen Blutzellen.

1 Nenne Beispiele für Infektionskrankheiten und beschreibe den jeweiligen Infektionsweg.

2 Beschreibe anhand von Bild 1 und 3 die körpereigene Abwehr bei einer Infektion.

3 Welche Bedeutung haben die Gedächtniszellen?

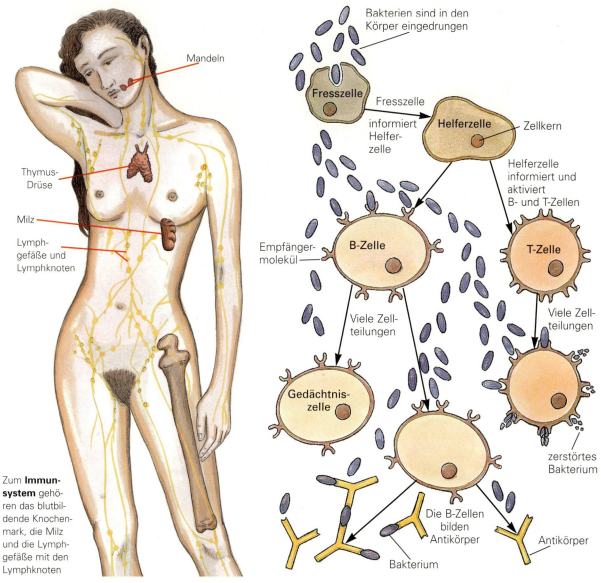

Zum **Immunsystem** gehören das blutbildende Knochenmark, die Milz und die Lymphgefäße mit den Lymphknoten

3 Übersicht des Immunsystems und der körpereigenen Abwehr

15 Immunsystem und Infektionskrankheiten

15.2 Krankheiten durch Bakterien: Infektion und Verlauf

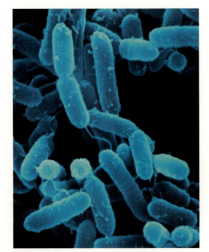

1 Salmonellen–Bakterien, stark vergrößert, gefärbt

2 Mit Bakterien verunreinigtes Brunnenwasser?

Eine Urlaubserkrankung. Sabine war während des Urlaubs in den Sommerferien einige Tage lang krank. Sie berichtet über den Verlauf ihrer Erkrankung. Eines Abends fühlte sie sich sehr matt. Wenig später bekam sie Bauchschmerzen. Ihr wurde übel. Sie bekam Durchfall und musste mehrfach erbrechen. Sie fühlte sich fiebrig und tatsächlich war ihre Körpertemperatur schon auf 38,0 Grad angestiegen. Mit ihren Eltern ging sie am nächsten Tag zum Arzt. Dieser stellte fest, dass ihr Erbrechen und ihr Durchfall durch eine Infektion mit Salmonellen verursacht seien. Sabine bekam Medikamente. Nach zwei Tagen ließen die Beschwerden nach. Vier Tage später fühlte sich Sabine wieder ganz wohl.

Infektion durch Bakterien. Von einer Ansteckung oder **Infektion** spricht man, wenn Krankheitserreger in den Körper gelangen. Im Fall von Sabine waren **Salmonellen** die Krankheitserreger. Salmonellen gehören zur Gruppe der **Bakterien** (Bild 1). Dies sind winzig kleine, einzellige Lebewesen. Sie vermehren sich durch Zweiteilung. Die meisten Bakterien sind für den Menschen harmlos. Nur ungefähr 200 Bakterienarten sind krankheitserregend (Bild 3).

Salmonellen als Krankheitserreger. Salmonellen kommen zum Beispiel in verunreinigtem Trinkwasser, in verunreinigten Eier- und Milchspeisen oder in verdorbenem Geflügelfleisch vor.

1 a) Unter günstigen Bedingungen (u.a. Wärme, Nahrung, Feuchtigkeit) können sich Bakterien alle 30 Minuten durch Teilung verdoppeln. Gib für jede volle Stunde eines Tages die Bakterienzahl an. Gehe von einem Bakterium zum Zeitpunkt 0 Uhr und von durchweg günstigen Bedingungen aus. Setze das nachfolgende Diagramm entsprechend fort.
b) Stelle Vermutungen auf, unter welchen Bedingungen die Vermehrung der Bakterien zum Stillstand kommen kann.

00:00 Uhr	1
00:30	2
01:00	4
01.30	8
02:00	16
02:30	?

Besonders wenn es warm wird, vermehren sich Salmonellen in solchen Lebensmitteln schnell. Vielleicht hat sich Sabine mit verunreinigten Lebensmitteln oder mit verunreinigtem Wasser infiziert (Bild 2). Im Körper haben sich die Bakterien stark vermehrt und geben Giftstoffe ab. Das führte zu Durchfall, Erbrechen und zum Fieber. Diese Anzeichen für eine Erkrankung nennt man **Symptome**. Gleichzeitig wehrt sich der Körper gegen die eingedrungenen Bakterien. Oft schafft es der Körper alleine, die Bakterien in wenigen Tagen erfolgreich zu bekämpfen. Manchmal ist es notwendig, dass die Ärztin oder der Arzt Medikamente verordnet, zum Beispiel Antibiotika. **Antibiotika** sind Medikamente, die Bakterien im Körper eines Menschen abtöten sollen.

| Man spricht von einer Infektion, wenn Krankheitserreger in den Körper gelangen. Manche Infektionskrankheiten werden durch Bakterien verursacht.

2 Berichte, warum es nicht ungefährlich ist, Brunnenwasser zu trinken.

3 Beschreibe anhand von Bild 3 verschiedene Wege, wie Bakterien in den Körper gelangen können.

4 Berichte über Verlauf und Symptome von Infektionskrankheiten, die du selbst erlitten hast.

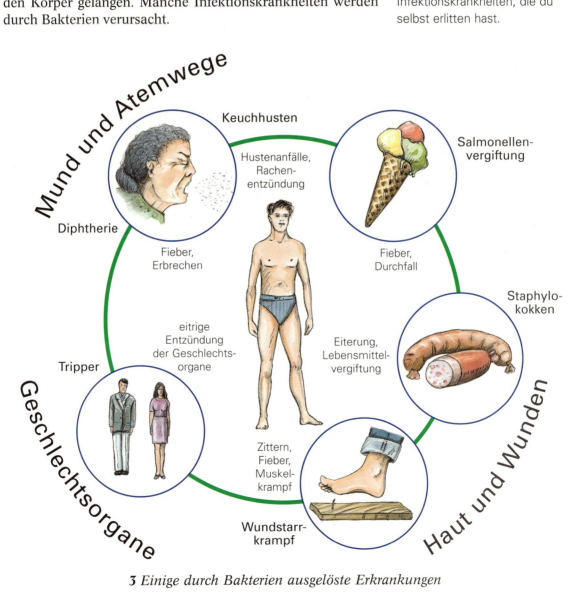

3 Einige durch Bakterien ausgelöste Erkrankungen

15 Immunsystem und Infektionskrankheiten

15.3 Verlauf einer Virusinfektion – Beispiel Grippe-Viren

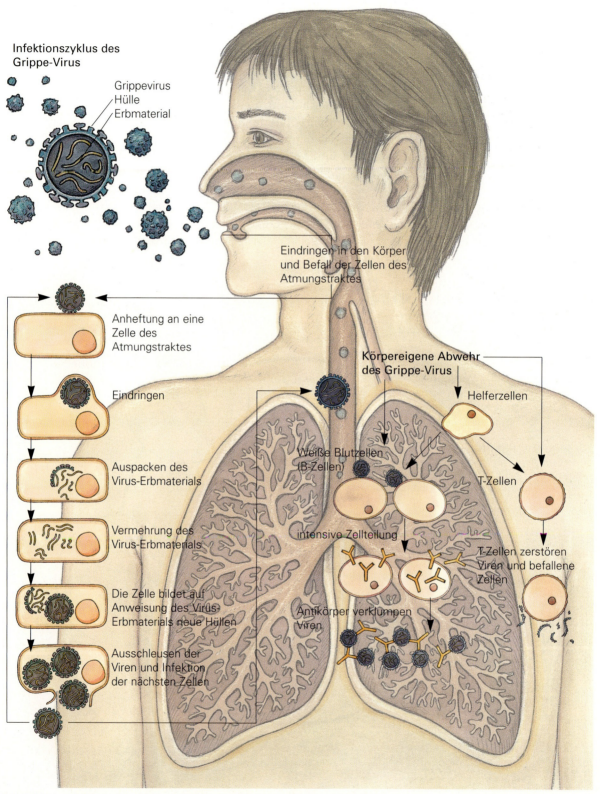

1 *Infektionszyklus des Grippe-Virus und körpereigene Abwehr*

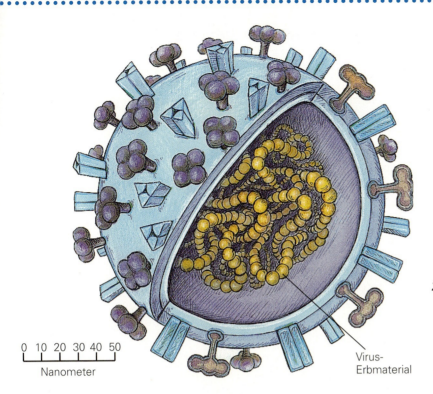

0 10 20 30 40 50
Nanometer

Virus-Erbmaterial

*2 Schema des Aufbaus eines Grippe-Virus.
(Zum Maßstab: Ein Nanometer ist ein milliardstel Meter oder ein millionstel Millimeter)*

Besonders im Herbst und Winter treten Infektionen durch Grippe-Viren auf. Wenn eine infizierte Person hustet oder niest, können Grippe-Viren mit den versprühten winzigen Tröpfchen übertragen werden. Man spricht von **Tröpfchen-Infektion**.

Viren sind noch kleiner als Bakterien. Sie bestehen aus einer Hülle und dem eingeschlossenen Erbmaterial (Bild 2). In befallenen Zellen werden in großer Zahl neue Grippe-Viren gebildet. Viren können sich nur in lebenden Zellen vermehren. Der Ablauf einer Infektion mit dem Grippe-Virus ist in Bild 1 dargestellt.

Wenn Grippe-Viren in den Körper gelangt sind oder aus infizierten Zellen freigesetzt werden, können sie von weißen Blutzellen bemerkt werden. Dann beginnt im Körper ein Wettlauf zwischen Viren-Vermehrung und Vernichtung der Viren durch das Immunsystem.

Die Zeitspanne zwischen Eindringen eines Erregers in den Körper und Ausbruch der Krankheit nennt man Inkubationszeit. Sie beträgt bei Grippe-Viren ein bis drei Tage. Es dauert dagegen meistens acht bis zehn Tage, bis genügend Antikörper und T-Zellen gegen die Grippe-Viren gebildet werden.

| Grippe-Viren können durch Tröpfchen-Infektion übertragen werden. Wie alle Viren können sich auch Grippe-Viren nicht allein, sondern nur in lebenden Zellen vermehren.

1 Beschreibe anhand von Bild 1 den Infektionsweg und den Ablauf der Infektion mit Grippe-Viren.

2 In welchen Stadien der Infektion kann die körpereigene Abwehr ausgelöst werden (Bild 1)?

3 Wenn ein Grippe-Virus von etwa 100 Nanometern auf 1 Zentimeter vergrößert wäre, wie groß müsstest du dann selbst sein, wenn du ebenfalls entsprechend vergrößert würdest?

15 Immunsystem und Infektionskrankheiten

15.4 Bekämpfung von Infektionskrankheiten

Noch vor hundert Jahren standen Infektionen an der ersten Stelle der Todesursachen. Heute stehen Erkrankungen des Herz-Kreislaufsystems und bösartige Wucherungen (Krebs) an der ersten Stelle der Todesursachen (Bild 1). Obwohl Infektionskrankheiten nicht mehr eine so große Rolle wie früher spielen, warnt die Weltgesundheitsorganisation (WHO) vor Nachlässigkeit im Kampfe gegen Infektionen. Es gibt Beispiele dafür, dass Erreger, die man längst für ausgerottet hielt, wieder auftraten und Menschen infizierten.

Hygiene ist heute eine der wichtigsten Voraussetzungen, um Infektionskrankheiten zu verhindern. Unter Hygiene versteht man Maßnahmen, um die Gesundheit eines Menschen zu erhalten und Infektionskrankheiten zu verhindern. Sauberes, keimfreies Trinkwasser, Abwasserreinigung und regelmäßige Müllabfuhr tragen wesentlich zur Hygiene bei. Im persönlichen Bereich kann jeder etwas zur Hygiene beitragen.

Schutzimpfungen sind medizinische Maßnahmen, mit denen ein Mensch gegen Erreger von Infektionskrankheiten unempfindlich gemacht wird. Solche Unempfindlichkeit nennt man auch Immunität. Man unterscheidet passive und aktive Immunisierung. Bei der **passiven Immunisierung** werden schon fertige Antikörper in den Körper eines Menschen injiziert (Bild 2a). Diese Form der Immunisierung hält nur kurze Zeit an, weil die Antikörper

- Krankheiten des Kreislaufsystems: 541,2
- Tumor, Krebs: 269,7
- Krankheiten der Atmungsorgane: 65,0
- Verletzungen und Vergiftungen: 52,4
- Krankheiten der Verdauungsorgane: 51,9
- Drüsen-, Ernährungs- und Stoffwechselkrankheiten: 25,9
- Krankheiten des Nervensystems und der Sinnesorgane: 16,7
- Krankheiten der Harn- und Geschlechtsorgane: 13,4
- Infektionen: 9,4
- Krankheiten des Blutes und der blutbildenden Organe: 2,2

1 Todesursachen, bezogen auf die Sterbefälle je 100 000 Einwohner in Deutschland

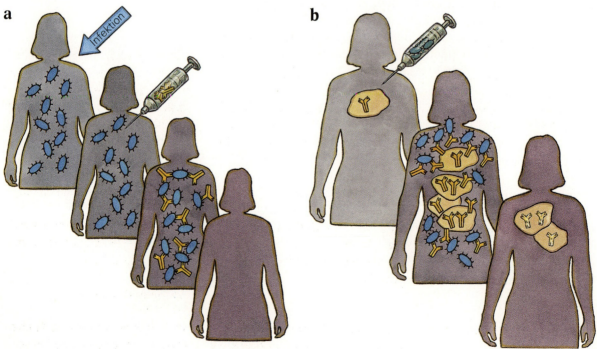

2 Passive (a) und aktive (b) Immunisierung

3 Ein Schimmelpilz verhindert das Wachstum von Bakterien

innerhalb weniger Tage im Körper abgebaut werden. Passive Immunisierung ist besonders dann sinnvoll, wenn jemand bereits gefährlich erkrankt ist. Bei der **aktiven Immunisierung** werden einem Menschen abgeschwächte, ungefährliche Krankheitserreger injiziert (Bild 2b). Der Körper des Geimpften bildet nun selbst („aktiv") Antikörper und Gedächtniszellen speziell gegen den Erreger. Die Gedächtniszellen merken sich bestimmte Eigenschaften des Erregers. Wenn der gefährliche Erreger dann später tatsächlich in den Körper eindringt, sorgen die Gedächtniszellen dafür, dass er schnell und meist ohne Krankheitsanzeichen vernichtet wird. Je nach Erreger hält aktive Immunisierung viele Jahre, zum Teil sogar lebenslänglich an.

Antibiotika sind Arzneimittel, die die Vermehrung von Bakterien hemmen oder Bakterien abtöten. Heute kennt man verschiedene Antibiotika, die industriell hergestellt werden. Sorgen bereitet die so genannte **Antibiotika-Resistenz**. Darunter versteht man, dass bestimmte krankheitserregende Bakterien unempfindlich gegen ein oder mehrere Antibiotika geworden sind.

| Sorgfältige Hygiene, aktive und passive Immunisierung und Antibiotika werden unter anderem zur Bekämpfung von Infektionskrankheiten eingesetzt.

1 Beschreibe, wie du selbst zur Hygiene in deiner Umgebung beitragen kannst. Bedenke dabei, dass Krankheitserreger direkt von Mensch zu Mensch (z. B. durch Anhusten, Niesen) oder indirekt (z. B. durch verschmutzte Hände, verdorbene Nahrungsmittel, Unrat) übertragen werden können.

2 Beschreibe Unterschiede zwischen passiver und aktiver Immunisierung (Bild 2).

3 Werte das Bild 3 aus.

4 Begründe, warum die Antibiotika-Resistenz von Bakterien so gefährlich ist.

15 Immunsystem und Infektionskrankheiten

15.5 Infektion mit dem HI-Virus und AIDS

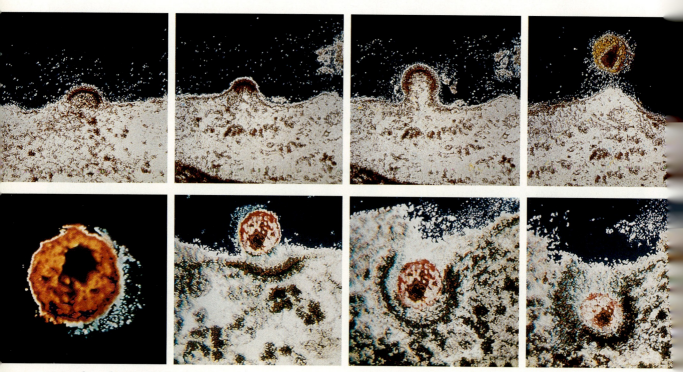

1 In der oberen Reihe ist dargestellt, wie ein HI-Virus eine weiße Blutzelle verlässt. In der unteren Reihe ist dargestellt, wie es in eine weiße Blutzelle eindringt.

AIDS ist die Abkürzung für **a**cquired **i**mmune **d**eficiency **s**yndrome, erworbenes Immunschwäche-Syndrom. Hervorgerufen wird diese Erkrankung des Immunsystems durch das **H**umane **I**mmunschwäche-**V**irus, **HIV**. Das Virus wird durch den Kontakt Gesunder mit virushaltigen Körperflüssigkeiten einer infizierten Person übertragen. Mit Blut, Sperma- und Scheidenflüssigkeit wird das Virus übertragen. Das Virus kann durch kleine Haut- und Schleimhautverletzungen in das Blut eindringen. Trotz intensiver wissenschaftlicher Untersuchungen gibt es keine Beweise dafür, dass alltägliche Kontakte wie Händeschütteln oder Umarmungen zur Übertragung führen, ebenso wenig wie Atemluft, Küsse, Trinkgläser, Kleidung oder Mückenstiche.

Ungeschützter Geschlechtsverkehr ist der häufigste Weg der Übertragung des HI-Virus. Durch richtigen Gebrauch von Kondomen beim Geschlechtsverkehr wird das Risiko vermindert, sich anzustecken.

Wie alle Viren ist auch das HI-Virus auf lebende Zellen angewiesen, um sich zu vermehren. HI-Viren befallen und zerstören besonders eine bestimmte Gruppe von weißen Blutzellen, die Helferzellen. Weil die Helferzellen für die körpereigene Abwehr von großer Bedeutung sind, wird die körpereigene Abwehr von Krankheitserregern durch HI-Viren geschwächt. Zwischen der Infektion mit HI-Viren und den ersten Krankheitsanzeichen von

1 Wie ist zu erklären, dass zwischen HIV-Infektion und Ausbruch von AIDS oft Jahre vergehen?

2 Beschreibe das Krankheitsbild von AIDS.

3 Werte die Tabelle in Bild 2 aus. Welche Zusammenhänge bestehen vermutlich zwischen Armut und Unterentwicklung in bestimmten Ländern der Dritten Welt und der Ausbreitung des HI-Virus?

AIDS können allerdings viele Jahre vergehen. In dieser Zeit schafft es das Immunsystem, die HI-Viren einigermaßen in Schach zu halten.

Im Wettlauf zwischen Viren-Vermehrung und Vernichtung der Viren durch weiße Blutzellen siegen schließlich die Viren: Die Helferzellen werden immer weniger und schließlich bricht das Immunsystem zusammen. Nun können an sich harmlose Krankheitserreger die Haut, den Rachen, die Lungen oder das Gehirn befallen. Zur Zeit gibt es noch kein Arzneimittel gegen das HI-Virus.

Ende 1997 gab es in Deutschland 35 000 lebende Personen, die sich mit HIV infiziert hatten. Die Weltgesundheitsorganisation (WHO) beobachtet weltweit die Ausbreitung des AIDS-Erregers. Besonders dramatisch stellt sich die Situation in den Ländern Afrikas südlich der Sahara dar. Etwa zwei Drittel aller HIV-Infizierten weltweit stammen aus diesen Ländern (Stand: Ende 1997). Man weiß, dass Prostitution und häufiger, ungeschützter Geschlechtsverkehr mit wechselnden Partnern das Risiko einer HIV-Infektion erhöht. Armut und Unterentwicklung sind Kennzeichen mancher Länder, in denen AIDS besonders häufig ist.

Kondome bieten eine einzigartige Kombination von Vorzügen:

- Sie verringern das Risiko einer Ansteckung mit den meisten sexuell übertragbaren Erkrankungen und schützen außerdem vor ungewollter Schwangerschaft.
- Sie brauchen nur im aktuellen Bedarfsfall angewandt zu werden.
- Sie haben im Allgemeinen keine schädlichen Neben- und Nachwirkungen.
- Alles in allem: Sie sind eine konkurrenzlos preiswerte Lebensversicherung!

> Das HI-Virus befällt und zerstört besonders die Helferzellen im Immunsystem und schwächt so das Immunsystem bis hin zum Zusammenbruch der körpereigenen Abwehr.

Keinen Schutz vor einer Ansteckung mit HIV oder anderen sexuell übertragbaren Krankheiten bieten:

- die Sterilisation des Mannes oder der Frau,
- die Verwendung samenabtötender Mittel wie Scheidenzäpfchen oder
- die Benutzung anderer Schwangerschafts-Verhütungsmittel wie Pille, Spirale oder Diaphragma.

Afrika südlich der Sahara	20,8 Millionen (7,4%)
Süd-Asien und Südost-Asien	6,0 Millionen (0,6%)
Latein-Amerika	1,3 Millionen (0,5%)
Europa (ohne Ost-Europa) und Nordamerika	1,4 Millionen (0,3%)
Karibik	310 Tausend (1,9%)
Ost-Europa und Zentral-Asien	150 Tausend (0,07%)
Ost-Asien und Pazifik	440 Tausend (0,05%)
Nord-Afrika und Mittlerer Osten	210 Tausend (0,1%)

3 *Schutz vor Aids*

2 *Personen mit HIV-Infektion in verschiedenen Regionen der Erde (Dezember 1997, nach WHO und UNAIDS); die Prozentangaben in Klammern geben die Häufigkeit in der Bevölkerung an*

Z Hormonsystem und Immunsystem

Immunsystem und Infektionskrankheiten
- Eine **Infektion** ist das Eindringen und die Vermehrung von Krankheitserregern im Körper eines Menschen.

- Infektionen können durch Bakterien und Viren erfolgen. Durch **Schutzimpfungen** werden Menschen gegen bestimmte Erreger unempfindlich gemacht.

- Der Körper kann sich mit Hilfe seiner **weißen Blutzellen** gegen die Erreger wehren. Zu den weißen Blutzellen gehören Fress- und Helferzellen sowie die B- und T-Zellen.

- Der **HI-Virus** verursacht AIDS. Er ist besonders gefährlich, da er die Helferzellen des Immunsystems befällt, sodass es schließlich zum Zusammenbruch der körpereigenen Immunabwehr kommt.

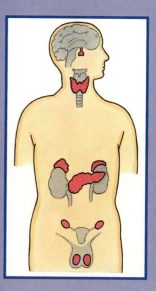

Regelung und Steuerung durch Hormone
- Hormone sind Botenstoffe, die in Hormondrüsen erzeugt und mit dem Blut transportiert werden. Sie lösen im Körper Vorgänge aus und steuern sie.

- Die **Hirnanhangsdrüse** ist eine übergeordnete Hormondrüse, die andere Hormondrüsen wie die Schilddrüse über einen Regelkreis steuert.

- Die **Regelung des Blutzuckerspiegels** erfolgt über die Bauchspeicheldrüse, die die beiden Hormone Insulin und Glukagon abgibt. Insulin fördert die Umwandlung von Traubenzucker in Glykogen, während Glukagon Glykogen zu Traubenzucker umbaut.

- Bei der **Zuckerkrankheit** (Diabetes) produziert die Bauchspeicheldrüse zu wenig oder gar kein Insulin mehr, sodass der Blutzuckerspiegel nicht mehr reguliert werden kann. Durch geeignete Ernährung, körperliche Betätigung sowie eine angemessene Insulinzufuhr kann die Krankheit behandelt werden.

Wiederholen, Üben, Anwenden, Vertiefen

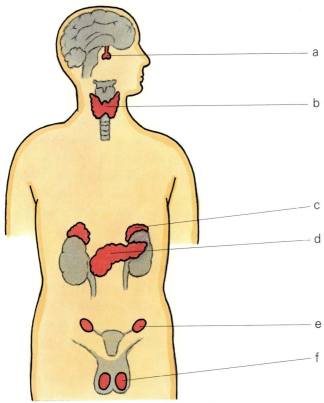

1 Hormondrüsen im menschlichen Körper

1 Vor einer Klassenarbeit kann man sich so richtig gestresst fühlen. Welche körperlichen Reaktionen konntest du dabei an dir feststellen?

2 Stress kann positiv oder negativ sein. Beschreibe jeweils ein Beispiel

3 Das Bild 1 zeigt wichtige Hormondrüsen. Lege im Heft eine Tabelle an. Ordne den Buchstaben die richtige Bezeichnung zu und ergänze Angaben zum jeweiligen Hormon und dessen Wirkung.

Drüse	Hormon	Aufgabe - Wirkung
?	?	?

Zeitraum	Art der Impfung
Ab 3. Lebensmonat	Hepatitis B, Diphtherie, Keuchhusten, Tetanus, Kinderlähmung, Hib (Hib-Erreger bewirkt Entzündung z.B. von Hirnhaut, Kehldeckel und Gelenken)
Ab 12. bis 15. Lebensmonat	Hepatitis B, Diphtherie, Keuchhusten, Tetanus, Kinderlähmung, Hib, Masern, Mumps, Röteln
Ab 6. bis 7. Lebensjahr	Diphtherie, Tetanus, Masern, Mumps, Röteln
11. bis 18. Lebensjahr	Diphtherie, Tetanus, Kinderlähmung
Erwachsene	Diphtherie, Tetanus

2 Welche Impfung in welchem Alter

4 Schutzimpfungen gehören zur Gesundheitsvorsorge. Informiere dich, gegen welche Krankheiten du geimpft wurdest und wie lange dein Impfschutz vorhält. Welche Symptome treten bei diesen Krankheiten auf? Vergleiche mit den Angaben in Bild 2.

5 Erläutere, was man unter dem Gedächtnis des Immunsystems versteht.

6 Was geschieht bei einer passiven Schutzimpfung?

7 Bei einer Allergie reagiert der Körper heftig auf Stoffe aus der Umwelt. Allergien können viele Ursachen haben, beispielsweise Blütenpollen, Tierhaare, Staub, bestimmte Chemikalien in Kleidungsstücken oder Zutaten in Lebensmitteln. Der Körper reagiert mit ständigem Juck- oder Niesreiz, Hautausschlag oder Atembeschwerden. Im Normalfall werden diese Krankheitserreger als harmlos erkannt. Bei der Allergie reagieren die T-Zellen falsch. Sie veranlassen, dass in großen Mengen Antikörper gebildet werden, die dann die Beschwerden auslösen. Informiere dich über Allergieauslöser. Nenne Möglichkeiten zur Vermeidung von Allergien. Stelle deine Ergebnisse in einem Infoblatt zusammen. Informiere deine Mitschülerinnen und Mitschüler.

Lexikon

Aderhaut
versorgt das Auge mit Sauerstoff und Nährstoffen.

AIDS
Krankheit, die als erworbenes Immunschwäche-Syndrom bezeichnet wird.

Akkommodation
Verformung der Linse, die für eine scharfe Darstellung von unterschiedlich entfernten Gegenständen sorgt.

Ampere
Die Einheit der Stromstärke I ist 1 Ampere (1A).

Angeborenes Verhalten
Verhaltensweise, die überwiegend durch Erbablagen festgelegt ist.

Antibiotika
Arzneimittel, die die Vermehrung von Bakterien hemmen oder Bakterien töten.

Art
Gruppe von Lebewesen, die sich untereinander fortpflanzen können.

Befruchtung
Verschmelzung von Ei- und Spermazelle.

Bienentanz
Übertragung von Information über Futterquellen bei Bienen.

Brennstoff
Die meisten Brennstoffe enthalten Kohlenstoff. Bei der Verbrennung wird chemische Energie in Wärmeenergie umgewandelt.

Brennstoffzellen
In Brennstoffzellen reagieren Wasserstoff und Sauerstoff indirekt miteinander unter Bildung von Wasser. Dadurch liefern sie elektrische Energie. Brennstoffzellen werden bereits in modernen Automobilen erprobt.

Chromosomen
enthalten die DNA.

Diode
Eine Diode wirkt im Stromkreis wie ein Ventil. Sie lässt den elektrischen Strom nur in eine Richtung durch.

DNA
langer Molekülstrang, auf dem die Erbanlagen oder Gene liegen.

Dominante Erbanlage
Erbanlage, die sich bei der Ausbildung eines Merkmales durchsetzt.

Down-Syndrom
Erbkrankheit, die durch das dreifache Vorhandensein des Chromosoms 21 ausgelöst wird.

Einfache Maschinen
Einfache Maschinen wie schiefe Ebene, Seile, Rollen, Flaschenzüge und Hebel sind Kraftwandler.

Eisprung
Die Eizelle verlässt das Bläschen im Eierstock.

Elektrische Leistung
Die elektrische Leistung P ist gleich dem Produkt elektrischer Spannung U und Stromstärke I. Die Einheit ist 1 Watt (1 W).

Elektrizitätszähler
Der Elektrizitätszähler misst die gelieferte elektrische Energie in Kilowattstunden (kWh).

Elektron
Nahezu masseloses Elementarteilchen mit der Ladung − 1. Elektronen befinden sich in der Atomhülle.

Empfängnisregelung
Bewusste Einflussnahme, ob es zu einer Schwangerschaft kommen soll.

Empfängnisverhütung
Mittel und Methoden, mit denen eine Schwangerschaft vermieden werden kann.

Energie
Mit diesem Begriff beschreibt man die Fähigkeit eines Körpers, Arbeit zu verrichten. Die Einheit der Energie ist 1 Joule. Elektrische Energie wird auch in Wattsekunde (Ws) und Kilowattstunde (kWh) gemessen.

Energieentwertung
Bei allen Energieumwandlungen wird stets Wärme (Abwärme) an die Umgebung abgegeben. Sie kann vom Menschen nicht mehr sinnvoll genutzt werden.

Energieerhaltung
Bei der Energieumwandlung ändert die Energie ihre Erscheinungsform. Die Energiemenge bleibt erhalten.

Energieträger
Kohle, Erdöl und Erdgas sind nicht erneuerbare Energieträger. Wind, Wasser, Holz, Stroh und Biogas gehören zu den erneuerbaren Energieträgern.

Erbkrankheit
Krankheit, die durch eine Mutation ausgelöst und weitervererbt wird.

Evolution
Entwicklung von Arten aus anderen Formen von Lebewesen im Laufe langer Zeiträume.

Fossilien
Spuren oder Reste von Lebewesen aus der Vorzeit, z.B. Versteinerungen.

Gene
Erbanlagen auf der DNA.

Generator
In einem Generator bewegt sich eine Spule in einem Magnetfeld. Dadurch wird eine elektrische Spannung erzeugt.

Genetische Familienberatung
Bestimmung der Wahrscheinlichkeit für das Auftreten einer Erbkrankheit beim nächsten Kind.

Gentechnik
Erforschung und Anwendung von Verfahren, mit denen Gene von Lebewesen untersucht und gezielt verändert werden.

Gentransfer
Übertragen von Genen auf ein Lebewesen.

Geschlechtskrankheiten
Infektionskrankheiten, die durch engen körperlichen Kontakt oder Geschlechtsverkehr übertragen werden.

Goldene Regel der Mechanik
Verringert man bei einfachen Maschinen die Kraft, so verlängert sich der Weg. Die Arbeit bleibt gleich.

Hebel
Zweiseitiger Hebel: Die Kräfte wirken auf beiden Seiten der Drehachse in entgegengesetzte Richtung.
Einseitiger Hebel: Die Kräfte wirken auf derselben Seite der Drehachse in die gleiche Richtung.

Hebelgesetz
Je länger der Hebelarm ist, an dem die Kraft ansetzt, desto größer ist die Kraftwirkung. Ein Hebel ist im Gleichgewicht, wenn das Produkt aus Kraft und zugehörigem Hebelarm auf beiden Seiten gleich ist.

Heißleiter
Widerstände, die ihren Wert verringern, wenn die Temperatur steigt.

Heizwert
Der Heizwert gibt an, wie viel Wärmeenergie beim Verbrennen von einem Kilogramm festen Brennstoffes bzw. einem Kubikmeter gasförmigen Brennstoffes entsteht.

HIV
Humanes Immunschwäche-Virus, das AIDS verursacht.

Hormone
Wirkstoffe, die bestimmte Vorgänge im Körper auslösen oder beeinflussen.

Hornhaut
ist eine durchsichtige Haut im Auge.

IC-Baustein
Mehrere elektronische Schaltglieder werden auf kleinstem Raum zu einem Baustein zusammengefasst.

Infektion
Eindringen und Vermehrung eines Krankheitserregers.

Isolation
Räumliche Trennung von zwei Gruppen einer Art.

Kippschaltung
Durch diese Schaltung können elektrische Signale gespeichert werden.

Kondensieren
Beim Abkühlen geht Dampf in eine Flüssigkeit über.

Kraft
Eine physikalische Kraft F ist die Ursache für eine Verformung oder Bewegungsänderung wie Abbremsen, Umlenken oder Beschleunigen. Die Einheit ist 1 Newton.

Kraftmesser
Sie enthalten eine Feder. Je größer die Kraft ist, desto länger dehnt sich die Feder.

Kurzschluss
Ein Kurzschluss entsteht, wenn der elektrische Strom nicht durch die Elektrogeräte fließt, sondern direkt von der Spannungsquelle über die Leitung zur Spannungsquelle zurück.

Lexikon

LDR
Widerstände, die bei Änderung der Helligkeit ihren Widerstand ändern, nennt man LDR.

Leiter
Ein Material, das den elektrischen Strom leitet, nennt man Leiter.

Linse
liegt hinter der Pupille im Auge. Sie besteht aus einem durchsichtigen, elastischen Material.

Magnetfeld
Das ist die Umgebung eines Magneten, in der die Magnetkraft wirkt.

Meiose
Bildung von Geschlechtszellen mit einfachem Chromosomensatz aus Körperzellen mit doppeltem Chromosomensatz, dabei kommt es zu einer Neukombination durch Zufallsverteilung.

Menstruation
Vorgang, bei dem eine geringe Menge Blut aus der Scheide tritt, andere Namen sind Regel oder Periode.

Mitose
Zellteilung, bei der zwei identische und erbgleiche Zellen entstehen.

Mutation
Veränderung von Erbanlagen.

Natürliche Auslese
Arten mit vorteilhaften Merkmalen haben eine höhere Wahrscheinlichkeit, sich fortzupflanzen. Ein anderer Name dafür ist Selektion.

Netzhaut
enthält die Sinneszellen, die durch Licht gereizt werden.

Neukombination
Zufallsverteilung mütterlicher und väterlicher Chromosomen bei der Meiose.

NICHT-Verknüpfung
Es wird über eine Bedingung entschieden. Der Ausgangszustand ist immer entgegengesetzt zum Eingangszustand.

Nichtleiter
Ein Material, das den elektrischen Strom nicht leitet, nennt man Nichtleiter.

ODER-Verknüpfung
Es muss jeweils eine von zwei Bedingungen erfüllt sein.

Parallelschaltung
Bei der Parallelschaltung hat jedes Elektrogerät einen eigenen Stromkreis.

Phenylketonurie
rezessiv vererbte Erbkrankheit, die zu einer Störung im Eiweißstoffwechsel führt.

Plazenta
auch Mutterkuchen genannt. Hier strömt das Blut des Embryos ganz eng am Blut der Mutter vorbei, dabei werden Stoffe ausgetauscht.

Pupille
kreisrunde Öffnung in der Regenbogenhaut im Auge.

Rassen
Gruppen innerhalb einer Art, die sich untereinander fortpflanzen können.

Reflexe
Reaktionen auf Reize, die in festgelegter Weise ablaufen.

Regenbogenhaut
bildet den vorderen Bereich der Aderhaut im Auge.

Reibungskraft
Sie bewirkt ein Abbremsen einer Bewegung.

Reihenschaltung
Bei der Reihenschaltung haben mehrere Elektrogeräte einen gemeinsamen Stromkreis. Die Stromstärke ist überall gleich.

Reize
Einflüsse, die man mit Hilfe von Sinnesorganen aufnimmt.

Rezessive Erbanlage
Erbanlage, die sich bei der Ausbildung eines Merkmales nicht gegen eine dominante Erbanlage durchsetzen kann.

Rudimentäre Organe
Teile des Körpers, die im Laufe der Stammesgeschichte ihre Aufgabe ganz oder teilweise verloren haben.

Schutzimpfung
Impfung, die den Menschen gegen Erreger von Infektionskrankheiten unempfindlich macht.

Schutzleitung
Die dritte Leitung bei Haushaltsgeräten verbindet die Metallgehäuse mit der Erde.

Schwangerschaft
Der Embryo nistet sich in der Gebärmutterschleimhaut ein.

Selektion
Arten mit vorteilhaften Merkmalen haben eine höhere Wahrscheinlichkeit, sich fortzupflanzen. Ein anderer Name dafür ist natürliche Auslese.

Sicherung
In Sicherungsautomaten unterbricht ein Magnetschalter, in Schmelzsicherungen ein dünner Draht den Stromkreis, wenn die Stromstärke einen festgelegten Wert übersteigt.

Signale
Sprache, Gestik und Mimik, die Informationen übermittelt. Sinnesorgane nehmen Reize aus der Umgebung auf.

Solaranlage
In einer Solaranlage wird durch die Sonneneinstrahlung eine Flüssigkeit erwärmt.

Solar-Wasserstoff-Technologie
Wasser wird unter Verwendung der Sonnenenergie in Wasserstoff und Sauerstoff zerlegt. In Brennstoffzellen liefern Wasserstoff und Sauerstoff elektrische Energie. Dabei entsteht wieder Wasser.

Solarzelle
Sie wandelt Lichtenergie in elektrische Energie um.

Sonnenkollektor
Er wandelt Lichtenergie in Wärmeenergie um.

Spannkraft
Die Spannkraft einer Feder kann einen Körper in Bewegung setzen.

Spannungsmesser
Das Messgerät für die Spannung wird parallel zur Spannungsquelle geschaltet.

Spannungsquelle
In Spannungsquellen sind elektrische Ladungen verteilt. Dadurch entsteht eine Spannung.

Stammbaum
zeigt, wie bestimmte Merkmale in einer Familie verbreitet sind.

Stammesgeschichte
Geschichte der Entwicklung der Tier- und Pflanzenarten im Laufe der Erdgeschichte.

Stromkreis
In einem geschlossenen elektrischen Stromkreis fließt ein elektrischer Strom. Der elektrische Strom fließt von einem Pol der Spannungsquelle durch die Leitung zu einem Elektrogerät und zum anderen Pol der Spannungsquelle zurück.

Stromstärke
Durch sie wird die Stärke des elektrischen Stroms beschrieben.

Stromstärkemesser
Das Messgerät für die Stromstärke wird in Reihe mit den Elektrogeräten geschaltet.

Transistor
Ein Transistor hat drei Anschlussstellen: Emitter, Basis, Kollektor. Durch einen Transistor führen zwei Stromkreise: Basisstromkreis (Steuerstromkreis) und Kollektorstromkreis (Arbeitsstromkreis). Transistoren schalten und verstärken.

Transport von Wärmeenergie
erfolgt auf drei Arten:
- Wärmeleitung,
- Wärmeströmung und
- Wärmestrahlung.

Treibhauseffekt
Durch vermehrtes Kohlenstoffdioxid in der Atmosphäre wird weniger Wärmeenergie in den Weltraum abgegeben. Dadurch erwärmt sich die Erde.

Übergangsformen
Tiere mit Merkmalen aus verschiedenen Tiergruppen.

UND-Verknüpfung
Zwei Bedingungen müssen gleichzeitig erfüllt sein.

Vegetatives Nervensystem
regelt die Funktion der inneren Organe. Es kann vom Willen nicht beeinflusst werden.

Volt
Die Einheit der Spannung U ist 1 Volt.

Wahrheitstabelle
Alle Möglichkeiten einer Verknüpfung werden tabellarisch dargestellt.

Wärmedämmung
Durch eine gute Wärmedämmung wird die Abgabe von Wärmeenergie an die Umgebung verringert. Wärmedämmstoffe sind schlechte Wärmeleiter.

Lexikon

Wärmeenergie
Wärmeenergie wird beim Abkühlen abgegeben und beim Erwärmen aufgenommen.

Wärmekapazität
Um die gleiche Menge verschiedener Stoffe auf die gleiche Temperatur zu erwärmen, wird unterschiedlich viel Energie benötigt. Die Wärmekapazität eines Stoffes gibt an, wie viel Energie nötig ist, um 1 kg eines Stoffes um 1 °C zu erwärmen.

Wärmekraftwerk
Es wandelt die in den Brennstoffen gespeicherte chemische Energie in elektrische Energie um. Ein Teil der dabei entstehende Wärmeenergie kann oft nicht mehr genutzt werden.

Wärmeleitung
Die Wärmeenergie wird durch das Material geleitet. Metalle sind gute Leiter für die Wärmeenergie. Gase und Kunststoffe sind schlechte Wärmeleiter.

Wärmestrahlung
Die Energie der Sonne kommt durch Strahlung zur Erde. Für diesen Transport von Wärmeenergie ist kein Stoff notwendig.

Wärmeströmung
Die Wärmeenergie wird mit einer Flüssigkeit oder mit einem Gas transportiert.

Wasserkraftwerk
Es nutzt die Energie des fließenden Wassers und wandelt sie mit Hilfe eines Generators in elektrische Energie um.

Wasserstoff
ist ein brennbares Gas. Es entsteht bei der Elektrolyse von Wasser. Die Verbrennung von Wasserstoff liefert viel Energie. Das Verbrennungsprodukt ist Wasser.

Wechselspannung
Die Wechselspannung einer Spannungsquelle ist nicht immer gleich groß. Sie wechselt ständig ihre Pole.

Widerstand
Der Widerstand ist eine Eigenschaft des elektrischen Drahtes, den elektrischen Stromfluss zu hemmen. Auch Bauteile heißen Widerstand.

Widerstandsmesser
Zum Messen wird jeweils ein Anschluss des Messgerätes mit je einem Kabelende des Elektrogerätes verbunden.

Windenergieanlage
Sie nutzt die Windenergie und wandelt sie mit Hilfe eines Generators in elektrische Energie um.

Wirkungen des elektrischen Stroms
Wärme, Licht, chemische Vorgänge und eine magnetische Wirkung sind Wirkungen des elektrischen Stromes.

Wirkungsgrad
Der Wirkungsgrad bei Energieumwandlungen gibt an, wie groß der Anteil der zugeführten Energieform ist, der in die gewünschte Energieform umgewandelt wird.

Zellkern
kugelförmiger Bestandteil im Inneren der Zelle, Steuerzentrum der Zelle, enthält die Chromosomen.

Zellteilung
identische Verdoppelung einer Zelle.

Zentralkraft
Bei Kurvenfahrten wirkt diese Kraft nach innen.

Stichwortverzeichnis

Abgaskatalysator 263
Abgasverlust 243
Abwärme 247
Addierer 301
Adrenalin 308
AIDS 326
Akkommodation 54
Akku 19
Aktive Immunisierung 324
Altersweitsichtigkeit 60
AMPÉRE, ANDRÉ MARIE 17
Amperemeter 22
Antibiotika 319
Antibiotika-Resistenz 325
Antiblockiersystem 74
Antikörper 317
Arbeitsteilung 85
Art 186
Aufsatzpult 98
Auge 52

Batterie 19
Befruchtung 143, 146
Benzin-Luft-Gemisch 260
Bewegungsenergie 212
Bienen 81
Binärcode 298
Biogas 236
Biogasanlagen 259
Bluterkrankheit 171, 176
Blutzuckerspiegel 312
Botenstoffe 309
Brennpunkt 56
Brennweite 56
Brückentypen 128

CD-ROM 298
Chemische Energie 212
Chromosomen 164
Codieren 76

Dämmerungsschalter 291
Dehnungsmessstreifen 75
Destillation 228
Dia 61

Diabetes mellitus 312
Dieselmotor 263
Diode 284
Down-Syndrom 171
Drahtsicherung 291
Drehstromgenerator 270
Dualcode 77

Eisenkern 39
Eisprung 143, 146
Eizellen 168
Elektrische Energie 213
Elektrische Klingel 40
Elektrischer Stromkreis 16
Elektrischer Widerstand 24
Elektrischer Gong 40
Elektrizitätszähler 278
Elektrogeräte 10
Elektromagnete 36
Elektromotor 42
Embryonalentwicklung 147
Emitter 287
Empfängnisregelung 144
Empfängnisverhütung 145
Emulgatoren 223
Emulsion 223
Energie 134
Energiebedarf 217
Energieentwertung 254
Energieerhaltung 254
Energieflussdiagramm 215
Energiequelle 214
Entspannungsübungen 106
Erbgang 173
Erbgleiche Teilung 166
Erdgas 224
Erdöl 224
Erdölderivate 231
Erdöldestillation 229
Erregungsleitung 64
Evolution 186

Fahrraddynamo 264
Familienplanung 144
FARADAY, MICHAEL 267
Farbenblind 172

Fehlerstromschutzschalter 31
Feldlinienbild 39
Fernwärme 240
Feste Rolle 122
Festwiderstände 28
Fett 222
Flaschenzug 123
Fliehkraft 117
Fossile Rohstoffe 224
Fotowiderstand 73
Frequenz 269
Freundschaft 140
Fruchtwasser-Untersuchung 177
Fruchtzucker 221
Frühmenschen 193
Fruktose 221
Funktionsmodelle 13

Gassensor 75
Gedächtnis 68
Gedächtniszellen 319
Gegenkraft 116
Gehirn 66
Gen-Analyse 177
Generator 270
Gentechnik 177
Gen-Transfer 177
Geschlechtskrankheiten 151
Geschlechtszellen 168
Gesunde Schule 94
Gewichtskraft 114, 120
Gleichstrommotor 44
Glucose 221
Glukagon 312
Goldene Regel der Mechanik 132
Großhirn 66

HAUSER, KASPER 82
Hebel 124
Hebelgesetz 126
Heißleiter 73
Heizkraftwerk 258
Heizungsanlage 242

Stichwortverzeichnis

Hochspannungstransformator 274
Hochstromtransformator 274
Höhenenergie 213
Homo sapiens 194
Homologe Organe 185
Honigbiene 85
HOOKE, ROBERT 162
Hormone 142
Hospiz 158
Humane Immunschwäche-Virus, HIV 324
Hygiene 322

IC-Schaltkreise 296
Immunsystem 316
Induktionsspannung 265
Infektion 316
Informationsverarbeitung 70
Insulin 312
Isolation 188
Isolationsversuch 82

Jetztmensch 193
JOULE, JAMES PRESCOTT 131

Kaltleiter 73
Kernenergie 213
Kernkraftwerk 258
Klassenarbeit schreiben 314
Kohlenhydrate 211
Kohlenwasserstoffe 231
Kollektor 287
Kommunikation 79
Konfliktbewältigung 88
Kontaktlinsen 60
Körpersprache 80
Kraftmesser 119
Kraftpfeile 119
Krankheitserreger 316
Krebs-Wucherungen 172
Kreislauf-Wirtschaft 201
Kulturelle Entwicklung 205
Kurbelwelle 261
Kurzschluss 32

Kurzsichtigkeit 60
Kurzzeit-Gedächtnis 68

Langzeit-Gedächtnis 68
Leiterschaukel 43
Lernen 68
Leuchtdiode 284
Lexikon 227
Lichtschranke 73, 291
Lichtstrahlen 57
Liebe 140
Linsen 56
Lochkamera 58
Lose Rolle 123

Magnetfeld 38
Masse 120
Meiose 168
Menschenaffen 191
Menstruation 142
Menstruationszyklus 142
Messgeräte 51
Methan 238
Mimik 79
Minuspol 18
Mitose 166
Monozelle 19
Morsecode 76
Morsetelegrafie 76
Muskelkraft 114
Mutationen 170
Mutterkuchen 148

Nachwachsende Rohstoffe 234
Nahpunkt 55
Nährstoffe 216
Natürliche Auslese 187
Nebennieren 308
Netzgerät 19
NEWTON, ISAAC 119
NICHT-Verknüpfung 295

ODER-Verknüpfung 295
Ohm (1 Ω) 25
OHM, GEORG SIMON 25
Ohmmeter 28
Ohm'sches Gesetz 29
ØRSTED, HANS CHRISTIAN 36
Otto-Viertaktmotor 262

Parallelschaltung 15
Partnerschaft 140
Passive Immunisierung 322
Phenylketonurie 175
Pinzettengriff 152
Plazenta 148
Pluspol 18
Primärspule 272

Quastenflosser 184

Raffinerie 228
Rangordnung 78, 86
Rassen 186
Rauchgase 249
Rauchmelder 74
Reaktion 64
Reaktionszeit 65
Referat 282
Reflexe 64
Regelkreis 311
Reibungskraft 114
Reihenschaltung 14
Reizaufnahme 64
Reize 50
Relais 41
Rollenbahn 135
Rot-Grün-Blindheit 172
Rückenmark 66
Rückstoßprinzip 116
Rudimentäre Organe 185
Ruß 232
Rußfilter 263

Saccharose 221
Salmonellen 320
Sammellinsen 56, 60
Schallenergie 212
Schiefe Ebene 122
Schilddrüse 310
Schmelzsicherung 33
Schutzimpfungen 322
Schutzisolierung 31
Schutzleiter 31
Schutzreflexe 64
Schwangerschaft 143
Schwänzeltanz 81
Schwerkraft 115
Schwingung 269
Sekundärspule 272
Sekunden-Gedächtnis 68
Sensoren 51, 72
Sicherungsautomat 33
Sinnesorgane 50
Sitzposition 97
Solaranlagen 259
Solarenergie 252
Solar-Wasserstoff-Technologie 280
Solarzelle 253, 256
Sonnenkollektor 241, 253
Spannenergie 213
Spannkraft 114
Spannung 18
Spannungsmesser 20
Spannungsquellen 18
Spermazellen 168
Stammbaum 173
Stärke 221
Stress 67
Stromkreis 12
Stromstärkemessgerät 22
Syphilis 151

Thyroxin 310
Tränenflüssigkeit 52
Transformator 272
Transistor 286
Traubenzucker 221
Treibhauseffekt 239
Tripper 151
Tröpfchen-Infektion 321

Übergangsformen 184
Umspannwerke 276
UND-Verknüpfung 294
Urkilogramm 121
Urpferdchen 180
Urvogel 180

Vegetatives Nervensystem 67
Verbrennungsmotor 260
Vererbung 165
Vergaser 260
Verkupfern 37
Versilbern 35
Vielfachmessgerät 21
Virusinfektion 320
Volladdierer 301
VOLTA, ALLESSANDRO 18
Voltmeter 20
Vormenschen 193
Vorsorgeuntersuchungen 149

Wärmeenergie 213
Wärmekapazität 244
Wärmekraftwerk 246, 258
Wasserkraftwerk 250, 259
Wassertropfen-Lupe 59
Wechselspannung 268
Wechselstrom 268
Weitsichtigkeit 60
Werkzeuggebrauch 190
Widerstandsmessgerät 28
Windenergieanlage 251, 259
Wirkungsgrad 255
Wortsprache 79

Zellen 162
Zellkern 163
Zellmembran 163
Zellplasma 163
Zellteilung 163
Zellulose 221
Zentralkraft 116
Zentralnervensystem 66
Zentripetalkraft 116
Zerstreuungslinsen 60
Zucker 218

Zuckergewinnung 220
Zuckernachweis 219
Zuckerrübe 218
Zweiercode 77

Bildquellenverzeichnis

AEG Telefunken, Karlsruhe: 45.5
Uwe Anders, Destedt: S. 3 u.; S. 6 u.; 28.2; 33.2 o.; S. 34; 52.2; 59.1 o.; r.; 131.3; 218.2; 220.3 l. u. r.; 253.3; 268.1; 268.2
Toni Angermayer, Holzkirchen: 84.3; 85.2; 186.2 l.; 187.5; 191.3
Anthony Verlag, Beuerberg: 318.2
Archiv f. Kunst u. Geschichte, AKG, Berlin: 17.4; 18.3; 25.3
Astrofoto Bernd Koch, Sörth: S. 6; S. 210/211
Bayer AG, Leverkusen: S. 7 M.; S. 306/307
Bewegungsfördcrung e.V., Wiesbaden: 98.4
Bildarchiv. Preuß. Kulturbesitz, Berlin: 186.1; 192.1 e; 205.3
BMW, München: 261.2
Bonnier Alba AB, Stockholm, F: Lennart Nilsson: 147.2; 162.2 r.; S. 163; S. 206 l.
Borsig Energy, Oberhausen: 236.1
Brandstädter Verlagsgesellschaft, Wien: 219.4
Bundeszentrale f. gesundheitl. Aufklärung, BZGA, Köln, www.gib-aids-keine-chance.de: 325.3
CMA. Bonn: 220.3 M.
Conrad Electronic GmbH, Hirschen: 75.6; 75.7
Daimler Benz Aerospace AG, München: 252.2
Degussa GmbH, Schwäbisch-Gmünd: 35.3
Deutsche Hospiz Stiftung, Dortmund: 158.3
dpa Picture-Alliance, Frankfurt: 71.2; S. 82; 148.6; 189.9
Dunlop Sport GmbH, Hanau: S. 4; 115.3 r.
Hans Einhell AG, Landau a. d. Isar: 273.5
M. C. Escher Company, Baarn, Holland: 62.1
FOCUS, Hamburg: S. 5; 7 u.; 150.1; 171.3; 192.1 a; 313.7 (F: Science Photo Library); S. 7 und 316.1 (F: Eye of Science); S. 326
Förster, Steffen, New York: 228.1; S. 230; 231.1; S. 233
Gemeinschaftskraftwerk Grohnde, Emmerthal: 271.3
Global Pictures, München: 83.2
Greenpeace, Hamburg: S. 259 u. r.
Greiner & Meyer, Braunschweig: 50.1 M. l.; 228.2; 235.4
Huk, Dr. Thomas, Braunschweig: 187.4; 223.4; S. 245; S. 247; 323.3
IBIS, Bergisch-Gladbach: 78.2
IFA-Bilderteam, Düsseldorf: 50.1 M. o.; 152.1; S. 153; 218.1

Institut f. Wissenschaftl. Fotografie, Manfred P. Kage, Lauterstein: 318.1
Issing, Robert, Güntersleben: S. 48/49
Jahr-Verlag, Hamburg: 192.1 c
Kaich, A. van, Neu-Isenburg: 270.1
Klüver & Schulze, Hamburg: 280.1
Kohn, Klaus G., Braunschweig: S. 5 o.; 15.2; 16.2; S. 55; S. 59 u. r.; 65.3; 70.1; 79.3; S. 92/93; 94.1; S. 95; S. 97; S. 99; 103.3; 105.2; S. 106; S. 109 o. l.; 114.1; 116.1; S. 117 M.; 124.1; 140.2; 141.3; 155.3; 171.2; 178.2; 204.2; 208.1; 216.1; S. 219 r.; S. 220 u.; 221.5; S. 222; 237.5; 254.2; S. 256/257; S. 290 u. l.; S. 292; 293.6; 294.1; 296.1; 298.1; S. 300; S. 314
KWU, Mühlheim: S. 258 o. r.
Lieder, Ludwigsburg: 162.2; 167.2; S. 206 r.
Macho, Siegfried, Ainring: S. 4; S. 112/113
Mannesmann Demag, Wetter: 36.4
Mauritius, Mittenwald: S. 4; 115.3 l.; 128.1; 133.2 (F: Starfoto); 168.1; S. 196 u. r.; 205.4; 212.1; 213.3; 224.2; 226.2; 232.4; 234.2; 282.1; S. 302
Metz, Tübingen: 250.1
Minden Pictures, California: 190.2
Museum f. Naturkunde, Berlin: 180.1
Nationalmuseum, Kopenhagen: 181.3
Okapia, Frankfurt: 85.1; 86.3 und S. 109 u. r. (F: Ritter); 174.1(F: Barber/MSP); 188.7 (F: Breck P. Kent); S. 195 M. (F: Kahl); S. 195 u. l. (F: Babbel); 232.5 (F: Schulz)
Opitec Handel GmbH, Giebelstadt: S. 129
Petit Format, Paris: 324.1
Photostudio Druwe & Polastri, Cremlingen: S. 7 o.; 15.5; 20.2; 22.1; 31.3; S. 39 u.; S. 72; S. 118; S. 119; 122.1; S. 156; 264.1; 272.1; 284.1; 286.3; S. 297
Physikalisch-Technische Bundesanstalt, PTB, Braunschweig: 121.5
Phywe Systeme GmbH, Göttingen: S. 3 o.; 21.3; 28.1; 33.2 u.
Picture Press, Hamburg: 149.8; 152.2; 154.1
Pilkington Flachglas AG, Gelsenkirchen: S. 290 M.
Reinhard-Tierfoto, Heiligkreuzsteinach: 186.3; 187.6

Rixe, Dieter, Braunschweig: 15.3; 15.4; 19.6; 20.1; 23.1; S. 24; 29.3: 32.1; S. 38; 40.2; 40.4; 42.1; S. 46; 50.1 l. u.; 32.1; S. 38; 40.2; 40.4; 42.1; S. 46; 50.1 l. u.; 57.3; 59.1 u.; S. 73; 74.3; 75.5; S. 101; 126.1; 130.1; 135.3; S. 145; S. 173; 190.1 r.; 212.2; 213.4; 224.1; 231.2; 231.3; 232.8; 234.1; S. 235; 238.1; 242.1; S. 252; 260.1; S. 266; S. 268 r.; 272.2; 273.4; S. 273 u.; 274.1; 274.2; S. 277; 279.3; 286.1; S. 290 r.; S. 302; 313.5
RWE, Essen: S. 276 u.
Save-Bild, Müncheh: 190.1 l.
Schlaich-Bergermann, Stuttgart: 304.1
Schulz, Prof. Dr. R.,Botan. Institut d. Universität, Kiel: 281.3
Schuster Bildagentur, Oberursel: S. 3 o.; 8/9 (F: Dr. Müller)
Siemens, Erlangen: 278.2
Silvestris online, Kastl: S. 5; S. 6 M.; 50.1 M. r.; S. 9 und S. 78 und S. 109 o. r. (F: Martinez); S. 138/139; 186.2; 240.1
Simon, Sven, Essen: 64.2
Solar-Wasserstoff-Bayern GmbH, Neunburg: 253.4
Spektrum Verlag, Heidelberg: 157.1
Staatl. Museum f. Naturkunde, F: Volker Griener, Karlsruhe: 180.2
Staeck, Prof. Klaus, Heidelberg: 203.2
Superbild, München: S. 6 l.; 133.2 r.; 225.4; 251.4; S. 259 M. u.
USIS, Bonn: 286.2
Voith Hydro Kraftwerkstechnik, Heidenheim: 250.2; S. 259 l.
Vorwerk, Bernd ,Wedel: 12.1; 13.3
VW-Pressedienst, Wolfsburg: 156.4; 254.1; 263.5
Wagner, Christiane, Gilzum: 158.2
Westermann Archiv, Braunschweig: 19.5; 39.1; 41.5; 42.1 l. u.; S. 56; S. 117; S. 118 u. r.; S. 125
Wildlife, Hamburg: 84.4; 184.1 (F: Bürkel)
Wöhlk, Opticenter, Kiel: 60.4
Wothe, Konrad, LOOK, München: 170.1
ZEFA, Düsseldorf: 50.1 u. r.; S. 195; 255.3; S. 258; S. 259 M. o.; S. 276 o. r.; S. 277
Carl Zeiss, Jena: 315.3

Einbandgestaltung
Heike Rieper, Braunschweig, unter Verwendung einer Aufnahme von IFA-Bildertcam (F: Siebig), Düsseldorf

Grafiken
Julius Ecke, www.naturstudiendesign.de: 147.4; 160.1
Christine Henkel, Dahmen: 80.6; 86.4

Alle übrigen Grafiken:
Schwanke & Raasch, Hannover

Es war nicht in allen Fällen möglich, die Inhaber der Bildrechte ausfindig zu machen und um Abdruckgenehmigungen zu bitten. Berechtigte Ansprüche werden selbstverständlich im Rahmen der üblichen Konditionen abgegolten.

Tipps und Hinweise

Dieses Zeichen warnt vor **gefährlichen Hochspannungen!**

Versuche mit Elektrizität
1. Benutze nur Batterien oder Netzgeräte (Transformatoren) mit Spannungen bis 24 V!
2. Überprüfe jede Schaltung vor dem Einschalten!
3. Bei Kurzschluss oder bei einem Unfall sofort den Notschalter betätigen.

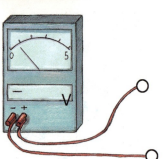

Spannungen werden mit einem Spannungsmesser, dem Voltmeter, gemessen. Voltmeter werden parallel zur Spannungsquelle angeschlossen.

Die elektrische Stromstärke wird mit dem Stromstärkemessgerät (Amperemeter) gemessen. Amperemeter werden in Reihe mit elektrischen Geräten geschaltet.

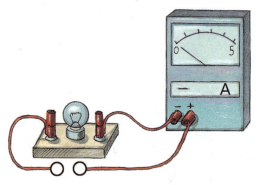

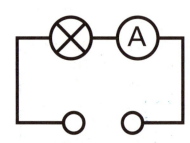

Bei den Vielfachmessgeräten kann man auf unterschiedliche Messbereiche umschalten. Zunächst wird das Gerät auf die Spannungsmessung oder auf die Stromstärkemessung eingestellt. Wenn man nicht abschätzen kann, wie groß die zu messende Spannung etwa sein wird, wählt man den größten Messbereich, zum Beispiel 300 V. Falls der Zeigerausschlag dann sehr gering ist, wird auf den nächst kleineren Bereich umgeschaltet.